史家之哲思

张荫麟哲学文存

陈润成 李欣荣 编

北京大学出版社
PEKING UNIVERSITY PRESS

图书在版编目(CIP)数据

史家之哲思：张荫麟哲学文存/陈润成，李欣荣编. —北京：北京大学出版社，2018.7

ISBN 978-7-301-29344-7

Ⅰ.①史… Ⅱ.①陈…②李… Ⅲ.①哲学—文集 Ⅳ.①B-53

中国版本图书馆 CIP 数据核字（2018）第 036988 号

书　　　名	史家之哲思：张荫麟哲学文存
	SHIJIA ZHI ZHESI：ZHANG YINLIN ZHEXUE WENCUN
著作责任者	陈润成　李欣荣　编
责 任 编 辑	吴　敏
标 准 书 号	ISBN 978-7-301-29344-7
出 版 发 行	北京大学出版社
地　　　址	北京市海淀区成府路 205 号　100871
网　　　址	http://www.pup.cn　新浪微博：@北京大学出版社
电 子 信 箱	pkuwsz@126.com
电　　　话	邮购部 62752015　发行部 62750672　编辑部 62757065
印 刷 者	北京大学印刷厂
经 销 者	新华书店
	787 毫米 ×1092 毫米　16 开本　25.75 印张　420 千字
	2018 年 7 月第 1 版　2018 年 7 月第 1 次印刷
定　　　价	79.00 元

未经许可，不得以任何方式复制或抄袭本书之部分或全部内容。
版权所有，侵权必究
举报电话：010-62752024　电子信箱：fd@pup.pku.edu.cn
图书如有印装质量问题，请与出版部联系，电话：010-62756370

张荫麟的斯坦福大学入学申请书（斯坦福大学藏）

(Tsing Hua Middle School 1922-1925, Tsing Hua College 1925-1929)

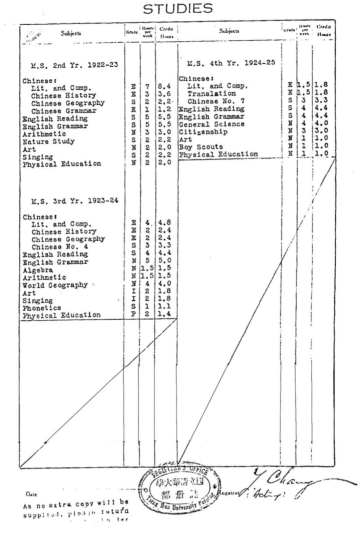

张荫麟的清华学校成绩记录（斯坦福大学藏）

（他在1922年9月入学，读中等科 Middle School 第二班）

目　录

编者序言
——张荫麟的哲学研究历程 …………………………… 陈润成（001）

上编　论　文

一　哲学研究

毫无疑问的信仰 ………………………………………………（003）
《荀子·解蔽篇》补释 …………………………………………（005）
关于朱熹太极说之讨论 ………………………………………（009）
中国书艺批评学序言 …………………………………………（013）
评冯友兰《中国哲学史》上卷 …………………………………（028）
论传统历史哲学 ………………………………………………（043）
道德哲学之根本问题 …………………………………………（058）
玩《易》…………………………………………………………（066）
"可能性"是什么——一个被忽略了的哲学问题 ……………（069）
道德哲学与道德标准 …………………………………………（072）
说可能性 ………………………………………………………（074）
历史哲学的根本问题 …………………………………………（077）
评冯友兰《中国哲学史》下卷 …………………………………（078）
读史与读《易》…………………………………………………（083）
宋儒太极说之转变 ……………………………………………（084）

《中国史纲》自序 …… (091)
陆学发微 …… (097)
归纳逻辑新论发端 …… (100)
王阳明以前之知行学说 …… (105)
柏格森(1859—1941) …… (107)
哲学与政治 …… (113)
论中西文化的差异 …… (117)
说"同一" …… (124)
北宋四子之生活与思想 …… (129)

二　哲学式对话录

代戴东原灵魂致冯芝生先生书 …… (133)
戴东原乩语选录(二) …… (138)
戴东原乩语选录(三) …… (150)
戴东原乩语选录(七) …… (158)
戴东原乩语选录(八) …… (171)
戴东原乩语选录补篇(一) …… (175)
戴东原乩语选录乙编之一
　　——为窃书案答辩 …… (182)

三　译　作

斯宾格勒之文化论 …… (185)
白璧德论班达与法国思想 …… (269)
罗素评《现代人之心理》 …… (274)
罗素最近之心论 …… (277)
泰戈尔、爱因斯坦论实在与真理 …… (280)
怀黑特论哲学之正鹄 …… (284)

下编 专 论

A COMPARATIVE STUDY OF THE ETHICAL THEORIES OF
    G. E. MOORE AND JOHN DEWEY …………………… Yin-Lin Chang(289)
摩尔与杜威:两种伦理观的比较 ……………………………… 劳悦强 译(336)

附:张荫麟论文征引书目 …………………………………………………… (379)
译者附记 …………………………………………………………………… (381)

编者序言
——张荫麟的哲学研究历程

张荫麟,号素痴,广东东莞人,早年肄业清华学校,1929年毕业,留美四年,在斯坦福大学攻读哲学,获文科学士及硕士,后转入经济系,研究社会经济学,于1933年底回国。次年任教清华大学,授课哲学历史两系,同时在北大兼授历史哲学,1935年应邀编写中学历史教科书。抗战爆发后,只身南下,后任教天目山浙江大学及昆明西南联大,1940年转教遵义浙江大学,1942年以慢性肾脏炎病逝,时年三十七。生平文史著作约百万言,散见于各报纸杂志,作品以《中国史纲》为最著名。

张荫麟的成就是多方面的,钱穆称他"博通中西文哲诸科"①,熊十力赞他为学宏博,"史学家也,哲学家也"②。他以哲治史,这点他在致张其昀的信中说得很清楚。③ 若要了解他的史学,首先要研究他的哲学。但时下几种张荫麟文集所收的哲学论文,寥寥可数。④ 对于张荫麟的哲学研究,尤其是在斯坦福大学时期的学术生活,几近空白。主要的原因还是可供参考的基本资料不多,数十年来,只有谢幼伟专文介绍张荫麟的哲学,但他们相交于张氏在遵义浙大的岁月,他对张氏早年研究哲学的历程不大清楚。⑤ 从贺麟的悼文,我们知道他们在留

---

① 钱穆:《中国今日所需要的新史学与新史学家——本文悼故友张荫麟先生》,《思想与时代》第18期,1943年1月。又见陈润成、李欣荣编:《天才的史学家——追忆张荫麟》,北京:清华大学出版社,2009年,第127—135页。
② 熊十力:《哲学与史学——悼张荫麟先生》,《思想与时代》第18期,1943年1月。又见《天才的史学家》,第21—22页。
③ "国史为弟志业,年来治哲学治社会学,无非为此种工作之预备。"张荫麟:《致张其昀书》,1933年3月7日,自斯坦福大学。见陈润成、李欣荣编:《张荫麟全集》,上卷,北京:清华大学出版社,2013年,第673—674页。
④ 近人所编选集共四种,包括伦伟良:《张荫麟文集》,台北:中华丛书委员会,1956年,共收九篇哲学论文及译文;李毓澍编:《张荫麟先生文集》,台北:九思出版社,1977年,共收十一篇;张云台编:《张荫麟文集》,北京:教育科学出版社,1993年,共收十七篇;李洪岩编:《素痴集》,天津:百花出版社,2005年,共收十五篇。
⑤ 谢幼伟:《张荫麟》,见《天才的史学家》,第151页。

美时期,常以中文和英文通信,后来贺麟从哈佛转往柏林大学,他们有时还用德文通信,这些珍贵的第一手数据早已失落。① 谢幼伟和贺麟分别提及张氏在斯坦福大学研究摩尔(G. E. Moore)伦理学的硕士论文,可惜二人都没有机会读到该论文②,一般学者都以为张荫麟的论文已随着他的藏书在战乱中散失。笔者有幸,在斯坦福大学访得他的硕士论文和成绩档案,同时李欣荣教授在广州中山大学图书馆容庚档案中发现十五封张氏在留美期间写给容氏的信。我们合编《张荫麟全集》时,在中外各大图书馆总共收集了三十八篇张氏的哲学论文。这些资料正好给贺麟和谢幼伟的文章作补充,让我们进一步全面探讨张荫麟的哲学研究历程,认识前辈的哲学修养和成就,更有助我们研究他的史学。

一 清华受业——哲学奠基期

张荫麟研究哲学的历程,就其思想倾向及作品的特色,可分三期。第一期从1922年到1929年,是他的哲学奠基期。他在清华学校受师友的熏陶,跨越国学,研习新学科,接受西方的哲学思想。七年后,他决定到美国攻读西方哲学。这段时间他在哲学方面翻译了一些关于西方思想和汉学家的论文。

1922年张荫麟从广东省立第二中学转入清华学校中等科二年级③,他自幼受父亲的指导,国学基础扎实,抵校不久,便以《老子生后孔子百余年之说质疑》

---

① 贺麟:《我所认识的张荫麟》,见《天才的史学家》,第41页。
② 贺麟:《我所认识的张荫麟》,见《天才的史学家》,第43页。谢幼伟:《张荫麟》,见《天才的史学家》,第166页。
③ 贺麟在《我所认识的荫麟》说张于1923年的秋季考入清华中等科三年级,此后史学界人士随其说。最近笔者在斯坦福大学的档案里,发现张荫麟的斯坦福大学入学申请书,清楚说明他在1922年入清华中等科(英译Tsinghua Middle School)二年级,三年后升高等科(Tsinghua College),于1929年毕业。申请书附有清华大学盖章的成绩单,把他七年来所修的科目及成绩,一一列出。这些文件证明他是在1922年进入清华攻读二年级。1923年贺麟认识张荫麟时,张正在读中等科三年级。贺麟误记,以为张是刚来的新同学。在同一文里,他说梁任公在1929年逝世,张荫麟由美国写了一篇《史学家的梁任公先生》寄给天津《大公报·文学副刊》发表。实则梁任公于1929年1月19日逝世,张荫麟所写的《近代中国学术史上的梁任公先生》同月在第六十七期的《学衡》发表,又见同年2月11日的《大公报》。据浦江清《清华园日记》(北京:三联书店,1999年,第28页),当时张仍在清华。根据斯坦福档案,张荫麟于1929年10月入学。查梁任公去世时,贺麟正在哈佛研究院深造,此又一误记。又张荫麟于1929年7月刊登在《学衡》的《纳兰成德传》,文中有"余读书于清华园且七载"一句,见张云台编:《张荫麟文集》,北京:教育科学出版社,1993年,第276页。从1922年到1929年,恰好七载,他的清华园生活,始于1922年,又一旁证。

一文赢得梁启超的赞赏,但他并不满足于考据,努力不懈,向新的学术领域迈进。

在清华的师友中,贺麟、梁启超、王国维、吴宓和金岳霖对张荫麟的影响深远。他很早便结识比他高三级的贺麟,二人志趣相投,一起选修梁任公和吴雨僧的课。贺麟于1926年毕业,到美国俄亥俄州的奥柏林大学攻读西方哲学,这时刚巧张荫麟的父亲逝世,他南下奔丧,二人一起从天津搭船到上海,张荫麟在黄浦码头送别学长,然后转往广东。① 中美两地远隔重洋,二人书信往来,继续学术讨论,三年后张荫麟赴美攻读哲学,显然受到学长贺麟的鼓励。

梁启超、王国维、吴宓和金岳霖这四位清华大师从不同途径把张荫麟引进西方的思想世界。从梁启超和王国维两位老师的演讲和著作,他开始认识康德(Kant)、尼采(Nietzsche)和叔本华(Schopenhauer)各大师的学说②,渐渐对西方哲学发生兴趣。也肯定了用西方观点研究中国文史的方法。张荫麟随吴宓习艺四年,他的英语阅读、写作和翻译的功力,已达专业水平。对西方的文学传统,尤其是人文主义,更了如指掌。在老师的鼓励下,他开始翻译英诗,兴趣渐渐转到教育理论和西方哲学,这个时期他的翻译代表作是《斯宾格勒之文化论》,原书名 *Civilization or Civilizations: Summary and Criticism of Splengler's "Decline of the West"*,由美国史家 E. H. 葛达德(E. H. Goddard)和 P. A. 吉朋斯(P. A. Gibbons)合著。这是刘奇峰于1927年从纽约寄给吴宓的新书,吴宓转交弟子张荫麟翻译,翌年在《学衡》和《国闻周报》连载。③ 他再接再厉,在赴美前夕,翻译了几篇短论:《德效骞论中国语言之足用及无系统哲学之故》,吴宓的老师白璧德所著的《论班达与法国思想》,另一篇是罗素(Russell)的《评现代人的心理》,还评介法国汉学家戴密微(Demieville)的英译《商君书》。

在西方哲学方面,金岳霖对张荫麟的影响最大,是他的启蒙老师。金岳霖于1914年毕业清华学校,后留美,获哥伦比亚大学哲学博士。清华大学成立不久,赵元任推荐他进清华创办哲学系,并出任系主任。金岳霖的哲学观点倾向新实在主义(Neo-Realism),醉心罗素及摩尔的学说,认为逻辑是哲学思维的基本方法。④ 张荫麟在留美前一年修了他讲授的逻辑学和哲学问题两门课

---

① 贺麟:《我所认识的张荫麟》,见《天才的史学家》,第40页。
② 黄见德:《西方哲学的传入与研究》,福州:福建人民出版社,2007年,第32—37,44—51页。
③ 王敦书:《吴宓与斯宾格勒的"文化形态史观"在华之最初传播》,《贻书堂史集》,北京:中华书局,2003年,第683—685页。
④ 有关金岳霖和清华哲学系的资料,见张岱年写的《回忆清华哲学系》,收入廖名春、刘巍编:《老清华的故事》,南京:江苏文艺出版社,1998年,第312—318页。

程,成绩优异①,决定到美国攻读西方哲学。

二 留美四年——倾心新实在主义

张荫麟为什么选择哲学呢？毕竟当时的社会风气崇尚应用型的学科。吴宓曾希望他的优秀学生跟他习文学,很快他失望了,发觉他们"欲习所谓既实际有用之科学,以从事爱国运动,服务社会"。② 但也有例外。贺麟于1926年赴美,他的意志坚定,不顾家人的反对,以哲学为终身事业,他说"目的是为了追求真理……把握最后真理,体验时代精神的精华"③。与贺麟不同,张荫麟一向喜欢历史,为什么改行读西方哲学？他在斯坦福大学给容庚的信写得很清楚,因为他的"主要兴趣暂转向哲学"。④ 个中原因是可以理解的,他拿的是留美奖学金,但不会到美国读汉学,据谢文通说,他最看不起那些"不懂装懂的美国汉学家"⑤,也不准备读西洋史,因为他在清华只读了一门西洋通史⑥,如果专攻西洋史,肯定要补很多课。这时他最感兴趣的是西方哲学,他在清华已修了逻辑学、西方哲学史和哲学问题等数科,读了一些欧洲哲学参考书,翻译了一本有关斯宾格勒学说的书,加上贺麟和金岳霖的鼓励,他选择西方哲学是顺理成章的。

张荫麟于1929年秋季从上海出发,乘克利夫兰总统号轮船横渡太平洋,船上中国留学生三百多人,只有他和谢幼伟准备到美国读西方哲学,二人一见如故,谈得很投机⑦,船抵西雅图后,谢幼伟乘火车东往哈佛大学,张荫麟南下旧金山,再转往斯坦福大学。他选择该校,因西部生活成本较低,可省点钱,以供弟弟炜麟在南开中学读书。⑧

---

① 见斯坦福大学档案,张荫麟在清华学校的成绩档案。
② 吴宓:《吴宓日记》,北京:三联书店,1998年,第三册,第290页,1925年,8月6日,星期四。
③ 贺麟:《哲学与哲学史论文集》,北京:商务印书馆,1990年,第585页。
④ 张荫麟:《致容庚》,自斯坦福大学,1929年11月4日。见《全集》,上卷,第656页。又见1930年1月2日,"吾人治学当从性之所好,不能计较社会之需求也"。见《全集》,上卷,第659页。
⑤ 谢文通:《记历史学家张荫麟》,《广州文史资料》,第38期,第57页。又见《天才的史学家》,第89页。
⑥ 见斯坦福大学档案,张荫麟在清华学校的成绩档案。
⑦ 谢幼伟:《张荫麟先生言行录》,见《天才的史学家》,第67页。
⑧ 贺麟:《我所认识的张荫麟》,见《天才的史学家》,第42页。又见浦江清:《清华园日记》,第46页,1931年1月10日,"美国张荫麟有信来,并汇上美金三十元,嘱转其弟,作学费。即函天津南开中学张炜麟"。

从 1929 至 1933 年,张荫麟留美四年,进入他的哲学研究历程的第二阶段,他在斯坦福三年修了十四科西方哲学①,熟悉西方哲学的源流、演变及发展,以及康德等名家学说。完成硕士论文,发表了多篇哲学文章。但在第四年,他改行研究社会经济,计划回归国史,实行以哲学和社会学治史。在斯坦福大学他受业于杜威的门人,四年后,他的思想仍倾向新实在主义,崇拜剑桥大学的摩尔大师,老师金岳霖对他的影响丝毫未减。

斯坦福大学成立于 1885 年,学校规模不大,修读哲学科目的学生更少,直至 1906 年,哲学课程多由访问学者讲授,1906 年旧金山大地震后,史阿特(Henry W. Stuart)应聘出任教授,后来又邀得哥伦比亚大学讲师布朗博士(Harold C. Brown)加盟斯坦福哲学系。二人师出名门,史阿特是杜威的早期弟子,1900 年芝加哥大学哲学博士,长于伦理学和逻辑学,他在美国西岸的学术界也薄有名声,于 1925 至 1926 年荣任美国哲学学会太平洋区分会主席。布朗毕业哈佛大学,是黑格尔(Hegel)专家鲁一士(Josiah Joyce)的高足,专攻科学哲学(Philosophy of Science),他在斯坦福讲授哲学史、美学等科目。在哲学界相当活跃,先后于 1924—1925 年和 1932—1933 年在美国哲学学会太平洋区分会当过两届主席。②

史阿特和布朗分别在斯坦福任教了 29 年③,在他们的领导下,哲学课程从副修(minor)扩展为主修(major),接着发展高级课程,招收硕士研究生,后又成立博士班,至此斯坦福的哲学系渐具规模。④

张荫麟就在这时进入斯坦福大学进修哲学,系主任史特阿教授自然乐意当他的导师。其时清华已升格为大学,斯坦福校务处对清华的学制也很清楚,他在清华最后两年所修的科目,包括英文、德文、翻译、社会学、逻辑学、哲学问题和西

---

① 张在斯坦福修了十一科哲学:伦理学,希腊哲学,中古哲学,现代哲学,美学,近代思想,康德,亚里士多德,智慧的历史(History of Intelligence),知识论(Epistemology),自然的演绎(Interpretation of Nature)。旁听两科:近代理论和美国的哲学。在加州大学伯克利分校修了代数逻辑一科,总共十四科。
② 斯坦福大学哲学系 Tanner 图书馆主任 Evelyn McMillan 提供数据。关于 20 世纪二三十年代美国大学哲学系的情形,可参考萧公权:《问学谏往录》,1997 年,第 51 页。"(密苏里大学的)哲学系只有两位教授。主修哲学的学生……一共不过四五名。这是一个冷系。两位教授尚没有赫赫之名。"又参考张荫麟:《致容庚》,自斯坦福大学,1930 年 1 月 2 日。"哲学滞销岂惟中国,此间亦复尔尔。"见《全集》,上卷,第 659 页。
③ 史阿特在 1907 年上任,1936 年退休。布朗在 1914 年应聘,1943 年退休。二人分别在斯坦福教了二十九年。
④ 在 1921 年,斯坦福的哲学课程从副修扩展为主修,并发展高级课程,两年后,该系成立研究院,同时开始招收硕士研究生,1936 年招收博士研究生。Evelyn McMillan 提供数据。

方哲学史,斯坦福全部接受,他直升大三,选读核心课程(core courses)。系主任史阿特深受其师杜威的影响,实用主义(Pragmatism)已成斯坦福哲学系的主导思潮。学习的重心在哲学、心理学和社会学,特别注重从心理学和社会学的角度去讨论道德、伦理、人生观等哲学问题。他第一学季读三门课:伦理学、希腊哲学和现代心理学。① 开始时特别紧张,恐怕成绩不好,见笑外人,等到中期考试(mid-term examination)的结果揭晓后,成绩不错,如释重负,他在信中跟容庚说:"从此可以如在清华一般逍遥自在矣。"②

他在美国读西方哲学,并未忘掉国史,打算学成回国后,再继续研究。偶读英国著名史学家吉本(Gibbon)自传,从中得到一个启示,吉本于三十岁开始写《罗马帝国衰亡史》,五十一岁完成巨著。他这样想,学成归国之日,自己仍未到三十,幸运的话,也可以实现如吉本的伟绩。③ 当时就是料不到,天不假年,致壮志未酬。

过了第一学季,张荫麟计划此后每学季选四门或五门课,赶快毕业。④ 他在冬季学期(Winter Quarter)读欧洲史、社会学、现代哲理和中古哲学。他告诉容庚,对欧洲史颇感兴趣,但不准备改行,因为他很喜欢哲学,而且觉得读哲学比较容易。⑤ 但也有些哲学科目他不喜欢的,例如他当时正修读的中世纪哲学和宗教改革史,在致容庚的信中,大吐苦水:"……(为本校哲学系必修),素不喜此,格格不入,又不能不应付,每一展卷如饮黄连。"⑥

春季学期他读美学、现代哲学、近代思潮,旁听一科心理学,他对这几门课都"很感兴趣"。⑦ 暑期留校修欧洲史和经济原理,并旁听现代哲学理论及美国的哲学发展。秋季学期他选了五门课:康德哲学、欧洲史、科学概论、政治学概论和变态心理学⑧,功课繁忙,他要尽快完成全部核心课程,申请毕业,终于如愿以偿,斯坦福于翌年1月授予文科学士学位。

张荫麟在清华以文才见称,屡有佳作。但他在斯坦福功课实在太忙,未能抽空写作,致"美国访书记"和"清史外征"两个研究计划都未能实现。⑨ 在哲学方

---

① 见斯坦福大学张荫麟成绩档案。
② 张荫麟:《致容庚》,自斯坦福大学,1929年11月4日。见《全集》,上卷,第655页。
③ 同上书,第656页。
④ 张荫麟:《致容庚》,自斯坦福大学,1930年1月9日。见《全集》,上卷,第660页。
⑤ 张荫麟:《致容庚》,自斯坦福大学,1930年1月2日。见《全集》,上卷,第659页。
⑥ 张荫麟:《致容庚》,自斯坦福大学,1930年2月28日。见《全集》,上卷,第662页。
⑦ 张荫麟:《致容庚》,自斯坦福大学,1930年4月6日。见《全集》,上卷,第663页。
⑧ 见斯坦福大学张荫麟成绩档案。
⑨ 张荫麟:《致容庚》,自斯坦福大学,1930年2月28日。见《全集》,上卷,第662页。

面,他发表了三篇哲学评论。第一篇《关于朱熹太极说之讨论》,响应贺麟的《朱熹与黑格尔太极说的比较》,这可说是理与气的讨论,贺麟以为朱子对太极性质的看法,是介乎心与理之间,张荫麟肯定朱熹的太极是实质的,他受西方哲理新实在主义的影响,倾向反唯心论,与贺麟的心理合一说,如南辕北辙,大相径庭,二人哲学思想的分歧,引致贺麟的感慨:在哲学方面,他们志同道不合。①

第二篇是《中国书艺批评学序言》,他在哲学系读了布朗教授主讲的美学,后来又修了一门康德的哲学,学以致用,他试用康德的批评方法,分析中国书艺中的美学原则。第三篇《评冯友兰〈中国哲学史〉上卷》,冯友兰的书是划时代的著作,张荫麟当然不会错过,他从体裁、方法和考据方面评冯友兰的哲学史,参加这场哲学史编写的讨论。

张荫麟在斯坦福大学的读书环境本来很好,他经济充裕,不用兼职,校园清静幽雅,景色宜人,抵校不久,他在信中告诉容庚:"……在此百无萦虑,日惟展卷与古今贤哲对晤,盖十数年来无此清福也。"②他用功读书,在一年半内便取得学士学位。但他这时的心情是复杂的。留美前,他和女朋友伦慧珠闹翻,却忘不了旧情,留学期间,一直被情感问题困扰。③ 在社交方面,他不喜欢参加课外活动,所以特别觉得孤寂。读书方面,哲学系是冷系,很少同学,更找不到志趣相投的朋友。④ 据沈有乾和萧公权的经验,一般美国教授特别鼓励成绩好的外国学生。⑤ 但张荫麟对实用主义没有兴趣,总觉得教授不如理想。这时贺麟已从芝加哥大学转到哈佛攻读硕士学位,他劝张荫麟转往哈佛,张以经济条件不允许为理由,无意东迁。⑥

他主意已定,继续留校读硕士,在两个学期内,完成亚里士多德的哲学、康

---

① 张荫麟:《关于朱熹太极说之讨论》,《国闻周报》,第7卷,第50期,1930年12月22日。王思隽、李肃东:《贺麟评传》,江西:百花洲文艺出版社,1995年,第3页。贺麟:《我所认识的荫麟》,见《天才的史学家》,第44页。
② 张荫麟:《致容庚》,自斯坦福大学,1929年9月20日。见《全集》,上卷,第654页。
③ 贺麟:《我所认识的荫麟》,见《天才的史学家》,第41页。张荫麟:《致容庚》,自斯坦福大学,1929年9月20日,1930年1月2日,1月26日,2月28日,8月9日诸函。见《全集》,上卷,第657—665页。
④ 贺麟:《我所认识的荫麟》,见《天才的史学家》,第42页。张荫麟:《致容庚》,自斯坦福大学,1929年11月4日。见《全集》,上卷,第656页。
⑤ 沈有乾,江苏吴县人,早年就读于清华学校,后赴美留学,于1926年获斯坦福大学心理学博士。有关美国教育人士对中国学生的态度,见沈有乾:《西游记》,沈阳:辽宁教育出版社,1998年,第37—39页。萧公权,江西泰和县人,肄业清华学校,留美深造,于1923年获密苏里大学哲学硕士,三年后考取康奈尔大学哲学博士。见萧公权:《问学谏往录》,上海:学林出版社,1997年,第47—75页。
⑥ 贺麟:《我所认识的荫麟》,见《天才的史学家》,第42页。

德的哲学、社会心理学（Social Psychology）、知识学（Epistemology）、社会改革五门高级课程，至此剩下论文占15学分。① 史阿特当然鼓励他的学生研究杜威老师的哲学思想。但张荫麟心仪的却是英国剑桥大学的摩尔教授，20世纪新实在主义哲学的领袖人物。在这种情形下，张荫麟选择写一篇论文比较摩尔和杜威二人的伦理思想，英文题目为 A Comparative Study of the Ethical Theories of G. E. Moore and John Dewey。②

杜威的实用主义伦理学是一种实践的道德哲学，他认为道德是社会环境的产品，思索与新观念可改变社会环境，在当前社会变迁的时代，个人必须针对社会改革而考虑自己的行动。杜威深信道德没有固定的标准，一切道德规律，只有工具的价值，没有绝对的价值。他崇尚自由和民主，提倡道德教育，培养智慧，使我们能发现善之所在，乐于实行。③

摩尔的反唯心论思想贯彻他的《伦理学原理》（Principia Ethica），他首创"自然主义的谬误"（naturalistic fallacy）一词，提出了"善"这一基本伦理学概念不可分、不可界定的观点，如果用自然科学或形而上学的标准来解释"善"或其他伦理概念，那就犯了"自然主义的谬误"。他在批判功利主义（utilitarianism）的推理法则，也开了后来伦理学家从语意的观点讨论道德语言的风气。④

摩尔和杜威都是一代宗师、哲学界泰斗，要写一本详尽的书来比较他们的伦理观，当属长篇巨著。张荫麟写的却是硕士论文，是大题小做，把重心放在理论上，力求精简，免去历史枝节，不谈二人的教育背景和思想的形成，一开始便讨论

---

① 见斯坦福大学张荫麟成绩档案。
② 硕士论文题目的选择，可参考萧公权《问学谏往录》，第52—53页。
③ "John Dewey" in *Encyclopedia of Ethics*（《伦理学百科全书》），Lawrence C. & Charlotte Becker, eds., New York, 2001, Vol. 1, pp. 402-404. Jennifer Welchman, *Dewey's Ethical Thought*（《杜威的伦理思想》），New York, Ithaca, 1995。
④ "G. E. Moore" in *Encyclopedia of Ethics*（《伦理学百科全书》），Lawrence C. & Charlotte Becker, eds., New York, 2001, vol. 2, pp. 1109-1111. Brian Hutchinson, *G. E. Moore's Ethical Theory: Resistance and Conciliation*（《抗拒与和解：摩尔的伦理学说》），Cambridge, Cambridge University Press, 2001. Moore 一名有七种中译：1. 张荫麟译作穆亚，见本书所收《道德哲学之根本问题》；2. 贺麟译作摩尔，见贺麟：《我所认识的荫麟》；3. 谢幼伟译作摩耳；4. 周辅成译作穆尔，见周辅成编：《西方伦理学名著选辑》，北京：商务印书馆，1987年，下卷，第650—673页；5. 黄建中译作穆诃，见黄建中：《比较伦理学》，台北：正中书局，1962年，第369页；6. 邬昆如译作莫尔，见邬昆如：《伦理学》，台北：五南图书公司，2001年，第87—89页；7. 蔡坤鸿译作谟尔，见蔡坤鸿译，谟尔著《伦理学原理》，台北：联经，1978年。本集取用摩尔译名。Utilitarianism，一般译作功利主义，林火旺译作效益主义，见林火旺：《伦理学》，台北：五南图书公司，2007年，第73—75页。劳悦强在本书中译作贵利论，见本书"下编：专论"之"译者附记"。

他们思想的异同。文体像一篇专业的报告,全文分为五章,每章的结构公式化,首列前提,然后概述杜威或摩尔在这方面的理论,接着是分析和评议,最后是小结。

第一章以功利主义为引子,简述两大哲学家对功利主义的评论,从而引出他们在观点上的三大分歧,包括内存价值、道德义务和自由意志等问题。第二、三、四章分别研究这三组问题。

第二章分为两节,第一部讨论"善"的定义,提出摩尔的中心理论——善的不可定义性,然后讨论美国新实在主义哲学家培里(Perry)在《价值通论》(*General Theory of Value*)中对摩尔理论的评议①,最后讨论杜威对"善"的阐释。第二节讨论摩尔对"善"之本质的见解。

第三章的前提是道德义务的问题,分两部,首先介绍规范性科学(normative sciences)的方法论和"应当"(ought)一词的运用。然后讨论杜威和摩尔对道德情境(moral situation)的见解。

第四章研究自由意志的问题,以自由意志和伦理关系的讨论作开始,然后分析杜威和摩尔对这问题的不同解决方法。

最后一章总结二人在伦理学思想上之异同。

整篇论文约2万字,作为一篇硕士论文,长度适中。② 全文引用十三部专著和一篇学报文章。除了杜威和摩尔的经典论著外,张荫麟还参考了剑桥大师罗素的哲学文集,美国哲学家培里和罗杰斯(Rogers)的著作,以及老师史阿特已出版的芝加哥大学博士论文,书名《作为逻辑程序的价值判断》(*Valuation as a Logical Process*),全属当代伦理学著作之选。③

一年前张荫麟在《评冯友兰〈中国哲学史〉上卷》一文中,觉得作者直引原料太多,为该书其中一缺点。④ 所以他在论文很少直引原文,尽可能用自己的话来解说。他的英文造诣深,用词典雅,大概受老师吴宓的影响,字句冗长,有维多利亚时代的文章风格。⑤ 在论文中,他对两名家的伦理观分析透彻。但在理论上,

---

① "R. B. Perry"in *Encyclopedia of Ethics*(《伦理学百科全书》),Lawrence C. & Charlotte Becker, eds., New York, 2001, Vol. 3, pp. 1292-1293。R. B. Perry, *General Theory of Value*(《价值通论》),New York, 1926。参考李江凌:《价值与兴趣:培里价值本质论研究》,北京:中国社会科学出版社,2004年。
② 一般硕士论文大概都是2万字左右。萧公权在密苏里大学的哲学硕士论文也是2万字。见萧公权:《问学谏往录》,第53页。
③ 见本书"下编:专论"之"附:张荫麟论文征引书目"。
④ 评冯友兰《中国哲学史》上卷,见《全集》,中卷,第1193—1194页。
⑤ 可参考本书"下编:专论"之"译者附记"。

他的论文没有突破之处,大概杜威和摩尔的思想系统泾渭分明,可以比较的地方不多。整篇论文的优点在其对资料的掌握和清晰的论点。总的来说,这是一篇不错的硕士论文,只可惜校对草率,错漏多处。①

张荫麟只花了一个暑期和一个学期便轻松地完成论文。就在1932年1月,他转到加州大学伯克利分校,一面修逻辑代数(Algebra of Logic)和人类学,一面给文稿作最后的修订,课余还抽空翻译《浮士德》剧本上部。他在伯克利结识了谢文通,留美三年,到这时他才遇到一位读文史的朋友,二人畅谈文艺和翻译的技巧,讨论杜威和摩尔的思想,谢文通也知道张荫麟比较崇拜摩尔。多年后,谢文通误记,还以为张荫麟当年写的是博士论文。②

张荫麟的好友浦江清也以为他在斯坦福不久便拿到博士学位,浦在清华大学,"九一八"事变之后,忧国伤时,既感外寇猖獗,时局动荡,也关怀挚友的前途,他去信张荫麟,劝他放弃哲学,改习其他实际的学科。③ 张早有此意,他在伯克利修读代数逻辑和人类学,无非为转系做准备。他在同年3月把论文送到斯坦福哲学系,通过审查,取得硕士学位。正规的哲学训练于此告一段落。暑期他回斯坦福选修法文,并旁听一科经济学,轻易转到经济系攻读社会学博士学位。④ 他在过去三年已修了不少社会学和心理学科目,再读一些经济学、人类学和社会学理论,很快完成博士学位所需的课程,通过面试,经济系博士委员会接纳张荫麟的博士论文提议,于1933年11月授予博士候选人资格,预计一年内完成论文。⑤

虽然转了系,他对哲学的兴趣未减,据贺麟说,他打算在完成哲学硕士学位后,写一本哲学概论,总结他在斯坦福的收获。⑥ 限于时间,有系统的概论没有

---

① 例如 Table of Contents(纲目)中的 Realism(实在主义)误植 Realm(领域)。文中 Property(特质)误植 Properly(适当地)等等。R. B. Perry 误作 R. P. Perry,硕士论文,第13页。
② 谢文通:《记历史学家张荫麟》,《广州文史资料》,第38期,第55页。又见《天才的史学家》,第89页。
③ 浦江清:《清华园日记》,第72页,1932年2月10日星期三。
④ 张荫麟转往经济系攻读社会经济,不是社会系的纯社会学研究。斯坦福当时有两种社会学课程。一种是社会经济,直属经济系(Department of Economics)。除各社会学科外,本科生必须修经济学、统计学、伦理学和心理学。另一种是纯社会学,直属社会科学院(School of Social Sciences),本科生不用修经济、心理、伦理、统计等学科,但要专攻一种社会研究,例如社会学理论、社会心理学、社会病理学(Social Pathology)、优生学、人口学等。见 Stanford University, *Annual Register*(《斯坦福大学年报》),1929—1930年,第416—418页。
⑤ 博士论文的题目是:The evolution of feudalism in ancient China(古代中国封建制度的演变)。见斯坦福大学张荫麟成绩档案。参考《全集》,上卷,第12页。
⑥ 贺麟:《我所认识的荫麟》,见《天才的史学家》,第43页。

写出来,他的哲学观点散见于1932年12月至1933年10月所发表的八篇文章。《传统历史哲学的总结算》是他以史学家的眼光对目的、进化、循环、唯物等史观的批判,也是初步讨论以哲学方法研究历史的尝试。在《道德哲学之根本问题》一文,他以张东荪的《道德哲学》为例,讨论伦理学中"应当"(ought)和"好"(good)的观念,文章提到穆亚(即摩尔)对这两个观念的解释,浅谈即止,并没有作进一步的分析。这时,张申府主编《大公报·世界思潮》,冯友兰在该刊第一、二期发表《新对话》,假借经学大师朱熹和戴震的交谈,展开一场理学的讨论,张荫麟以《代戴东原灵魂致冯芝生先生书》,反对冯友兰"未有飞机以前已有飞机之理"的理学。① 接着他发表多篇《戴东原乩语选录》,灵感部分来自柏拉图和苏格拉底的语录,部分来自浮士德与魔鬼的对话,刚巧这时他把泰勒(Bayard Taylor)的英译《浮士德》翻成中文在《大公报·文学副刊》连载。② 在《选录》里,他与戴东原大仙聊天,天南地北,从学术到时事,无所不谈,妙趣横生,于幽默中见哲理。有时他也在谈哲学的短文杂以时评,自成一格,《玩易》便是一例。此外,他还译了一篇罗素的短论,题名《罗素最近的心论》。

1933年的春天,张其昀来信,讨论国情,问及张荫麟在美的学业和未来大计。关于学业,张荫麟回信说:"国史为弟志业,年来治哲学社会学,无非为此种工作之预备。从哲学冀得超放之博观与方法之自觉,从社会学冀明人事之理法。"③在张荫麟的学术生命中,史学、哲学和社会学的关系从此定位,此后研究张荫麟学术的学人都引用信中这句话。张云台说他选读哲学,是相当有"战略眼光的"。④他在信中提及将来邀约同志共编通史的计划。这时他已萌去意,他告诉张其昀,准备于年底回国。他和女朋友伦慧珠已言归于好⑤,在1933年冬天他匆匆返国,博士论文没有写成,便结束四年的留美生活。

张荫麟准备以历史为专业,回国前他从斯坦福致函老师吴宓,说明归国后希望教历史。吴宓请陈寅恪帮忙,陈去信傅斯年,极力推荐张荫麟,誉为"清华近年学生品学俱佳者中之第一人,……庚子赔款之成绩,或即在此一人之身也"⑥,至今仍为史家津津乐道。

---

① 贺麟:《我所认识的荫麟》,见《天才的史学家》,第43—44页。
② 谢文通:《记历史学家张荫麟》,《广州文史资料》,第38期,第55页。又见《天才的史学家》,第87页。
③ 张荫麟:《致张其昀书》,1933年3月7日,自斯坦福大学。见《全集》,上卷,第673—674页。
④ 张云台编:《张荫麟文集》,第4页。
⑤ 贺麟:《我所认识的荫麟》,见《天才的史学家》,第41、45页。
⑥ 陈寅恪:《书信集》,北京:三联书店,2001年,第46—47页,致傅孟真,1933年11月2日。

三　归国执教——出入史哲

从1934年到1942年,张荫麟的哲学研究历程进入第三阶段,他史哲双栖,活跃于北平的史学和哲学圈子里,以哲治史,撰写中国通史,但对哲学的兴趣未减。卢沟桥事发,抗日战争全面展开,他辗转西南,一面讲学,一面著作,研究宋史,介绍西方的哲学思想,国难当前,实行以学术救国。

在北平,张荫麟执教清华母校,由哲学系和历史系合聘专任讲师,在哲学系为三、四年学生授伦理学和英美近代哲学名著选读两科,在历史系为本科及研究生主讲中国学术史,后又开宋史。在北大兼授历史哲学。其时老朋友贺麟早于1931年从柏林回国,在北大讲授西方哲学史,并在清华兼授哲学概论和斯宾诺莎(Spinoza)的哲学。他们一起拜访清华哲学助教张岱年,结交从事哲学研究的朋友。①

他和贺麟在1935年4月参加由冯友兰、汤用彤和金岳霖创办的中国哲学会第一届年会,分别在会上宣读论文,贺麟用西方哲学观点分析《宋儒思想方法》,张荫麟刚好在《大公报·世界思潮》发表了一篇逻辑学的文章,名为《可能性是什么——一个被忽略了的问题》,在年会中,他简略地讨论"可能性"的问题。次年4月,在第二届年会中,他宣读一篇短文,名为《历史哲学的根本问题》。其实他在1934至1936年这两年所发表的哲学论文,都是以前研究的成果,对他来说,这时的志业是国史,他在1935年应邀编撰中学历史教科书,向清华请了假,专心以哲学和社会学的观点编写一本大众化的通史。

通史的编撰因战争的爆发而中断,"七七"事变后,张荫麟仓促南下,在天目山浙江大学短期讲学,不久他从香港坐船到越南,然后转往云南蒙自,到西南联大销假,仍在历史系和哲学系任教,后随校迁往昆明。课余他研究宋史,写了一篇短文,名为《宋儒太极说之转变》,在《新动向》杂志发表。他认为周濂溪的所谓太极,实为粗糙的物理学,而朱熹则以为太极是理,是形而上学。他随手寄了一份文稿给贺麟,贺麟读后,马上写了一文反驳,他以为周朱的太极说,不是理与气的分别,而是一脉相承的演变。辩文写完后,他意犹未尽,在当天的日记加了

---

① 王思隽、李肃东:《贺麟评传》,南昌:百花洲文艺出版社,1993年,第2页。张岱年:《序》,见张云台编:《张荫麟文集》,第2页。

一条:"论周朱之太极说及其异同,驳斥荫麟浅薄之唯物论,关乎学术前途很大,须存稿也。"①虽然二人的哲学思想不合,对他们的友谊没有影响,贺麟认为这是他一生最大的遗憾。

1939年春天,张荫麟应邀到重庆政治部工作,初时希望有机会为政府效劳,后来发觉只是闲职,没有作为,便趁这段空闲的日子读了一些陆象山的著作,研究他的思想,写了《陆学发微》。过了几个月,他返回昆明。因家庭波折及清华待遇的问题,他在1940年7月离开西南联大,转往遵义浙大任教。②

战时百物腾贵,生活艰苦,但张荫麟在遵义的精神生活和学术生活是充实的。他工作认真,很受校长竺可桢和文学院院长梅光迪的器重③,史地系主任张其昀更多方给他帮助和鼓励。他在浙大和谢幼伟重逢,这时谢幼伟在浙大讲授哲学,他们差不多每星期见面,从哲学到社会,无所不谈,趣味相投,引为知己。④

他在浙大讲授中国上古史、唐宋史和历史研究法三门课程。和学生相处得很好,没有架子,有时还约三五个学生到家里吃饭,畅谈天下事,无拘无束,人也比以前开朗。在遵义他和以前西南联大的学生保持联络,书信往来,指导他们研究历史和哲学。⑤

张荫麟到了遵义不久,张其昀便邀他共商大计,准备建立"思想与时代社",办一本月刊及出版国史长编丛书,来宣扬中国文化和民族精神。一年后,在中央政府的支持下,他们的计划终于实现。张荫麟的《中国史纲》石印本于1941年5月由浙大出版。三个月后,《思想与时代》月刊问世,以张荫麟写的"征稿条例"代替发刊辞。⑥

当时抗战进入第四年,民生困苦,政治腐败,一般知识分子陷入清谈的闷局,张荫麟常在他的文章,针对时弊,向社会或当局进言。例如他在《思想与时代》创刊号写了一篇文章,介绍刚在法国沦陷区去世的直觉主义大师柏格森(Bergson,张译为"博格森")的哲学思想,在文中他对近十余年来我国哲学界所流行的"形式主义",颇有非议,觉得当前需要的是一种能够"把握经验世界之真实血

---

① 张荫麟的《宋儒太极说之转变》和贺麟的《与张荫麟先生辩宋儒太极说之转变》二文,见《全集》,下卷,第1663—1669页。《贺麟日记》,1938年6月14日、15日,见《天才的史学家》,第298—299页。
② 贺麟:《我所认识的荫麟》,见《天才的史学家》,第47页。
③ 谢文通:《记历史学家张荫麟》,《广州文史资料》,第38期,第59页。见《天才的史学家》,第90页。
④ 谢幼伟:《张荫麟先生言行录》,见《天才的史学家》,第67页。
⑤ 张荫麟:《致李埏》,1940年至1941年7月,自遵义浙江大学。见《全集》,上卷,第682—686页。
⑥ 张其昀:《敬悼张荫麟先生》,《思想与时代》,第18期,1943年1月。见《天才的史学家》,第9—20页。

肉之哲学",而柏格森的著作,有其真知灼见,可供参考。①

接着他发表《哲学与政治》一文,提出三个哲学修养的标准:理智上彻底诚明的精神,求全的精神,价值意识的锻炼。给当政者一个忠告,哲学如此,政治也应如此。在《中西文化的差异》一文中,他从比较角度,试解释两个基本问题:为什么中国的科学不发达?经济发展落后?他本着传统知识分子的使命,文章救国,事事关心。

张荫麟的生活本来就没有规律,在遵义他更忙个不停,授课、写作、约稿、编辑,有时通宵达旦工作,终于得了肾病。病中仍然不肯休息,有时还向谢幼伟借哲学书看,他对谢说:"看哲学书等如看小说。"②他节译泰戈尔在1930年和爱因斯坦的对话,后来又译了一篇关于怀特海(Whitehead)思想的文章,都刊登在《思想与时代》杂志。这时朋友们都为他的健康而担忧,傅斯年来信慰问③,贺麟和李埏先后到遵义探望他。张其昀特别安排学生照料他的起居生活。张荫麟病情恶化后,张其昀匆忙乘车到重庆雇请专科医生到遵义,不幸中途覆车,在回程时,他接到消息,张荫麟已于10月24日谢世。④ 学界同仁纷纷惋惜英才的早逝,彗星陨落。

四 张荫麟哲学思维之特点

从清华学校到遵义浙大,张荫麟在他二十年的学术生涯里,离不开史哲的研究。他的志业在国史,著名的作品也在国史,相比之下,他发表的哲学论文不多,没有专著。但他在美国斯坦福学习西方哲学三年,获得硕士学位,哲学基础扎实,回国后他一直在一流大学讲授哲学,在国内哲学界相当活跃。总的来说,他是史学家,也是哲学家。谢幼伟说得对,在哲学方面,张荫麟不是哲学专家,他的哲学研究有倾向,但没有系统,并不隶属任何学派。⑤ 五四之后,国人最熟识的

---

① 张荫麟:《博格森(1859—1941)》,《思想与时代》,第1期,1941年8月。又见《全集》,下卷,第1825—1831页。
② 谢幼伟:《张荫麟先生言行录》,见《天才的史学家》,第69页。
③ 张荫麟:《致傅斯年》,1941年9月27日,自遵义浙江大学。又见《全集》,上卷,第680页。
④ 张其昀:《敬悼张荫麟先生》,《思想与时代》,第18期,1943年1月。又见《天才的史学家》,第9—10页。
⑤ 谢幼伟:《张荫麟先生之哲学》,见《天才的史学家》,第146—147页。谢幼伟:《张荫麟》,见《天才的史学家》,第163页。

西方哲学家要算美国的杜威和英国的罗素。由于清华师友的影响,加上他本性独立,不喜跟风随俗,所以他早年独仰慕叔本华和尼采,后来在金岳霖引导之下,心仪摩尔。

留学时期,他喜欢数理逻辑,侧重分析哲学,特别推崇摩尔和布洛德(C. D. Broad)二人的著作。① 贺麟说他读了不少关于数理逻辑的课程②,其实斯坦福大学哲学系并不重视数理逻辑,这是张荫麟不满该系原因之一。斯坦福的档案资料也没有他在校修过数理逻辑的纪录。③ 他在1932年春季到加州大学伯克利分校只读过一门名为逻辑代数的课,他在这方面的学问,全靠自修,由此可见他对数理逻辑的兴趣和恒心。

张荫麟不但对杜威的学说没有兴趣,更反对他的心理逻辑。④ 出于经济原因,他就读斯坦福,跟杜威的大弟子史阿特学习三年,在其指导下,熟读杜威的著作,研究他的伦理观。现在看来,史阿特对张荫麟在学术上的影响,可说微乎其微。张荫麟毕业后从没有写过一篇关于杜威学说的论文,甚至在讨论伦理学的文章里,也不介绍杜威的观点。⑤ 晚年在遵义,有一次谢幼伟出示他写的《杜威的逻辑》书评,文中提及杜威否认逻辑形式为先在,并以为逻辑形式不外探究历程中所发现的条件而加以组织,读到这里,张荫麟坦率地否定杜威的观点,打趣地说:"杜威真老糊涂矣!"⑥反之,他到最后的日子,仍念念不忘摩尔的著作,希望将来能够抽空把《伦理学》(*Ethics*)译为中文出版⑦,十多年来他的哲学倾向依旧,丝毫没有改变。

谢幼伟说,张荫麟在西南联大曾授逻辑一科,据他所知,张的逻辑主张倾向于自亚里士多德以来,一脉相承的形式逻辑,他对现代数理逻辑很有研究,但反对黑格尔的玄学逻辑或辩证法。⑧ 这就是张荫麟和贺麟在哲学观点上的分歧所

---

① 谢幼伟:《张荫麟先生之哲学》,见《天才的史学家》,第137页。
② 贺麟:《我所认识的荫麟》,见《天才的史学家》,第43页。
③ 见斯坦福大学张荫麟成绩档案。因为他在清华读了金岳霖的逻辑学,他在斯坦福没有选修史阿特的逻辑学。
④ 谢幼伟:《张荫麟先生之哲学》,见《天才的史学家》,第138页。
⑤ 张荫麟:《道德哲学之根本问题》,见《全集》,下卷,第1302—1310页。他在这篇论文提到摩尔的伦理思想,但没有介绍杜威的观点。
⑥ 谢幼伟:《张荫麟先生之哲学》,见《天才的史学家》,第139页。
⑦ 谢幼伟:《张荫麟先生之哲学》,见《天才的史学家》,第144页。谢幼伟:《张荫麟》,见《天才的史学家》,第166页。G. E. Moore, *Ethics*(《伦理学》),New York, Holt & Co.,1912。
⑧ 谢幼伟:《张荫麟先生之哲学》,见《天才的史学家》,第138—139页。

在。贺麟早年醉心黑格尔学说,他从奥柏林大学转到芝加哥大学,再转往哈佛大学,摆脱杜威一派的影响,专心研究,最后终于转到黑格尔的故乡,进入柏林大学学习。① 在哈佛时,贺麟比较朱熹和黑格尔的太极说,讨论朱熹心理合一之道,触发贺、张二人的争辩。平心而论,张的哲学有唯物的倾向,这个争辩延续多年,两人的哲学观点不同,各持己见,没有妥协的余地。

除了和贺麟争辩外,张荫麟从没有著文批判其他学派,所以谢幼伟说,他不是唯心论的敌人。② 谢幼伟在张的遗作中找到一篇未完成的文章,名为《心物论》,文中显示张的思路已变,他赞成的不是唯心论,也不是唯物论,谢幼伟推想他晚年走的是康德的旧路,他的思想倾向近乎"心物二元论"③,但该文已散佚,难做定论。

到底张荫麟的哲学观有没有影响他在哲学方面的教学?这是个有趣而微妙的问题。据管佩韦的回忆,他当年在遵义浙大选修历史哲学课,张氏对西方各种历史观点,包括马克思的唯物史观,一一介绍,还重点讲授19世纪英国早期实证主义历史学家的代表人物博克尔(H. T. Buckle)的史学观点,指出博克尔开始注意到历史的规律性,并主张"只有通过揭示因果关系,才能把历史上升为科学"。④ 可以说,他讲授一般普通哲学科目时,他的哲学观对教学的影响不大。

但当他指导学生研究哲学时,影响还是有的。这点可以从他致学生的一封信里看出来。他在信中指导李埏:"如欲读哲学书,可先读休谟(Hume)之论人性及悟性两书。次读格林(T. R. Green)对休谟之批评。如读此三书而通其意,则于西洋哲学已得门径矣。近人哲学概论一类书不必看也。"⑤休谟是18世纪英国实验主义的健将,他在两书中力斥以神学和理性主义为基础的伦理学,他以为"善""恶"和"道德"的概念,没有客观的标准,只是人们感情的产物,而道德

---

① 王思隽、李肃东:《贺麟评传》,第24—27页。
② 谢幼伟:《张荫麟先生言行录》,见《天才的史学家》,第76页。
③ 同上书,第148页。
④ 管佩韦:《张荫麟教授的历史教学》,见《天才的史学家》,第219页。
⑤ 张荫麟:《致李埏》,1940年9月8日,自遵义浙江大学。见《全集》,上卷,第682—683页。"近人哲学概论"大概是指张东荪的《道德哲学》那一类的书。他取笑张东荪,说他的哲学概念混淆不清。张荫麟:《道德哲学之根本问题》,见《全集》,下卷,第1302—1305页。张荫麟:《戴东原乱语选录(五)》见《全集》,下卷,第1343—1346页。David Hume, *A Treatise of Human Nature*, edited by L. A. Selby-Bigge, Oxford: Clarendon Press, 1894. *An Inquiry concerning Human Understanding*, edited by Tom L. Beauchamp, Oxford: Oxford University Press, 1896. "Hume and Locke" in T. R. Green & T. H. Grose, eds. *The Philosophical Works of David Hume*(《休谟的哲学论著》), London: Longman, 1875.

的发展和功利有莫大的关系,他的"直觉论""功利说"和"怀疑论"影响一代英国的伦理学家。① 格林是19世纪末期英国新黑格尔主义的奠基者,他引入康德的纯粹理性和黑格尔的绝对理性观,把道德关系的问题置入社会架构中,对以休谟为首的经验主义论进行彻底的批判。② 这三本书其实不易读,若能通其意,已掌握近代英国哲学的发展趋势,了解摩尔伦理观兴起的背景。张荫麟信中还清楚指示读哲学的要诀:读书贵精不贵多,首重分析与悟理。③ 说来有点讽刺,他在美国的高等学府接受哲学训练,但他主要的兴趣还是英国的思想潮流。

综观张荫麟的哲学著作,每期都有其特色。清华期以翻译为主,斯坦福期间除了翻译外,他开始用西方哲学观点写书评,并撰写幽默的哲学对话录。回国后初时写一些讨论哲学问题的短文,在遵义的两年半最具创作力,作品渐趋成熟。谢幼伟推崇他在《论哲学修养》一文中提出的诚明和求全的精神,他在数理逻辑论文里阐释同一律的创见,和他的天人合一的宗教观,认为这都是张荫麟在哲学方面的贡献。④ 但《哲学与政治》只是一篇短文,《说同一》是未完成的遗作,而关于他宗教观的文字,竟是刊登在《益世报》的《宗教精神与抗建事业》一文被编辑抽去的一段,寥寥数行,只有谢幼伟和编辑及有关人士看过,流传不广,并不足以代表他的哲学贡献。可以说,这些著作标志着一个创作时期的开始,但他的生命已走到尽头,一切创作随之结束,实在可惜。今天我们重读他的著作,不难发现他在伦理学、翻译、历史哲学和以哲学治史各方面取得的成就,以及在学术上的贡献。

在伦理学方面,他熟读杜威和摩尔的著作,下过一番苦功写硕士论文,这是他在斯坦福大学哲学系学习三年的结晶。从他硕士毕业到今天,已过八十多年,在这段时间,还没有其他学者同样比较过杜威和摩尔的伦理观。毋庸置疑,他是伦理学家,可惜始终没有机会整理论文出版,结果在战乱中遗失,谢幼伟在战后也找不到。我们终于在斯坦福大学图书馆发掘出来,重新认识张荫麟的伦理学修养,此后再不能忽视他在这方面的成就。

说到翻译,无可否认,张荫麟在介绍西方哲学,尤其是斯宾格勒的思想,有一

---

① Alasdair MacIntyre, *A Short History of Ethics*(《伦理学简史》), New York, 1966, pp. 168-169. "David Hume" in *Encyclopedia of Ethics*(《伦理学百科全书》), New York, 2001, Vol. 2, pp. 803-815.
② Alasdair MacIntyre, *A Short History of Ethics*(《伦理学简史》), pp. 244-248. "T. H. Green" in *Encyclopedia of Ethics*(《伦理学百科全书》), Vol. 1, pp. 803-815.
③ 张荫麟:《致李埏》,1940年9月8日,自遵义浙江大学。见《全集》,上卷,第682—683页。
④ 谢幼伟:《张荫麟先生之哲学》,见《天才的史学家》,第136—149页。

定的贡献。他师承吴宓,加上在美三年严格的哲学训练,翻译水平已臻信、达、雅的境界。据谢幼伟说,张荫麟对于西方哲学名词的中译,有他的意见。他认为译名须恰切,不能丧失原意,最好和本土哲学有联谊。举一个例,唯心的"唯"字,有"只此无他"的意义,有"排斥或独占"的意义,跟唯心或唯物的应有意义不符。实际唯心论并不完全否认物的存在,避免误解,他主张把唯心论译为心宗,唯物论译为物宗,心宗、物宗和佛典上法相宗、法性宗等名词有联谊,他的翻译心得,可供参考。①

至于历史哲学的研究,张荫麟很早在这方面取得成就,享有盛名。王晴佳以为:"他对西方历史哲学的认识……不但比梁启超、胡适等人高一个层次,而且和他同样留学美国,也对历史哲学有兴趣的罗家伦相比,显得更深入。"② 其中原因很多,除了外文修养、全面的欧洲史和西方哲学的训练、个人的学习心得外,主要的是他的专一研究精神。他从西方史学方法入手,转到哲学,研究各家史观的哲理,取长补短,尝试建立一套用来编写通史的理论。

他在清华时期已熟悉西方史学方法,引法国史家色诺波(Charles Seignobos)的理论,指出顾颉刚在《古史辨》中误用"默证",因而一举成名。③ 在斯坦福时期,他的一篇《传统历史哲学之总结算》检讨五种史观——目的史观、循环律、历史"辩证法"、演化史观和文化变迁之因果律,详加批判,并比较其长短,尽显他在历史哲学研究的功力。等到抗战期间,他写成《通史方法略论》,在《益世报》发表,后题名"自序"收入重庆青年书店版《中国史纲》。文中讨论五个"笔削"的标准:新异性的标准(Standard of Novelty),实效的标准(Standard of Practical Effect),文化价值的标准(Standard of Cultural Values),训诲功用的标准(Standard of Didactic Utility),现状渊源的标准(Standard of Genetic Relation with Present Situations)。他又提出贯通历史的四个范畴:因果的范畴和发展的范畴,而后者又包括三个小范畴:定向的发展(Teleological Development),演化的发展(Evolutional Development),矛盾的发展(Dialectical Development),其见识的广博,使人耳目一新。许冠三觉得张荫麟所"发明"的通史取材原理,是他对新史学最具体而最重大的贡献。④ 尽管理论完美,但他在通史的写作,很多时顾此失彼,力不

---

① 谢幼伟:《张荫麟先生言行录》,见《天才的史学家》,第78页。
② 王晴佳:《中国史学的科学化——专科化与跨学科》,见罗志田编:《20世纪的中国:学术与社会·史学卷》,下卷,济南:山东人民出版社,2001年,第655页。
③ 张荫麟:《评近人对于中国古史之讨论》,见《全集》,中卷,第801—813页。
④ 许冠三:《新史学九十年》,上册,香港:香港中文大学出版社,1986年,第65页。

从心,没能同时兼顾多个范畴,致有"眼高手低"之评。① 其实新通史的写作是一种尝试,很多方面有待改进,可惜天不假年,没有给他机会重写。他的贡献不是"发明"而是"创新",他走出一条新的道路,启发下一代的史学家从事新通史的编撰。

差不多所有讨论张荫麟史学的文章,都提到他以哲学和社会学研究史学的特点。在广义上,张荫麟的治史方法类似跨学科研究。早在 1928 年,何炳松在《通史新义》中介绍色诺波的著作《应用于社会科学上之历史研究法》(Charles Seignobos, *La Methode Historique Appliquee aux Sciences Sociales*),并探讨史学方法与其他社会科学方法的关系。② 再经傅斯年和姚从吾等史家先后提倡,跨学科研究已成一种新的趋向。在这方面张荫麟走的路比较迂回,他从哲学转到社会科学,斯坦福四年给他打下扎实的基础,他掌握多种学科,包括欧洲史、欧美哲学史、西方思想史、历史哲学、逻辑学、伦理学、社会学、经济学、心理学和人类学,融会贯通,从不同角度观察中国历史的发展。例如他用阶级制度分析中国古代的封建社会,从伦理学的角度研究孔子和墨子的道德思想,用社会经济解释战国时期的变迁。到后来,他的作品更趋成熟,发表连串拓荒之作,如《宋初王小波李顺之乱》《北宋土地分配与社会骚动》《两宋初年的均富思想》等论文,把宋史研究带到新的领域。可以说,他以哲学和社会学治国史,其贡献在推广跨学科研究,提高学术水平。

※ ※ ※

由此看来,无论是研究张荫麟哲学或史学的学者,都不能不读他的哲学论著。编者有见及此,特别搜罗他的哲学论文三十七篇,结集成书,以供参考。

全书分上编和下编,上编所收论文分三部,第一部是哲学研究,包括书评、小传、思想简介、哲理小品,按文章的出版日期次序排列。第二部是哲理式对话录,共收七篇。无论在体裁、内容或风格上,对话录跟其他哲学文章完全不同,所以自成一部。第三部是翻译,共收六篇。张荫麟说他的译文是受林琴南翻译的影响。胡适觉得他的话不确切,还指出他的译文有些句子不通,通与不通,见仁

---

① 王晴佳:《中国史学的科学化——专科化与跨学科》,见罗志田编:《20 世纪的中国:学术与社会·史学卷》,下卷,第 659 页。
② 何炳松:《通史新义》,新华书店,1992 年,第 19 页。何把 Seignobos 译作塞诺波。

见智,又是观点问题。① 下篇是专论,主要是他的硕士论文,英文原著,今请得劳悦强教授中译全文。劳教授专攻中西哲学思想,亦长于翻译,他在这方面的功力,不逊张荫麟。他对西方哲学名词的翻译,有其主张,自成一格,可参考译者附记。

这部文存是张荫麟研究三部曲之一。笔者和李欣荣教授合作多年,计划出版张荫麟研究三种,一为纪念文集《天才的史学家——回忆张荫麟》,"清华大学师友丛书"之一。一为《张荫麟全集》,共三卷。二者先后由清华大学出版。② 本书的问世,北大出版社前任编辑岳秀坤和现任编辑吴敏出力至多,功不可没,特此致谢。如果没有下列各专家和学者的帮助,恐怕本文存今天仍无缘和读者见面。感谢李朝津和黄文德多年来在台北不遗余力帮助编者收集有关张荫麟的论文和资料,李欣荣转来张荫麟致容庚及李埏的书信,并在北大图书馆收集张氏在各报刊发表的文章,张瑞德在台湾"中研院"向编者提示张荫麟硕士论文的下落,斯坦福大学档案馆参考部主任 Polly Armstrong 给我找到及影印张荫麟的硕士论文,特别档案主任 Patricia White 提供中国留学生资料,馆长 Margaret Kimball 提供张荫麟的学业档案,并授权出版中译论文。斯坦福大学哲学系 Tanner 图书馆主任 Evelyn McMillan 提供哲学系在第二次世界大战前的课程和张荫麟的导师 Henry Stuart 及 Harold Brown 小传。此外,明尼苏达州立大学图书馆参考部主任 Larry Schwartz 助我翻查有关杜威及摩尔的研究资料,哲学系 Tracy Scholl 和 Chang Seong Hong 教授指导我解读各西方哲学家的著作。劳悦强翻译硕士论文,谨此一并致谢。限于水平,深知哲学论著的收集,尚有遗漏,文章的分类及硕士论文的中译,可商榷的地方不少,敬请海内外高明,不吝赐教,是为序。

陈润成

于美国明尼苏达州立大学史学工作室

2008 年 8 月初稿

2010 年 7 月再稿

2018 年 5 月校正

---

① 胡颂平:《胡适之先生晚年谈话录》,台北:联经出版有限公司,1985 年,第 64 页。
② 陈润成、李欣荣编:《天才的史学家——追忆张荫麟》,北京:清华大学出版社,2009 年。陈润成、李欣荣编:《张荫麟全集》,三卷,北京:清华大学出版社,2013 年。

上编 论 文

一　哲学研究

毫无疑问的信仰

设想你身在异乡,忽然有一个人从故乡来,告诉你说,一个与你至亲爱的人已经病死了。我相信你听了,一定五内俱裂,或且号咷大哭。我相信你在这一刻,在听到这恶消息的一刻,心中大约不会去研究"他的话到底靠得住靠不住"或"他究竟是否说谎"一类的问题;虽然你将来或者会发现他的话是靠不住的,他是说谎。又设想你身在现在北京城郊外游行,忽然看见前面的行人拼命的奔跑,说有丘八开枪劫掠。我想你这时纵不致仓皇失措,惊破了胆,大概也不会有功夫去疑问,他们狂奔的人是否受了幻觉的支配,是否受了旁人的诳欺,虽然你将来或者会发现他们实在是"相惊伯有"。有许多事情,能使我们一听了便毫无疑问地立刻相信。

这其间,我想,有两个重要的原因。第一,这些事情,因为刺激力极大之故,能于刹那间掀动人的感情,使他那副智识的机器,霎时间被喜怒哀乐忧惧爱恶或欲管辖住;凡与这管辖的感情方向相背的思想,极不容易进来。第二,凡刺激力极大的事情,都富于"联想性"。"联想性"这个名词,是我杜撰的,意思就是说,它能使人回忆起或想象到许多事情。譬如你听说一个与你至亲爱的人死了,你便会想象到他死的时候怎样痛苦,想象到他死后对于你的影响;你便会回忆他从前与你的关系。又譬如你在路上听说丘八大王开枪抢劫,你便会回忆起丘八大王的凶暴残忍,你便会想象到遇见丘八大王的危险。这些回忆和想象就是掀动感情的动力。而感情越发掀动,这些回忆和想象越发扩大。你的脑筋被这些回忆或想象,或兼两者盘踞满了,其他思想便无隙可入。因为这两个原故,发生怀疑总是在刺激过去以后,或且更要等到其他事实的反证。所以有许多事情能使吾人一听了便毫无疑问地立刻相信。我自己在相熟的友朋中算被说是比较喜怀疑,喜从反面着想的;但是我常常发现我受人诳骗了,常常发现我相信子虚乌有的事实。每逢我有了这些发现的时候,我总自己悔恨地说"这些事情之不可靠本来是很明显的,为什么我最初听说的时候丝毫不起怀疑呢?"然而我只管这样懊悔,到了下次还是依然如故。可见当时的、自觉的怀疑殊非易事。

还有一点要注意:我上面所说的"刺激力"是相对的,不是绝对的。同是一件事情,或者因为听者的智识的关系,或者因为听者的性格的关系,或者因为听说时的情势的关系,其对于若干人所发生的刺激力不一定相同。假如有一个乡下的农人,和一个大学里的科学教授同听一个妖魔的故事,那农夫听了也许当天晚上不敢独睡;那教授听了只一笑置之罢了。又假如你对一个躁暴如雷的人,入情入理地诬说他的夫人有"中冓之羞",他也许立刻回家把他的夫人一刀两断;你若同样对一个头脑静密的人说,他一定声色不动。又假如甲乙两人,各听说一个与他至亲爱的人病死了,但甲在不久以前接到家里一封信说那与他至亲爱的人极为康健;那么,这甲、乙二人当时的感想,便会有些不同了。大凡有成见的人,对于与他的成见相谐协的事情分外容易感受刺激,所以分外容易毫无疑问地立刻相信。例如一个女子,若听说她的爱人做了一件极荣耀的事,她爱与喜的感情,和荣耀的联想会使她无暇问这件事情的真伪;虽然在旁人看来,这件事情也许是空中的楼阁。反之,她若听说她爱人的仇人做了一件不名誉的事,他决慰的感情和幸灾乐祸的联想也会使她同样贸然地相信。又例如坚持一种主张的人听到一件足以助他的主张张目的事情,或极力反对一种主张的人听到一件不利于他所反对的主张的事情,那么他在骄夸"言必有中"和证明"不出我所料"的忙碌中,"这件事情是否可靠"的根本问题早已辟易千里了。是的,有成见的人之对于他的成见相谐协的事情,好像照相用的感光片之对于日光一般,能感受别人所不能感受的刺激,能生别人所不能生出的反应。

总结以上所说:刺激力极强的事情,因为展发人的联想和掀动人的感情的原故,能使人听了便毫无疑问地立刻相信。而一件事情对于一个人刺激力之强弱每视乎下列四者而异:(一)个人的智识;(二)个人的性格;(三)听说时的情势;(四)个人的成见。四者之中除第三项外,都是存乎个人。可知我们欲免除不问而信的危险,欲减少受人诳骗的机会,只有:(一)提高自己的智识;(二)把自己的头脑操练到冷静致密;(三)蠲除成见。烛伪是人类最高的智慧,被骗是人类最大的损失。我们看看,天下古今几许愚人,飞蛾扑火似的把一生葬送在一个丝毫未经疑问的信仰里,这是何等可怪而又可笑呵!

(原载《弘毅》第 1 卷第 1 期,1926 年 5 月)

《荀子·解蔽篇》补释

《荀子》一书,虽经清儒数家校释,有王先谦集解,然尚多遗义。近日讲诸子者,多好寻释墨经,于荀书鲜措意焉。惟梁任公教授在本校研究院讲演书示例,于《解蔽》《正名》两篇,颇多新诂;而英人J. J. L. Duyuendak曾将《正名篇》释为英文(见《通报》第二十三卷第四期),于胡适《先秦名学史》所疏解间有改订。然即就此二篇而论,今尚多未尽之处也。余近课余为人讲《荀子》,间有管见,随录书眉。会《周刊》记者索增刊稿急,无暇撰文,勉聚钞成此篇应之,非敢云有当也。

(一)蔽于一曲而暗于大理

杨注云:"一曲,一端之曲说。"梁任公云:"未确,盖荀子之意,谓不见全体而见一偏之谓,略如佛家盲人扪象之喻。"(据吴其昌君所记,见《清华周刊》第25卷第3号,下仿此)。荫按:梁说是也。《庄子·天下篇》云:"不遍不该,一曲之士也。"一曲为遍,该之反面,即一偏也。本篇下文云:"曲知一之人,观于道之一隅而未能识也",即一曲之注脚也。曲字,古有偏小不全之训。《中庸》"其次致曲",郑注"曲,犹小小之事"是也。本书《正论篇》云"上偏曲则下比周矣",即用此义。(《中庸》作名词用,此作状词用。)

(二)宋子蔽于欲而不知得

杨注云:"宋子以人之情,欲寡而不欲多。但任其所欲则自治也。蔽于此说,而不知得欲之道也。"俞樾云:"古得德字通用,蔽于欲而不知德,正与下句慎子蔽于法而不知贤一律"。梁任公云:"宋子学说今无书传世,惟《正名篇》(荫按:当作《正论篇》)引之云'子宋子曰,人之情欲寡,而皆以己之情为欲多,是过也'。其文义不易了解。以意度之,宋子之意,但求适可而止,如一衣已又(足?)御寒,则不必更求盈箱溢箧之衣。荀子所谓欲,非谓宋子有贪欲之欲,言宋子但求内心之欲一方面,而不更求之外界供给之一方面也。"荫按:俞说之荒谬在穿凿字眼,而不知宋子学说为何物,此清儒之通病也。任公说亦未尽当。任公之

"意度",盖根据《庄子·天下篇》所称宋钘、尹文"人之我养,毕足而止"之说。不知"人我之养,毕足而止"乃"情欲寡"说之用耳,非即情寡欲之说也。(按任公于所撰《〈庄子·天下篇〉释义》中已更正前说。)杨注谓:"宋子以人之情,欲寡而不欲多。"此言极是,惟以下谬耳。宋子之说,但观《正论篇》荀子之驳论便明,其言曰:应之(指宋子之说)曰,然则亦以人之情,为目不欲綦声,口不欲綦味,鼻不欲綦臭,形不欲綦佚,——此五者,亦以人之情为不欲乎?曰:人之情,欲是已。曰:若是则说必不行矣。以人之情为欲此五者而不欲多,是犹以人情欲富贵而久欲货也,好美而恶西施也。

宋子以人情本来欲少而不欲多,原为一种诡辩,故荀子称其"卒其群徒,辨其谈说,明其譬称,使人知情欲寡"(《正论篇》)也。至其"称譬",今虽无可考,要不外犯论理学上"概括之谬误"(Fallacy of generalization),故《正名篇》言其"惑于用实以乱名",而谓"验之以所缘无以异同,而观其孰调,则能禁之也"。以上言宋子之学说。荀子所讥宋子之"欲"盖指"欲寡"之欲也。至于此句中"得"字作何解,但观《荀子·正论篇》中承上所引之文便明。

古之人为之不然。以人之情为欲多而不欲寡,故赏之以富贵而罚之以杀损也。是百王之所同也。故上贤禄天下,次贤禄一国,下贤禄田邑,愿悫之以民完衣食。今子宋子以是之情为欲寡也,然则先王以所人不欲者赏,而以人之欲者罚耶?

所谓"得",即天下。一国,田邑之禄之类也。杀损即得之反面也。

(三)由欲(原作俗)谓之,道尽嗛矣。

杨注云:"俗当为欲;嗛欲慊同,快也。言答从人所欲,不为节限,则天下之道尽于快意也。"梁任公云:"俗字必有误,但为何字之误,不能详考。"荫按:杨注所校改极是,惟所释大谬。上文列举"墨子蔽于用","慎子蔽于法","申子蔽于势","惠子蔽于辞","庄子蔽于天",而"宋子蔽于欲"。下文承之云"由用谓之","由法谓之","由辞谓之","由天谓之",则其于宋子当云"由欲谓之"也。此欲字即"寡欲"之欲。嗛字在《荀子》书中皆与慊自义。慊,厌足也。大学"如恶恶臭,如好好色",——此之谓自谦;郑注,谋读为慊,慊之言厌也。孟子"吾何慊乎哉",庄子"尽去而后慊",慊皆训厌足。此所谓嗛,指宋子"人我之养,毕足而止"之说也。答曰:由宋子欲寡之蔽而言之,则道尽于"人我之养,毕足而止"矣。荀子主张:"为之礼义以分之。便有贵贱之等,长幼之差,知之愚能不能之分。……然后使谷禄多寡厚薄之称。……故或禄之天下而不自以为多。"故反对"人我之养,毕足而止"之说。

（四）作之,则将须道者之虚,〔虚〕则入（原作人）将事道者之壹,〔壹〕则尽（原文下尚有一尽字）将思道者之静,〔静〕则察。（〔 〕内字皆校增）

此数语原文讹脱不可句读,据王引之校正如右。王曰,"将语词",是也。此言虚壹静三者之关系。入、尽、将、思皆动词。荫又按:第一将字上当脱一字,此字当为动词,与下文"入""尽"平行,惟未审为何字耳。

（五）万物莫形而不见,莫见而不论,莫论而失位。

郝懿行云:"见读为现,示也。论读为伦,理也。"荫按:郝说非是,当从杨注皆读如字。形为动词,言万物凡具形体者莫不见,正与篇首"白墨在前而不见"针对。

（六）贰则疑惑,〔壹〕以赞稽之万物可兼知也。

荫按:以字上脱"壹"字。"以"字为介词,必有所辖字,否则大法上不可通。（因所辖字见于上文而省者,不在此例。）杨注云:"以壹而不以贰之道助考之,则可兼知万物。"可见杨氏所见原文未脱也。王念孙谓贰为戒之误,王先谦非之,王是也。贰壹对举与上下文紧承,不容易也。

（七）故曰,心容,其择也无禁,自见其物也杂博。

杨注:"容,受也。"梁任公以心容为心灵状态。荫按:当从杨注。上文云"心者自禁也,自使也,自夺也,自取也,自行也,自取也",此承上文言"择""禁",皆指思考历程。任公说与上下文不协。

（八）曾子曰,是其庭可以搏鼠,恶能于我歌矣？（以下有阙文）空石之中有人焉,其名曰觙,其为人也善射以好思。耳目之欲接,则败其思;蚊虫之声闻,则败其精,是以辟耳目之欲,而远蚊虫之声,闲居静思,则通。思仁若是,可谓微乎？孟子恶败而出妻,可谓能自强矣,未及思也。有子恶卧而焠掌,可谓自忍矣,未及好也。辟耳目之欲,远蚊虫之声可谓危矣,未可谓微也。

此段原文错乱讹脱不为句读,依郝懿行、郭嵩焘校改如右,然仍有脱论。"空谷中……"以上当脱二节:其一节当述孟子事,作"孟子……可谓□乎？"其一节当述子思事,作"子思……可谓□乎？"与"空谷之中有人焉……可谓微乎？"一节平行为三。下文"未及思也","未及好也","未可谓微也"三层正承此三节而言。

（九）故浊明外景,清明内景。

荫按:此即上文"譬如槃水,正错而勿动,则湛浊在下,而清明在上,则足以见须眉而察理"之义。杨注云:"景,光色也;浊谓混迹,清谓虚白";此搔不着痒处。俞樾引《大戴记》释之云:"天道曰圆,地道曰方;方曰幽而圆曰明,明者吐气者也,是故外景;幽者含气者也,是故内景;故火曰内景而金水内景。"此转言之又言,使人莫名其妙矣。清代汉学家咬文嚼字,不顾义理,其弊乃一至于此也。

(十)凡可(原作以)知,人之性也。可以知,物之理也。必叩(原文可下有"以"言)知人其性,求可以知物之理……

梁任公云:"详其文义,当作'凡可知,人之性也;可以知物之理也'。其意若智'凡可知者,人之性也;此可知其性,可以知物之理'。"荫按:任公说上半是,下半近而未洽。原意若谓"有知之可能的是人之性,有被知之可能的是物之理","可以知"为被动理词。"以可以知人之性,求可以知物之理":此处第一以字疑涉下文而衍,其意若谓"用有知其可能的人性,去求有被知之可能性的物理"。依此则文中两"可以知"三字,意义上及文法关系上相同。若依梁释则当异矣。

(十一)传曰:"天下有二;非察是,是察非",谓合王制与不合王制也。天下有不以"是"为隆正也,而能分是非,治曲直者耶?若夫"非"分是非,"非"治曲直,"非"辨治乱,"非"治人道,虽能之无益于人,不能无损于人。案直将治怪说玩奇辞,以相挠滑也。

杨注释首句云:"众以为是者而非非之,众以为非者而察之。"又曰"所以非察是,是察非,观其合于王制与否也。"荫按:杨注非也。"非察是,是察非"二语当倒置。合王制与不合王制分承此二层而言。"是察非"即下篇所谓"以'是'为隆正"也;"非察是"即下文"'非'分是非"之类,即"治怪说玩奇辞"也。"治曲直"下当脱"辨治乱,治人道"六字,寻释下文而知之。文中"是""非"二字("非分是非"之末是非二字除外)有正与负,肯定与否定,或建设的与破坏的之义。

(原载《清华周刊·十五周年纪念增刊》,1926 年)

关于朱熹太极说之讨论

我读了上面贺君的文章,不禁发生了一个问题:朱子的第一太极说(即"总天地万物之理"的太极)和他的第二种太极说(即"须以心为主而论"的太极)是否打成两橛,而不能贯通的?当他主张第二种太极说时,是否放弃了第一种太极说?贺君没有把这两说的关系说明,很容易使读者误会,朱子曾经改变了他的太极说,或至少曾有两种不能贯通的太极说。我想这样或者不是贺君的本意。据我看来,这两说只是一说。何以言之?

朱子一方面认宇宙为一整个的有机体,支配这有机体的生成和一切活动总原理便是"太极"。所以说"盖天地间只有动静两端循环不已,更无余事,此之谓'易'。而其动其静,则必有所以动静之理焉,是则所谓'太极'者也"。(《文集》卷二《答杨子直》)这太极是"浑然全体","不可以文字言,但其中含具万理"(《文集》卷七《答陈器之》)。从这方面看来,他的太极和黑格尔的"绝对观念"很有点相像。但黑格尔以为这"绝对观念的实现"是"绝对的我",这大"我"的本体,只是心,只是精神。而朱子的太极只是抽象的法则,永远寓于"气"之中。"理又非别为一物,即存乎是气之中,无是气则理亦无挂搭处。"(《语类》卷一)气是什么?就是构成"金木水火土"的原料,是形而下的,是有体质可捉摸的。朱子有时说理具于心中,这并不与理寓于气之说冲突,因为朱子所谓"心",并不是西洋哲学史上与"物"相对抗的"心",只是气之清轻而为理所寓者而已。这与希腊 Democritus 以心为精细的原子之说很相像。心的作用只是理气结合的作用(其说详后),心是气的一部分,心内是气,心外是气,说理具于心,只是说理具于气而已。这是朱子与黑格尔不同的第一点。黑格尔以为宇宙的全部历史是"绝对观念"的展现。这"绝对观念"具于宇宙历史全部,而不具于其一部分。朱子却不然,他一方面认太极为整个宇宙的原理,一方面又认太极为宇宙任何部分的原理。他一方面以为太极具整个的宇宙之中,一方面又以为太极具于宇宙之任何部分之中。所以说,"太极是天地万物之理,在天地言,则天地中有太极,在万物言,则万物中各有太极"。(《语类》卷一,页1)这里说天地是包括全宇宙(宋明儒书中天地二字大都为此用),万物是指宇宙各部分言。宇宙各部分的太极,或"理",是相同的。故此说"大抵天地间只一理,随其到处分出许多名字来"(《语类》卷一,页45),又说"人物之生天赋,以此理未尝不同"(《语类》卷一,页28)。除部分以外无全体,除宇宙各部分的理以外,无宇宙的总原理。既然宇宙各部分的原理,即太极,是同一的,则宇宙各部分的太极便是全宇宙的太极。于是发生一个问题了。既然理是唯一的,而一切物都同赋有此理,何以万物却纷纭互异,并且有相差得很远的呢?朱子解答道,万物之相异,一、由于万物所受的"气",性质上,有"清浊纯驳"之不同,而理受气的性质的影响。好比同一"日月之光"若在露地则尽见之,若在篱屋之下有遮蔽,"有见有不见"。又好比同是清水,"倾放在白碗中是一般色,乃放在黑碗中又是一般色,放青碗中又是一般色"。二、由于所受的气,度量上的有大小之不同,因而所赋的"理"有程度上之差异。"如一江水(理)还将杓去取,只得一杓,将碗去取,只得一碗,至于一桶一缸各自随器量不同。"同一的理因为在不同的"气"分中而表现不同,故此从万物之既然上看来,好像有无数理的。故此说:

"物物具一太极。"(《语类》卷一,页27)

"惟其理有许多,故物有许多。"(《语类》卷三,页23)

"论万物之一原则,理同而气异,观万物之异体,则气犹相近而理绝不同。"问"理同而气异"。"此一句是说方付与万物之初,以其天命流行,只是一般,故理同。以其二五之气有清浊纯驳故气异。下句是就万物已得之后说,以其虽有清浊之不同而同此二五之气,故气相近。以其昏明开塞之甚远,故其绝不同。"(《语类》卷一,页26)

要之,同者是理之原本,不同者是理之表现。朱子书中言理,或指理之原本,或指理之表现,读者宜分别观之。

既然"总天地万物之理"具于一物,而心只是一物,那么"总天地万物之理"的太极说,与"须以心为主而论"的太极说自然可以贯通了。我们且仔细考察朱子所谓"心"是什么?

"心者一身之主宰。意者心之所发,情者心之所动,志者心之所之。"(《语类》卷一,页42)

"有心必有思虑,有营为。"(《语类》卷一,页2)

以上言心之用。

"天道流行,发育万物,有理而后有气,虽是一时都有,毕竟以理为主。人得之以有生。气之清者为气,浊者为质。知觉运动,阳为之也,形体阴为之也。气曰魂,体曰魄。高诱《淮南子》注曰'魂者阳之神,魄者阴之神'。所谓神者,以其主乎形气也。"(《语类》卷一,页 14)

"人之所以生理与气合而已。……凡人能言语动作思虑营为,皆气也,而理存焉。"(《语类》卷一,页 31)

问:"知觉是心之灵,固如此,抑气之为耶?"曰:"不专是气,是先有知觉之理。理未知觉,气聚成形。理与气合便能知觉,譬如这烛火是因得这脂膏便有许多光圈。"(《语类》卷一,页 40)

以上言心之体。

合观上引各则,可知朱子所谓"心",不过一种理与气(这气似当是较清的气,是"阳")之结合,其作用为思虑营为,主宰乎身。只是理不成其为心,只是气也不成其为心。理不能离气而独存,气也不能离理而独立。人人的心所具的理,或太极,都相同。理之在人心者谓之性。这性就是太极浑然之体,本不可以名言,当其未与外物感接,未发动时,寂然无形象可见。但其中含具万理,与外物感接时便表现出来。"纲理之大者有四,故命之曰仁、义、礼、智,……端虽有四……然仁实贯乎四者之中……仁者仁之本体,礼者仁之节文,义者仁之断制,智者仁之分别。"(《文集》卷七,《答杨器之》)故人性的要素可以用一仁字包括。性虽尽人而同,但禀气的清浊,则因人而异,气禀可以影响于性。气愈清,则性愈明晰,而其实现之阻力愈少,故趋于善。气愈浊,则性愈晦,而其实现之阻力愈大,故趋于恶。我这里用两个"趋"字,读者要特别注意。如因人的善恶是由气禀断定的,还用得着什么修养?朱子因为要保存修养的重要,故此不能不避免唯物的命定论,而主张:

一、虽因气禀之清浊而性有明暗,而暗者可使其明。"一人之性论明暗,物之性只是偏塞,暗者可使之明,已偏塞者不可使之通也。"(《语类》卷一,页 26)

二、心本来有被外物引诱而趋于恶的可能。"此心不操即舍,不出即入,别无闲处可安顿。"(《文集》卷二,《答游诚之》)

涵养用敬的目的,只是屏绝外物的引诱,拨开气质的遮蔽,使性得充分的实现,使"天理流行"。使心与外界感接时,"发而皆中节"。这具仁义礼智四端的性,不独是人心的太极,并且是一切物的太极,是"总天地万物之理"。个人能复性,能使性得充分的实现,便使个人的目的与宇宙的目的合一,便"上下与天地同流"。这便是朱子安身的地方,这便是朱子的宗教。

(署名"素痴",原载《大公报·文学副刊》148期,1930年11月10日)

中国书艺批评学序言

我国艺术史上有一特殊现象,即语言符号亦可为审美之对象,为种种才力之所寄托。名书家之墨迹,吾人视其作用及价值,与众文化所同具而公认为艺术品者同。此于"书画"之连名而可见。此种以中国字形为材料之创造,吾人试名之曰"书艺"。此艺在中国至少已有二千余年之历史。使二千余年来关于此艺之经验与判断而完全根据于一种错觉则已,如不尔,则我国之语言符号,必有其特殊之可能性,使得成为艺术之材料,而此材料必有其运用之原理,于以构成一艺术品。

是故,吾人有待解决之问题如下:

一、我国书艺与众文化所公认之诸艺术,有无根本相类之点,使书艺得成为一种艺术?精析言之,此问题实包含两问题:(甲)书艺与诸艺术有无相类之点?(乙)此共同之点是否即艺术之要素?

二、艺术之要素,苟为书艺所具,如何在书艺中实现?

三、书艺与其他艺术又有何根本差异之点,使得成为一特殊艺术?换言之,书艺就其为艺术而论,有何特别之优长,有何特别之限制?何者构成书艺之"型类"?

四、书艺之派别有何美学的意义?

此诸问题之解答可以构成美学之一新支,吾人可名之曰"中国书艺之美学"(The Aesthetics of Chinese Calligraphy)。以此学之原理为基础,可以建设一"书艺批评学",其任务在探求书艺上美恶之标准,并阐明此标准之应用。本文之范围,只在试求解答上列诸问题,为书艺批评学奠其基础,故题曰"中国书艺批评学序言"云。以作者艺术素养之浅,美学智识之俭,以下所陈述,殊未敢自信为满意,而冒昧发表之者,特以对于我国书艺,至今尚未有人为美学上之考察,冀以此文为大辂之椎轮耳。

欲论"书艺"之特质,宜先明何为审美之经验。吾人对于外物(或外物之表象)可有种种不同之态度。例如见物而思如何利用之以达生活上之某一目的,是谓致用之态度。见物而分析其现相变异之情形,比较其与他物之同异以求众物之通则,是谓穷理之态度。若夫观物而已,别无所事,一任吾心追随,凝止,放失于官觉或想象所呈之种种相焉,是谓审美之态度。具此种态度而与外物(或外物之表象)接,则有审美之经验。此就广义之审美经验言也。此类经验之对象中,有所谓美者。狭义之审美经验乃指对于美之经验。请言美。

官觉(Perception)或想象(Imagination)所呈之种种上吾名之曰"觉相"。"觉相"有与情感偕者,有不与情感偕者。关于情感(Feeling)之所涵(Connotation),聚讼纷纭,本文不欲论列!若情感之所指(Denotation),则常识所优辨。读者试听马路上之车声片刻,再聆人奏比图文之一曲;或试读通常商业信札一封,再读杜甫名诗一首;而比较两种经验之异同,则知所谓情感矣。在寻常情形之下,听马路上之车声与读商业信札时,吾人有所觉而无所"感"。聆比图文之曲与读杜甫之名诗时,则不唯有所觉,而兼有所"感"矣。有情感与偕之觉相,又可分为二类。其一,情感之于觉相为外属的,"不相干的"(irrelevant),觉相之引起情感非以其本身之性质,只以其与另一种性质迥异之经验偶尔有连。且也二者之关系,乃可以移易者,觉相甲所能引起之情感,易以性质与迥异之觉相乙,亦能引起之。且也二步者之关系缺乏普遍性。同一觉相其能否引起情感,及其所引起之情感之性质,视人而殊。譬若闻晚餐之钟而悦,悦之者非悦乎钟声也,悦乎盛馔之将至也;使以鼓易钟为晚餐之号,则闻鼓声而亦悦,而闻钟声将不复悦也;钟所召之人悦之,行道之人不之悦。又譬若"行宫见月伤心色,夜雨闻铃断肠声",非伤心断肠乎月与铃也,伤心断肠乎"六军不发无奈何,宛转蛾眉马前死"也,非唯见月闻铃为然也,抑且"芙蓉如面柳如眉,对比如何不泪垂"也,扈从明皇之士卒亦同见月闻铃,即未必有伤心垂泪者也。其二,情感之于觉相为"相干的",情感寓于觉相之中,为觉相之性质、之规律所支配,有此觉相辄生此情感,且唯此觉相始生此情感。二者之关系为不可移易的。惟然故凡觉此种相者必感其所寓之情,而其情可以而众喻。然同一事物,其对于数人之觉相,不必尽相类,因个人对于外物之认识或受其先前之经验及当前之境况之影响而差异也。是故同一事物所起之情感不必尽人而全类,然此不害于觉相与情感之关系之普遍性也。以上一类之觉相又可分为二支类:(甲)觉相简单纯一,其元素虽有多种,而不容许繁杂之组织及有秩序之变化,因之其所寓之情感亦单调薄弱,例如味觉及嗅觉诸相是也。甘饴与香气能予吾人以快感者也。然今有数种甘饴或香气于此,吾人不能荟之以成一有层次之结构。若数种混合以进,则所得者惟单一之感觉,不辨其构成之原素为何也。若各种连续而进,则先彼后此或损彼益此于吾人所得之快感,无大改变也。(乙)惟视相及听相则不然。均是音也,因其轻重缓急先后分并等等之不同,均是形与色也,因其配合、序列、比量、动态等等之不同,而生无数组合相,各组合相所寓之情感,其质量上之差别有不可以道里计者焉。

具结构而起相干的情感之觉相,无论其存于自然或由于人力,其所起之情感可别为二类。吾人可名之曰"正的情感"(positive feeling)与"负的情感"(negative feeling)。(一)所谓正的情感者谓其使吾人心态豁畅开拓,一若所束缚而得解放,一若有所蕴蓄而得宣泄,使人神凝意恋,低徊流连而不能去之。此之情感多为愉悦之情感而非必须为愉悦之情感也,或为悲凄而至于堕泪,或为忧幽而至于中夜彷徨,或为惊眩于不可解究之庄严与神秘。寓此类情感之有结构的觉相谓之"美",此种觉相所丽之物,其成于人造者谓之艺术品。有结构的觉相,书艺作品之所呈也。正的情感为觉相之规律所支配者,吾人观赏书艺作品时所恒经验者也。故吾人可下一结论曰:中国书艺为一种艺术。(二)所谓负的情感者,谓其使人心沮抑闷结。若有所束缚而不得解放,一若有所窒碍而不得宣泄,使人去之为快而罔能凝止于失于其间。此种情感所寓之觉相谓之"丑恶"。

由上"美"之定义,则知本文所谓"美",实包括优美与壮美。何谓优美？何谓壮美？古今论者众矣。吾以为涵蕴最丰富而摹状最活跃者,莫如下引杜子美之二句。子美讥当世诗人：

或看翡翠兰苕上,未掣鲸鲵碧海中。

言其仅足语于优美而未足以语于壮美也。无论子美之意是否如是,以"翡翠兰苕上"象征优美,以"鲸鲵碧海中"象征壮美。吾不知更有妙于此之言诠矣。质言之,有结构而寓相干之情感之觉相其表现凌厉或掩袭之伟大势力(精神的或物质的势力),足以震铄心魄而却与之和谐谓之"壮美",其不尔者谓之"优美"。优美与壮美书艺中兼具之。

上文所言狭义的审美经验,即美之经验,乃包括创作之经验与观赏之经验。二者中美之经验只有渊源上之差异而无性质上之差别。近世最流行之一派美学说以为艺术乃情感之表现。在浅者观之,一若创作者心中先有一种无所依托之情感藉艺术作品而表露者。若是则创作中美一经验与观赏中美之经验性质上根本不同。观赏者之情感大抵随观赏而生,吾人随时可以观赏而不能随时预存一种情感与观赏时所起者相类也。然如上解释之表现说,实不足依据。美夫鲍桑葵之言曰:"吾人切勿悬想,谓吾人先有一无所附丽之情感,然后起而谓之寻求一适当附丽物也。一言以蔽之,想象的表现,创造情感之附丽物,同时即创造情感。如是创造出之情感,不独非藉想象所求得之附丽物,则不能表现,且非在此附丽物中则不能存在。"(*Three Lectures on Aesthetics*, p. 34)盖若一特殊之口口口所寓之觉相而存在,则此情感不复为觉相之规律所支配,而情感与觉相二者之间不复有"相干的关系",由上文之定义,则吾人于此所得者不能为美之经验矣。是故在美之经验中,情感之表现云者,情感之出现而已。此则创造与观赏之所同也。以上亦吾人论书艺时所宜注意之一端。曾国藩言"大抵作字及作诗古文胸中须有一段奇气,盘结于中,而达之于笔墨"云云,吾人以为似是内省之错误也。

艺术之分类,尚无满意之方法,大抵顾此则失彼,赅甲遗乙。然试说各种曾经提出之分类法,而观书艺之当入何类,则可以明书艺之特质及其在诸艺术中之位置焉。

(甲)若以审美经验所资之觉官为标准,则可分书艺为视觉的艺术及听觉的艺术。前者如绘画、雕刻、建筑、跳舞等,后者为音乐、诗歌等。此法之最明显缺憾在无以处兼资视觉及听觉之艺术,如戏剧、乐舞之类。即诗歌亦有资于语言所引起之于听觉的意象也。按此分类法,书艺自当入视觉类。

(乙)若以审美对象之动静为标准,则可分艺术为空间艺术及时间艺术。前者之对象为固定的,其各部分同时存在,如绘画、雕刻、建筑等是。后者之对象为转变的,其各部分先后赓续,如音乐、诗歌、戏剧、跳舞等是。按此分类法书艺自当入空间艺术类。

(丙)若以艺术所用之工具为标准,则可分之为绘画(graphic)艺术(如图画)、雕塑(plastic)艺术(如雕刻建筑)及语言(linguistic)艺术(如诗歌、小说),此法之缺点在遗漏及跨类者多。按此分类法则书艺当入绘画艺术类(非语言艺术类,其说详后)。

(丁)鲍桑葵之论艺术形式也,别乎先验(a priori)的形式(或称直达[directly expressive]的形式)与代表的(representative)形式。所谓先验的形式者,谓觉相之"面貌"上即印有情感的性质。此种性质无须借径于觉相之意义而后显。若方形之稳定刚健,若曲线之袅娜舒徐,若舞节之轻盈活泼,若素色之开张爽朗,皆触相而生情,无待审知起所指示者为何等事物也。惟代表的形式则不然,有藉于其意义而表现情感。而意义必须诉诸过去之阅历,故此种形式与其所生情感之关系非直接而为间接的。"例如苟非藉赖经验,吾人庸讵知笑之不为苦痛或愤怒之表现,庸讵知绿树之非凋树,而黄树之非荣树？苟对于人体无特别之经验,则何以知多种姿相表示精力之弥满或性格之坚刚？苟无对于众兽之经验,则何以知猎逐野牛图之表示活动勇敢与凶猛？此等性质吾人不能从空间的式样及颜色之配合而得之也。必须由事实之知识而后得之。进而至于人像,于人之容态之识别,则线与状之形学的性质实于吾人鲜有所助,或全无所助。然,吾人必须藉赖特别教训从生活之学校中得来者。"(鲍桑葵《美学三讲》,页44—45)然即在代表的觉相中,形式之与其所生之情感亦非"不相干"的。譬如"人体之某一种位势,表示精力某一方面,此非仅为多经验中之一呆板的事实而已也。吾必先于人体有所知,然后能神与之会,是则然矣。然苟吾能为是,则掷铁饼者之体势就其与吾所起之情感关系而论,乃为必然者,而非仅仅一不相连属之事实。以吾前用之语明之,其间亦有先验之表现性(a priori expressiveness)存焉。吾人苟知其(人体)结构,则知其位势为不可易矣"(《美学三讲》,页47)。艺术中有纯粹直达的形式,惟代表的形式中有恒包涵直达的形式。其以直达形式为主要成分之艺术,谓之直达艺术,音乐及建筑是也。音乐为最接近于纯粹直接的表现,建筑次之。其以代表的形式为主要成分者,谓之代表的艺术,如绘画、雕刻及文学是也。

　　按此分类法,书艺当属何类乎？曰,属直达艺术类。书艺虽用有意义之符号为工具,而其美仅存于符号之形式,与符号之意义无关。构成书艺之美者,乃笔墨之光泽、式样、位置,无须诉于任何形式。

　　或曰,吾国文字原于象形,虽文有孳乳,体有变迁,然即在现时通用之字,犹有保存象形之作用者。何得谓书艺为直达之艺术。曰,即就纯粹象形字而言,其现今受符号化之程度,已使其与所象物之关系,绝非直觉所能认识。若"马"字之与真马,"鱼"字之与真鱼,苟非深习中国字之人,决不能一望而知前者为后者之代表也。就感觉之观点而论,象形字之代表的作用,可谓全失。即其不失,亦非书艺之所资。"马"字或"鱼"字之所以能具美的属性,绝非以其能寓吾人对马或鱼之某种姿态所起之情感,此极明显之事实也。或曰杜子美诗《观公孙大娘舞剑器行序》有云:"昔吴人张旭善草书书帖,数尝于邻县见公孙大娘舞西河剑器,自此草书长进。"李肇《国史补》亦载:"旭尝言始吾见公主、担夫争路而得笔法之意,后见公孙氏舞剑器而得其神。"书艺史中此类之故事尚多,未必尽妄。

夫使书艺之妙而有资于自然（广义的）之模仿，则书艺为代表之艺术明矣。曰，模仿与代表非一事也。有抽象之模仿，有具体之模仿。月有圆之属性，规月之外廓而作圆，圆可谓为月之抽象之模仿，而非月之代表，月以外之物圆者尚多也。圆之上更着月之色泽，明暗之分配，为月以外之物所无者，然后是为月之代表，此即具体的模仿也。抽象的模仿，并不指示其模仿对象之意义，并不藉意义以寓情感，故仍不失为直达的。音乐最直达之艺术也，而亚理士多德谓音乐为最模仿的，以其直接模仿人之情感也。夫情感不能独离而存在，必以事象为丽，直接模仿感情云者，抽象模仿情感所寓之事象之谓耳。书艺中无具体之模仿，而有抽象之模仿。动之情态，物（包括人体）之轮廓，皆书艺之所模仿者也。

（戊）因觉相结构之有无实用的限制，为工具之性质所需要者可分艺术为纯粹艺术与饰用艺术。通常所谓纯粹艺术与非纯粹艺术，其分别在乎情感之表现为目的抑为手段，在乎其表现是否受非艺术之目的所影响。依此而论，则许多艺术同时可为纯粹者，亦可为非纯粹者。绘画可资以表情，亦可以为广告，诗歌小说可资以表情，亦可资以说教，其为纯粹与否全在乎作者之选择。其或受非艺术之目的之支配，绝非工具之性质所必需也。此所谓纯粹艺术与饰用艺术之分别则异乎是。凡艺术无论可资非艺术的作用与否，其本质并无适合非艺术的目的之需要者，吾人可名之曰纯粹艺术，如上所举绘画与小说是也。反是则为饰用艺术，如建筑及书艺是也。此等艺术之工具其造始时间原非以满足艺术之欲望。初民之始制宫室器（包括兵器）服也，简陋朴拙，但求适用而已。生存之需要既满足，而有余暇则进而予其生活工具以悦目之形式，或求其光滑整齐，或加以雕琢像饰。于是此等器物，用时须具两种目的：一，实用；二，美好。而后者之可能性实为前者所限定。其在此限度内而具极大之艺术的可能性者，浸假其艺术之目的特别侧重，其艺术之作用特别发展，而与纯粹艺术抗席焉，建筑其例也。书艺亦然，书契之肇始原以代结绳而为记事之符号而已。当文字开始受美观化时，其形式大体上已受实用之目的，及盲目之机会所断定。其后字形体虽屡有变迁，然其主要之"导引原理"（Guiding Principle）似仍为实用的与习惯的，而非艺术的。（王夫之《说文广义》中屡举六朝书家固求美观而改变字形，如增损笔画及颠倒位置等例，然为例似不多。我国字形之变迁其受美术化的影响究竟至何程度，亦一值得研究之问题也）故予上文之言有须修正者，书艺非纯粹以意匠运用"线条"（line）之美术也，线条结构之大纲已大部分为非艺术的原因所断定，而艺术家必须受此大纲之束缚。故书艺上所容许之创作自由，在一切艺术中实为最少。惟尚未少至无情感表现之余地耳。

或闻曰：书艺以文字为工具，文学亦以文字为工具，然则文学亦当与书艺同为饰用艺术欤？曰否，谓书艺以文字为工具，与谓文学以文字为工具，其中工具意义不同矣。惟书艺乃真以文字为工具，文学实以语言为工具，其价值有系于言语之形式，而不系于语言符号——文字——之形式。同一时也，使名书家录之，或使劣拙者书佣录之，以赵法书之或以宋体印之，其诗的价值不殊，而非所论于其书艺的价值也。

我国向以书画并称，似书艺在一切艺术中与绘画为最近似者，此就材料上言则诚然。二者同为视觉的，空间的艺术，其近一也。用此形与线为材料，其近二也。然统观一切属性，则书艺在诸艺术中实与建筑为最接近。同为空间艺术一也；同为直达艺术二也；同为饰用艺术三也。然就最后一点而论，书艺与建筑亦有重大之差别。建筑之形式与其实用之目的为相关切的（relevant），户牖之位置，堂室之广袤，墙壁之高低，非可任意而定者也。惟书艺则不然，同一言也以篆书可，以隶书可，以草书可，以楷书可，以注音字母拼写可，以罗马字母拼写可，即另发明一种书法亦无不可。惟其形式与实用目的间之不能有密切关系也，故不能不以一种盲目的，武断的习惯为准。习惯一成则不易改变，其结果创作之自由少。建筑之形式与其实用之目的可有密切之关系，而此目的对于形式之限制又非紧严，故其中创作之自由多。

中国字由"笔"组织。就形学上言（geometrically），"笔"乃平面之限分，就感觉上言（aesthetically），笔益表象立体，书艺似亦如绘画然，在二度空间上造成三度空间之幻觉。吾人，试观赏一写成之佳字，而暂将其形学上之二度性忘却，则觉此字之各部分非坦然相齐，而与其背景同在一平面上者，却是模棱有骨，或丰腴有肉者。故就感觉上言，一笔实为一形，形之轮廓则为线，故书艺之主要材料，非仅为线，抑亦兼形。然就一意义言，"笔"亦可称为线，为较粗之线，因形学上有长无广之线，感觉上实不存在也。下文用线字即从其广义，而与笔互通。中国字之笔法，虽大别仅有八（永字八法），而每一法之轮廓亦运笔方向可无限变化，故中国字形之大纲虽已固定而尚饶有创造之余地也。

形不能离色而见，故色亦为书艺材料之一，欲使形显于目，至少须用二色：一，本形之色；二，背景之色。书艺之用色，仅限于最低度之需要，而无取于众色之杂错者，盖有其故。纯用形线及众色之杂错，以成其美者，为图案画。在图案画中，形为可自由变化之原素，吾人得以形驭色，而于纷杂中，求统一。纷杂中之统一者(unity in multiplicity),美之重要条件也。其在书艺,形受成俗之束缚,而不能随意变化,使与复杂之颜色相谐协,故书艺用色之简单乃其工具之自然限制也。其不用浓淡之变化亦同此理。

书艺既仅用二色,则对于此二色之选择必须适应下列二条件。

(一) 二色之中其一须为最悦目者或最悦目者之一。

(二) 二色须互为补色。

据心理学上测验之结果,二色比拼,以互为补色者为最悦目。而互为补色之二色,事实上不能各为最悦目之色,或其一为最悦目之色,其一次之。故第一条件不云"须用最悦目之二色",若如是云,则与第二条件相矛盾也。

中国书艺通用白地黑字,盖为实用及习惯所断定,然此种用色法,恰与上述之二条件适应,亦极侥幸之事也。盖黑白互为补色,而据心理学测验结果,在一切色中,单独而论,白色似为最悦目者,朴夫尔氏(Ethel D. Puffer)言:"色,苟明晰而不过亮又不太广漠者,其自身即足悦目。单色之研究,为之者比较尚少。据试验所示,似以含亮泽(brightness)最多之色如白、红、黄等为最见尚。鲍尔温氏尝发现诸色若按其吸引力之次序排列当为蓝、白、红、绿、橙。后来之更正侧重白色"(Puffer, *The Psychology of Beauty*, New York, 1905, p.94)白色既至少为最富于吸引力之色之一,而书艺作品中,以背景所作地位为多,故黑字与白地,实为最适宜之配合。由此可知以彩色书字,或以彩色为地欲以增加美观者,实为逾越书艺之限度,而紊乱书艺之型类。

书艺虽不用彩色,而黑白相错亦自具其光泽之美。往年梁任公先生在清华大学演讲"书法指导"(见《清华周刊》第26卷第9号)有云:

> 写字这件事,说来奇怪,不必颜色,不必浓淡,就是墨,而且很匀称的墨,就可以表现美出来。写得好的字,墨光浮在纸上,看去很有精神。好的手笔,好的墨汁,几百年,几千年,墨光还是浮起来的。这种美,就叫着光的美。
>
> 西洋的画,亦讲究光,很带一点神秘性。对于看画,我自己是外行,实在不容易分出好坏。但是也曾被人指点过,说某幅有光,某幅无光。我自己虽不大懂,总觉得号称有光那几幅,真是光彩动人。不过西洋画所谓有光,或者因为颜色,或者因为浓淡……中国的字,黑白两色相间,光线即能浮出,在美术界类似这样东西,恐怕很少。

作者对于画理亦全是门外汉,愧无以益其说也。

以上论色竟。次论"笔"或线何以能表现情感?此问题又可分为两部分。(一)线之简单原素何以能表现情感?(二)线之结构何以能表现情感?(单线即为一结构,而单线之美与结构之美,二者相辅相成,离之则两损。兹拆而分之特为讨论上之便利。非谓一字之美,乃单线之美与结构之美之和。实则无单线之美不能成结构之美,无结构之美亦不能成单线之美也。)此等问题就一意义言,乃为不可解答者。吾人所能为者,将书艺之表现因素(factors)分析,显明而已。至此诸因素何以能构成表现情感之能力,则非吾人所能知矣。

线,但凭其本身之性格则可表现情感,此盖为不可否认之事实。线亦如色与音然,具有一种抽象之情调、之生命。

> 线使人生动之兴奋,萌动之端倪。使人感,使人梦,一如音乐……线之生命以与音与色较则与前者为近。盖线具有动的表德,为色所无也。线之生命有两方面。其一,线为一历程,有始、中、终三阶段。是乃以意志为导,事而后成之物。其二,线之全体具一品质或性格,可以感取者。此线之二方面连谊极密,彼此之关系一如人之品质或性格与其一生历史之关系。前者同时为后者之因与果。吾人若追溯一人之生活史则于其人之性格得一总印象。于线亦如是,吾人若追随之以目,则得其品性上之表德。吾人直觉某人之性格时,则其人种种行为悉入于意识。于线亦如是,吾人综合其连续之诸部分,于以发现全体之性格。
>
> 线之可能的变化,为数无穷。其所能表现之情调,远超过任何语言中表情字眼之数。且也,每线之性格、一部分有藉于其邻近诸线而断定,吾人抽象论之,不能全得其真际。虽然线之主要诸式,其性格尚可以言诠。横(直)线寓安定静寂之情感。……竖线,肃穆、尊严、希望之情感。……曲折线,冲突活动之情感。而曲线则公认为柔软、温存,而富于肉的欢畅者也。①

暂置线之结构不论,单线之表现力有四因素焉:

(一)对于线之感觉乃一动的历程,吾人欲认取一线须以目追循之,须随目所之而聚精会神于其继续之诸部分,复须耗费精力以回忆,综合诸部分,而认取

---

① 以上引文参见 Dewitt H. Parker, *The Principles of Aesthetics*, Boston, 1920, pp.259-261。

其全体。此种运用精力时之所感受,其为此线所引起,而不与体内之任何某种兴奋相关连,故吾人觉其属于此线,为此线之生命之一原素,觉其为此线所具,一如此线之形焉。例如线之迟骤,转变其方向频数者,为矫健而富于刺激力之线,因其感觉上需求始终不懈,艰难而又转移之注意也。反之,直线所需求之注意简单而不变,故为单调而安定者;而曲线则以其纡徐而有规则之变迁同时刺激而不扰乱吾人之注意,故具有进步而愉快之动作,之性格。

(二)上述对于线之身心大反应复为"体内回应"(bodily resonace)作用所增进而益丰富。前言之矣,笔或线虽为平面上之限分,而实构成立体之幻觉,与笔所示相类之形,吾人前此恒于实物中经验之。而其经验之也,不惟以目遇,且或以手触,或其形为身体活动之轨辙。及其后见相类之形,虽不能抚摸之,不能循之而活动。而抚摸之或循之活动时,身体之所当感受者现其端倪,此之谓"体内回应"作用。名书家之作品,吾人感觉其嶒嶙粗悍或润腴温柔或锋芒森冷,或宛转回荡或峭拔如削,或凭陵飞搏者。半以此故。

(三)线并暗示吾人身体之态度。暗线之位置,则引起吾人身体移向相似位置之趋势,引起吾人在相似之位置时之所感受之端倪,此可称为"体态模仿"说。故线或直而上升则为尊严,或舒展,或横卧而安息,或下坠而警心。其势或紧张,或弛懈,或稳重,或轻盈。

(四)线之观赏又引起吾人用笔写作相类线时之所感。吾人之观赏字艺,非呆然以目凝注之而已也,作一字时点画撇捺之动作,顺逆回旋之势,抑扬顿挫之致,观赏者盖在想象中一一重现之。观赏者不啻循创造者之历程而加创造。故艺术家在创造历程中所感觉之纯熟,之畅适,之雄起,之温柔,吾人可于笔画中感觉之。

此种反应自必需要一条件。即观赏者对于书艺之技术须有相当之素养。至少须能(甲)迹溯一字之"笔路"(第一项内所言之反应,亦须要此条件)。(乙)并知笔画之形态与其运笔方法之关系,用能睹一笔画而大致上重构其创造之历程。①

截至上文止,作者曾极力避免一问题,今可提出矣。此问题如下:"凡艺术必须有普遍性。其作品所表现之情感,当为一般常态人所能领略,而其所领略者当大致相似,即就最低限度言,其美之感动力,亦当不以国界为限。今书艺似不

---

① 自(一)至(四)条参采 Parker, *The Principles of Aesthetics*, pp. 201-263;及 Puffer, *The Psychology of Beauty*, pp. 103-104。

然。中国画,西方人能欣赏之,至于中国书艺,虽西洋人与中国文物接触已逾三百年,至今似尚未有能言其美者。即现在中国人之欣赏此艺术,亦极少数,得毋彼等特中科举时代之遗毒,特囿于传统之偏见,而书艺未足为真正艺术欤?"吾料蓄此疑者当不少其人。请答之曰:艺术之普遍性云者,谓凡于一艺术曾受相当训练之常态,人类能欣赏之也。一般常态人,皆有欣赏之潜能,惟未必有欣赏之素养。凡一艺术品,其欣赏所需要之技术上的智识及经验愈多者,则能欣赏之人愈少,是故音乐、建筑及绘画上有许多名作皆带"贵族性"。书艺之表现因素所需求之技术上的智识,既如上文所指出,西洋人至今尚罕有深研中国书艺之技术者,则其罕能言书艺之美,自无足怪。现今中国人欣赏书艺者之少,亦同此理。

梁任公先生在前引"书法指导"之演讲中有云:

写字完全仗笔力,笔力的有无,断定字的好坏,一笔写下去,立刻可以看出来。旁的美术,可以填,可以改,如像图画,先打底稿,再画,画得不对再改;油画尤其可以改。先画一幅人物,在上面可以改一幅山水。如像雕刻,虽亦看腕力,然亦可改,并不是一下去就不动。建筑,更可以改。建得不美,撤去再建。无论何美术,或描或填或改,总可以设法补救。

写字,一笔下去,好就好,糟就糟,不能填,不能改,愈填愈笨,愈改愈丑。顺势而下,一气呵成,最能表现真力;有力量的飞动、猷劲、活跃;没有力量的呆板、委靡、迟钝。我们看一幅画,不易看出作者的笔力,我们看一幅字,有力无力,很容易鉴别。纵然你能模仿,亦只能模仿形式,不能模仿笔力,只能说学得像,不容易说学得一样的有力。

梁先生此段演词中指出下列两点:

(一)书艺之特殊限制(亦可说是特殊优长)之一,乃每笔须一气呵成,不能填改。

(二)一气呵成之笔,特别能表现力量。于此吾人当发生以下两问题:(1)何故一气呵成之笔特别能表现力量?(2)何故书艺中须有不可填改之限制?

梁先生所指出之第(二)点不能为其第(一)点之原因。盖若因一气呵成之线特别能表现力量,故书艺须有不能填改之限制,则一切用线写之艺术,皆当同有此限制,何独以书艺为然?书艺之独然者,必另有原因也。

请先试答第(1)问题。前已指出,一笔之完全的欣赏(complete appreciation)须要观赏者聚精会神,追随其进程而综合之。须要观者在想象中重现创作之活动。有填改则一笔之内有墨浓淡,或形有参差而露补缀凑聚之痕迹。如是,则一笔实分裂为不相谐协之若干部分。观者既不易举而综合之,且其注意又分散而不能集中以循一定之方向转移。故观者但觉精神之弛懈而不觉其紧张。此填改有损于力量之表现之原因一也。有填改,则数笔相叠以为一笔。数笔相叠则互相蔽混,而无一笔之原状得见。譬如众味相调,则舌不能感其原味;众色相杂,则目不能析其原色。笔之原状不可见,则不易或竟不能重构创造之活动,而力之表现大部分有赖于观者之重构创造活动。此填改有损于力量之表现之原因二也。

次试解答第(2)问题。不可填改之限制,独具于书艺,盖有二故。第一,书艺以外之绘写艺术,固皆用线为表现之材料,而不以之为唯一之主要材料。此外如颜色,若图象之意义及其意义所引起之联想,皆其美之重要原素。吾人观赏一画时,其立意并不集中于其线,故线之填改之迹,不特别显著,而可以忽略。惟在书艺中,线为唯一之主要材料,观赏者之精神,全聚会于是,故填改之缺憾特别显著。第二,在书艺以外之艺术,因其所藉以表现之形之复杂或广漠,或因其形之需要形学上的正确,欲以一气呵成之线构成之为不可能。设想画一桌、一椅、一树之枝干,或一美人身体轮廓,而每线皆须一气呵成,则画家当如何狼狈欤!

以上论单笔之表现因素竟。次论笔之结构之表现因素。笔之结构有两方面,用曾国藩之术语称之为"体"与"势"。"体者,一字之结构也,势者数字、数行之机势也。"(《日记》辛酉七月)

(甲)体之美盖有两因素。

(一)平衡。广义的平衡,谓诸部分之轻重长短互相照应,使一字之"重心"在于全体之中分线上,使两边之势力互相均平,而无畸轻畸重之病。狭义的平衡是为对称(symmetry)。对称云者,谓有相似之两部分位置上互相抗衡也。其全体为相似而相对之两部分所构成者谓之完全对称,例如"门""米""田"等字是也。其全体中只有一部分为相似而相对之两部分所构成者,谓之不完全对称,例如"们""气""宙"等字是也。对称有助于广义的平衡,而广义的平衡不必由于对称。

平衡之结构何以特别能引起快感?予以为似可用"体态模仿"之说解释之。吾人观一字之姿势,则引起己身在同类姿势时之所感。吾人身体以在平衡(如上所下之定义)状态下为最舒适,故平衡之结构特别能引起快感。或问曰:"作者不曾以体态模仿"解释单笔之美乎？然则单笔亦不当有不平衡之姿势欤？对曰：吾人对于单笔之感觉为过渡的、运动的，对于结构之感觉为段落的、综合的、静止的。身体在动的历程中，虽经过不平衡的状态而不觉不快，惟停止于不平衡的状态乃感不快耳。且一笔之偏欹，可藉他笔之衬托而归于平衡，唯一字之偏欹，则不能藉他字之衬托而归于平衡也。

（二）韵节（rhythm）。空间的韵节谓相似之形之有规则的排列也。其全字由相似之笔平行、等距列成者为完全韵节，其例如"三""玉""册"等字是也。全字只有一部分由相似之笔平行、等距列成者，为不完全韵节，例如"岛""珍""飞"等字是也。

韵节何以能寓美感？解答此问题者有可以并行不悖之二说。其（一）为期望实现说。谓吾人之追循一有韵节的形式也，当其感觉第一部分时，希望或预备有相似之次部分，而果实现，如是继续数次，希望之实现即为快感之源。其（二）为"个别原理说"（rhythm as the principle of individuation）。此说不独以解释韵节之美，并以解释对称之美。在对称及有韵节之形体中，皆同一结构之复现，及异部分之相照应。桑泰延纳（Santayana）以对称兼赅上文所谓对称与韵节而为之说曰：

> 此之对称，乃玄学家所称为个别之原理者也。以其对于复现的原素之侧重，将（感觉之）场面割分为决定之若干单位。凡在两拍之间者为一节，为一个体。苟无复现之印象，无照应之诸点，则感觉之场面始终为一混沌之联续积而无厘，然可认之划分，物之大多数具对称之轮廓者，因吾人随在选取所发现之对称的线以为物之疆界也。其对称性，即为其统一性之条件，而其统一性即为其个性及分离存在之条件……若对称为个别之原理而助吾人厘剔对象，则其有助于吾人对感觉之赏乐，无足惊奇矣。盖吾人之知性（intelligence）有悦乎感觉。领会之原理之于混乱之理智（understanding）不啻甘泉之于渴口也。对称有显明之功，而吾人皆知光明之美也。①

（乙）势有时亦利用韵节，若行书、草书中大小轻重之字之相间错是也。然此种间错不能常用，且每用亦不能多次复现，因吾人兼在书艺作品中实现实用之

---

① Santayana, *The Sense of Beauty*, New York, 1896, pp. 98, 94.

目的(如书札、墓志及其他各种铭刻),或满足别一种艺术——文学——之嗜好,以致所书之字恒先受限定,不能为"数字数行之机势"而择字,只能因所择之字以为机势。纯粹依书艺之目的而择字,原则上诚属可能,且亦应当,然以文字与文学相关之切,而精书艺之人与能欣赏书艺之人又类皆有文学嗜好,欲使二者完全分离,事实上盖不能也。

各行之等距及每行各字之等距,亦利用韵节之一端也。然"势"之主要表现因素,盖为平衡。势之平衡有两条件:

(一)格调之一律。曾国藩曰:"予近日常写大字……而不甚贯气,盖缘结体之际不能字字一律。如或上松下紧,或上紧下松,或左大右小,或右大左小——均须始终一律,乃成'体段'。"(《日记》己未六月)此言格调之不可参差也。

(二)一行之内各字之"重心"须约略同在一直线上。曾国藩亦尝指出此点,其《日记》中有云:"京中翰林善写白折者相传有口丝贯于行间,作大字亦当知此意味。"(《日记》辛酉十月)

截至此处止,本文首节所提出之问题已解答其三。所余之问题唯"书艺之派别有何美学上的意义?"予拟以下列三范畴赅括一切书艺之派别。

(一)偏于优美者。

(二)偏于壮美者。

(三)兼具优美及壮美者。

每一范畴各依用笔之法分为子类,子类或复因需要而别为诸系,各类系显明其特征。惜此种工作,作者尚病今尚未能,而草此文时作者方游学海外,碑帖及前人论书法之著作(除本文所引及者外)身畔一无所有,更无从着手研究,只得俟诸异日,尤冀国内有人先我为之。

上文所阐明者如不谬,则下列可成立:

> 书艺为一种具有特长之艺术,而其他艺术等有同等价值。

惟然,则书艺应与其他艺术受吾人同等之注意,其过去之成绩及技术之传说,应在整理研究之列。惜乎今尚无从事于此者,倘将来有人为之,则"国学"内可辟一新领域,其内容大略如下:

(一)书艺中有价值作品按个人、按时代或按派别之搜集、影印。

(二)作品真伪之鉴别及年代未详或可疑者之考定。

（三）书家评传之撰作，特别注意其书艺上之修养、作品之年历及其技术之进展。

（四）诸体及诸派之比较研究，辨其异，溯其源流，著其得失。

（五）过去关于书艺之理论及实诀之汇集与研究。

此等研究之综合，则可成《中国书艺史》及《中国书艺之法程》二书。必待此二书之成，而后中国书艺始得昌明也。

（原载《大公报·文学副刊》第171—174期，
1931年4月20、27日，5月4日、11日）

评冯友兰《中国哲学史》上卷

冯友兰之《中国哲学史》为最近出版界重要之书。冯君在清华大学教授哲学史多年,其讲稿一再修正,近始付印,列为"清华大学丛书"第一种。本刊于去年七月(百三十二期)曾转载陈寅恪君丛书审查之报告一篇,可当此书之一篇评文读也。素痴君远居美国,闻此书将出版,即据其年前所得之讲稿,草此评文,寄本刊。今分两期登载;下期登载完毕后,则续登胡适君致冯君讨论此书内容之书信,及冯君对于两君之答覆。学术以讨论而益多发明,谅能引起读者之兴味也。

《哲学史》顾名而知其负有两种任务:一是哲学的,要有现代的语言把过去各家的学说,系统地、扼要地阐明;一是历史的,要考查各家学说起源、成立的时代、作者的生平、他的思想的发展、他的学说与别家学说的相互影响、他的学说与学术以外的环境的相互影响等等。这两种工作,有同等重要。这部书的特长是在对于诸子,及大部分之经传,确曾各下过一番搜绎贯穿的苦功,而不为成见所囿。他的重述比以前同类的著作精密得多,大体上是不容易摇撼的。惟关于历史方面,则未能同样令人满意。所以我的评论,也大底从此方面着笔。

除了我下面提出讨论的细节外,觉得此书有两个普通的缺点:第一是直用原料的地方太多,其中有好些应当移到附注或附录里去(例如书中讲尹文、宋钘,讲彭蒙、田骈、慎到,皆首先把所有的材料尽量罗列起来,然后解说,这似乎是不很好的体例),有好些若非用自己的话来替代或夹辅,则普通读者不容易得到要领。(例如第七章讲五行之直用《洪范》;第八章讲老庄别异之直用《庄子·天下篇》中极飘忽之语而仅加以"此《老》学也""此庄学也"便了;又如第十二章讲荀子心理学所引《解蔽篇》文,其下半自"虚壹而静"以下至今无人能解得透,而冯先生把它钞上便算了事。这类的例还不止此,恕不尽举了。)直用原料而没有消化的例,有一最坏的如下:第三章第二节开首说:"宇宙间事物既皆有神统治之,故人亦立术数之法,以探鬼神之意,察祸福之机。"以下便直用《汉书·艺文志》文来说明六种术数。依冯先生的话似乎此六种术数,都与鬼神之观念有关,都有用来"探鬼神之意"的。而所引《汉志》文有云"形法(六种术数之一)者,大举九州之势,以立城郭室舍。形人及六畜骨法之度数、器物之形容,以求其声气贵贱吉凶。犹律有长短,而各征其声,非有鬼神,数自然也。"这岂不是与冯先生的话相矛盾吗?其实古代许多迷信,与人格化的鬼神观念无关。它们的根本假设,也与现代科学一样,为自然之有规则性;不过它们根据不完全的归纳,以偶然的遇合,为经常的因果关系罢了。第二,书中既没有分时期的提纲挈领,而最可异者书中涉及诸人除孔子外,没有一个著明其生卒年代或约略年代(无论用西历或中国纪年),故此书的年历轮廓是模糊的。试拿此书与故适的《中国哲学史大纲》和梁启超的《先秦政治思想史》或任一种西洋哲学史一比,便知道作者的"历史意识"之弱了。

以下便说到我要提出讨论的细节。

(一)冯先生以为晚周哲学特别发达的主因是社会组织的根本变迁,这是我们可以承认的。他推测周代的封建制度:在上者是世袭统治者而兼地主的贵族,在下的庶人只是附田的农奴,这也是我们可以承认的。但关于农奴制一点,他没有举出充分的证据。我们应当分别地主与农奴的关系。佃者对于地主,对于所赁耕的田有选择迁改的自由,农奴却没有,他是生在那里,便被禁锢在那里,老死在那里。因为这缘故,地主对于佃者的威权是有条件的,而地主对农奴的威权是绝对的。贵族可以同时为统治者而兼地主,而在他底下的"庶民"不一定就是农奴。冯先生所举的证据只能证明贵族是地主,而不能证明庶民是农奴。农奴制在中国的存在,古籍上有证据吗?我以为有,就在《左传》昭公二十六年。晏婴与齐景公言陈氏将为后患,齐景公问他有什么法子可以防范,他答道:

惟礼可以已之。在礼,家施不及国,民不迁,农不移,工贾不变,士不滥,官不滔,大夫不收公利。

后面他又说:

(礼),先生所禀于天地以为其民也。

由此可见,在春秋时士大夫的记忆中的传统的制度,是农民没有移徙的自由的。上引的话固然不必在昭公二十六年出于晏子之口,然周初之曾有此制,则当可信。孟子所主张开井田制度中的人民"死徙,无出乡,乡田同井",老子所悬想的"邻国相望,鸡犬之声相闻,而民老死不相往来",都是古代农奴制度的反映。以上是一点小小的补充,并不是什么纠正。但这一点与下节所讨论却很有关系。

（二）春秋时的旧制度,冯先生所承认的,即如上述。那么,在当时守旧的人,真正"从周"的人必须是上述制度的拥护者,这是冯先生的主张的不可免的结论。冯先生说:"在一旧制度日即崩坏的过程中,自然有倾向于守旧之人,目睹世风不古,人心日下,遂而为旧制度之拥护者;孔子即此等人也。"（第二章第二节）这是他关于孔子的中心见解。于此,我们不禁要问:孔子是拥护贵族世官制度和农奴制度的吗？如其是的,则冯先生的见解不差。如若不然,则我们不能不说冯先生的见解是错误的了。我们讨论这个问题要注意的有两点:第一,我们不能因为一人的社会理想与传统制度有多少相同的地方,便断定他是传统制度的拥护者,因为从没有一个人能够凭空制造出一种与传统制度完全相异的理想。是否守旧者的标准,只在乎他所拥护的是否旧制度的主要部分。春秋时传统制度的主要部分,自然如冯先生所指出的,是贵族政治和农奴经济了。第二,我们不能因为一个人自称是遵守某某,继承某某,便断定他真正如此。这不必因为他会有意或无意的"托古改制",因为一个人对于自己历史地位的判断,不必正确;他所遵守继承的也许是比较的小节,而他所要变革的也许是大体。因为我们对于"吾从周""吾其为东周"一类孔子的话,是不能用它们的"票面价值"的。冯先生说得好,"中国人立言多喜托之古人……论者不察,见孔子讲尧舜;董仲舒、朱熹、王阳明讲孔子,……遂觉古人有一切,今人一切无有。但实际上,董仲舒只是董仲舒,王阳明只是王阳明……"（第一章第八节）但我很奇怪,为什么冯先生不在"论者不察"之下改作"孔子讲周公",并在"但实际上"之下加上"孔子只是孔子"！以上都是枝节的话,我们现在的问题是:孔子是拥护传统制度的主要部分——贵族世袭的政治制度和农奴的经济制度的吗？

孔子的政治主张有两点,在现在看来是平平无奇,而在当时传统的政治经济背景下,却有重大的意义的。这两点是:"来远"和"尊贤"。这两点《论语》内屡屡讲及,《中庸》里更定为"口号"。我们且撇开《中庸》不谈,单引《论语》为证。

（甲）关于"来远"者,《论语》里有下列的话:

"叶公问政,子曰:'近者悦,远者来'。"

"上好礼则民莫敢不敬,上好义则民莫敢不服,上好信则民莫敢不用情。——夫如是,则四方之民襁负其子而至矣。……"

"远不服,则修文德以来之。"

"来远"的主张的大前提,便是农奴制度的否认。因为在"民不迁,农不移"的古礼之下,庶民一生被锢在特定的田舍里,一国或一方的统治者无论怎样"修文德",谁能"襁负其子而至"呢?以我的推想,春秋时农奴制度已大大崩坏,耕者私有土地的事实这时已经存在否,我一时找不到很明确的证据(《诗经》上有"人有土田,汝反有之"之语,但我们不知是否指农民私有的土田),但大多数有食邑的贵族,其与农民的关系,乃地主与佃户的关系而非地主与农奴的关系,这是我们可断言的,视晏婴之感觉有复古的需要而可证。孔子是承认这种新情形为合理而不主张复古的。他并想利用这种情势来鼓励统治者去修明政治。盖春秋时黄河流域可耕的土地还没有尽辟,几乎任何地方的统治者都感觉有增加人口的需要,因为增加人口即是增加租税。"邻国之民不减少,寡人之民不加多",直至战国时依然是统治者的通患。儒家对当时的统治者说"你们这种要求是合理的,不过想达你们的目的,非行仁政不可"。孔子是这样说,孟子也是这样说。

(乙)关于"尊贤",《论语》上有下列一段重要的话:

> 樊迟问知,子曰:"知人。"樊迟未达,子曰:"举直错诸枉,能使枉者直。"樊迟退,见子夏曰:"乡也吾见于夫子而问知,子曰举直错诸枉能使枉者直,何谓也?"子夏曰:"富哉!言乎!舜有天下选于众举皋陶,不仁者远矣;汤有天下选于众举伊尹,不仁者远矣。"

此外还有"举善而教不能则劝""举贤才"一类的话不少。这些话现在看来,简直是不值称说的老生常谈。但拿来放在贵族世官的政治背景里,便知其"革命性"了。若承认贵族世官的制度,则何人当任何职位,早已如命运一般的注定,还用着"选""举"吗?"尊贤"主张的极端的结论,也许孔子还没有看到(后来孟子却明明看到了),但这个和贵族世官制的精神根本不相容的原则,是他所极力倡导的。从上面所说看来,冯先生以孔子为周朝传统制度拥护者的见解,似乎是一偏的。

（三）冯先生谓"自孔子以前，尚无私人著述之事"（第二章第一节），此说似不能成立。固然，《汉书·艺文志》所著录，名为孔子前人所著的书，无论存佚，吾人都不能信其非出依托。但《左传》记春秋时士大夫屡引及所谓"史佚之志"（僖十五年、文十五年、宣十二年、成十一年、襄十四年），此似可为孔子以前有私人著书之证。此所谓"志"，不一定是史书。《左传》中屡引"军志"，从所引考之，乃兵法书也。又观《左传》所引史佚之文皆为"格言"性质，与《论语》内容极相类。《论语》盖非语录体之创始。我知道灵敏的读者一定会质问我：先生何从知道《左传》所引是出诸春秋时士夫之口？即尔，又何从知道所谓"史佚之志"果出史佚之手呢？这里便涉及史法上一个重要问题。老实说吧，我们研究先秦史所根据的资料，十分之九是间接的孤证，若以直接见证之不谋的符合为衡，则先秦史根本不能下笔。就哲学史言，例如孔子一章便成问题，因为《论语》一书至早是孔子的再传弟子所编，而且到了汉代才有定本，其中有伪托和误羼的部分，崔东壁已经证明。我们又何从知道伪托和误羼的仅是崔氏所指出的部分呢？即其中原始的部分，我们又何以证实其为孔子的话呢？凡治先秦史的人大都遇着这个困难：于一大堆作者人格、时地很模糊的间接孤证，吾人既不能完全不信，又不能完全相信，到底拿什么做去取的标准呢？我以为只有用以下的标准：（甲）诉诸历史的绵续性。我们遇到一宗在问题中的叙述，可把它放在已知那时代的背景上，看其衬配得起否？把它与前后相类的事比较，看其"接榫"否？如其配得起，接得上，则可取。（乙）诉诸作伪的动机。在寻常情形之下，一个人不会无缘无故而说谎的。我们对于一宗在问题中的叙述，宜审察在这叙述背后有没有可能的作伪动机——例如理想化古代以表现个人学说之类——若没有则比较可取。试拿这两个标准去绳《左传》所记春秋时人引"史佚之志"。作伪的动机，这里似乎没有。这一点并没有积极的证据力量，最重要的还是以下的问题：孔子以前史佚私人著书事，在历史上的或然性如何？我们从《左传》《国语》及诸子书里可考见史官在春秋时的"知识阶级"的主要分子，是君主所尊崇的顾问。这种情形决不是春秋时乃突然开始有的，我们从《尚书》及周金文（例如散氏盘铭）里都可以证明他们是掌司典策的阶级。因为这缘故，自然他们有特殊的闻见为君主所要咨询的了。这些对国家大事常常发言的人，其有意见及教训遗留于后，或有人记录其意见及教训，那是很自然的事。反之，若当这"郁郁乎文"的时代，操知识的秘钥的阶级，在四百年之内（由周初至孔子），却没有一人"立言"传世，那才是很可怪异的事哩！以我的推测，孔子以前，私人的著书恐不止"史佚之志"一种。《论语·季氏篇》引及周任的话,《左传》里也有引他的话,似乎他也有著作,如"史佚之志"之类。

（五）老子的年代问题,自从梁启超在《评胡适之〈中国哲学史大纲〉》一文中提出以后,在国内曾引起了不少的辩论,现在应当是结算的时候了。冯先生是主张老子书(以下称《道德经》)应在孟子书之后的。但依冯先生说,著《道德经》的李耳到底与孟子同时呢?抑或在孟子后呢?如在孟子后到底后若干时呢?这些问题冯先生都没有注意到。他在孟子一章内引《史记》云:

孟轲……游事齐宣王,宣王不能用,适梁。梁惠王不果所言。

后来他在庄子一章内又引《史记》云:

庄子……与梁惠王、齐宣王同时。

是他承认庄子与孟子同时了。但著《道德经》的李耳到底在庄周之前抑在庄周之后,抑与庄周同时呢?冯先生也没有明白告诉我们。他书中把老子放在庄子之前,在庄子一章中又没有否认庄学受老学的影响。那么他似乎承认李耳在庄周之前。而庄周与孟子同时,则李耳当亦在孟子之前,这岂不与上引《道德经》应在孟子书后之说相矛盾吗?

依我看来,孟子书当是孟子晚年所作的(如若是孟子所作的话),《道德经》如出孟子书后,而又隔了一个著作体裁变迁所需的时间,则其作者必不能与孟子同时。换言之,即不能与庄子同时。而庄子书所称述老聃的学说及精神却与《道德经》相合,其所称引老聃之言几乎尽见于《道德经》。这事实又如何解释呢?依冯先生的立足点,只能有两种说法:（一）在庄子、孟子之前,已有一派"以本为精,以末为粗,以有积为不足,澹然独与神明居……以濡弱谦下为表,以空虚不毁万物为实"的学说,其创始者据说为老聃,其后李耳承其学而著《道德经》。（二）李耳是作者而非述者。庄子书或至少其中称及老聃学说诸篇皆不出与孟子同时的庄周手,而为李耳以后人所依托。但我们从学说演变的程次观之,庄学似当产生于老学之后,如果老学出孟子后,则《史记》所载与孟子同时的庄周,即非乌有先生,亦必非庄学的创始人。这两种说法,不知冯先生到底取那一种?如若取第(一)种的话,则有以下之问题:李耳以前,"老学"的创始者到底属何时代,传说中的老聃是否即是其人?《道德经》中,李耳述的与作的部分如何分别?

我对于老学的历史观却与冯先生不同,我以为:

(1)现存的《道德经》,其写定的时代,不惟在孟子之后,要在《淮南子》之后。此说并不自我发,二十多年前英人翟理斯(H. A. Giles)已主之。他考证的方法是把《淮南子》以前引老子的话搜集起来,与现存的《道德经》比对。发现有本来贯串之言,而《道德经》把它们割裂者;有本来不相属之文,而《道德经》把它们混合者;有《道德经》采他人引用之言,而误将引者之释语羼入者。他举出《道德经》由凑集而成的证据很多,具见于其所著 Adversaris Sinica(1914,Shanghai)第一册中,我这里恕不重述了。

(2)因此我们决不能据这部书的体裁,来推考其中所表现的学说的产生时代。

(3)我们没有理由可以推翻《史记》所说庄周与庄学的关系,和所记庄周的时代;我们也没有理由可以把老学放在庄学之后。故此我们应当承认老学的产生乃在庄子之前,亦即孟子之前。

(4)老学的创造者和其正确时代已不可知,但汉以前人称引此学者多归于老子或老聃。其言及老子或老聃之时代者,皆以为他是孔子的同时人。《礼记·曾子问》所记的老聃,孔子适周从之问礼者,或确有其人,或即《论语》里的"老彭"亦未可知(马叙伦说)。但这人是拘谨守礼,"信而好古"的,不像是《道德经》所表现的学说的倡始者。但大约他是富有"濡弱谦下"的精神,提倡像《论语》所举"以德报怨"一类的教训,这一点却与后来老学有一些近似,故此老学遂依托于他。对于老学的真正创始人,我们除了知道他的时代在庄子之前,他的书在庄子时已传于世外,其余一无所知。他大约是托老聃之名著书而把自己的真姓名隐了的。所以秦以前人引他的话时,但称老子或老聃,而没有用别的姓名。他的书经秦火以后,盖已亡逸或残阙。现存的《老子》,乃汉人凑集前人所引,并加上不相干的材料补缀而成。

以老学的创始者为李耳,始见于《史记》,那是老学显后二百多年的孤证。秦以前所不知者,至史迁始知之,那已足令人疑惑了。史迁与"李耳"的八代孙相去不远,所以《史记》载李耳后一长列的世系,若非出妄造或根据误传,当是直接或间接得诸其家。如若彼家知道李耳与老聃非一人,则《史记》不当有此误;如若彼家不知李耳与老聃非一人,则其"家谱"根本不可靠。以吾观之,"老学"的创始者,其真姓名殆已早佚,战国人疏于考核,即以所依托之老聃当之。汉初有一家姓李的人,把老聃攀作祖宗,加上姓名,著于家谱,史迁信以为真,采入

《史记》。那就无怪乎梁启超把《史记》所载老子后裔世系和孔子后裔的世系一对比,便发现大大的冲突了。那姓李的人家何以要攀老聃作祖宗呢?我们看《史记》话便明白。《史记》载"李耳"的七代孙"假,仕于汉孝文帝,而假之子解为胶西王卬太傅"。那个时代,黄老之学得汉文帝和窦太后的推崇上,盛极一世。无怪乎有人要攀老聃作祖宗了。说不定他们因为攀了老聃做祖宗而得做大官也未可知。以上关于老子时代的话,自然大部分是假说,但我相信这假说比较可以满意地解释一切关于"老子"的记载。

(五)旧日讲老庄者多着眼于其所同而忽略其所异。冯先生侧重其相异之处,是也,然于老庄之重要相同处却不免忽略,盖矫枉每流于过正也。上面已指出《老子》是一部分杂凑成的书,以我观之,其中实包含有两系思想。其(1)系根据"物极必反"的原则,而建设出"出甚,去奢,去泰"的人生哲学。本书老子章中所详述者是也。就此系而论,其与庄子相同之处极少。然(2)老子书所包含的人生哲学另外尚有一系,大前提是人道与天道是合一的。人的行为若能仿效天道,则所得结果为幸福,为好。(故曰:"人法地,地法天,天法道。")又曰:"侯王若能守之(道),万物将自化。"其结论是:我们应当复归于婴儿。老子所谓"天道"的特质是什么?总言之是"自然"(道法自然);用现在的话译出来,便是:任一切事物循其自己的途径,不加干涉(Let things take their own course without interference)。分析言之,老子所谓天道,至少包括下列三项:

(1)无欲。("大道氾兮其可左右。……常无欲,可名于小。")——并无什么欲求,待于满足。

(2)无为。("道常无为而无不为"等等)——不预存一计划去营谋造作,不立一标准去整齐划一。

(3)无私。("大道氾兮其可左右,万物恃之而生而不辞,功成不名有,衣养万物而不为主。""道生之,德畜之,物形之,势成之……生而不有,为而不恃,长而不宰。""天地所以能长且久者,以其不自生,故能长生;是以圣人后其身而身先,外其身而身存。")没有人己物我的计较。

以上三者,同时就是行为的准则、人生的理想。因为法天道的无欲,所以圣人"常使民无知无欲","镇之以无名之朴;无名之朴,夫亦将无欲"。因为法天道的无为,所以圣人"处无为之事,行不言之教","致虚极,守静笃"。因为法天道的无私,所以圣人"生而不有,为而不恃,长而不宰",所以圣人"后其身……外其身","贵以身为天下若可寄天下,爱以身为天下若可托天下"。总之,人道与天道合一的结果,便是物我的界线,绝智识与欲望,任环境之变化,而不加丝毫干涉;便是"泊兮其未兆,如婴儿之未孩","沌沌兮,俗人昭昭,我独昏昏;俗人察察,我独闷闷;澹兮其若海,飂兮若无止;众人皆有以,而我独顽似鄙"的境界。就这一点而论,老子与庄子是极相近的。这种境界盖即是庄子的"心斋",所谓"坐忘",所谓"玄德"之所从出。("玄德"一辞亦见《道德经》第十章。)

冯先生没有看出《道德经》中两系不同的思想,故混之为一,也有不能贯通的地方。例如他说《道德经》:"三章及三十七章皆言无欲,然无欲实即寡欲。"(第八章第八节)夫无欲明明不是寡欲,强而一之,岂非"指鹿为马"吗?

(六)书中对于学说之解释,成问题最多的要算《庄子·天下篇》惠施十事及辩者学说二十一事的解释。我以为解释这些文句时,有一条原则应当遵守:凡一种解释,若将原文主要字眼改换而乃能适用者,则此等解释应当舍弃,若不能依此标准解释毋宁阙疑。讲到这些学说时,但取可解者述之,其不可解者附入小注可耳。冯先生之解释违反上述原则者有下列各条:

(1)"连环可解也。"冯先生解云:"'其分也成也;其成也,毁也。'……连环方成方毁。现为连环,忽焉已非连环矣。故曰连环可解也。"照这样说来,则万物皆可为其反面,何必连环?愚意此条毋宁阙疑。(第九章第三节)

(2)同章十一节所举辩者学说"合同异""卵有毛"等六条,冯先生统释之曰:"此皆就物之同以立论。因其所同而同之,则万物莫不同;故此物可谓为彼,彼物可谓为此也。"若理由是这样简单,则"万物毕同"何必特举这六种呢?

(3)同节"飞鸟之影,未尝动也"及"镞矢之疾,而有不行不止之时",冯先生采用司马彪的合解"形分止,势分行。形分明者行迟,势分明者行疾"云云。老实说,我觉得这些话比原文还难解。我只好怪自己愚笨,但我很希望冯先生能把它们译成现代的话,使愚笨的人受益受益。后面冯先生说:"亦可谓动而有行有止者,事实上之个体的飞矢及飞鸟之影耳。若飞矢及飞鸟之影之共相,则不动而无止,与一切共相同。"这些话我却明白。但如果冯先生解得对,则这两条中有一条是无谓的重复,因为这种重复可演至无穷的。而且照冯先生的解法,"飞鸟未尝动"便可,影字竟成了赘疣,既说共相"不动无行止",又说有"飞矢及飞鸟之影之共相",一句之内便自相矛盾。试问不动不行的共相怎样飞法呢?我觉得飞鸟一条,原文本来是很容易解的。飞鸟每刹那易一位置,即每刹那投一新影。我们看来好像有同一的影自由地移至乙地,实则无数的影继续生灭于甲乙之间而已。《墨经》中有"景不徙,说在改为"一条,意即如此。解释"镞矢"一条,我们应当着眼在"不行不止"四字。原不说"有不行之时",可见意思是在疾飞的镞矢,有一个时候既不是行,又不是止。这怎么解呢?比如我们说镞矢当 t_1 时在 A 处,及 t_2 时则在 B 处。那么镞矢在什么时候开始移动了呢?说在 t_1 时吗?不,那时它正止在 A。说在 t_2 时吗?不,那时它已止在 B。如果动是事实,它必定在刹那开始动。这个刹那必在 $t_1 t_2$ 之间。让我们说是 t_x。在这个刹那说矢是动吗?它却占一定的位置;说它是静止吗?那么它便是没有开始移动的时候。因此这镞矢必得有一个时候,既然不得说是动,又不能说是止。

此外冯先生的解释,我认为可以补充的有三事:

(1) 惠施第五事:"大同而与小同异,此之谓小同异;万物毕同毕异,此之谓大同异。"冯先生解云:"天下之物若谓其同则皆有相同之处,谓万物毕同可也。若谓其异则皆有相异之处,谓万物毕异可也。"(第九章第三节)我以为此只解得原文下半。更正确地详细地应当说:"所谓同异有两种意义:从一观点言,若甲与丙大同,乙与丙小同,则甲与乙相异。这种同异,谓之小同异。另一观点言,则万物皆相同(如同是东西,同时占时空),皆相异(如不能占同一位置),这种同异谓之大同异。"

(2) 惠施第九事:"我知天下之中央,燕之北、越之南是也。"冯先生释云:"……执中国为世界之中,以燕之南、越之北为中国之中央,复以中国之中央为天下之中央,此真《秋水篇》所谓井蛙之见也。"按惠施此则,似不在否认燕之北及越之南皆可为天下之中央,而在证明二处皆为天下之中央,以成其 paradox。因为当时人的想象中,相距最远的莫如燕之北与越之南——简直是世界的两端,断不能同时为天下的中央的了。但就惠施看来,宇宙是无穷大的。在无穷的空间里,任何一处其上下四方皆是无穷,故任何处皆可为宇宙之中央也。

(3) 惠施第六事:"南方无穷而有穷。"关于这一条冯先生的解释,并没有什么可批评的地方。但我要在此提出一个有趣的问题:惠施何不举东方、西方或北方,而偏举南方呢?而且不独惠施为然,似乎先秦人说及世界无穷时大抵仅举南方为言。例如《墨经》下:"无穷不害兼,说在盈否。"《说》曰:"无,南者有穷则可尽,无穷则不可尽。有穷无穷未可知,则可尽不可尽不可知。"此所引经说是重述对于兼爱说之诘驳,意思是说:若南方有穷则人可尽爱,若南方无穷则人不可尽爱。南方之有穷或无穷不可知,则人之可尽爱与否不可知。若事实上人不可尽爱,则兼爱(尽爱一切人)之主张不能成立。照理此处应作"天下有穷"云云,何以也如惠施一样,但举南方呢?我们更仔细一想,便将古代一个久已淹没的世界观钩掘起来。原来在惠施及《墨经》的时代,中国学者公认这世界在东西北三方是有穷的。惟对于南方之有穷与否,则尚怀疑,有些人却相信南方是无穷的。为什么不怀疑东、西、北三方是无穷,而只怀疑南方是无穷呢?这很容易明白,在当时所知的世界,东面有海为限,西、北两面有大山为限,人们的想象从没有超越过这界限,以为这界限就是世界的尽头了。惟在南方既没有碰到洋海或大山脉,但见无涯的林莽薮泽,为蛮夷所盘踞,不能深入以探其究竟,故于南方之有穷与否,只能存疑。

以上把作者读冯先生的书时,偶然想到的拉杂写出,算不得系统的批评,而且行箧乏书,无从稽勘,有好些地方只得从略。此外冯先生书有许多好处,未及详细指出,也是作者所觉得抱歉的。

(原载《大公报·文学副刊》第 176 期,1931 年 5 月 25 日;
第 177 期,1931 年 6 月 1 日。)

附录　《中国哲学史》中几个问题
——答适之先生及素痴先生

冯友兰

适之先生于去年三月接到我的《哲学史》讲义后,即写了一封长信,讨论老子年代的问题。我因杂事很多,未及写回信,仅于去年夏适之先生到北平见面时,略辩了几句。现在素痴先生在美国看了我的《哲学史》讲义,不远万里,写了一个书评,对于我的书,有许多指教。二位认我的书有批评之价值,我很感谢。但二位先生的意见,我觉得还有可讨论的。

有历史家的哲学史,有哲学家的哲学史。历史家的哲学史注重"谁是谁"。哲学家的哲学史注重"什么是什么"。我是哲学家不是,尚是问题,不过我确不是历史家,所以我在我书的序文上先有声明。素痴先生说我的书的"特长是哲学方面,惟关于历史方面,则未能同样令人满意",这句话前半段是素痴先生的过奖,后半段所说实在是事实。

虽然如此,一个"哲学史"所负之历史的任务,如素痴先生所说者,我的书也尽了不少。不然我尽可以叫他为《中国哲学》,不叫他为《中国哲学史》。

素痴先生所说我的书之第一普通缺点,是直用原料的地方太多。关于这点我在我的绪论里写了一段,说明此书系兼用叙述式与选录式的两种体裁,原文见原书第19页(神州国光社本),现在不必钞他了。素痴先生只看见我的讲义,其中是没有增加这一段的。至于素痴先生所举我讲术数的一段,我实在是太疏忽,这是我应向读者道歉的(商务本已改正)。

素痴先生所说"分时期的提纲挈领",我书中本来打算有个,但是下一半书还没有写出,先写好的分期的提纲挈领,恐怕不适用。所以第一篇里就把他省去了。每一个哲学家的生卒年代,我本来写的有,后来有许多哲学家,我只知道他的学说大概是在什么时候,却不知道他的生卒年代。所以我为一律起见,把我所知道的,也不写上。因为我所知道的也是大家所知道的,写上不写上没有关系。我觉得一个哲学家的时代对他的哲学是有关系的,至于他的确切生卒年月,对于他的哲学是没有大关系的。例如我是清末民初的人,这与我的思想是有大关系的,至于我是生在光绪二十四年或二十三年,是于我的思想没有大关系的。我不说这些问题不重要,不过我对于这些问题,没有兴趣。所以这些问题,我没有研究。不过我对某种学说大概在某时代发生之问题,却费了不少的工夫,书中各章排列之先后,亦很费斟酌。读者试注意书中各章之次序,当不难得一古代哲学发展之轮廓。我很希望有人能把古代各哲学家的生卒年月,都考出来,听说现在有人正做这种工作。

关于农奴制,素痴先生替我们补充了一条证据,我们很感谢。至于说孔子不是拥护周礼,我想还可有讨论的余地。我说孔子拥护周礼,不是只因为他说过"吾从周"等话,也不是只因为孔子的社会理想与传统制度有多少相同地方,诸读者看我的书第四章第二节、第五节便知。我承认贵族政治及农奴经济是周之文物制度的基础;但不承认贵族政治及农奴经济,是周之文物制度的要素。我们即承认素痴先生的意见,说孔子是反对贵族政治及农奴经济的,但是他一生所守的"礼"是周制呢?是孔子所自制的呢?我们诚然可以质问孔子说:你老先生所拥护之文物制度,没了贵族政治及农奴经济的基础,是不能实现的。但这是孔子自己的矛盾,并不能因此说我的见解错误。

孔子的言行,在当时是有革命性,我不但不否认,并且我的书中极力表明此点。孔子在中国历史中的地位,真像苏格拉底,一方面说,他是很有革命性的人物,一方面说,他又是守旧的。

孔子以前,无私人著述之事,我近来看,是个很明显的事实。素痴先生说:"《汉书·艺文志》所著录,名为孔子以前人所著的书,无论存佚,吾人都不能信其非出伪托。"这不是很可令人注意的一件事吗?私人著述,与私人讲学,可以说是一件事的两方面。私人著述,即因私人讲学而起。当然说孔子以前无私人著述,并不是说孔子以前的人对于任何事都没有知识,没有意见。若果如此,天上忽然掉下一个孔子,岂不怪哉?我的书特为孔子以前这些有知识的史官及贵族立了一章(原书第三章),其中如史伯、叔向、子产等人长篇大论的"言",我特意大钞而特钞。我说:"不过诸人或为世业之史官,或为从政之贵族,不能如希腊智者之聚徒讲学宣传主张,所以中国思想史上权威之地位,不得不让孔、墨等后起诸子占据也。"(原书神州国光社本63页。)史官贵族受国君的咨询,对于国家或君主的事情常常发"言",这是事实。这如后来之奏议等的性质,不能谓为私人著述。适之先生所举臧文仲立言,孔子引周任之言等;他们当然可以有"言",这与我的立论并不冲突。素痴先生所举《左传》所引《史佚之志》及《军志》;《史佚之志》,顾名思义,是史官名叫佚者所记,他若以史官的资格作"志",其"志"仍是官书也。《左传》所引《史佚之志》多格言,则本有记言之史官也。《军志》亦可是当时的"陆军部"记军事讲兵法的官书。私人的"兵家",起来是很晚的。适之先生承认现在传本之《邓析子》非邓析子所作,却又以为有个真本《邓析子》,是孔子以前的私人著述,我以为可以不必要这个假设。

关于《老子》这本书,适之先生说我书中举的三条,不能证明此书为晚出,本来我并不专靠这三条。但就这三条说,关于孔子以前无私人著述之事,上文已详。《老子》非问答体一点,我是引用傅孟真先生说,在原书第五章第二节里声明过。关于第二点我是引用顾颉刚先生说,也在第五章第二节里声明过。傅先生的原文,已在《中央研究院历史语言研究所集刊》里发表,顾先生的原文见《古史辨》第一册,此处无须再为称引。不过我的主要的意思,是要指明一点,就是现在所有的以为《老子》之书是晚出之诸证据,若只举其一,则皆不免有逻辑上所谓"丐辞"之嫌,但合而观之,则《老子》一书之文体、学说,及各方面之旁证,皆可以说《老子》是晚出,此则必非偶然也。(原书神州国光社本195页。)

适之先生驳梁任公先生的几条,第一条我想适之先生的比喻,恐怕不能解除任公先生所指出的困难。因为一族间大房小房的辈差,不必是因为小房的人都寿长的结果。而孔、李二氏辈数之差,若要说明,则要假定孔氏的人都寿短而李氏的人都寿长。这个假定不一定是合情理的。关于第二条,即令孔子所说"以德报怨",是指老子而言,但墨子、孟子何以未言及老子,仍是问题。因墨子、孟子未言及老子,所以孔子所说之"以德报怨"亦未必是指老子也。关于第三条,老子主张不争,主张柔道,虽可说他是拘谨的人,但主张绝圣智废仁义的人,却又不像是拘谨。况第五条中，适之先生也承认老子的主张是激烈呢。关于第五条，邓析的学说，我们不很清楚。"伐檀""硕鼠"的激烈，与老子之激烈不同。一是就某种具体事实，表示不满，一是就当时社会组织之根本原理，表示不满，其间很有差别。关于第六条，孔子可以说"千乘之国"，老子不能说"万乘之君"，其理由是因为春秋时之国家多而小，战国时之国家少而大。所以孔子说"万乘之君"，老子不说"千乘之国"也。道家之名，诚为后起，但不能因其后起，即据以推定汉人所谓道家即专指当时之道家。法家、名家之名亦是后起，岂司马谈所说法家、名家，亦是专指汉时之法家名家吗？

素痴先生说，孟子与庄子同时，庄子之书既多受老子的影响，则老子应在孟子之前。这种说法，是以为现在庄子之书，整个的是姓庄名周之庄子一人所写。我不是这种看法。这一点我在我的书第二章第五节中已声明过了。至于现在《庄子》书中，哪一部分是姓庄名周的庄子写的，哪一部分是后学所写，听说现在正有人考定。我们可以说姓庄名周的庄子不是庄学的完成者，但仍然可以说他是庄学的创始人。

素痴先生说"我们决不能据这部书（《老子》）的体裁，来推考其中所表现的学说的时代"。所说体裁不知是否即指所谓《老子》用"经"体而言？本来先秦的书，差不多全经过汉人的整理。《老子》之书，经过汉人整理，乃意中事。素痴先生说现存的《老子》，"乃汉人凑集前人所引，并加上不相干的材料，补缀而成"。即令如此，《老子》亦非只是口耳相传至汉始著于竹帛，为什么据其体裁不能以推考其时代呢？

素痴先生说我讲老庄多着眼于其所异而忽其所同。关于这一点，在有一个时期我讲《老子》，我也说他与庄学有共同点的。我说《老子》所谓"死而不亡者寿"就是就个体与宇宙合一的境界而言，个体若与宇宙合一，则即可与宇宙永存。后来我觉得这种万物一体一类的意思，在《老子》书中并无明文，如此解释，恐近附会，故写《哲学史》时，旧稿未用。素痴先生所谓"没有人己物我的分辨，万物只是一体"，这是庄学的意思，在《老子》书中，这些字面，及含有此意义的字面一概未见，我们怎敢附会，以这些意思去解释《老子》呢？人法天是一件事。人与天合一又是一件事。法天者不一定就与天合一。《老子》亦讲婴儿，我书中特意提出（原书第八章第九节），但"泯物我之界线等语"，《老子》书中，未见明文。

我还是说《老子》所说无欲，只是寡欲。我说"人苟非如佛家之根本绝断人生，即不能绝对无欲也"。（原书神州国光本216页）就此而言，即庄学亦未主张无欲也。

关于我的书中之"惠施公孙龙"章,我的主要意思,在于指明此二家学说之大体倾向。至于《天下篇》所举每条之本来的意义,我早就声明是不能完全知道的。(原书第九章第一节)所以有些条下,我不止举一种解释,即表此意,并非不避无谓的重复。不过素痴先生所举的原则,"凡一种解释,若将原文主要字眼改换去而仍能适用者,则此种解释,应当舍弃",则颇有讨论之余地。因为古人有些话不过是举例的性质;此例可,彼例亦未尝不可。公孙龙说白马非马可以说明他的意思,他说白牛非牛,或黑马非马,亦未尝不可说明他的意思。若用素痴先生的原则,则对于公孙龙所谓白马非马,无论若何解释,我们都可问:如果理由这样简单,他何不说白牛非牛,或黑马非马,而偏说白马非马呢?我们若果真知道公孙龙说这句话的时候的主观方面及客观方面各种情形,我们或者可以解答这个问题。但这就是研究公孙龙的心理,不是研究公孙龙的哲学了。

司马彪所谓"形分止,势分行"者,以素痴先生之例明之,譬如飞鸟之影,t_1 时在 A 处,t_2 时在 B 处,此专就其形而言也。就此方面言,则"飞鸟之影未尝动也"。但如动是个事实,我们须注意于此事实之另一方面,即飞鸟之影,在 $t_1 t_2$ 中间 t_x 时动之倾向,即所谓势也。我不一定就用他这个说法。不过我因为这是一个比较讲得通的旧注,故钞之以备一说而已。所以须多备一说者,其理由上已声明。素痴先生说:"既说'共相不动无行止',又说有'飞矢及飞鸟之影之共相',一句之内便自相矛盾。试问不动不行的共相,怎样飞法呢?"素痴先生问这个问题的时候,我想他手下写的是"飞矢及飞鸟之影之共相",心中想的还是飞矢及飞鸟之影之个体。飞矢等的共相,不在时空之内,当然还是不动无行止的。若问他怎样飞去,就与问"动"之共相怎样动法,"变"之共相怎样变法,同为无意义的问题。我们只可说他有一种性质,若果他实现于时空,他是要飞的。素痴先生说,若照我的讲法,影字便成赘疣,这点批评很好;不过我不以为《天下篇》飞鸟之影一条与《墨经》影不移一条同意,因为《墨经》与辩者是立于反对的地位的。我有一段特讲此意(见原书神州国光社本 315 页),似乎素痴先生没有看见。此外素痴先生补充的三事都很好,容我向素痴先生致谢。《大公报·文学副刊》编者发表素痴先生的文章之前先让我拜读,这也是我所应感谢的。

四月二十九日,清华园

(原载《大公报·文学副刊》第 178 期,1931 年 6 月 8 日)

论传统历史哲学

传统上所谓历史哲学之性质，可以一言赅之：即探求过去人事世界中所表现之法则。然历史法则之种类不一。过去学者或认此种，或认彼种，历史法则之探求为历史哲学；是故传统历史哲学之内容殊乏固定性。然此不固定之中却有固定者存：即历史法则之探求是已。本文之任务，在学过去主要之"历史哲学"系统而一一考验之，抉其所"见"，而祛其所"蔽"，于是构成一比较完满之历史观。

以吾所知传统的历史哲学家所探求之法则可别为五类：

（一）历史之计划与目的
（二）历史循环律
（三）历史"辩证法"
（四）历史演化律
（五）文化变迁之因果律

此五者并非绝对分离。容有一类以上之结合以构成一家之历史哲学，然为逻辑上之便利起见，下文将分别讨论之。

一、目的史观

第一种所谓历史哲学即认定全部人类历史乃一计划，一目的之实现而担任阐明此计划及目的之性质。此派历史哲学可称为目的史观，其主要代表者，自当推黑格尔。彼之《历史哲学》演讲稿为影响近百年西方史学思想最巨之著作。过去《历史哲学》之名几为目的史观所专利。因之否认此种学说者遂谓历史哲学为不可能。

目的史观之最原始的形式即谓全部人类历史乃一天志之表现，谓有一世界之主宰者，按照预定计划与目的而创造历史，此即基督教说之一要素，其在西方史学界之势力，至近半世纪始稍衰。虽黑格尔犹未能脱其羁轭。（参看黑氏《历史哲学》，Universal Literature Library 本，页 57 至 60）神学史观吾认为现在无讨论之价值，下文将不涉及。虽然，"人类史为一计划，一目的之实现"之命辞，除却神学的解释以外，遂无其他可能之意欤？有之，即谓："人类历史乃一整个的历程，其诸部分互相关结，互相适应，而贯彻于其中者有一种状况，一种德性，一种活动或一种组织之积渐扩充，积渐增建以底于完成，一若冥冥之中有按预定之计划而操持之者然。"此种渐臻完成之对象，即可称为"历史之目的"。此为理论经上持目的史观者所能希望以史象证明之极限。至史象果容许如此之解释与否，则为一事实问题，过去持目的史观者之所成就离此极限尚不知几许远，曾无一人焉能将全部或大部分人类历史范入此种解释之中。吾人亦无理由可信他日将有人能为此，然彼等不独认此理想之极限为不成问题之事实，甚且超于此极限之外而作种种形上学之幻想，与未来之推测，而以为皆历史事实所昭示者焉。遂使《历史哲学》几成为一种不名誉之学问，为头脑稍清晰之哲学家所羞称，此则黑格尔之徒之咎也。

请以黑格尔之历史哲学为例。彼之主要论点之一，即谓"世界之历史不外是对于自由之觉识之进步"，其进展之阶段：则第一，在东方专制国家（中国、印度、波斯）中只知有一人（君主）之自由；第二，在希腊罗马建筑于奴隶阶级上之共和政治中只知有一部分人之自由；其三，在黑氏当世欧洲之立宪政治中人人自觉且被承认为自由。故曰"欧洲（黑氏当世这欧洲）代表世界历史之究竟"。换言之，在黑氏时代以后，人类世界将不复能有新奇之变迁矣。

黑氏号称已证明全世界全人类之历史为一有理性之历程，为一目的之实现。（同上，页 54 至 64）而实际上彼所涉及者仅人类历史中任意选择之一极小部分，在时间上彼遗弃一切民族在未有国家以前之一切事迹。彼云："诸民族在远到此境地（国家之成立）之前容或已经历长期之生活，在此期内容或已造就不少文明。然此史前时期乃在吾人计划之外，不论继此时期以后者为真历史之产生，抑或经此时期之民族，永不达到法治之阶段。"此之割弃有何由？其理由即在如上所示"真历史"与"假历史"之分别。黑氏以为一民族在未有国家，未有志乘（志乘为国家之产物）以前之事迹，纵可从遗物推知，然"以其未产生主观的历史，志乘亦缺乏客观历史"（同上，页13）夫具客观的历史之事迹云者，（如引语之上文所示）即曾经发生于过去之事迹而已。谓曾经发生于过去之事迹为缺乏客观的历史，若非毫无意义之谵呓，即自相矛盾。夫同是发生于过去之事变，其一产生志乘，其一未产生志乘；今称前者为"真历史"，后者为非"真历史"，除以表示此之差别以外，更能有何意义？此新名之赠予，岂遂成为割弃世界之历史之大部分于历史哲学范围外之理由？盖黑氏发现人类历史中有一大部分无法嵌入于历史哲学中，而又不能否认其实在，于是只得"予狗以恶名而诛之"。

在空间上，黑氏亦同此任意割弃。彼所认为人类史之舞台只限于温带。"在寒带及热带中无属于世界史的民族存在之地。"然即温带国家之历史彼亦未能尽赅。关于北美洲彼但以"属于未来之境土"一语了之。于东方彼虽涉及中国、印度、波斯，然无法以之与欧洲历史联成一体，其叙东方不过为陪衬正文之楔子而已。即北欧之历史彼亦须割弃夺其大半。故曰"东亚之广土与通史之发展分离，而于其中无所参预；北欧亦然，其加入世界史甚晚，直至旧世界之终，于世界史无所参预，盖此乃完全限于环地中海诸国。"（同上，页144）可知黑氏所谓历史哲学仅是地中海沿岸诸民族有国家以后之历史之哲学而已。而猥曰"世界史为一有理性之历程"，猥曰"世界之历史不外是自由认识之进步"，其毋乃以名乱实乎？地中海沿岸可以为"世界"，则太平洋沿岸何以不可为"世界"？里海沿岸何以不可为"世界"？甚哉黑氏之无理取闹也。

即置其空间上以部分为全体之谬妄不论，其以一人之政治自由之觉识包括全部东方史，以少数人之政治自由之觉识包括全部希腊罗马史，以全民之政治自由之觉识包括全部近世欧洲史，亦属挂一漏万。姑无论在任何时代政治仅为人群生活之一方面，其他方面如经济、宗教、学术，不能完全划入政治范围之内。且一民族在其政制确立以后，直至影响自由观念之政治改革发生以前，其间每经过悠长之时期。此时期之历史可谓全无"自由之觉识之进步"。在黑氏历史哲学中对于此时期之历史，除否认其为"历史"以外，直无法处置。

然黑氏之妄更有甚者。彼不独认世界史"不外是自由之觉识之进步"，且认此之进步为一"世界精神"，一操纵历史的势力之活动结果。此精神者，"以世界史为其舞台，为其所有物，为其实现之境界。彼之性质非可在偶然机遇之浅薄的游戏中，被牵来扯去者，彼乃万物之绝对的裁断者，完全不为机遇所转移，惟利用之，驾御之，以达一己之目的。……彼其理想之实现，乃以（人类之）知觉及意志为资藉。此等才性，本沉溺于原始之自然的生活中，其最初之目标为其目的的命运之实现,——然因主动之者为(世界)精神,故具有伟大之势力而表现富之内容。是故此精神与己为战,以己为大碍而须征服之,……此精神所真正追求者乃其理想的本体之实现;然其为此也,先将目标隐藏不使自见,而以此之叛异自豪。"(同上,页105)倘吾人能假定黑氏言语为有意义者,则其持说当如下述:有一非常乖僻,却具有非常权能之妖魔或神圣,名为世界精神者,其为物也,无影无形无声无臭;在黑格尔以前无人知觉之,而除黑格尔及其同志以外,亦无人能知觉之。此怪物自始即有一殊特之愿望:即造成18世纪末及19世纪初之德意志式或普鲁士式的社会。然彼却好与自己开玩笑,使用一种魔术将其原来之愿望忘却,而终以迂回不自觉之方法实现之。彼最初隐身于中国、印度及波斯民族之灵魂中造成"一人之自由之认识",继则分身于希腊,罗马民族之灵魂中造成"少数人自由之认识"。终乃转入德意志民族之灵魂中以造成"人人自由之认识"。如此神话式之空中楼阁,吾人但以"拿证据来"一问便足将其摧毁无余。历史之探索,乃根据过去人类活动在现今之遗迹,以重构过去人类活动之真相。无证据之历史观直是谵呓而已。

现在批评黑格尔之历史哲学诚不免打死老虎之嫌。然过去目的论之历史哲学家无出黑氏右者,故不能不举以为例。且黑氏学说在我国近日渐被重视,吾今谈及其历史哲学,不能不预施以"防疫"之处理也。

要之吾人依照证据所能发现者,除个人意志及其集合的影响外,别无支配历史之意志;除个人之私独的及共同的目的与计划外,别无实现于历史中之目的与计划。一切超于个人心知以外之前定的历史目的与计划皆是虚妄。又事实所昭示,人类历史,在一极长之时期内若干区域之独立的、分离的发展,其间即互有影响亦甚微小。此乃极彰著之事实,彼以全部世界史为一整个之历程者,只是闭眼胡说而已。

与目的论史观相连者,为进步之问题。凡主张目的史观者必以为贯彻于全部历史中者有一种状况,一种德性,一种活动,或一种组织之继续扩充,继续完成,换言之,即继续进步。此说逻辑上预断全部历史为一整个历程。盖进步之必要条件为传统之持续。惟承受前人之成绩而改革之始有进步可言。以现代之机械与五百年前美洲土人之石器较,前者之效率胜于后者不可以道里计矣。然吾人不谓二者之间有进步之关系者,以就吾人所知前者并非从后者蜕变而来也。历史既包含若干独立之传统,不相师承,故其间不能有贯彻于全体之唯一的进步。假设进步为事实,则历史中只能有若干平行之进步。

吾人现在可退一步问,毕竟在各民族或各国家,或各文化之全史中,自邃初迄今,是否有继续不断之进步?如其有之,进步者为何?

"进步"本为一极含糊之观念。过去论者每或将之与伦理价值之观念混合,因以为进步者乃伦理价值上之增益。而何为伦理价值之标准,则又古今聚讼之焦点。于是历史中有无进步,或进步是否可能之问题,遂棼然不可理。吾今拟将进步一名之价值的涵义刊落。每有一种状况,一种活动,或一种组织之量的扩充,或质的完成,便有进步。准此而论,则过去历史哲学家分别认为各文化史中所表现之进步,计有下列各项:

(一)智识
　　(甲)广义的　智识之内容及思想方法
　　(乙)狭义的　控制及利用自然之技术,生产之工具
(二)政治上之自由及法律上之平等
(三)互助之替代斗争
(四)大多数人之幸福
(五)一切文化内容之繁赜化

以上五者在各民族,各国家,或各文化之历史中是否有继续不断之进步?换言之,是否在任何时代只有增益而无减损?下文请从末项起分别讨论之。

(一)所谓繁赜化者,谓由一单纯之全体生出相差异而相倚相成之部分。斯宾塞尔在《进步:其法则及原因》一文,阐说此种进步甚详,彼以为宇宙间一切变化皆循此经过,此事亦非例外。试以政治为例,统治者与被统治者间之差别,由微而著。"最初之统治者自猎其食,自砺其兵,自筑其室。"进而有"劳心者治人,劳力者治于人"之鸿沟。政治与宗教始为合一,终然分离。法令日以滋彰,政府之组织日以繁密。更以经济上分工为例,其日继于精细更为极明显之事实。其在语言则有文法上之析别,形音义之孳乳。其在美术,则音乐诗歌与舞蹈由合而分,绘画雕刻由用器之装饰,而成为独立之技艺,凡此皆繁赜化之事实。至若科学史上之分化,更无须举例矣。就文化之全般而论,繁赜化之继续殆为不可否认之事实。然若就单个之文化分成而论,却有由繁能趋于简,甚且由简而趋于清减者。例如宗教仪节,神话之信仰,苛细之法禁是也。

(二)谓在任何文明之历史中大多数人之幸福继续增进,此说之难立,无待

深辨。五胡十六国时代大多数中国人之幸福,视汉文景明章之时代何如？19世纪中叶,及20世纪初叶以来大多数中国人之幸福,视18世纪时代何如？类此者例可增至于无穷。

(三)自由平等或互助之继续进步。此说更难当事实上之勘验。试以中国史为例,吾人但以五胡十六国时代与两汉全盛时代,以晚唐五代与盛唐时代,以元代与宋代,以崇祯末至康熙初与明代全盛时一比较,便知此等史观之谬。

(四)生产方法之继续进步似可认为事实。一种新发明而较有效率之生产工具之被遗忘或抛弃,历史殆无其例。然智识内容之继续进步说,则难成立。试以我国数学史为例。明代在西学输入以前,实为我国数学大退步之时代。宋元时盛行之立天元一术至是无人能解。其重要算籍如《海岛》《孙子》《五曹》等除收入《永乐大典》,束之高阁外,世间竟无传本,后至清戴震始从大典中重复输出焉。吾人若更以中世纪初期之与罗马盛时之学术史比较,则智识继续进步说之谬益显。

思想方法进步说之最有力的倡导者为孔德。彼以为思想之发展经历三阶级。其一为神学时期,以人格化的神灵之活动解释自然现象。其二为玄学时代,以为有种种抽象的势力附丽于物中而产生其一切变化。其三为实证时代,于是吾人放弃一切关于自然现象之"理由"与"目的"之讨索,惟致力于现象间之不易的关系之恒常的法则之发现。于是吾人屏除一切无征之空想而以观察、实验为求知之唯一之方法。虽然在同一时代各科学不必建于同一阶段,例如物理学可入于实证时期而生物学仍在玄学或神学时期,然则吾人以何标准,而划分某时代之属于某阶段？孔德以为此标准乃在道德及社会思想之方法。实证的伦理学及社会学之成立,即一人群之入于实证时期也。

孔德之三时期说实予学术史家以极大之帮助,使其得一明晰之鸟瞰。就大体言,此说无可非难,然此说所予通史家之助力盖甚少。一民族之普通思想方法恒在长期内无甚更革,而同时文化之他方面则发生剧烈之变迁(例如我国自春秋末迄清季大致上停留于玄学之阶段,而经济、政治、宗教、艺术上则屡起剧变)则后者之不能以前者解释明矣。

除生产工具、思想方法及文化内容之繁赜化以外,吾人似不能在任何民族之历史中,发现直线式(即不为退步所间断)的进步。于是主张他种进步论者,或以螺旋式之进步而代直线式之进步。所谓螺旋式的进步论者,承认盛衰起伏之更代,惟以为每一次复兴辄较前次之全盛为进步。此在智识之内容方面似或为然。然若视为普遍之通则,则螺旋式之进步说亦难成立,譬就政治上之自由,法律上之平等及生活上之互助及大多数人之幸福而论,吾不知唐代全盛时有以愈于汉代全盛时几何?

二、循环史观

与直线式之进步史观相对峙者,为循环史观。(循环史观与螺旋式之进步史观并不冲突,惟各侧重事实之一方面。)进步之观念起源甚晚,惟循环史观则有极远古之历史。盖先民在自然变化中所最易感受之印象厥为事物之循环性。昼夜、朔望、季候、星行,皆以一定之次序,周而复始。以此种历程推之于人类或宇宙之全史乃极自然之事,故初期对于过去之冥想家大抵为循环论者,然吾人当分别两种循环论。其一谓宇宙全部乃一种历程之继续复演,或若干历程之更迭复演,此可称为大宇宙的循环论。此种冥想,在东西哲学史中多有之,试举我国之例。庄子谓"万物出于几,入于几"(几可释为原始极简单之生命质),"始卒若环,莫得其伦"。《朱子语类》中所记:"问,自开辟以来至今未万年,不知以前如何?曰以前亦须如此一番明白来。又问天地会坏否?曰不会坏,只是相将人无道极了便齐打合,混沌一番,人物都尽,又从新起。"然最彻底之循环论者则数尼采,彼推演机械论至于极端,以为世界全部任何时间之状况,将完全照样重演。此类关于大宇宙之冥想,原非以人类史事为依据。当属于哲学中之宇宙论范围,而不属于历史哲学范围,故今不置论。第二种小宇宙的循环论,乃谓世间一切变化皆取循环之形式:任何事物进展至一定阶段则回复于与原初相类似之情形,此可称为小宇宙之循环论,吾国《老子》及《易传》中均表现此种思想。老子曰:"万物并作,吾以观复,"《易传》曰:"无往不复。"龚定庵引申此说尤为详明,曰:"万物之数括于三,初、中、终。初异中,中异终,终不异初。一匏三变,一枣三变,一枣核亦三变;万物一而立,再而反,三而如初。"(《壬癸之际胎观第五》,《本集》卷一)专从循环论之观点以考察历史之结果则为一种循环史观。

以吾人观之,谓一切人类史上之事变皆取循环之形式,此说(假若有人持之者)显难成立。譬如"孔子在齐闻韶,三月不知肉味",此为孰一循环变化之一部分? 秦始皇焚书,此孰一循环变化之一部分? 张衡发明候风地动仪,此又为孰一循环变化之一部分? 然若谓人类历史中富于循环之现象,远多于吾人日常所察觉或注意者,因之吾人若以循环之观念为道引以察人类史,则每可得惊人之发现,此则吾所确信不疑者。试举例:近顷有人指出我国文学史上有两种思潮之交互循环。其一为"诗言志"之观念,其一为"文以载道"之观念,吾人若将中国文学史分为下列诸时期:(一)晚周,(二)两汉,(三)魏晋六朝,(四)唐,(五)五代,(六)两宋,(七)元,(八)明,(九)明末,(十)清,(十一)民国,则单数诸期悉为言志派当盛之世,双数诸期悉为载道派当盛之世。按诸史实,盖不诬也。

过去关于人类史中循环现象之观察以属于政治方面者为多。孟子曰"天下之生久矣,一治一乱……"《礼运》言大同、小康、扰乱三世之迭更。罗马普利比亚(Polybius)则谓一君政治流而为暴君专虐,暴君专虐流而为贵族政治,贵族政治流而为寡头政治,寡头政治流而为民主政治,民主政治流而为暴民专虐,由暴民专虐而反于一君政治,如是复依前序转变无已。马奇华列(编按:马基雅维利,Machiavelli)则谓"法律生道德,道德生和平,和平生怠惰,怠惰生叛乱,叛乱生破灭,而破灭之余烬复生法律",圣西门则谓组织建设之时代与批评革命之时代恒相迭更,其实后四家之言皆可为孟子注脚。惟《礼运》失之于理想化,普利比亚失于牵强,马奇华列失之于笼统,惟圣西门之说则切于事实。

三、辩证法史观

"辩证法"一名在我国近渐流行,其去成为口头禅之期殆亦不远。毕竟"辩证法"为何?在我国文字中,吾人尚未见有满意之阐说或批判。言辩证法必推黑格尔。黑氏书中"辩证法"一名所批示者,以吾人所知,盖有四种不同之对象。此四者逻辑上并不相牵涉,其中任一可真而同时余三者可伪。第一,"辩证法"本义,其说略如下:凡得"道","(绝对真理)一偏之见执,若充类至尽,必归入于其反面,因而陷于自相矛盾。原来之见执可称为'正',其反面可称为'反',于是可有一种立说超于二者之上而兼容并纳之,是为'合'。若此之立说仍为一偏之见执,则'正''反''合'之历程仍可继续推演,至于无可反为止。"此所止者是为绝对真理换言之,即黑格尔之哲学。是故对于一切一偏之见执,皆可用"以子之矛,攻子之盾"之术平破之,此即所谓"辩证法"。(以吾观之谓许多谬说可用此法破之,信然。若谓一切谬说皆可用此法破之,则黑氏未尝予吾人以证明,吾人亦无理由信其为然。)黑格尔以为此乃柏拉图语录中之苏格拉底所常用者,原非彼所新创。第二,可称为认识论上的辩证法,略谓吾人思想中之范畴,或抽象的概念与其反面实亦不可分割。设以 X 代表主词 A 谓 X 则同时亦必须谓 A 为 X 之反面,如是则陷于自相矛盾。进一步考察之,则可发现亦更高范畴 Y,融会 X 与非 X 者。于是 X 为正,非 X 为反,而 Y 为合。是为一辩证的历程。黑氏哲学中此部分盖完全谬误,彼所谓相反而不可分之二范畴,实即一观念之二名耳。彼以为"泛有"(即仅是有,而不确定有何属性)与"无"相反而可分,而"有"与"无"之合为"成"(由无而有谓之成)。夫黑氏何不迳曰"有"与"无"相反而不可分,而必以"泛有"与"无"对。盖"泛有"实即无有,实即无之别号;犹 O_{X1} 为 O 之别号也。"泛有"与"无",异名同实,可混淆以为相反而相同。而"有与无"则二名异实,不能妄指此为相合一也。夫"泛有"之非有,犹 O_{X1} 之非 I 也。谓"泛有"与无相反而相同,即谓无与无相反而相同,犹谓 O_{X1} 与 O 相反而相同,盖无意义之谵呓而已。第三,辩证法即变相之所谓"本体论证",其大致如下:先从一观点在思想上建设一概念之系统,乃究问此系统有无客观之对象,继从此系统本身之性质,而推断其即所求之对象。(此种方法康德在《哲理论衡》中早已驳倒)以上三种辩证法皆不在本文范围之内。今所欲讨论者,乃第四,历史中之辩证法。以极普遍极抽象之形式表出,其说略如下:一社会当任何历史阶段之达于其全盛时,可视为以"正",辩证法三阶之第一阶,然此阶段之进展中,极孕育与之对抗之势力。此势力以渐长成以渐显著,可视为一"反"。此一正一反,互相冲突,互相搏争。搏争不可久也,结果消灭于一新的全体中,正反两元素无一得申其初志,然亦无一尽毁,惟经升华融会而保全。此新全体新时代,即是一"合",一否定之否定,于其中"正"与"反"同被"扬弃"。所谓历史的辩证法大略如是。专从此观点考察历史之结果是为一种辩证法的历史观。以上历史辩证法之抽象的形式乃黑格尔与马克思之所同主。马克思自承为传自黑格尔之衣钵者即此。

(现时流行之所谓"辩证法的唯物史观"即指此种辩证法,与前三种辩证法逻辑上无涉)然其具体之解释则马克思与黑格尔大异。略去其形上的幻想(涉及"世界精神","民族精神"者)则黑氏历史辩证法之具体观念如下:

任何人群组织之现实状况,恒不得充满,其中却含有若干日渐增加而日渐激烈之先觉先进者,憧憬追求一更完满之境界。现状之保持者可视为"正",而理想之追求者可视为反。此两种势力不相容也。守旧与维新,复古与解放,革命与反动之争斗,此亘古重演之剧也。然斗争之结果,无一全胜,亦无一全败,亦可谓俱胜,可谓俱败,于是产生一新组织社会,在其中理想为一种支配历史之原动力,为"世界精神"之表现。而马克思则以为理想不过经济制度之产物。马氏历史辩证法之具体观念特别侧重经济生活，其说略曰：一人群之经济组织范围其他一切活动。过去自原始之共产社会崩溃后，每一形成之经济组织，包含对峙之两阶级，其一为特权阶段，其一为无特权阶级，一为压迫者，其一为被压迫者。经济组织之发展愈臻于企盛，或益以新生产方法之发明，则阶级之冲突愈剧烈，压迫阶级要求现状之维持，是为一"正"，被压迫之阶级要求新秩序之建立，是为一"反"。此两阶级对抗之结果为社会革命，而最后乃产生一新经济组织。将对抗之两势力销纳，于是阶级之斗争暂时止息。是为一"合"。经济组织改变则政治法律，甚至哲学艺术亦随之改变。

以上两说乃同一方法之异用。然以吾人观之皆与史实刺谬，试以我国史为例，周代封建制度之崩溃，世官世禄（即以统治者而兼地主）之贵族阶级之消灭，此乃社会组织上一大变迁。然非由于先知先觉之理想的改革，非由于两阶级之斗争，亦非由于新生产工具之发明，事实所示，不过如是：在纪元前六七世纪间沿黄河流域及长江以北，有许多贵族统治下之国家，其土地之大小饶瘠不一，人口之众寡不一，武力之强弱不一，大国之统治者务欲役属他国，扩张境土，小国之统治者及其人民欲求独立与生存，于是有不断之"国"际战争。其结果较弱小之国日渐消灭，而终成一统之局。因小国被灭，夷为郡系，其所包涵之贵族亦随其丧失原有地位。是为贵族阶级消灭之一因。君主与贵族争政权而务裁抑窜逐之，是又贵族阶级消灭之一因。贵族阶级自相兼并残杀，是又其消灭之一因。凡此皆与阶级斗争，生产工具之新发明，理想上之追求无与。即此一例已推破黑格尔与马克思之一切幻想。

四、演化史观

许多原初极有用之名词，因被人滥用浸假成为无用。"演化"一名正是其例。就予个人而论，平日谈话作文中用此名词殆已不知几千百次。今一旦执笔欲为此观念下界说，顿觉茫然。流俗用"演化"一名，几与"进步"或"变化"无异。然吾人可确知者，演化不仅是变化，却又不必是进步。毕竟演化之别于他种变化者何在？

吾今所欲究问者非演化观念之形上的意义。例如在一演化的历程是否一种潜性之实现。若然,此潜性在其未实现之前存于何所?又如演化的历程是否须有内在的一种主动的"力"为之推进,是否需有一种终始如一的实质为其基础?对于此诸问题,予之答案皆为否定的。然在此处不必涉及。予今所欲究问者:事物之变化,至少必须具何种条件,吾人始得认之为一演化的历程?吾将斩除论辩上之纠纷而迳下演化之辩别的界说如下:

一演化之历程乃一串接续之变化,其间每一次变化所归结之景状或物体中有新异之成分出现,惟此景状或物体仍保持其直接前立(谓变化所自起之景状或物体)之主要形构。是故在一演化历程中,任何一次变化所从起与其所归结之景状与物体,大致必相类似,无论二者差异如何巨,吾人总可认出其一为其他之"祖宗",惟演化历程所从始与其所归结(此始与终皆吾人之思想所随意界划者,非谓吾人能知任何演化历程之所始或所终也)之景状或物体,则异或多于同,吾人苟非从历史上之追溯,直不能认识其间有"祖孙"之关系。

以上演化之观念之涵义有两点可注意:第一,异乎斯宾塞尔之见,演化之结果,不必为事物之复杂化,容可为事物之简单化。此则现今生物学家及社会学家所承认者也。第二,演化之历程中,非不容有"突变"。然须知突与渐乃相对之观念。其差别为程度的,白猫生黑猫,对于猫之颜色而言则为突变,对于猫类之属性而言则为渐变。许多人根据达夫瑞氏物种"突变"之研究,遂以为演化论中"渐变"之观念可以取消。又有许多人以为达尔文主义与突变说不相容,此则皆为文字所误。变化所归结之状态或物体必保持其直接前立之其主要形构,此演化之观念所要求者,超此限度以外之"突变"为演化之历程中所无(若有之则不成其为演化历程。)惟在此限度内变化固容许有渐骤之殊也。虽然"主要形构"之界限殊难严格确定,只能靠"常识"上约略之割分,此则许多认识上之判别之所同也。

专从演化之观点考察历史之结果是为一种演化论的历史观。演化观念可应用于人类历史中乎?曰可。然非谓人类全体之历史,乃一个演化历程也。演化历程所附丽之主体必为一合作的组织,而在过去任何时代人类之全体固未尝为一合作的组织也。又非谓过去任何社会,任何国族之历史皆一绵绵不绝之演化也。一民族或国家可被摧毁,被解散,被吸收,而消失其个性,即其文化亦可被摧毁或被更高之文化替代。然当一民族或国家,其尚存在为一民族或国家,为一组织的全体时,当其活动尚可被辨认为一民族或国家之活动时,吾人若追溯其过去之历史,则必为一演化之历程。其中各时代新事物之出现,虽或有疾迟多寡之殊，惟无一时焉，其面目顿改，连续中斩，譬如妖怪幻身，由霓裳羽衣忽变而为苍鬓皓首者。

任何民族或国家其全体的历史为一演化的历程，然若抽取其一部分一方面而考察之，则容或可发现一种"趋势"之继续发展（进步），一种状态之复演或数种状态之更迭复演（循环性），或两种势力其相反相克而俱被"扬弃"（辩证法）。进步、循环性、辩证法，皆可为人类之部分的考察之导引观念、试探工具，而皆不可为范纳一切史象之模型。此吾对于史变形式之结论。

初期演化论之历史哲学家不独以为一切社会其历史皆为一演化之历程，更进一步以为一切社会之演化皆遵同一之轨辙。譬如言生产方法则始于渔，次游牧，次耕稼，言男女关系则必始于杂交，次同血族群婚，次异血族群婚，次一男一女为不固定之同栖，次一夫多妻，次一夫一妻。其他社会组织之一切方面亦莫不如是，若将社会众方面之演化阶段综合，则可构成一层次井然之普遍的"社会演化计划"云。此计划之内容诸家所主张不同，惟彼等皆认此种计划之可能为不成问题者。此之学说可称为"一条鞭式的社会演化论"，其开山大师当推斯宾塞尔，其集大成者则为穆尔刚，然在今日西方人类学界此说已成历史陈迹。近顷郭沫若译恩格斯重述穆氏学说之作为中文，并以穆氏之"社会演化计划"范造我国古史为《中国古代社会研究》一书颇行于时。故吾人不避打死老虎之嫌，将此说略加察验。

从逻辑上言，此说所肯定者乃涉及一切民族之历史之通则，宜为从一切或至少大多数民族之历史中归纳而出结论，其能立与否全视乎事实上之从违，苟与事实不符，则其所依据一切理论上之演绎俱无当也。然此说初非历史归纳之结论，为此说者大抵将其所注意及之现存原始社会，并益以理想中建造之原始社会，按照一主观所定之"文明"程度标准，排成阶级，以最"野蛮"者居下。以为由此阶级上升即社会演化之历史程序。一切民族皆从最低一级起步，惟其上升有迟速，故其现在所达之阶段不同云。然彼等初未尝从史实上证明，有一民族焉完全经历此等一切阶段而无遗缺也。而大多数原始社会无文字记录，其过去演化之迹罕或可稽，即有文字民族其初期生活之历史亦复多失传，故理论上此等计划之证实根本不可能。而事实上此等计划无一不与现今人类学上之发现相冲突。昧者不察乃视为天经地义，竟欲将我国古代记录生吞活剥以适合之。斯亦可悯也矣。

五、文化变迁之因果律

本节所涉及之问题有二：(一)在文化之众方面中有一方面焉，其变迁恒为他方面之变迁之先驱者之原动力，反之此方面若无重大之变迁，则其他方面亦无重大之变迁者乎？具此性格之文化因素，可称为文化之决定因素。故右之问题可简约为文化之决定因素何在？(二)文化之变迁是否为文化以外之情形所决定？

对于(一)问题曾有两种重要之解答，(甲)其以为文化之决定原素在于人生观之信仰者，可称为理想史观。其说曰：任何文化上之根本变迁必从人生观起，新人生观之曙光初启露于少数先知先觉。由彼等之努力，而逐渐广播，迨至新人生观为社会之大多数份子所吸收之时，即新社会制度确定之时，亦即文化变迁告一段落之时。是故先有十五六世纪之文艺复兴，将生活中心从天上移归人间，然后有十七八世纪之科学发达，然后有十八九世纪之工业革命。先有十九世末西洋思想之输入，然后有中国之维新革命、新文化等等运动。此外如近世俄罗斯、日本、土耳其之改革皆由少数人先吸收外来之新理想而发动。故曰"理想者事实之母"。

虽然，一社会中人生观之改变，无论为新理想之倡道，或异文化中理想之吸收，恒受他种文化变迁之影响，吾人通观全史，新理想之兴起，必在社会组织起重大变化之时代，或社会之生存受重大威胁之时代。是故有十字军之役增进欧洲与近东之交通及商业，有十四五世纪南欧及都市生活之发达，然后有文艺复兴之运动。有春秋以降封建制度之崩坏，军国之竞争，然后有先秦思想之蓬勃。有鸦片之役以来"瓜分之祸"，然后有"维新""革命"及"新文化"诸运动。他如近代帝俄、日本、土耳其之革新运动，莫不由于外患之压迫。故吾人亦可曰"需要者理想之母"也。从另一方面言，许多文化上之根本变迁，如欧洲五六世纪间民族之移徙，以造成封建制度。又如先秦建制度之崩坏，初未尝有人生观之改变为其先导也。

(乙)与理想史观相对峙者为唯物史观。其生产工具为文化之决定因素者可称为狭义的唯物史观，其以经济制度(包括生产条件，如土地、资本之所有者，与直接从事生产者间之一切关系)为文化之决定因素者可称为广义的唯物史观。然二者皆难成立。吾人并不否认生产工具(如耕种、罗盘及蒸汽机之发明等)或经济制度上之变迁对于文化之其他各方面恒发生根本之影响。惟史实所昭示许多文化上重大变迁并非生产工具上之新发明,或经济制度上之改革为其先导。关于前者,例如欧洲农奴制度之成立,唐代授田制度之实行是也。关于后者例如佛教在中国之兴衰,晋代山水画之勃起,宋元词曲之全盛,宋代理学及清代考证学之发达皆是也。其实类此之例,可例举至于无穷。

对于第(二)问题(文化之变还是否为文化以外之情形所决定)亦有两种重要之答案。在文化范围外而与文化有密切之关系者,厥惟地理环境与个人才质,二者均尝为解释文化变迁者所侧重。然地理环境中若地形地质,是有历史以来,并无显著之变迁,其有显著之变迁,可与文化上之变迁相提普论者,只有气候,以气候解释文化变迁之学说,可称气候史观。以个人之特别禀赋解释文化变迁者可称为人物史观。

(甲)气候史观。此说所侧重者不在一地域之特殊气候对于居民生活之影响,而在一地域气候上之暂时的(如荒旱,水灾或过度之寒暑),或永久的反常变化(如古西域诸国之沦为沙碛)与其他文化变迁之关系。持此说者,以为一切文化之重大变迁皆为气候变迁之结果。夫谓气候之变迁有时为文化变迁之一部分的原因,且其例之多过于寻常所察觉,此可成立者。吾可为举一旧日史家所未注意及之例:《左传》僖公十九年载卫大旱,卜有事于山川不吉。宁庄子曰,昔周饥,克殷而年丰。宁庄子之言若确(吾人殊无理由疑其作伪)则殷之亡,周之兴,而封建制度之立,其原因之一,乃为周境之荒灾。然若谓一切文化上之变迁皆有其气候之原因,则显与事实刺谬。例如日本之明治维新可为该国文化上一大变迁,然其气候之原因安在? 如此之例不胜枚举。气候史观实难言之成理。(气候史观之最有力的主倡者为亨丁顿。此说最佳之批评见于 P. Sorokin 所著《现代社会学原理》中。)

(乙)人物史观。文化为个人集合活动之成绩,文化之变迁,即以活动之新式样代替旧式样,故必有新式样之创造,然后有文化变迁之可能。然新式样之创造固非人人所能为,所肯为,或所及为也。记曰"智者创物,巧者述之,愚者用焉"。一切文明上之新原素,皆有特殊之个人为之创始,此毫无问题者也。所谓创始有三种意义:(一)完全之新发现或新发明。(二)取旧有之式样而改良之。(三)将旧有之式样集合而加以特殊之注重,即所谓"集大成"者是也。复次采纳一种旧有之行为式样(譬如说孔教、释教或共产主义)身体力行,并鼓励领导他人行之。此亦可视为一种创造者。以上四类之创造者包括古今一切"大人物"之活动,世间若无此四类之人,则决不会有文化之变迁,此亦无可疑者也。虽然大人物之所由成为大人物者何在?(一)在于"天继之将圣"?抑(二)在于生理学上禀赋之殊异?抑于(三)在于无因之意志自由,抑(四)在于偶然之机遇?

天继说固无讨论之价值,生理异禀说亦无实证之根据,持后一说者显然不能从一人在文化上之贡献而推断其必有生理上之某种异禀。因此事之确否正为待决之问题也。然过去文化上之创造者,许多并主名而不可得。即或姓氏幸传,其人之生理的性格亦鲜可稽考。欲使生理禀说得立,只能用间接推断,而直接推断之唯一可能的根据,即一实验之法则。凡具某种生理异禀者,恒有文化上之创造;凡不具某种生理异禀者,恒无文化上之创造。然迄今尚无人曾发现一如是之法则。故生理异禀说,只是一种空想而已。然吾人若舍弃此说,则或当选择于意志自由与盲目之偶然机遇间。二说孰优?此形上学的问题之解答,非本文之范围所容许,吾仅欲于此指出历史哲学于形上学之关系。

(原载《国风》杂志 2 卷 1 号,1933 年 1 月 1 日)

道德哲学之根本问题

我认为道德哲学第一步的工作是把"应当"(Ought)和"好"(Good)这两个观念弄清楚。这两个观念没有弄清楚,而贸然去讨论道德问题,则才一开口,便涉含混。然历来道德哲学家免此病者盖甚少。

试以国内张东荪先生近著一部就许多方面而论是很有价值(那不是本文的作者所愿意抹煞的,但可惜现在没机会指出)的《道德哲学》(中华书局版)为例。张先生承认道德哲学对于"吾人行为所奉之标准"的研究有两方面:

一曰研究此标准为何物;二曰研究以何种标准为最宜。前者之研究系对于实然(is)而施,后者之研究则为对于"当然"(ought to be)而施也。(页14—15)

是的,道德哲学里的究竟问题之一是:人生行为"以何种标准为最宜"。但"宜"是什么意思呢?张先生说:

须知所谓"宜"者,其实正即所谓"善"。而文言之"善"及与口语上所谓"好"殆完全相同,在英文则为"Good",其在希腊文则为agathon。如译以中国语,莫若口语之"好"——例如云"怎样才好呢?"故英文之"Good",殆与"end"或"Goal"同义。而英文之"The highest good"固可译为"最高鹄的",而实亦与口语上所谓"顶好"正复相通。由是言之,所谓"善"与所谓"好"即合于所悬之鹄的之谓也。所谓"怎样才好"亦正表示如何方可达到所期望之境界。此境界即所悬之鹄的耳。(页6—7)

右一段话,若简单化起来可得如下之列式:

宜=善=好="合于所悬之鹄的(=所期望之境界)"。而依这界说最宜的行为标准,自然就是最适合于"所悬之鹄的"或"所期望之境界"的标准了。但这"所悬之鹄的",是谁所悬的呢?这"所期望的境界",是谁所期望的呢?对于这个问题若没有明确的答案,则上引的一段话,等于废话。

而在那部书里，我们始终找不到张先生的答案，或答案的提示。然则张先生所谓行为之最"宜"的标准，是最能合于谁人"所悬之鹄的"，或最可以达到谁人"所期望之境界"的呢？我们试替张先生设想，对于这些问题不外有三种可能的答案：

（一）"所悬之鹄的"是不论何许人所悬的鹄的，"所期望之境界"是不论何许人所期望的境界。

（二）"所悬之鹄的"是大多数人所悬的鹄的，"所期望的境界"是大多数人所期望的境界。

（三）"所悬之鹄的"是人人所共悬的鹄的，"所期望的境界"是从人所同期望的境界。

第（三）答案显然不能成立，因对于人生，人人根本就不悬同一的鹄的，或期望同一的境界。我们能相信黄浦滩上一个洋车夫和曾坐在他车上的张先生对于人生悬同一的鹄的，期望同一的境界吗？我们能相信蒋中正、张学良、宋子文，和陈独秀、胡适之、蔡廷锴，对于人生悬同一的鹄的，期望同一的境界吗？我们能相信杨朱、魏牟，和释迦、墨翟对于人生悬同一的鹄的，期望同一的境界吗？依我看来，恐怕不能。

我们若采用第（二）答案，则何者是行为之最宜的标准，便成了一个只能用投票表决的问题，再用不着哲学家去饶舌。而大多数人"通过"了的标准，哲学家压根儿就不能说它不宜，若这样说便成了自相矛盾。

我们若采用了第（一）答案，则世间有这么多人悬了这么多不同的鹄的，期望了这么多不同境界，便有这么多最"宜"的行为标准。换句话说，便是无所谓普遍地最"宜"的标准。于是道德界陷于无政府状态。

也许看到这里，张先生会提出抗议道："当我说'何种标准为最宜'的时候，这个'宜'字又另是一备意思，与上文所界说的绝不相同。"如果哲学家是天赋有"淆乱名词"的权利的话，我可以接受这个抗议。但接受了，我便得问：那么，到底所谓"最宜的标准"的"宜"，是什么意思？对于这个问题，张先生似乎也没有明确的答案。

让我们对这个问题，作一初步的考察。

我相信，就一义言，"人生行为之最宜的标准"与"凡人应当遵守的标准"，只是同一观念的两种说法，至少就一义而论是如此。于此我们便有了"应当"的意义的问题。我们这里所谓"应当"乃指绝对的、无条件的应当，以别于相对的、有条件的应当。譬如我告诉一个人："你若想做党官,应当喊熟好些口号。"这个应当便是相对的、有条件的应当。他为什么应当喊熟好些口号？因为他想做党官。他若不想做党官,便没有喊熟好些口号的必要。而我们似乎不能说,凡人无条件地应当做党官。但譬如我告诉一个人："你不应当以睚眦之怨杀人。"这个应当是绝对的、无条件的。我的意思是说,不管他是什么人,不管他在什么情形之下,不管他悬了什么鹄的,期望了什么境界,他不应当以睚眦之怨杀人。相对的、有条件的应当,便是康德所谓"拟设的律令"(Hypothetical imperative);绝对的、无条件的应当,便是他所谓"确断的律令"(Categorical imperative)。

现在我们要探究的是后一种应当的意义,下文凡用"应当"一名而不加以限制时,皆指此种应当。

何为"应当"？对于这个问题的答案有三种。让我先把它们简略地陈述,然后讨论它们所牵涉的问题。

(一)第一种的答案以为"应当"乃是一些现实的或可能的行为之一种简单的、特自的(Simple and unique),因而不可分析、不可界说的性格(Characteristic)。这句话得略加说明。第一,这一说认定"应当"一名是有专指的,而不是一个多余的名,可用它名替代而吾人思想工具上无所损失的。譬如"牛"之一名,不能用"马"来代。我们若把"牛"之一名取消,则语言里便有显著的缺憾。同样,我们若把"应当"一名取消,则语言里也有显著的缺陷。但譬如"夜合树,本草名合欢,一名合昏"(《农政全书》卷五四,页1),此三名者,任废其一,都无所损。而"应当"一名,并不类此。第二,这一说认定"应当"一名所指的性格,乃简单的,因而不可分析,不可界说。凡可分析的性格,必为若干性格的"丛结"(Complex),因而吾人可以辨别其构成的元素。辨别一件东西之构成的元素而确定这些元素间的关系,这便是分析。以一件东西的构成原素和其关系来说明这件东西的性质,这便是界说。"应当"既是简单浑一的性格,而非若干性格的"丛结",故不可分析,不可界说。譬如"白",就是一种简单的性格。我们只能说白是白,再不能说白即是什么。白也许是一种振动的结果,这不即是这种振动。因为我们看见白时,我们所见的白是白,而不是什么振动。也许我们所见的只是"幻景"(Appearance),但"幻景"就是"幻景",我们不能把它打发走。但第三,这一说虽主张"应当"是一种简单不可界说的性格,有如白,却并不以为"应当"是一种在时空里,而可以用官觉接触的性格。有如白,"应当"是一种超时空、超官觉的性格。

此说之主要代表者为席支维克(H. Sidgwick,参看其所著《伦理学方法》五版页 34 以下),张先生述席氏道德哲学却未举及此点,窃疑其未见及本文所提出之问题之重要。穆亚(G. E. Moore)氏在他的《伦理原理》里,把简单、特自而不可界说的性格归于他所谓"好"(Good),而以为"应当"是可以用"好"来界说的。但在他后来所著的《伦理学》和《道德哲学之性质》(见其《哲学研究》论集中)里,他似乎有认"应当"为另一种简单、特自而不可界说的性格之趋势。(其详予别有说)

(二)第二种的答案承认"应当"是可以界说的。但曾经提出的或可能提出的界说却有许多,举出著者:

(甲)应当的即是神(或上帝)所命令或期望的。应当采取的行为标准即是神所命令的标准,应当的行为即是合于这标准的行为。一切宗教的道德,以此观念为基础。

(乙)人心有一种特殊的、超乎感觉和情欲的官能,替人的行为立定一些规律。这官能称之为"天理"可,为"行为理性"可,为"纯粹意志"可。它所立的规律即是人生行为所应当采取的标准,合于这标准的行为便是应当的行为。持此说者例如朱熹、康德。

(丙)吾人对于自己及他人的行为有一种特殊的情感反应,可称之为"偿报的情绪"(retributive emotions)。此种情绪有二,一为积极的偿报情绪,曰欣许(approval);一为消极的偿报情绪,曰义愤(moral indignation)。二者所以别于其它情绪之特征有二:一曰"表面的公正性"(apparent impartiality)。公正云者,谓欣许或否,不缘于自利或阿好也。惟此特征所要求者,吾人但自信自觉其情绪为公正,或至少不自觉其为不公正已足,而不必真为公正也。(表面公正的自然可同时为真公正的。)二曰"假定的普遍性"(assumed universality),谓吾人感受此等情绪时,自觉或不自觉地信其为"人心之所同然",而非由于一己之癖性也。(自然,假定为普遍的,同时可为真正普遍的。)凡普遍地,或几乎普遍地为积极的偿报情绪的对象之行为,即是应当的行为;如是为消极的偿报情绪的对象之行为,即是不应当的行为。此说之有力的代表者为威斯特麦克(Westermarck,参看其所著《道德观念之起源与发展》上册,页 100—105)。

(丁)应当的行为,即"就久远而论"(in the long run)为社会之所要求的,众人之所韪的;不应当的行为,即是"就久远而论"与社会所要求相反的,为众人之所非的,亦即"反社会的"。(吾信此为许多人自觉或不自觉地所持。)

（戊）应当的行为，即是人们成其所以为人们的行为，换言之，即是足以表现人类的特征的（用中国的老话来说，便是"尽性"的）行为。但是人类的特征于何发现？我不知道有什么可能的方法，除了拿人类和最与人类相近的物类来比较。让我们看看这种比较所得的一些结果。

人类所能，而禽兽所不能的行为示例：

> 研究哲学、科学
> 创造美术
> 信仰上帝的存在
> 膜拜石头、树木、山川、偶像等等
> 把雌性当作神圣
> 把雌性当作奴隶
> 把雌性的脚裹成三寸"金莲"
> 种罂粟，抽鸦片，设"特税处"
> 对于同类之有组织的榨取，迫虐，奴役
> 对于同类之有组织的、大规模的残杀
> "焚顶，烧指"，以身喂虎，点天灯
> 诓骗（小规模的诓骗叫做说谎，大规模的诓骗叫做宣传，叫做训话。）

以上随手拈来的几个例子便足以显示："人之所以为人"者，"人之所以异于禽兽"者，有大家认为"好"的地方，也有大家认为"坏"的地方。我们对于"坏"人，总喜欢说他是"衣冠禽兽"，其实他们的行为有许多是禽兽所"敬谢不敏"的。我们又时常说他们"毫无人气"，其实有些地方，他们简直是"人气十足"。我们除非闭着眼睛不管事实，大约不能否认上表所列都是人类的特征，或人的特殊"能耐"（function）罢？

过去一般"尽性论"的道德哲学家，大抵选择了他们所喜欢的人类特征之若干方面，而以为只有这些方面才是人类的特征。凡人必须尽量发展这些方面才能够成为一个"人"，不然，则简直无异于禽兽。其实他们所谓"人"已经不是事实上的人而是理想中的人了。换句话说，他们的道德观，已经不仅仅是事实上人与物的比较的结果，而是自觉或不自觉中价值的选择的结果。于此我们又得审问他们选择的标准是什么，和这标准的根据。

从前中国的道德哲学家很喜欢利用"性"字的意义的模糊来遮掩他们的独断。他们把所喜欢的人类特征认为先天的本"性",而把其它认为后天的习染。这种天性与习染(nature and unnature)的分别之为虚妄,现代的心理学家和社会学家类能言之。离开了习染的造作,一个人的"天性"简直无从说起。一个婴孩生下来第一次对于刺激的感受和反应,就是习染。(姑且这么说,其实当它在娘胎时,这种习染已经开始。)说一个人的天性是什么,这句话若是有意义的,只是说他已经习染成了什么,将来(倘若他还未死的话)还能够习染成什么,从前若在别些情形之下或当习染成了什么。人类的"天性"这个名词若是有意义的,只能指示人类在过去所已经成就的和在将来所会成就的。前者是事实,后者是推测。照这样的解说,则人性不独包括人所独异的地方,并且包括其与他物所同的地方,则人性是和人类的特征一样,有大家所认为"好"的地方,也有大家所认为"坏"的地方。

所以当道德哲学家劝人尽"性"的时候,他事实上并不,逻辑上不能,劝人尽性的一切方面,而只是并只能劝人尽性的一些方面。当他们劝人发展人类的特征的时候,他们事实上并不,逻辑不能,劝人发展人类的一切特征,而只是并只能劝人发展人类的一些特征。以上的分别十分重要。过去"尽性论"的道德哲学家所以自觉地或不自觉地隐没了这个分别者,只为他是自觉地或不自觉地要躲避两个很重要而且很不容易解答的问题:(1)拿什么标准去判断那些人类的特征(或人性之那些方面)的发展是应当的,而其它则是不应当的? (2)这标准的根据是什么?

我相信,对于第(1)个问题之一个很容易被人想到,而且为许多道德哲学家所暗中肯定了的答案,便是:应当的行为则是发展人类的"好"的特征的行为,而不应当之意义随之自明。于此我们便问:"好"是什么? 我们若将上面(一)至(二)(丁)的答案字面上略为改换,并加上别的,便可以得到对于这个问题之曾经提出和可能提出的主要答案:

(子)"好"是一种简单而不可界说的,超时空世界的性格。

(丑)"好"只能表示用这个字的人的一种态度,一种情感的反应。

(寅)"好"的即是上帝所赞许的,或与上帝的特性相近的。(后者例如亚里士多德说。)

(卯)"好"的即是人心中一种超感觉超意欲的"理性"所要求的。

(辰)"好"的即是普遍地或几乎普遍地为一种情感的反应的对象的。

(巳)"好"的即是就久远而论为任何人类组织所要求的,为任何组织里的分子所公是的。

（己）应当的行为即是（较之其它可能相代的行为）能产生最"好"的结果的行为。人生应当采用的行为标准，即是若被采用后，较之其它可能相代的标准，当产生最"好"的结果的标准。而"好"之歧义如前项中所陈。相当于此等歧义，本项复可分为六支项，其号码照推。

（三）第三种可能的答案即根本否认"应当"有绝对的意义，"应当"只是一个相对的观念。对于某人为"应当"的行为，即是可以达到他所悬的鹄的，或所期望的境界的行为。他若不悬那鹄的，或期望那境界，则那行为对于他并无所谓应当不应当。当某甲说，凡人应当做某事，这只报告他对于某事的一种态度、一种反应。所以若某甲说，"凡人应当孝顺父母"，而某乙说"凡人不应当孝顺"父母，两人的意见并无逻辑上的矛盾，只表示他们态度上的冲突。若某甲对于孝顺父母的行为确有赞许的态度，则他的话是真的，反之则妄。若某乙对于孝顺父母的行为确有反对的态度，则他的话是真的，反之则妄。所以某甲与某乙的话，可以同时俱真，亦可以同进俱妄。（参看穆亚氏《伦理学》，页100—103。）

以上一些答案所牵涉的重要问题，凡有三项。在这篇文章里我只担任指出它们，并不担任去解答它们。

（一）超时空的实在的问题。撇去涉及上帝的答案不算，我们若采纳了（一）、（二）（乙）、（二）（戊）（子）、（二）（戊）（卯）、（二）（己）（子）或（二）（己）（卯）的答案，便不能不承认有超时空世界的实在。在答案（一）里，"应当的"算是一种超感觉的简单性格。在答案（二）（戊）（子）、（二）（己）（子）里，"应当"的界说所包涵的"好"也是这样的一种性格。这两个答案之肯定超时空世界的实在是不消说的。但答案（二）（乙）、（二）（戊）（卯）和（二）（己）（卯）之形而上学的涵义，得略加诠解。这几说认为有一种"理性"，超乎吾人的感觉意欲之上，而主宰吾人的意欲与行为。这"理性"是什么样的东西呢？它如若存在，决不是我们的外察或内省所能在时空里发现的。那主宰我的意欲与行为的"理性"，当然不能求之于外物，只能求之于吾心。但吾人内省所能够发现的，只是感觉、意象、欲念所纠结的川流，此外并无别物。"行为的理性"这东西若是存在的话，只能存在于一个超时空的"我"，有如康德所谓"Transcendental Ego"。

超时空的实在的肯定或否定是形而上学一个极重要的问题。于此我们可以看见伦理学和形而上学的关系。我们在伦理学里若肯定了一种超时空世界的实在，则发生两个问题：(1)这超时空世界的实在，和时空的实在的关系；(2)我们如何能认识这超时空的实在。前者还是一个形而上学的问题,后者却是一个知识论的问题。于此我们又可以看见伦理学和知识论的关系。

(二)伦理学能否成为一种独立的科学?独立是一个相对的观念。某东西是独立者,只是对于别的东西而然。说伦理学是独立的科学者,就是说它对于物理学、生物学、心理学、社会学等为独立,而不能隶属于它们。伦理学之可能的特殊对象,似乎是一切关于行为之"应当"或不"应当","好"或"不好"的判断。倘若"应当"和"好"是可以用心理学或社会学上的事实来下界说的,则伦理学只是心理学或社会学的一部分。何则?譬如照(二)(丙)的界说,"应当"的就是普遍地或几乎普遍地为某种情感反应的对象的,那么我们若要知道某种行为或行为的标准之是否应当,只消研究人们对它(这种行为或标准)的情感的反应便够了。而这是一个心理学的研究。又譬如照(二)(丁)的界说,"应当"的就是久永地(而不是暂时地)为人类的组织所需求于其各个分子的,那么我们若要知道什么行为是应当的,但研究什么是人群组织对于其各个分子的普遍的需求便够了。而这是一个社会学的问题。

但是倘若我采用了(一)、(二)(乙)、(二)(戊)(子)、(二)(戊)(卯)、(二)(巳)(子)或(二)(巳)(卯)的答案,则我们的问题变为"什么行为是具有某种简单的、超时空的属性,名为'应当'的?"或"什么行为的结果是具有某种简单的、超时空世界的属性,名为'好'的?"或"一种存在于时空世界之外的'理性'所'规定'的行为的法则是什么?什么行为是合于这法则的?"这些问题的解答自然不是心理学或社会学所能"越俎代庖",而成为一独立的领域了。

(三)伦理学能否成为一种科学?倘若我们采用了答案(二)(戊)(丑)、(二)(己)(丑)或(三),把所谓"确断的律令"取消,而以为"凡人应当做什么"这一类型的命题之唯一可能的意义,只是报告说这句话的人对于某种行为的态度。那么,当任何哲学家在写《伦理学》时,所写的只是他的自传的一部分。自传诚然可作科学的研究的对象,但写自传不就是研究科学。

以上三个问题的重要,我想大家可以承认的。而它们的解答完全系于"应当"和"好"这两观念的诠释。任何讲伦理学的人,对于这两个观念若没有做过一番批判的工夫,那么,他的伦理学的楼阁是建筑在沙滩上的。

前面已提示过,我这篇文章的任务是陈述问题,而不是解答问题。

(署名"素痴",原载天津《大公报·世界思潮》第40期,1933年6月1日)

玩《易》

上　篇

《易经》(我是包括经传说的)这部书里头显然保存着好些不知名的第一流的心智的痕迹。不然，卜筮的书很多，何以偏是它被二千多年来第一流的心智迷恋着？

"作《易》者其有忧患乎！"是的。但那可不必是一己身世的忧患，却必是对于人类的命运的忧患，那"未济终焉心缥缈"的忧患。

当我忆及这部经典时，很容易涉想起一些宽袍博带、道貌雍容的隐君子，冷静地而且远远地以慧眼望着人世。

"几点梅花春读《易》"，古人认为是很值得流连的境界，我也觉得是很可流连的境界。春，几点梅花，和《易》——这个连属恐怕不是偶然的罢？春是"万物滋始"的时期，几点梅花，是"万物滋始"的象征，而《易》的着眼处在生命。故曰，"生生之谓易"。

什么东西可以急，生却不能急。到要"催生"的时候，便已出了毛病。所以那"揠苗助长"的宋人成为千古的笑柄。读《易》使人感觉雍容，感觉冷静。

雍容，冷静，那不是"反革命"的另一种说法么？不然，不然。除了从一些别有见地的人看来，马克思总不能算是"反革命"的罢？然而是他能费十年的工夫在伦敦博物院的一个僻角里，一行行、一页页地写他三巨册的《资本论》。(那不是迂环累赘、夸大空疏的期月之间的演讲稿呀！)他的引证的繁博，分析的精细，便是拿考据做事业的人看了，也要为之咋舌的。这里所表现的不是雍容、冷静是什么？当时他为什么不潜回德国或在别国图谋暴动？

革命诚然少不了暴动，正如瓜熟之免不了蒂落。蒂落固是突然的、骤然的，但瓜熟却不是突然的、骤然的。同样，暴动固是突然的、骤然的，但革命的成功（据说现在"革命尚未成功"）却不是突然的、骤然的。在瓜的生长里只看见蒂落的人不配种瓜，在革命里只看见暴动的人不配谈革命。

从《易经》忽然说到革命，似乎拉扯得太远了罢？不然，不然。易就是变易。革命就是变易的一种，以一个新的社会秩序易一个旧的。——终于归到易。而且，哈哈，革命这个名词还是从《易经》（革卦）出来的哩！

要把易理应用到革命上，要懂得革命是新生，要懂得生是不能急催、不能揠助的。

社会秩序原是活的，原是一个有机体；所以革命的"命"要当作生命解。只有创造新的生命才能革掉旧的生命。不然，革命只等于寻死。

创造新的生命，以一个新的社会秩序易一个旧的，那岂是病夫易室、贵人易妻那样容易的事，而急促得来的？

下　篇

我已有十几年没温读《易经》了。近来因为张申府先生主编的《世界思潮》里屡曾提及它，引起我不少童年的温暖的回忆。我对这一经的印象特别好，因为教读它的先生不曾"朴作教刑"——这与教读《书经》的先生恰恰相反。

近来正是"异国晚秋"，既没有梅花，手边也找不到一册的《易经》，真是可憾的事。我每从记忆里搜罗，首先出现的是下面的一段：

> 亢之为言也，知进而不知退，知存而不知亡，知得而不知丧。其唯圣人乎，知进退存亡而不失其正者，其唯圣人乎！

这一段就"声情"和义蕴说，都是光焰迫人的。我从前很爱诵它，只为着它的"声情"。近来爱诵它，兼为着它的义蕴。很明显的，这一段是对于主持政治的人们的箴言，因为上文有"贵而无位，高而无民"的话。什么样是"知进退存亡而不失其正"，什么样是"知进而不知退，知存而不知亡"呢？我们可用现代的话解说如下：

当你领导着人们走在你看见是进步的路时,你们也许已走入了退步的路;当你领导人们走在你看见是兴邦的路时,你们也许已走入了亡国的路。只看见一个政治主张之进步的方面,而不看见它退步的方面;只看见它可以兴邦的方面,而不看见它可以亡国的方面——这便叫做亢。惟有圣人,既看出一个政治主张之进步的方面,又看出它退步的方面;既看出它可以兴邦的方面,又看出它可以亡国的方面,却不致左右维艰地迷失了正路,唯有圣人能如此。

反省呵!中国人!你们现在政治上所信奉的、所实行的是什么?你们觉得它是进步的吗?其中是否有抵偿了进步而有余的退步?你们觉得它是可以兴邦的吗?其中是否包涵着亡国的伏线?你们是否已得着正路?

反省呵!中国人!别尽管兴高采烈地种罂粟,收特税,借洋债,砍脑袋!

你们必得反省,为什么有些于信仰者个人自身绝对无利而能有大害的学说和主张,而他们非信仰不可?为什么有些于活动者个人自身绝对无利而能有大害的活动,而他们非做不可?这类人是否杀得尽,禁得绝的?把这一类人杀尽了,禁绝了,国家又将成个什么样子?反省呵,中国人!

二十二年九月写定

(原载《大公报·世界思潮》第 59 期,1933 年 11 月 16 日)

"可能性"是什么

——一个被忽略了的哲学问题

"可能性"这个观念，在过去大多数哲学系统中占很重要的位置。例如一切"尽性"论的伦理学之基本观念是"人之最高的可能性"。又例如不少哲学家以为倘若凡人们所不为的事是不能为的事（换言之，倘若现实的行为，就是唯一可能的行为），则一切道德的判断为妄。又例如在来本之（莱布尼茨）的哲学里，这个世界是一切可能的世界中之最好者。又例如约翰·穆勒界说"物"为"感觉的永久可能性"。又例如在黑格儿的哲学里，全部人类史是一种可能性的展现。又例如在当今怀惕黑（编按：怀特海）的哲学里，可能的世界有许多，而这个世界独得实现，所以必有一具体化的原理（Principle of Concretion）——上帝。又例如新实在论者说，具体的东西未曾存在之前，已有它的"理"，这个"理"也可以释作"可能性"。

更重要的例当求之于亚里士多德和康德的哲学。亚里士多德以为一切个体的物都有其形式与材质两方面。就其对于将来之成就之可能性而言，则为材质；就其已实现之地位而言，则为形式。一切变化流转皆是个体的可能性之实现。康德之应用"可能性"这个观念却在认识论而不在本体论，而且比较上没有这样明显。凡涉猎过哲学史的人都知道，康德认为我们的心规定了一种知识的形式。凡闯入我们心里的经验，必得穿上这种形式的外套，正如臣子见皇帝必得穿上朝衣，戴上朝冠，除了领他治游时。这种形式的原素，便是所谓先验的直觉（时间和空间）和先验的范畴。前者是属于感觉的，后者是属于概念的。先验的直觉，我们现在姑且不管。何以知道某些概念是先验的范畴呢？康德说，我们倘若证明了一些概念的性质是这样的：假如没有了它们，便没有任何对象可能在经验上给予我们；换句话说，我们倘若证明了有些概念是可能的经验的条件，就是证明了这些概念是人心所规定的先验的范畴。从一些概念之为"可能的经验的必要的条件"，进而推断其为人心所规定的先验的范畴（内心所规定的知识形式之一部分），这个推断是否正当，已是一问题。对于这个问题，例如罗素在其少作《形学的基础》里就拒绝给予肯定的回答。但在这部书里，罗素却承袭了"可能的经验的条件"这个观念，以为他所谓"先验"的意义，更进一步维持这种"先验"的知识的实有。罗素现在好像已经"悔其少作"了，我们犯不着去批评他。但现在我们要审问的：所谓"可能的经验的条件"是什么意思？于此，我们又被迫到"可能性"这个观念的问题。

上面的话大约足以表明"可能性"这个观念在哲学里的重要。我们若把这个观念加以彻底的分析，似乎对于好些哲学说应该发生一些不容忽略的影响。实则依我看来，过去许多哲学家的胡闹，都是利用这个观念的模糊。证实这句话，要等另篇。我现在只担任提出这个问题。

附注一：在"可能性"的名目下，Scott Buchanan 氏曾经做过一部小书，但是他，像过去许多哲学家一样，似乎是在做诗，而不是做哲学的分析。因此他的意见全无补于我们现在的问题的解答。

附注二：这篇短文是年半以前写的。近闻美国加里佛尼亚大学今年出的《哲学丛刊》是以"可能性"为题，可惜我现在没有机会得读。

1933 年 9 月自记

奥国对象论创立者麦侬哥教授也有论"可能"的大著。德国哲学作家 J. M. Verweyen 也作过一本《可能的之哲学》。白开尔博士对于亚里士多德可能推断的新研究，本刊前已报道。去年一个叫奥古斯特·浮士德的博士还出了一大部《可能思想》的历史书。罗素并曾在来本之之徒乌尔夫之后把哲学界说为"可能的之学"，又尝藉命题函数而与"可能"以严格的界说。在麦古尔与路易斯等逻辑系统里，"可能"则与真等占了同等地位。凡此皆可资参考者。又按今春加里佛尼亚大学哲联以"可能性"为总题的一套讲演，现在尚未见出版。总共有九讲，姑译其题于下：

1. 什么使可能性可能？
2. 可能与同一；
3. 可能性在本体论上的地位；
4. 可能性与脉络；
5. 可能与现实；

6. 可能性的一些区域；
7. 可能性与意义；
8. 可能性的脉络说；
9. 可能性与多元论。

（原载《大公报·世界思潮》第 64 期，1934 年 1 月 25 日）

道德哲学与道德标准

日者过老友朴学家容希白所,于其满堆吉金乐石拓本之书案上,忽睹假自图书馆之《道德哲学》书一厚册,不禁讶问其何得有闲时与耐力以咀嚼此类硬骨头。应曰:"嘻!尔曹哲学家之惑也。畴昔之夜,吾曾参与哲学家之宴,宾主放言,所衡论者众矣,然苦不得彼曹于人生行为之切实期望、道德判断之具体准绳、所以自信而诏世者果何在。归而反求诸哲学家之书,则更茫然。吾所关心者,非苏格拉底、亚里士多德、康德、黑格儿之所云为何,而是尔曹之所信奉而教人信奉者为何。关于此点言之愈详尽,则予愈乐闻。乃求诸哲学家之书,则惟得苏格拉底、亚里士多德、康德、黑格儿……之说。其或有'略抒己见'者,则言之极抽象、极空泛、极含糊,虽欲奉行之亦不知从何奉行起。吾知哲学家对现状皆表示不满矣,然吾更欲知哲学家之所以易现状者为何。要切实,要具体,毋顾左右而言它。"

予曰:今日哲学分工之精细,已使许多哲学家无复关心此问题。正如今日物理学家之不必关心量子论或相对论也。

然则这道德哲学家何如?

吾子顷言现状,当兼指社会现状。然过去之道德哲学,只问个人应当成为如何如何,而不问整个社会应当成为如何如何。故吾子之问题,道德哲学家亦不任答。

"民以为太守,太守归之天子,天子不自以为功",然则"归之太空"耶?虽然,余窃惑焉。个人者,社会之一体也,不知社会应当成为如何,何以知个人应当成为如何?如塑土偶者,若不知所待塑之为财神或观音,则何以知耳目口鼻手足之所宜?

吾子之惑,亦柏拉图、麦格士(编按:马克思)之惑也。虽然过去之道德哲学家,所以不问整个社会应当成为如何,而只问个人应当成为如何者,以其在不自觉中默认(至少不否认)当时之社会组织也。故当社会组织之基础成为问题时,则彼等之道德训说绝不能作吾人行为之充分而切要之指针。此予所以愈读过去道德哲学家之书,愈不欲担任道德哲学之功课也。伟哉庄生之言曰:"将为胠箧探囊发匮之盗而为守备,则必摄缄縢,固扃鐍。此世俗之所谓知也。然则巨盗至,则负匮揭箧担囊而趋,唯恐缄縢扃鐍之不固也。然则乡之所谓知者不乃为大盗积者也。故尝试论之,世俗所谓知者,有不为大盗积者乎?所谓圣者,有不为大盗守者乎?"哲哉庄生,此真道德思想上震雷烁电之一大发现也。过去之道德哲学家,什九正正是庄生所称"世俗所谓知(同智)者"与"所谓圣者"也。彼其所默认而拥护之社会组织正正是大盗利益之渊薮也。则又何怪乎历来有力者之维持礼教,提倡读经,"一朝权到手,便把令来行",如月落日出之无或爽失?

吾今不惮祖述麦格士之陈言:社会组织乃是道德标准之标准。举其最显浅者言之,譬如承认甲种社会组织,则诛杀以此种组织之利益为利益而努力于其实现或维护之人为不义中之最不义。如否认甲种组织而承认乙种组织,则在此两种组织生存之斗争中,杀戮为甲组织之利益而危害乙组织之人,乃是合义中之最合义。

问曰:毕竟何种社会组织当被承认?道德哲学家将何以解此问题?

对曰:过去道德哲学家尚少有暇思及此问题者。其思及此问题者,世不称之为道德哲学家。附带声明,予绝不是道德哲学家。

虽然彼问题终不能"归之太空"也,吾子盍亦尝试思之?

曰:下走亦尝思之矣。今无暇尽所欲言,则不如暂且勿言。无已请略言"道德标准之标准"之标准,即判断何种社会组织当被承认之标准。今有千人于此,施以甲种组织,则只有三百人能遂其生而乐其生;施以乙种组织,则有九百五十人能遂其生而乐其生。请问此两种组织中孰者当被采纳?

曰:自非疯狂之人,必将采纳乙种。

虽然甲乙两种组织不必问同时对峙存在,而可资吾人之比较者也。或时仅甲种组织存在于事实,而乙种组织仅存在于想象。乙种组织之将有如彼效果,未必人人能知,人人能信。先知之而先信之者是为哲人。"哲人之心孤而足恃。"(龚定庵语)惟其足恃,终必不孤。另一方面,如其所信为真,旧制之恶敝必日益彰。朱紫分明,自非色盲,不能不见。故青年归之,孟氏所谓"如水之就下沛然而莫之能御也"。

曰:今也彼种对照不唯存于想象,抑且存于事实矣。

是故吾等向之问题之解答方法已得。

(署名"素痴",原载天津《大公报·世界思潮》第73期,1934年5月31日)

说可能性

一　可能性的论域

首先让我们确定"可能性"的"论域",在"X是可能的"一个"命题函数"里,用什么去替代X才可以得到一句有意义的话呢?用什么去替代X便得到无意义的字堆呢?我们都会同意下面这几句话是有意义的:"'挟泰山以超北海'是不可能的","'为长者折技'是可能的","袁世凯不做皇帝是可能的"。我们也都会同意下面这几句话是没有意义的:"朱熹是可能的","广东是可能的","黄金是可能的"。我们不关于列举X之有意义或无意义的替代的特例。现在要寻求的是一条原则来判别X的那种替代是有意义的,那种替代是无意义的。

关于可能性的论域的厘定,以下面四层来说。这四层一层深一层。越往下则明显性越少,而能和我同意的恐怕也越少。

第一,这当然的没人会否认的:命题是在可能性的论域之内。

第二,任何包涵可能的(不可能的类推)观念的命题,可能用下列二种形式之一来表示:

(a)一个"P是可能的"式的命题,内中P代表一个命题;

(b)一个包涵"P是可能的"式的命题的命题。

包涵可能性的观念的命题,表面上不取(a)或(b)的形式的而可以化成(a)或(b)的形式的,以我所知有下列各种:

(甲)种,例如"挟泰山以超北海,是不可能的"。在这里"挟泰山以超北海"不成一个命题。但这句话具有通常言语里的含混。严格逻辑地表示,它应当作"一些人挟泰山以超北海,是不可能的",或"一切人挟泰山以超北海,是不可能的"之类。这就是(a)的形式了。

（乙）种，例如"我能往，寇亦能往"。严格逻辑地表示，这句话应当作："有A、B、C 等地方，如若我们往 A 是可能的，寇往 A 也是可能的。余类推。"这是(b)的形式。

（丙）种，例如"明天有下雨的可能"。这很明显地可以表示作"明天下雨是可能的"。这是 A 的形式。这种以可能性为一件事物所有的语言习惯，引起一种形而上学的错误，就是以为"A R B is Possible"一类的命题表示 A 或 B 之一种潜在的力量或性质，一种 Potentiality，为我们所经验不到却很玄秘地附着于事物之上的。

（丁）种，我可以举昨天冯芝生先生在开会辞里的一句话做例。他似乎说过一句话，大意是这样："也许所有可能的哲学系统都被人想到了。"怎样把这句话纳入(a)或(b)的形式呢？这是比较不容易解决的问题。但我以为这句话只是一种省略的方式来表示："也许于所有被人想到的哲学系统之外另有新的哲学系统被人想出是不可能的。"这是(a)的形式。

（戊）种，例如"A、B、C 中任取两项的结合有 AB、AC、BC 等可能"。严格地表示，这句话包含下列(a)式的诸命题：

(1) A、B、C 中任取两项的结合是 AB 是可能的。
(2) A、B、C 中任取两项的结合是 AC 是可能的。
(3) A、B、C 中任取两项的结合是 BC 是可能的。
(4) A、B、C 中任取两项的结合不是 AB、AC 或 BC 不是可能的。

第三，我要坚持的是：在"X 是可能的"一个命题函数里，只有用一个命题去替代 X，才得到一个有意义的命题。换句话说，只有命题才合说是可能的或不可能的。命题以外不论什么东西也不合说是可能的或不可能的，除了牺牲逻辑以图语言上的便利。我们若能承认第二层，对于这一层当没有问题。

第四，从认识的观点看来，我们可以把所有被想到的命题分为三类：(1) 被认为是真的，(2) 被认为是假的，(3) 真假的价值不定的。最后我要坚持的是：只有后两类的命题才合说是可能的或不可能的。当我们对我们自己或他人说"P 是可能的"时候，必定是我们自己或他人相信 P 是假的或真假不定的，否则虽是说了也没有意义传达出来。譬如我们明知今天太阳出了，再对自己说今天太阳出是可能的，那有什么意义？

二 可能性的解释

当我们说一个被认为假的或真假价值不定的命题是可能的时候,我们是说它有怎样的性格?可能这个观念是否简单的,原始的,再不能往下分析的么?我以为不然。要明白一个观念的意义,须要注意包涵这个观念的命题被证实或否登时所应用的手续。现在让我们从这观点去考察"可能"这观念。因为时间的限制,我现在故意忽略了确断的可能(例如"我明天进城是可能的"),和拟设的可能(例如"假如明天我不生病,明天我进城是可能的")的分别。这自然是很重要的分别,但前一种可能的意义若弄清楚,则后一种可能的意义就很容易跟住弄清楚了。

我以为说"P 是可能的"(P 代表一命题)有三种不同的意义,因之其实证的手续也不同。这三种意义的差异,并不是偶然的,乃有其逻辑的联续。

(1)在"P 是可能的"之第一种意义里,P 可以用以下的话来形容:(a)P 是逻辑上自圆的,换言之,并不自相矛盾;(2)P 并不和任何被知的事实相冲突(或并不和任何有关的已知的事实相冲突)。例如说"孔子和他的太太吵过架是可能的","二十年后的今日我不在北平是可能的"。

(2)在"P 是可能的"之第二种意义里,P 可以用以下的话来形容:(a)P 是逻辑上自圆的;(b)P 是伪的;(c)P 和一些特殊事实相冲突;但(d)P 并不和任何科学的科学定律相冲突,例中说孔子活至八十岁是可能的。(事实上孔子只活七十多岁。)

(3)在"P 是可能的"之第三种意义里,P 可以用以下的话来形容:(a)P 是逻辑上自圆的;(b)P 是伪的;(c)P 和一些已知的科学定律相冲突。例如说明天太阳不出是可能的,或说世界上将来有不死的生物是可能的。

(原载《哲学评论》第 7 卷第 1 期,1935 年 4 月)

历史哲学的根本问题

历史哲学的根本问题,是要把人类的历史组成系统,不独是系统,而且是严格的系统。所谓严格的系统有八种:(一)演绎的系统,(二)准演绎的系统(例如近代物理学),(三)类分的系统(例如物理学上的周期表),以上是观念的系统,(四)有机的系统,(五)空间的系统,(六)因应的系统(Teleological System),(七)演化的系统,(八)辩证法系统。所谓不严格的系统有三种,(一)二分的系统(Dichotomic System),(二)坐标的系统(Reference System),(三)时次的系统,那是历史所本,所有的历史哲学的根本问题,也可以说除了时次的系统以外,我们能否在上说的八种严格系统中的后五种找出——或若干套在历史身上。

历史哲学根本问题,也可以说是历史里有无绝对偶然性的问题。偶然性有二种意义:一是相对的,一是绝对的。凡不能用某种严格系统驾驭的事实,对于这系统而言,是偶然的,那是相对的偶然。凡不能用一切严格系统驾驭的事实,便是绝对偶然的。

本人只担任把一切根本的问题弄清楚弄严格,至于解答,则未暇及。

(原载《哲学评论》第 7 卷第 2 期,1936 年 4 月)

评冯友兰《中国哲学史》下卷

冯先生的《中国哲学史》上册初出版的时候,我曾对它发表过一些意见。最近,此书全部出世,学报编者以书评见嘱,不免对下册补说几句话,虽然可说的话并不多。下册出版之前我曾有预读的荣幸,当时读后的感想,曾和冯先生说过的现在不想多说,因此可说的更少。

冯先生的书分为两篇并不是偶然的,这根据于他对于中国哲学史的一种看法。他以为中国哲学史天然地可分为两个时代:子学时代和经学时代。换句话说,即大体上不以传统的权威为依傍的时代,和根本上以传统的权威为依傍的时代。他以为子学时代相当于西洋哲学中的上古期,经学时代相当于其中的中古期。"中国实只有上古与中古哲学,而尚无近古哲学也。"但这"非谓中国近古时代无哲学也",只是说,在近古时代中国哲学上没有重大变化,没有新的东西出现,其"精神面目"可以与西洋近古哲学比论的。"直至最近,中国无论在何方面皆尚在中古时代,中国在许多方面不如西洋,盖即中国历史缺一近古时代。哲学方面特其一端而已。近所谓东西文化之不同,在许多点上,实即中古文化与近古文化之差异。"这些见解虽平易而实深彻,虽若人人皆知,而实创说。

在搜集材料的方法上,冯先生从表面依傍成说的注疏中,榨出注疏者的新见,这种精细的工作,是以前讲中国哲学史的人没有做过的。这种工作最显著的成绩乃在第六章讲向秀与郭象的一长段。最有趣的,他从注文的勘核竟发现了一个覆沉千古的冤狱,郭象盗窃向秀《庄子注》的冤狱,而得到平反的证据。此外在这下册里,我国所谓象数之学和希腊毕达哥拉学派的类似第一次被指出,董仲舒的学说第一次得到从新观点的详细分析,扬雄、韩愈、李翱在我国思想史上的地位第一次得到正确的新估定,宋学中的理气说及其演变第一次得到正确的了解,朱陆的异同第一次得到较深彻的认识,这些都是读者所不容忽略的。佛学在本书中占了三章又半(第七、八、九及十章之半),可惜我对中外的佛学及其历史完全是门外汉,除了下面一小点外,竟不能赞一辞。本书页812说,"及乎北宋,释氏之徒亦讲《中庸》,如智圆自号为中庸子,作《中庸子传》,契嵩作《中庸解》。盖此类之书,已为儒佛二家所共同讲诵者矣"。释氏之徒讲《中庸》,似乎不自智圆始,也不自北宋始。那舍身同泰寺,并且屡次升法座为"四部众"说经的梁武帝就著过一部《中庸讲疏》。(见《梁书·武帝本纪》及《隋书·经籍志》)更可注意的,前乎梁武帝,晋宋间曾"述庄周大旨作逍遥论"的有名"玄学"家戴颙"注《礼记》《中庸》篇"(《宋书》本传)。似乎《中庸》可以说是中国民族的思想,释道之徒均莫能自外的。这一小节的补充无关宏旨。我愿意拉杂提出和冯先生讨论的乃在以下各点:

(1)冯先生讲《太极图说》(以下省称《图说》)的时候,拿《通书》的话去互释,这个步骤的合当,很成问题。"《太极图说》与《通书》不类,疑非周子所为,不然则或是其学未成时作;不然则或是传他人之文,后人不辨也。"去濂溪不久的陆象山已有此说(《与朱元晦书》)。这应当使得想替《图说》和《通书》作合解的人预存戒心。假如我们能将二者互释得通,象山的话固可以不管。但冯先生的互释果无困难么?我觉得在《图说》中濂溪并没有,而且也不能把太极看作是"理"。冯先生在"《太极图说》与《通书》"一节中引《通书》"二气五行化生万物,五殊二实,二本则一,是万为一,一实万分"的话,以为"《通书》此节题理性命章,则所谓一者,即理也,亦即太极也。太极为理,阴阳五行为气"(页825)。这里所谓太极,至少应当包括《图说》里的太极。但《图说》里所谓太极若是理,则"太极动而生阳,动极而静,静而生阴,静极复动"等话,又怎讲呢?形而上的、超时空的、永久不变的理自身怎会动起来?又怎会生起东西来,生起形而下的"气"来?这个生究竟怎样生法?冯先生也知道这些问题是不能答的,所以后来他在页907的小注里说:"周濂溪谓:'太极动而生阳,动极而静,静而生阴。'此言在朱子系统中为不通之论。……濂溪其太极,依朱子之系统言,盖亦形而下者。"(我疑惑这小注是 After-thought。当冯先生写此时,已忘却"《太极图说》与《通书》"一节里的话了。)但如冯先生的解释,把《图说》中的太极认为是理,那几句话在《图说》的系统中就非"不通之论"了么?濂溪之太极,依其《图说》中之系统言,难道就不是形而下的而是形而上的么?我看不然。最奇的,朱子把《图说》中的太极解释作总天地万物之理,却不悟照这样解法,上引周濂溪的话是不可通的。朱子在《语类》中也说:"太极之有动静是天命之流行也",又说"静即太极之体也,动即太极之用也。"冯先生以为《图说》中的太极与《通书》中的"一"或"理"相通,恐怕不自觉地受了朱子的话的暗示。

更使我们糊涂的,冯先生释《图说》中言动静一段时,又引《通书》"动而无静,静而无动,物也;动而无静,静而无静,神也"的话,跟住冯先生说明道:"凡特殊的事物于动时则只有动而无静,于静时则只有静而无动。……若太极则动而无动,即于动中有静也;静而无静,即于静中有动也。"下面一段,即说明"太极为理"。与特殊事物相对的理能够动,而且是动同时又非动,是静同时又非静,这在下愚观之,简直匪夷所思,除留待请教张天师外,再无别法。而且上引《通书》文中与"物"冯先生解作特殊事物相对的是"神"。我们须知这个"神"的历史背景是《易传》里"阴阳不测之谓神"的神。(观《通书》下文"神妙万物"的话可证,此语本《易传》"神也者妙万物而为言也"。)这样的神无论如何是不能被认为与"太极为理"的太极相同或相等的。这个神,添上周濂溪所附加"动而无动,静而无静"的属性,简直是不受逻辑统御的魔鬼。我们相信逻辑(谁能不?)的人除了指出他是胡说的结果以外,更不能替它作什么解说。

(2)关于朱陆的异同,冯先生的认识自然比过去任何讲宋学的人为深刻,但似乎还有未尽之处,我的问题如下:在修养方法上朱子注重"道问学",象山却不注重此,而侧重内心的自知,这是一般人所知道朱陆表面的差别。冯先生指出朱陆哲学上的重要差异在:朱子言性即理,象山言心即理。但从这个差异如何推演出他们修养方法上的差异。这一点似乎在冯先生看来没有什么问题,其实颇有问题。象山以为心即理,这句话的涵义之一,是"心皆具是理";这个理至少包括"行理",人之所应然的理。晦庵以为性即理,但这个性就是心中之理,(依冯先生说)虽得于天却具于心的;这个理也包括"人之所应然"的理。那么,朱陆同以为"人之所应然的道理"是具于各人心中。那么,他们应当同以为:欲知道怎样做一个理想的人,欲明"心之全体大用",反求诸其心就够了。何以朱子于此更注重"道学问"呢?更注重对外物"用力之久"呢?而且朱子还有理由比象山更不重"道学问"。朱子以为一切理之全体具于各人之心中,"人人有一太极"。(象山似不如此主张,他以为"道……在天曰阴阳,在地曰刚柔,在人曰仁义,故仁义者,人之本心也。"似乎他以为人心中之理只包括仁义。)那么,即使穷理为正心修身的必要条件,欲穷理,反求诸其心也就够了,何必对外物"用力之久"呢?若说心中之理原为气禀所蔽,欲去此蔽,有待于"格物"(指朱子之所谓格物);(冯先生似如此说,看页917至920)到底"格物"与去蔽有没有必然的关系?欲明心中本有之理,是否非穷究外物之理不可?我们知道,象山也承认,人心之理(或人之本心)通常是被蔽的:"愚不肖者不及焉,则蔽于物欲而失其本心;贤者智者过之,则蔽于竟见而失其本心。"但他却甚是不承认"格物"是去蔽的有效方法。我们不能说象山的主张是自相矛盾,也就不能说"格物"是"复性"的必要手段,也就不能说重道学问的修养方法是朱子哲学上主张的必然结论,也就不能说朱陆在修养方法上之差异,是基于他们哲学上之差异。这是我要请益于冯先生的。

(3)理气说之阐发自然是宋儒在哲学上的一大贡献。关于理气说的起源,我近来在一部大家不甚注意的书里发现一段颇出人意外,却来历至今未明的记载,愿意附带提出来,供给我国治哲学史的人考索。明末李日华(一个博学的画家)的《紫桃轩杂缀》卷三(页24下25上,有正书局影印本)里说:

> 太极之理人知本于易,而发明于周元公,以为元公之说与伏羲画卦同功。然考东汉张遐则已先之矣。遐字子远,余干人。常(尝?)侍其师徐稺,过陈蕃,时郭泰、吴炳在坐。稺曰:此张遐也,知易义。蕃问遐。遐对曰:易无定体,强名曰太极。太者至大之谓,极者至要之谓。盖言其理至大至要,在混沌之中,一动而生阴阳。阴阳者气也,所谓理生气,而气寓夫理者是也。蕃顾炳曰:若何? 炳良久曰:遐得之矣。观遐之言甚精切,不曰动生阳,静生阴,而曰一动而生阴阳,更自有理会处。

宋人好抹杀前古,而申以所宗。若此类者,不能不为拈出。

这一段的记载若可靠,的确是中国哲学史上很重要的新材料,可惜原不记出处。但我们有理由去相信这似非作者的杜撰。明人编的《尚友录》(卷八)有这样的一条张遐小传(《图书集成》及《人名大词典》中的《张遐传》皆本此)也不注出处:

> 张遐,汉余干人,幼聪明,日记万言,举孝廉,补功曹,不就,十九从杨震。震语人曰:张遐当为天下后世儒宗。建宁间,召为五经博士,寻以疾还教授,诸葛瞻、陆逊等皆其门人。卒赠族亭侯,所著有《五经通义》《易传》《筮原》《龟原》《吴越春秋》等书。

《后汉书》无《张遐传》,遍检上记与张遐有关诸人在《后汉书》及《三国志》中的本传,也没有提及张遐的地方。再检汪文台所辑的《七家后汉书》和惠栋所辑的

《汉事会最：人物志》（集两《汉书》以外关于两汉人物的记载）也不见张遐的影子。（也许我有忽疏，值得覆检的。）因上面引文所记张遐著作的提示，我查《经义考》内中果有张遐《五经通义》一条，引据的是江西《饶州府志》，文曰：

> 张遐字子远，余干人，侍徐穉过陈蕃，穉指之曰此张遐也，通易理。所著《太极说》《五经通义》。

又检现有三种《补后汉书·艺文志》，其提到张遐的地方，除转引《经义考》外，又引有江西《余干县志》。《余干县志》关于张遐的记载除了说他撰有《吴越春秋外纪》与《尚友录》所记不同外，没什么特别的地方。以上探索的结果是不能令我们满足的。我们至少要得到宋以前关于张遐尤其是他的理气和太极说的记载。因为我目前没有许多工夫花在这问题上，只好借这机会把这问题提出来，希望有人代为解决。

（原载《清华学报》第 10 卷第 3 期，1935 年 7 月）

读史与读《易》

赞《易》者其深于史乎！历史之覆辙，有同向欤？有之，曰"亢"。柱下史之遗教曰"去甚"。"去甚"即戒"亢"也。

《易传》曰："亢之为言也，知进而不知退，知存而不知亡，知得而不知丧。其唯圣人乎，知进退存亡而不失其正者，其唯圣人乎！"

是说也，予往尝以今语诠之曰："一策之行，或可以为进步，或亦可以为退步；或可以兴邦，或亦可以亡国；或可以得民，或亦可以丧众。见一策之可以为进步，而不见其可以为退步；见一策之可以兴邦，而不见其可以亡国；见一策之可以得民，而不见其可以丧众，遂一意直行，不反顾焉，斯亢也。执两用中，乃得正路，唯圣人能之。"（大意见三年前本报《世界思潮》中《玩易》一文）

嗟乎，"知进退、存亡而不失其正"，原非所期于不以深思远计为命之人也。若乃聚一世所谓才智之士，使操历史之舵，而所出乃无减于亢焉，则真柱下史所当为冷笑于地下者耳。

夫"亢"之鉴固有迩于往史者矣。其将返"亢"于正乎？抑将以"亢"济"亢"乎？

吾侪有急务：曰读《老》，读《易》，读史。

二十五年十二月十三

（原载《大公报·史地周刊》第118期，1937年1月1日）

宋儒太极说之转变

今言宋儒太极说,断自周濂溪始。至彼之太极说中何者为因袭之成分,何者为新创之成分,姑置不问。

濂溪之言太极,具于所著《太极图说》及《通书·动静章》。二书皆经朱子注释,现行诸本悉附朱注。余往读朱注本《图说》,展卷辄苦茫昧。近日思之,图说之所以难解者,囿于朱注也,何不效崔东壁读经之法,撇开朱注,直玩本文?如是为之,辄悟濂溪此处所讲者,只是粗糙之物理学,如希腊苏格拉底前爱奥尼亚派哲学之所讲者而已。其中并无理气之区分,亦绝无形而上学之意味。谓余不信,请读图说本文:

> 无极而太极。太极动而生阳。动极极而静,静而生阴。一动一静,互为其根。分阴分阳,两仪立焉。阳变阴合,而生水火木金土。五气顺布,四时行焉。五行,一阴阳也。阴阳,一太极也。太极,本无极也。(《通书·动静章》云:"水阴根阳,火阳根阴。五行阴阳,阴阳太极。四时运行,万物终始。混兮辟兮,其无穷兮。"可与《图说》参看。)

吾人若将所受于朱子之成见,悉加屏除,则知此处所谓太极者,只是万物之最后的原素,二气五行之所从出,而亦其所由以构成者而已。就其最原始,最究竟,而不可更推溯言,故谓之太极。就其浑一而无形状,无畛域,无质碍言,故谓之无极。太极与阴阳,五行,四时万物,乃是连续之四阶段,而非对立之两种存在(Being),如朱子所谓理与气也。

濂溪在《通书》中又言及所谓"神"者,其言曰:

> 动而无静,静而无动,物也。动而无动,静而无静,神也。动而无动,静而无静,非不动不静也。物则不通,神妙万物。

或者《通书》中神之动静释图说中太极之动静,而认为神即太极。是说也,予不谓然。窃意濂溪所谓太极相当于 World Stuff(世界原料),而其所谓神则相当于 World Spirit(世界精神)后一义,观于程明道对神之解释而益显。其言曰:

> 冬寒夏暑,阴阳也。所以运动变化者神也。天地只是设位。易行乎其中,神也。
>
> 气外无神,神外无气。或者谓清者为神,则浊者非神乎。(以上并见《程氏遗书》十一)

"气外无神,神外无气",何其与朱子"理外无气,气外无理"之言之相似也。然濂溪与明道程皆不谓神为理,或太极为理。

以太极为理者,在宋儒中殆始于李延平(见《延平答问》)而朱子述之。夫异于濂溪,以太极名理,无害也。惟以此义还释图说,则困难立生,盖理,就其本身之定义,不可以动静言。而若以理释图说中之太极,则势须言理又动静。濂溪不言太极为理,谓其动静可也。朱子言太极为理,谓其动静不可也。(或谓《通书》有一章以理性命标题,文云:"厥彰厥微,匪灵弗莹。刚善刚恶,柔亦如之,中焉止矣。二气五行,化生万物。五殊二实,二本则一。是万为一,一实万分。万一各正,小大有定。"所谓一即太极,文中不言理,而标题言之,暗示太极为理也,不知朱子已言"周子此章其首四句言性,次八句言命"。甚是。则周子不见得暗示一之为理。以一为理者,朱子之解释耳。)此之困难,朱子门徒,亦尝指问。而朱子之答复虽或能塞其门徒之口,实不能厌吾人之心。所问所答,具载《朱子语类》,今请验之。

> 问:太极图曰,无极。窃谓无者盖无气而有理。然理无形,故卓焉而常有。气有象,故阖开敛散而不一。图又曰,太极动而生阳,静而生阴。不知太极理也。有形则有动静。太极无形,恐不可以动静言。
>
> (答)曰:理有动静,故气有动静。则气何自而有动静乎。且以目前论之。仁便是动,义便是静。又何关于气乎?

按朱子于此盖混"动静之理"于"理之动静"为一谈。而二者大相径庭也。有动静之理,而动静之理本身无所谓动静也。仁之理中有动之理而仁不动也。

义仿此。谓有动静之理,故气有动静,可也;谓理有动静之态,故气有动静,不可也。门人所疑者理不能有动静之态。而朱子解释以动静之理不能无。真所谓驴唇不对马嘴也。

朱子言太极之动静别有一义。《语类》载:

> 问:"太极者本然之妙,动静者所乘之机。"(按:此语朱子常言之)太极只是理,理不可以动静言。惟动而生阳,静而生阴。理寓于气、不能无动静。所乘之机,乘如乘载之乘。其动静者,乃乘载在气上,不觉动了静,静了又动。先生曰然。
>
> 先生云:"动静者所乘之机。"蔡季通谓此语最精。盖太极是理,形而上者。阴阳是气,形而下者。然理无形,气有迹。气既有动静,则所载之理按得谓之无动静。

夫理之载于气,岂如人之载于舟车,能随之而俱动?谓某人慧,某人动而慧不动也。谓某人贤,某人动而贤不动也。质性有然,而况于理乎?且太极(总一切理)与气即全宇宙。谓太极与气动,是谓全宇宙动也,而全宇宙不能动者。盖凡动必有所自由所之。全宇宙既包全空间,复何所自,何所之,复何能动?

凡上所言非断断与朱子辨是非也。但以见朱子之太极观念,持释图说中若极实不可通,因以明二者之殊异耳。盖朱子与理气,自有所见,而强附图说以行,转为图说所拘,而陷于谬误。则甚矣经学之不可为也。

或闻朱子与濂溪,时世甚近,且师说相承。以朱子述濂溪,何以能违牾若是?曰濂溪之图说,盖载其所谓"罕言"之列。史称濂溪作太极图,独手授二程,他人莫得而闻(《度正年谱》)。然《二程遗书》及《语录》中,绝不见太极之说,则濂溪曾以太极之绪论传于二程与否,尚未可必,朱子玩索于百余年后,既先有所见,而其理论的与传遗的兴趣又远过于其历史的兴趣,其不得濂溪真意,无足怪也。

(原载《新动向》第 1 卷第 2 期,1938 年 1 月)

附录　与张荫麟先生辩太极说之转变

贺　麟

寄来《宋儒太极说之转变》一文，我已细读过。我想周朱之太极说，容或有不同处，但必不是甲与非甲的不同，而乃有似源与流，根本与枝干的不同。治宋儒从周子到朱子一段思想，一如西洋哲学史研究从苏格拉底到亚理斯多德，从康德到黑格尔的思想，贵能看出其一脉相承的发展过程。不然，便是整个的失败。徒就平面或字面而去指出他们的对立，实无济于事。朱子之太极说实出于周子，而周子之说亦实有足以启发朱子处。周子措辞较含浑，较简单，朱子发挥得较透彻，较明确。若谓周子之太极，纯是物理的气而绝非理，朱子的太极则纯是形而上之理，朱子强以己意傅会在周说上，反使周说晦而难解，是则不唯厚诬朱子，且亦不能说明从周到朱之线索矣。

你似以为周子之太极既是气，则谓气有动静，生阴生阳，本自圆通。今朱子释太极为理，谓理有动静，则滞碍而不能自圆，是朱子愈解愈坏，陷入困难。但须知，安知周朱太极或者理有动静之说，不是有似亚理斯多德"不动之推动者"之动静乎？亚氏之神，就其为 Unmoved 言，静也，就其为 Mover 言，动也。今谓朱子不可以动静言理或太极，则亚氏又何能以动静言神或纯范型乎？盖理之动静与气或物之动静不同。（周子《通书》亦说明此点）。物之动静，在时空中，是 Mechanical 的，动不自止，静不自动。理或太极之动静是 Teleological 的，动而无动，静而无静，其实乃显与隐，实现与不实现之意。如"大道之行"或"道之不行"，非谓道能走路，在时空中动静，乃指道之显与隐，实现与不实现耳。故你以太极有动静证太极是气，亦未必可以成立。至你对朱子"太极者本然之妙，动静者所乘之机"二语的批评，似亦有误会处。贤不动，慧不动，诚然。但贤慧之质之表现于人，有高下，有显隐。真理固是不动，但真理之表现于不同的哲学系统内，有高下，有显隐。所谓气之载理，理之乘机，如是而已。如月之光明，乃月之本然之妙也。月之有圆缺晦明，时照此，时照彼，而月光本然之妙用，并不因而有缺限也。又如仁之表现于尧舜，仁之动也，仁不见于桀纣，仁之静也。而仁之本然之妙，则"不为尧存，不为桀亡"者也。

至周子所谓神，具有宇宙论上特殊意义，所谓神妙万物，鬼归也，神往也，是也，似不可认为于太极无关，而另释之为"宇宙精神"。宇宙精神（Weltgeist），据我所知,乃黑格尔的名词。你既认周子之太极是物理的气,则他的神论又如何会如此唯心,如此近代呢?如谓周子之神,有似斯多噶派或布鲁诺(Bruno)所谓"宇宙灵魂"(world-soul; anima mundi),倒比较切当。因斯多噶及布鲁诺皆泛神论者。大程所谓"气外无神,神外无气,清者神,浊者非神乎?"之说,尤与布鲁诺"物质神圣"(divinity of matter)的说法,有近似处。但照这样讲来,则神是内在的主宰宇宙,推动宇宙而不劳累,而无意志人格的理或道。故曰,"动而无动,静而无静。"故神乃太极之另一种说法或看法。换言之,就太极之为 immanent cause of the world 言,为神:不得以太极之外,别有所谓神也。斯多噶、布鲁诺之泛神论,上与希腊初期自然哲学家之"物活论",下与黑格尔精神现象学或历史哲学中之世界精神,均不相侔也。

至《通书》理性命之"一"及"中",陆象山认为均指太极而言,朱子则仅谓"一"指太极,而认"中"指刚柔适中之性,不指太极。殊不知,中和之性,亦就太极之赋于人者而言。总之,朱陆争论虽多,而认"一"指太极,则相同,今恐难以己意更作他解。又理性命章共十三句。刻朱注本《通书》不在身边,无从参考。但朱与陆书曾明言"首二句言理,次三句言性,次八句言命"。不知你所据而言"朱子已言'周子此章其首四句言性,次八句言命。'甚是。"竟将十三句注成十二句,误引朱子而误赞许之乎?且理一,分殊。气,物体可分,故多。理不可分,故一。一即理,理一即太极,至为显明。今既曰一,而一又指性命之理,非指洪濛之气,又何得谓一不指太极?又何得谓为性命之本源的太极而非理乎?如谓释一为理,乃朱子之主观解释或偏见,则应据尊释一为气。如是则一,太极,气,三位一体。但宋儒只有阴阳二气之说,未闻有"太极一气"之说,只有"理一",未闻有"气一"也。且"天命之谓性",乃中国儒家关系性命之传统见解。照你之说,太极一气,如何能为性命之源乎?

你谓以太极为理,宋儒中始于李延平。就字面考证,此说或甚是。因我未细检典籍,一时寻不出反证。但确认理为太极之说,则至迟也起于伊川。伊川虽很少明用太极二字,但彼所谓理,实处于绝对无上之太极地位,实无可疑。理之为一,一理之散为万殊,复归于一,伊川用《中庸序》说得最为明白。将理于气明白相提并论,似亦始于伊川(但未必即系二元)。大约周子与大程皆认宇宙为理气合一的有机体,是泛神的神秘主义的宇宙观,而非希腊物理学。他们并未明言,太极是理,是气,或是理气之合一。其浑全处在此,其神秘乏形式处亦在此。但阴阳是气,乃确定无疑。今较阴阳更根本,而为阴阳之所出,绝对无限的太极,当不仅是气，其有以异于气，高于气，先于气，亦无可致疑。故若释周子之太极为理气合一的整个有机的宇宙，当无大误。但在此理气合一的泛神的充塞体（Continwum）中，理为神，妙万物，气为物，则不通。理不可见，气有迹。理形而上，气形而下。理先气后，理主气从。则进而认理为太极，认太极为理，乃极自然的趋势。且阴阳之气乃太极所生造（生造内在的 Teleological，动而无动的生造），太极乃生造阴阳五行万物者。太极为"造物"（Natura naturans），阴阳五行乃"物造"（Natura naturata）。物造是形而下，是气，造物乃形而上而非气，亦可断言。且周子之提出无极，其作用本在提高或确说太极之形而上的地位，勿使太极下同于一物也。故释太极为理，是否完全契合周子本意，虽不可知，但要使周说更明晰，更贯彻哲学理论，求进一步发展周说，其不违反周子本意，其有补于周说之了解与发挥，当亦无可致疑。今谓朱说茫昧谬误，反使周说难解，欲朱子而直解周子，或以西洋"粗糙之物理学"传会周子，有如去干求根，绝流寻源，不惟不足了解周子，且亦不足了解程朱也。且朱子去周子仅百余年，学脉相承，遗风不断，生平潜心研究周子，真诚敬仰周子，热烈倡导周学。今不从朱以解周，而远从千余年前，数万里外，去强拉与周子毫不相干之希腊自然哲学家言，以解释周子，谓能发见周子之真面目，其谁信乎？且七八年前，当我作朱子黑格尔太极说比较一文时，我即指出朱子之太极有两义：（一）太极指总天地万物之理言，（二）太极指心与理一之全体或灵明境界言。所谓心与理一之全，亦即理气合一之全。（但心既与理为一，则心即理，理即心，心已非普通形下之气，理已非抽象静止之理由矣。——此点甚难，以后将为文论之。）认理气合一为太极，较之纯认理为太极，似更与周子原旨接近。于此更足见朱子之忠于周子，忠于真理，而无丝毫成见，反足证兄之攻击朱子非偏见即成见也。且周子《通书》及《太极图说》，目的在为道德修养奠理论基础，为希贤希圣希天指形上门径。既非物理学（Physics），亦非"后物理学"（Meta-physics），而是一种"后道德学"（Meta-ethics），或一种先天修养学，与毫无道德意味之希腊物理思想，岂可同日而语哉。

张南轩《与吕伯恭书》曰："濂溪自得处诚浑全。元晦持其说句句而论，字字而解，未免流于牵强，亦非濂溪本意也。"似颇足为兄说张目。殊不知南轩本倾向神秘主义，其不欲朱子将周子神秘浑全之说，加以理性方式，系统发挥，亦属当然。且南轩亦并不以释太极为理为根本错误，有失周子本意，且亦并不认朱子之太极说与周子之太极说系根本对立，两不相容。朱子之失周子本意处，最多亦不过有如费希特之发挥康德学说，反为康德所不满而已。故南轩之周朱异同论，与你之周朱异同论——认周说为粗糙之物理学,朱说为形而上学,认周持混沌洪濛之气的本体观,朱持太极为理的本体观——实大不相同也。南轩似将周子之著作,当作浑朴的古诗去欣赏。原诗纵有含蓄费解处,但自有其浑全纯真之美,今逐字逐句,加以解释,即便不失本意,亦未免有失含蓄意境,呆板而乏味也。而你之从物理学观点,以解释周子,同样使周说失掉含蓄意趣,呆板而乏味,当仍不免为南轩所指斥也。

(原载《新动向》第 1 卷第 4 期,1938 年 8 月 1 日)

《中国史纲》自序

这部书的开始属草,是在卢沟桥事变之前二年,这部书的开始刊布,是在事变之后将近三年。

现在发表一部新的中国通史,无论就中国史本身的发展上看,或就中国史学的发展上看,都可说是恰当其时。就中国史本身的发展上看,我们正处于中国有史以来最大的转变关头,正处于朱子所谓"一齐打烂,重新造起"的局面;旧的一切瑕垢腐秽,正遭受彻底的涤荡剜割,旧的一切光晶健实,正遭受天摧海淬的锻炼,以臻于极度的精纯;第一次全民族一心一体地在血泊和瓦砾场中奋扎以创造一个赫然在望的新时代。若把读史比于登山,我们正达到分水岭的顶峰,无论回顾与前瞻,都可以得到最广阔的眼界。在这时候,把全部的民族史和它所指向道路,作一鸟瞰,最能给人以开拓心胸的历史的壮观。就中国史学的发展上看,过去的十来年可算是一新纪元中的一小段落;在这十来年间,严格的考证的崇尚,科学的发掘的开始,湮没的旧文献的新发现,新研究范围的垦辟,比较材料的增加,和种种输入的史观的流播,使得司马迁和司马光的时代顿成过去;同时史界的新风气也结了不少新的,虽然有一部分还是未成熟的果。不幸这草昧初辟的园林,突遇狂风暴雹,使得我们不得不把一个万果累累的时代,期于不确定的将来了。文献的沦陷,发掘地址的沦陷,重建的研究设备的简陋和生活的动荡,使得新的史学研究工作在战时不得不暂告停滞,如其不致停顿。"风雨如晦,鸡鸣不已"的英贤,固尚有之;然而他们生产的效率和发表的机会不得不大受限制了。在这抱残守缺的时日,回顾过去十来年新的史学研究的成绩,把他们结集,把他们综合,在种种新史观的提警之下,写出一部分新的中国通史,以供一个民族在空前大转变时期的自知之助,岂不是史家应有之事吗?

着手去写一部通史的人,不免劈头就碰到一个问题,以批评眼光去读一部通史的人,也不免劈头就碰到同一的问题,那就是,拿什么的"笔削"做标准?显然我们不能把全部中国史的事实,细大不捐,应有尽有的写进去。姑勿论一个人,甚至一整个时代的史家没有能力去如此做。即使能如此做,所成就的只是一部供人检查的"中国史百科全书",而不是一部供人阅读的中国通史。那么,难道就凭个人涉览所及,记忆所容和兴趣所之,以为去取吗?这虽然是最便当的办法,我怀疑过去许多写通史的人大体上所采的正是这办法,无怪佛禄德(Froude)把历史比于西方的缀字片,可以任随人意,拼成他所喜欢的字。我们若取任何几种现行的某国或某处通史一比较,能否认这比喻的确切吗?但我们不能以这样的情形为满足。我们无法可以使几个史家各自写成的某国通史去取全同,如自一模铸出,除是他们互相抄袭。但我们似乎应当有一种标准,可以判断两种对象相同而去取不同的通史,孰为合当,孰为高下,这标准是什么?

读者于此也许会想到一个现成的答案:韩昌黎不早就说过"记事者必提其要"吗?最能"提要"的通史,最能按照史事之重要的程度以为详略的通史,就是选材最合当的通史。"笔削"的标准就在史事的重要性。但这答案只把问题藏在习熟的字眼里,并没有真正解决问题。什么是史事的重要性?这问题殊不见得比前一问题更为浅易。须知一事物的重要性或不重要性并不是一种绝对的情实,摆在该事物的面上,或蕴在该事物的内中,可以仅就该事物的本身检察或分析而知的。一事物的重要性或不重要性乃相对于一特定的标准而言。什么是判别重要程度的标准呢?

"重要"这一概念本来不只应用于史事上,但我们现在只谈史事的重要性,只探究判别史事的重要程度的标准。"重要"一词,无论应用于日常生活上或史事的比较上,都不是"意义单纯"(Univocal)的;有时作一种意义,有时作别一意义;因为无论在日常生活上或史事的比较上,我们判别重要的标准都不是唯一无二的;我们有时用这标准,有时用那标准。而标准的转换,我们并不一定自觉。唯其如此,所以"重要"的意义甚为模糊不清。在史事的比较上,我们用以判别重要程度的可以有五种不同的标准。这五种标准并不是作者新创出来的,乃是过去一切通史家部分地、不加批判地、甚至不自觉地,却从没有严格地采用的。现在要把他们尽数列举,并加以彻底的考验。

第一种标准可以叫做"新异性的标准"(Standard of Novelty)。每一件历史的事情都在时间和空间里占一特殊的位置。这可以叫做"时空位置的特殊性"。此外它容有若干品质,或所具若干品质的程度,为其他任何事情所无。这可以叫做"内容的特殊性"。假如一切历史的事情只有"时空位置的特殊性"而无"内容的特殊性",或其"内容的特殊性"微少到可忽略的程度,那么,社会里根本没有所谓"新闻",历史只是一种景状的永远持续,我们从任何一历史的"横剖面"可以推知其它任何历史的"横剖面"。一个民族的历史假若是如此,那么,它只能有孔德所谓"社会静力学",而不能有他所谓"社会动力学";那么,它根本不需有写的历史,它的"社会静力学"就可以替代写的历史。现存许多原始民族的历史虽不是完全如此,也近于如此;所以它们的历史没有多少可记。我们之所以需有写的历史,正因为我们的历史绝不是如此,正因为我们的史事富于"内容的特殊性",换言之,即富于"新异性"。众史事所具"内容的特殊性"的程度不一,换言之,即所具"新异性"的程度不一。我们判断史事的重要性的标准之一即是史事的"新异性"。按照这标准,史事愈新异则愈重要。这无疑地是我们有时自觉地或不自觉地所采用的标准。关于这标准有五点须注意。第一,有些史事在当时富于"新异性"的,但后来甚相类似的事接叠发生,那么,在后来这类事便减去"新异性";但这类事的始例并不因此就减去"新异性"。第二,一类的事情若为例甚稀,他的后例仍不失其"新异性",虽然后例的新异程度不及始例。第三,"新异性"乃是相对于一特殊的历史范围而定。同一事情,对于一民族或一地域的历史而言,或对于全人类的历史而言,其新异的程度可以不同。例如14世纪欧洲人之应用罗盘针于航海,此事对于人类史而言的新异程度远不如其对于欧洲史而言的新异程度。第四,"新异性"乃是相对于我们的历史知识而言。也许有的史事本来的新异程度很低,但它的先例的存在为我们所不知。因而在我们看来,它的新异程度是很高的。所以我们对于史事的"新异性"的见解随着我们我们的历史知识的进步而改变。第五,历史不是一盘散沙,众史事不是分立无连的;我们不仅要注意单件的史事,并且要众史事所构成的全体;我们写一个民族的历史的时候,不仅要注意社会之局部的新异,并且要注意社会之全部的新异;我们不仅要注意新异程度的高下,并且要注意新异范围的大小。"新异性"不仅有"深浓的度量"(Intensive Magnitude),并且有"广袤的度量"(Extensive Magnitude)。设如有两项历史的实在,其新异性之"深浓的度量"可相颉颃,而"广袤的度量"相悬殊,则"广袤的度量"大者比小者更为重要。我们的理想是要显出全社会的变化所经诸阶段和每一段之新异的面貌和新异的精神。

假如我们的历史兴趣完全是根于对过去的好奇心,那么,"新异性的标准"也就够了。但事实上我们的历史兴趣不仅发自对过去的好奇心,所以我们还有别的标准。

第二种标准可以叫做"实效的标准"(Standard of Practical Effect)这个名词

不很妥当,姑且用之。史事所直接牵涉和间接影响于人群的苦乐者有大小之不同。按照这标准,史事之直接牵涉和间接影响于人群的苦乐愈大,则愈重要。我们之所以有这标准,因为我们的天性使得我们不仅关切于现在人群的苦乐,并且关切于过去人群的苦乐。我们不能设想今后史家会放弃这标准。

第三种标准可以叫做"文化价值的标准"(Standard of Cultural Values)。所谓文化价值即是真与美的价值。按照这标准,文化价值愈高的事物愈重要。我们写思想史、文学史或美术史的时候,详于灼见的思想而略于妄诞的思想,详于精粹的作品而略于恶劣的作品(除了用作形式的例示外),至少有一大部分理由依据这标准。假如用"新异性的标准"则灼见的思想和妄诞的思想,精粹的作品和恶劣的作品,可以有同等的新异性,也即可以有同等的重要性,而史家无理由为之轩轾。哲学上真的判断和文学美术上比较的美的判断,现在尚无定论。故在此方面通史家容有见仁见智之殊。又文化价值的观念随时代而改变,故此这标准也每随时代而改变。

第四种标准可以叫做"训诲功用的标准"(Standard of Didactic Utility)。所谓训诲功用有两种意义:一是完善的模范;二是成败得失的鉴戒。按照这标准,训诲功用愈大的史事愈重要。旧日史家大抵以此标准为主要的标准。近代史家的趋势是在理论上要把这标准放弃,虽然在事实未必能彻底做到。依作者的意见,这标准在通史里是要被放弃的。所要要放弃它,不是因为历史不能有训诲的功用,也不是因为历史的训诲功用无注意的价值,而是因为学术分工的需要。例如历史中的战事对于战略与战术的教训,可属于军事学的范围;历史人物之成功与失败的教训,可属于应用社会心理学中的"领袖学"的范围。

第五种标准可以叫做"现状渊源的标准"(Standard of Genetic Relation with Present Situations)。我们的历史兴趣之一是要了解现状,是要追溯现状的来由,众史事和现状之"发生学的关系"(Genetic Relation)有深浅的不同,至少就我们所知是如此。按照这标准,史事和现状之"发生学的关系",愈有助于现状的解释,则愈重要。大概的说,愈近的历史和现状的"发生学的关系"愈深,故近今通史家每以详近略远为旨。然此事亦未可一概而论。历史的线索,有断而复续的,历史的潮流,有隐而复显的。随着社会当前的使命、问题和困难的改变,久被遗忘的史迹每因其与现状的切合而复活于人们的心中。例如吾人今日之于墨翟、韩非、王莽、王安石与钟相是也。

以上的五种标准,除了第四种外,皆是今后写通史的人所当自觉地,严格地,合并采用的。不过它们的应用远不若它们的列举的容易。由于第三种标准,对文化价值无深刻的认识的人不宜写通史。由于第五种标准,"知古而不知今"的人不能写通史。再者要轻重的权衡臻于至当,必须熟习整个历史范围里的事实。而就中国通史而论,这一点决不是个人一生的力量所能做得到的。所以无论对于任何时代,没一部中国通史能说最后的话。所以写中国通史永远是一种极大的冒险。这是无可如何的天然限制,但我们不可不知有这种限制。

除了"笔削"的标准外,我们写通史时还有一个同样根本的问题。经过以上的标准选择出来的无数史实,并不是自然成一系统的。它们能否完全被组织成一系统?如是可能,这是什么样的系统?上面说过,众史事不是孤立无连的。到底它们间的关系是什么样的关系?同时的状况,历中一"横切片"的种种色色,容可以"一个有结构的全体之众部分的关系"(Relation between Parts of an Organized Whole)的观念来统驭。但历史不仅是一时的静的结构的描写,并且是变动的记录。我们能否或如何把各时代各方面重要的变动的事实系统化?我们能否用一个或一些范畴把"动的历史的繁杂"(Changing Historical Manifold)统贯?如其能之,那个或那些范畴是什么?

我们用来统贯"动的历史的繁杂"可以有四个范畴。这四个范畴也是过去史家自觉或不自觉地部分使用的。现在要把它们系统地列举,并阐明它们间的关系。

(甲)因果的范畴。历史中所谓因果关系乃是特殊的个体与特殊个体间的一种关系。它并不牵涉一条因果律,并不是一条因果律下的一个例子。因为因果律的例子是可以复现的;而历史的事实,因其内容的特殊性,严格地说,是不能复现的。休谟的因果界说不适用于历史中所谓因果关系。

(乙)发展的范畴。就人类史而言,因果的关系是一个组织体对于另一个组织体的动作,或一个组织体对其自然环境的动作,或自然环境对一个组织体的动作(Action),或一个组织中诸部分或诸方面的交互动作(Interaction)。而发展则是一个组织体基于部分的推动力而非由外铄的变化。故此二范畴是并行不悖的。发展范畴又包括三个小范畴。

(1)定向的发展(Teleological Development)。所谓定向的发展者,是一种变化的历程。其诸阶段互相适应,而循一定的方向,趋一定鹄的者。这鹄的不必是预先存想的目标,也许是被趋赴于不知不觉中的。这鹄的也许不是单纯的而是多元的。

（2）演化的发展（Evolutional Development）。所谓演化的发展者,是一种变化的历程,在其所经众阶段中,任何两个连接的阶段皆相近似,而其"作始"的阶段与其"将毕"的阶段则剧殊。其"作始"简而每下愈繁者谓之进化。其"作始"繁而每下愈简者谓之退化。

（3）矛盾的发展（Dialectical Development）。所谓矛盾的发展者,是一变化的历程,肇于一不稳定组织体,其内部包含矛盾的两个元素,随着组织体的生长,它们间的矛盾日深日显,最后这组织被内部的冲突绽破而转成一新的组织体,旧时的矛盾的元素经改变而潜纳于新的组织中。

演化的发展与定向的发展,矛盾的发展与定向的发展,各可以是同一事情的两方面。因为无论演化的发展或矛盾的发展,都可以冥冥中趋赴一特定的鹄的。惟演化的发展与矛盾的发展则是两种不同的事情。

这四个范畴各有适用的范围,是应当兼用无遗的。我们固然可以专用一两个范畴,即以之为选择的标准,凡其所不能统贯的认为不重要而从事舍弃。但这办法只是"削趾适履"的办法。依作者看来,不独任何一个或两三个范畴不能统贯全部重要的史实;便四范畴兼用,也不能统贯全部重要的史实,更不用说全部的史实,即使仅就一个特定的历史范围而论。于此可以给历史中所谓偶然下一个新解说,偶然有广狭二义;凡史事为四范畴中某一个范畴所不能统贯的,对于这范畴为偶然,这偶然是狭义的偶然;凡史事为四范畴中任何范畴所不能统贯的,我们也说它是偶然,这偶然是广义的偶然。历史中不独有狭义的偶然,也有广义的偶然。凡本来是偶然（不管狭义或广义的）的事,谓之本体上的偶然。凡本非偶然,而因我们的知识不足,觉其为偶然者,谓之认识上的偶然。历史家的任务是要把历史中认识上的偶然尽量减少。

到此,作者已把他的通史方法论和历史哲学的纲领表白。更详细的解说不是这里篇幅所容许。到底他的实践和他的理论相距有多远,愿付之读者的判断。

二十九年（1940）二月
昆明

陆学发微

《象山语录》中,有一段最足显示朱、陆之异趣;吾人若紧握之而穷究其义蕴,则陆学之要领得焉。《语录》(上,本集三十四)载:

先生曰:……致知在格物,格物是下手处。
伯敏云:如何格物?
先生曰:研究物理。
伯敏曰:天下万物不胜其烦,如何尽研究得?

末一问题。朱子在补《大学》文中恰曾作过解答曰:

即凡天下之物,莫不因其已知之理而益穷之,以求至乎其极。至于用力之久,而一旦豁然贯通焉,则众物之表里精粗无不到,而吾心之全体大用无不明矣。

象山对此问题之解答则曰:

万物皆备于我,只求明理。然理不解自明,须是隆师亲友。

象山所谓"明理",所谓"万物皆备于我",尚待阐释。

第一,象山以为充塞宇宙之理,与具于吾心之理是一样的。故曰:"万物森然于方寸之间;满心而发,充塞宇宙,无非此理。"故既曰:"塞宇宙一理耳,学者之所学,欲明此理焉"(本集十二,《与赵咏道》四);却又曰:"人皆有是心,心皆具是理,……所贵乎学者,为其欲穷此理,尽此心也。"(本集十一,《与李宰》二)尽心与明理,明心中之理与明宇宙之理,是一而二,二而一的。具于吾心之理与充塞宇宙之理相同,此即其所谓"万物皆备于我"之义,亦即其所谓"宇宙便是吾心,吾心即是宇宙"(本集廿二《杂说》)之义。近有执末二语,以为象山持勃克莱(贝克莱)式的唯心论之证者。予按非也。象山明云:"其他体尽有形,惟心无形。然何故能摄制人如此之甚?"(本集三十五,包扬所记语录)岂有持勃克莱式的唯心论,而别有形之体与无形之心者哉。象山盖主心二元论者,与朱子异(朱子以为心是气之精者),而认心能宰身,与笛卡尔略同。"宇宙是吾心……"之语,固不可以断章取义解也。

第二,此理是一。换言之,一切理皆可总会为一,贯通于一。故曰:"天下之理无穷,若以吾平生所经历者言之,真所谓伐南山之竹,不足以受我词。然其会归,总在于此。"(《语录》上)又曰:"古人君子,知固贵于博,然知尽天下事只是此理,所以博览者但是贵精熟。知与不知,原无加损于此理(之明)"(《语录》下)。又曰:"天下事事物物,只有一理,无有二理,须要做至其至一处。"(《语录》下)象山所谓"做到其至一处",与朱子所谓"一旦豁然贯通焉,则众物之表里精粗无不到",实是同一境界。贯通众理之理,象山类称为"此理"或"是理"。若以今西语称之,当作 The Reason。

第三,读者至此,不免要问:"此理",此贯通众物之理,为什么?此问题之答案,吾人在《象山集》中遍索不可得,颇怪当时门弟子竟无问及之者。窃疑在象山之思想系统中,此问题非可以言语回答者。窃疑在象山之思想系统中,"此理"之认识(即其所谓"明理")不是普通的知识,而是一种超智力的神秘的观照。象山论学书札中有一段似说此义。文云:"此理塞宇宙,古先圣贤常在目前。盖他不曾用私智。'不识不知,顺帝之则';此理岂容识知哉!'吾有知乎哉?'(按此《论语》记孔子语)此理岂容有知哉"。明此理之观见,与寻常知识异也。吾友贺麟尝谓朱子"一旦豁然贯通"非寻常知识,而为一种神秘的观照,其言甚精。吾于象山之"明理",之"做到其至一处"的境界亦云然。

第四,关于"明理"之效验,象山云:"无思无为,寂然不动感而遂遍天下之故。"(《语录》下)其自道所得云:"我无事时只似一个全无知无能底一人。及事至方出来,却又似个无所不知无所不能的人。"(《语录》下)

第五,朱子认为做到"豁然贯通的……"的路径是即物穷理,用力之久;象山认为明理的路径是"收拾精神,自作主宰"。《语录》(上)载,或举"荀子解蔽:远为蔽,近为蔽,轻为蔽,重为蔽之类,说好。先生曰:'是好只是他无主人;有主人时,近亦不蔽,远亦不蔽,轻重皆然'。"理本具于心,使心常自主,则物不能蔽而理自明。要心常自主,须收拾精神,即把精神完整在内。象山教人修养,常以此为言。所谓把精神完聚在内,以今心理学术语释之当曰 the achievement of complete integrity and full intensity of Consciousness。

以上五项,第一至三为理论,四至五为实践,陆学要旨具焉。

(原载《国立云南大学学报》第 1 年第 1 号,1939 年 4 月)

归纳逻辑新论发端

一

本文的范围有两重限制：(一)只涉及所谓因果的定律，而不涉及所谓函数的定律；(二)只涉及那些因果的定律，凭单独一个例子就可以证成，而不依赖例子的数目的。也许有人劈头就不承认有这样的因果的定律，那么请他把抗议暂时按捺，本文也就是对这抗议的答复。

还有一种可能的非难道："因果的观念已嫌陈旧了。如今在逻辑里，即使在归纳逻辑里，也用不着谈到因果了。"我们日常所说"甲类事致到乙类事"，在逻辑里可以表示作"甲类事涵蕴乙类事"，也即是说"对于任何 x，若 x 是属于甲类，则 x 亦属于乙类"。日常所谓"甲件特殊的事致到乙件特殊的事"，也可以用涵蕴的观念可以赅括因果的观念，并不是说涵蕴的观念可以代替因果的观念。这只是说在逻辑里，可以把因果关系当作涵蕴的关系处理，并不是说在逻辑里不能把因果关系当作因果关系处理，除非认定因果关系只是涵蕴的关系。然而因果关系显然不只是涵蕴的关系。譬如人，我们可以把他归入动物一类，当作动物研究，然而这样的研究并不能解答人之所以为人的问题。把一条因果律当做一个涵蕴的命题处理是可以的，但因果律之所谓为因果律的推证历程及其根据，并不由此而明。而现在的问题正是因果律之所以为因果律的推证历程及其根据。

在进入这个问题之前，我们得对于因果关系有解说。这关系之详尽的阐释不是本文的任务，否则将要喧宾夺主，现在只认定两点：

(1) 因果关系是一种简单的不可界说的关系。

(2) "甲件特殊的事变致到乙件特殊的事变"这一命题逻辑上并不涵蕴"凡与甲同类的事变皆致到乙同类的事变"。我们承认前一命题，而否认后一命题时,逻辑上并不陷于自相矛盾。虽然事实上也许每逢甲件特殊的事变致到乙件特殊的事变,凡与甲同类的事变皆致到与乙同类的事变。简言之:一件特殊的因果事情,逻辑上并不涵蕴以此事实为一例的一条因果律,虽然事实上也许每一件特殊的因果事实都有一条因果律和它相当。

这里对于"因果"的解释显然与休谟对因果的解释不同。休谟的解释,大体上为过去讲归纳逻辑的人所采用。照他的解释,说(1)"甲件特殊的事致到乙件特殊的事",就是说(2)"凡与甲件事相类的事都是不可变易地(invariably)被乙件事相类的事跟随着"。所以要知道(1)必先知道(2),(2)就是(1)的定义。承认(1)而否认(2),逻辑上就陷于自相矛盾,而(2)就是以(1)为一例的一条因果律。

那么,也许有人说,此文所谓因果,并非休谟及过去归纳逻辑家所谓因果。这句话有一半对,一半不对。彼此所异者乃在因果关系之 connotation,而不在因果关系之 denotation;否则彼此所解释的各是一回事,而彼此的解释何从有异同之可言?

放弃休谟的因果观念,而采用上说的因果观念,在现代哲学上,并不是新奇的事,至少已有 C. D. Broad 导乎先路。但把上说的因果观念应用到归纳问题的处理上,本文似乎还是初次的尝试。

二

为叙述的简便,下文将用些符号,现在先加以解释。让我们以 a、b……代表事变的类;r. 代表一般的因果关系;ar. b 代表一因果的定律,表示 a 为 b 因,或 a 为 b 果,或 a 与 b 为别的因果事实所联系;以 A、B……代表 a、b……类的特殊例子;以 R. 代表一特殊的因果关系;以 AR. B 代表 ar. b 底下的任何一个特殊例子,即一件发生在某时某地的因果的事变。

现在有一问题:我们先要知道 ar. b,才能够知道 AR. B 之为 AR. B 呢?抑或先要知道 AR. B 之为 AR. B,才能够知道 ar. b 呢?换句话说,是 AR. B 的命题逻辑上预断 ar. b 的命题呢?抑或是 ar. b 的命题逻辑上预断 AR. B 的命题呢?举例以明之。当波以耳发现气体的体积温度与压力的关系的定律时,他是先要知道他用来作试验的那股气体的体积温度和所受压力间的因果关系,然后才能知道这定律呢？抑或是先要知道这条定律，然后才能知道他用来作试验的那股气体的体积温度与所受压力间的因果关系呢？当巴斯德发现有机体的腐败是由于微生物的侵蚀时，他是先要知道这普遍的事实，然后才能知道他用来作试验的，那些有机物的腐败是由于附着在它上面的微生物的侵蚀呢？抑或是先要知道他用来作试验的那些有机物的腐败是由于附着在它上面的微生物的侵蚀，然后才能知道普遍的事实呢？照常识看来，我们先知道一个涉及因果关系的试验里所发生的事变间的因果关系，然后由此推出一条因果的定律。换言之，即先要知道AR.B，然后才能知道ar.b。至少在有些涉及因果关系的试验是如此。本文所提示的一个归纳逻辑系统，就是要承认这事实。然而过去所有归纳逻辑的理论，因为受了休谟的因果观念的支配，都不能承认这事实。按照休谟的因果观念，ar.b的认识，逻辑上必须在AR.B的认识之先。读过穆勒"律令"的人都知道，在那些律令里，用来证实一条因果的定律的例子（instances）都不是因果的事实。因为照他所采的因果观念，用特殊的因果事实来证实一条相当的因果定律是不可能的。特殊的因果事实的知识既是逻辑上预断相当的因果定律的知识，那么用特殊的因果事实来证相当的因果定律，岂不是"丐辞"吗？克恩士（J. M. Keynes）给因果观念所下的严格的定义，更鲜明地指示出"ar.b的认识，逻辑上必须在AR.B的认识之先"的假定。例如他给"充足因"所下的定义如下。设以 a 代表关于 A（A，B 的意义与本文假设同）之存在的命题，b 代表关于 B 存在的命题，k 代表有关定律，I 代表确实。则"A 为 B 之充足因"之定义如下：

$$b/ak = I$$

意即谓从 a 与 k 可以确实地推知 b，亦即谓从 A 之存在与某些定律可以确实推知 B 之存在。此外之 k 显然要包括本文所谓 ar.b 相等之命题。这定义与休谟的定义，形式上虽不同，实质上是一样的。

我们若放弃了休谟的因果观念，同时就可以放弃了"ar.b 的认识，逻辑上必须在 AR.B 的认识之先"的假定。在放弃这假定之前，让我们注意它的一些涵义。它至少有以下的涵义：

（1）AR.B 不能是直接经验的事实而只能是间接推断的事实。因为 AR.B 逻辑上预断 ar.b，而 ar.b 只能是间接推断的事实。

（2）AR.B 的知识不能比 ar.b 的知识更为确实；若 ar.b 的知识只能是概然

的,则 AR.B 的知识亦只能是概然的。

(3)若 ar.b 逻辑上预断"自然之齐一性",则 AR.B 逻辑上亦预断"自然之齐一性"。

(4)用以证实 ar.b 的"例子"在本体上必然是 AR.B,但在认识上却不能是 AR.B。

(5)历史里所谓因果关系与自然科学里所谓因果关系意义不同,否则历史里根本不能谈因果关系。因为在历史里 AR.B 的事实也许是空前绝后的。

我们若放弃上说的假定,则所有这些它所涵蕴的都失去依据了。

三

我们若放弃了休谟的因果观念,同时也就放弃了上说的假定。这假定若被放弃,归纳问题的处理便要大大改观。以前因为有这假定,所以:

(1) AR.B 的证实不能取径于 ar.b 的证实,而

(2) ar.b 的证实不能取径于 AR.B 的证实。

现在既放弃了这假定,则我们可以:

(1)离开 ar.b 而独立地证实 AR.B,然后

(2)从 AR.B 之知识及"自然齐一性"之定律推断 ar.b。

第(2)步之可能是不成问题的,假如我们接受了"自然之齐一性"的定律。依照我们的因果观念,"自然之齐一性"的定律可以表示如下:"凡同类的因皆生同类的果"。(照休谟辈的因果观念,则只合说"凡同类的前件皆随有同类的后件"。)现在既已知道 AR.B,,则由此及上说的定律可以推断:凡与 A,B 同类的事变皆有与 R 同类的关系。此即 ar.b 之另一种说法也。至于"自然之齐一性"的定律是否只能有概然性而不能有确实性,因而任何因果的定律也只能有概然性而不能有确实性,那是另一问题。但没一个归纳逻辑家舍弃"自然之齐一性"的定律,则是可断言的。

第(1)步是怎样可能的? 这才是本文的主要问题。在这问题解答上,作者要提出四条新的归纳逻辑的"律令"。这四条律令告诉我们在什么情形之下可以离开 ar.b 的证实而知道有 AR.B 的事实。这四条"律令"如下:

(1)若在一个特定的时空范围里,只有 A,B 两项变动,而 A,B 是互相密接

或连续的(intimately conjoined or continuous)，此外一切静止，则 AR. B。

（2）若在一特定的时空范围里，只有 A，B 两项互相密接或连续的变动是规则的(regular)或恒常(constant)的，而其他一切的变动皆是不规则的或非恒常的，则 AR. B。

（3）若在一特定的时空范围里，只有 A，B 两项互相密接或连续的变动是不规则的或非恒常的，而其他一切的变动皆是规则的或恒常的，则 AR. B。

（4）若在一特定的时空范围里，只有 A，B 两项互相密接或连续的变动是有 correlation 或有最高的 correlation，而其他一切变动彼此间及各与 A，B 间皆无 correlation，或虽有之而其程度有显著的低逊，则 AR. B。

关于这四条律令须作以下的解释：

（1）所谓特定的时间的范围是指两个 dates 所划出的一个时间段落；所谓特定的空间范围，例如某个实验室或某实验室的某部分。

（2）我们说 A 或 B 是规则的或恒常的时，A 或 B 是代表一特定时间范围所截取变动之流的一段落的全体。这一段落本身是一特殊的事件。当然说它是规则的或恒常的时，就表示它可以分析为若干相类似的部分。这些部分可以构成一类。但 A 或 B 是代表这些部分所构成的全体，而不是代表这些部分所构成的类。A 与 B 的关系是两个特殊的全体的关系，而不是两个类的关系。

（3）这四条律令只是因果关系的准则而不是因果关系的定义。在前面已说过，作者认定因果关系是简单而不可定义的。再者这四条律令，也只是因果关系的充分的准则，而不是它的必要的准则。换句话说，凡适合于这四准则之一的事变关系就是因果关系，但不适合于这四准则中任何一项的事变关系，不一定就不是因果关系。

（4）这四条律令都是使我们能凭单独一个例子（一件 AR. B 的特殊事件）而证成一条因果的定律(ar. b)的。至于因果的定律之须要依靠例子的数目来加强的，不属于这些律令的应用范围，也不属于本文的范围。

（原载《哲学评论》第 7 卷第 4 期，1940 年 11 月）

王阳明以前之知行学说

世之言我国思想史者莫不以知行合一说为创于王阳明。夫标揭此说以为讲学之宗旨,以为一贯之达道,而充类至尽,穷其义蕴。诚莫或先于阳明。然阳明此说固非前无所承者也。往者章炳麟氏尝溯知行合一说之源于郑康成。其证在康成之释格物致知。顾康成之言曰:"格来也。物犹事也。其知于善深则来善物、其知于恶深则来恶物。言事缘人之所好来也。"则康成所谓知仅指欲好耳。阳明之言知行不可分固亦尝以恶恶臭与好好色为喻,而谓见好色属知,好好色属行;闻恶臭属知,恶恶臭属行。然阳明不谓好恶即知也。阳明所谓知固不如康成之简单也,谓阳明曾受康成之暗示可,谓阳明之说源于康成则不可。

康成以后,宋儒言知行,与阳明若合符契而可断为阳明之说所自出者,盖有五家。其一为程伊川。伊川之言曰:"真知与常知异。尝见一田夫曾被虎伤。有人说虎伤人,众莫不惊,独田夫色异于众。若虎能伤人虽三尺童子莫不知之,然未尝真知。真知须如田夫乃是。故人知不善而犹为不善,是亦未尝真知,若真知,决不为矣。"(《程氏遗书》二上)此言真知不善之为不善者,必不行不善。推之亦当言:真知善之为善者必行善。是即阳明所谓"未有知而不行者,知而不行只不是不知"也。伊川以知而不行为非真知,不若阳明以知而不行为不知之斩截,然其义则一也。其二为杨龟山。龟山之言曰:"世之学者皆言穷达有命,特信之未笃。某窃谓其知之未至也。知之斯信之矣。今告人曰,水火可蹈,人必信之,以其知之也。告人曰,富贵在天不可求,亦必曰然,而未有信而不求者,以其知之不若蹈水火之著明也。"(《龟山文集·与杨仲书》)龟山别知之至与不至,著名与不著明,犹伊川别知之真与不真。若在阳明则径以知之不至与不著明者为不知矣。伊川言知有真伪之分,而不言知有程度之别。龟山则承认知有程度之别。就此点言,伊川与阳明较近,而龟山去阳明较远矣。其三为陆象山。象山之言曰:"自谓知非不能去非,是不知非也。自谓知过而不能改过,是不知过也。真知非则无不能去,真知过则无不能改过。人之患在不知其非,不知其过而已。"(《象山集》十四《与罗章夫》)又象山释易"知至至之,知终终之",亦明此义,今不具引。象山直以知而不行为不知,与阳明之说无毫发之异矣。其四为朱晦庵。晦庵之言曰:"知行常相须,如目无足不行,足无目不见。论先后,知为先,论轻重,行为重。"(《语类》九)又曰:"方其知之而未及行之,则知为浅,既亲历其域,则知之益明而非前日之意味。"(同上)此即阳明"知是行之始,行是知之成"之说也。其五《朱子语类》载,"王子充问:某在湖南见一先生只教人践履。曰:'义理不明,如何践履?'曰:'他说,行得便见得。'"所谓行得便见得,即阳明"知行并进"之说也。

　　从上所阐述观之,则阳明知行之学说实本于宋儒,而大同于程朱。顾阳明及其徒从与程朱水火之深何也?曰:陆王与程朱之异不在其论知行之关系,而在其论知之来源。陆王以为良知(至少道德之知)为人心所固有,所谓"个个人心有仲尼。"所以不知者,蔽于私欲耳,但能屏除私欲,恢复良知,则求知之能事已毕,所待者惟实行耳。故阳明之释致知在格物也,谓致知即致良知,物即私欲,格物即如格杀猛兽一般,格去私欲。既恢复良知,则心如明镜,遇物无遁形,所谓"无事时像个无所知无所能的人,遇事时却又无所不知无所不能"(象山语)也。程朱则谓人心虽有知之机能,而不能遇物即知。朱子所谓"人心之灵莫不有知"之知须作智解。从具有知之机能到具有智识,中间须经一番求索功夫,即读书讲论,察物穷理是也。故朱子之释格物致知为"即物穷理"以明"心之全体大用"。然就陆王观之,若求知本以为实践之准备,而求知为如此艰巨之事业,则有"终身不知亦遂终身不行"之病,因而有"易简工夫终久大,支离事业竟浮沉"之消参。程朱与陆王关于知识之理论孰是孰非,抑各有是非,抑两者俱非,不在本文讨论之范围。兹附及之以见程朱与陆王之差异不在其论知行之关系耳。

1940 年 12 月 30 日收到

(《国立浙江大学师范学院院刊》第 1 集第 2 册,1941 年 6 月)

柏格森(1859—1941)

一

今岁一月十六日,法国大哲学家柏格森殁于沦陷区中之巴黎,年八十矣。麦秀黍离之歌未歇,山颓木坏之叹遽兴,伤已!溯自1889年《意识之直接所际》出版以来,柏格森为法国哲学界祭酒者逾五十年。在近世哲学中,最妍于文,以清新和畅之音,鸣国家之盛。自法之学院生徒,以至沙龙士女,无不资其书为神智之糇粮。其立说也,明意志之自由,崇生命之冲动,年臻耋耄,乃目视祖国意志之自由之倏然丧失,民族生命之冲动之横受夭阏,当其在敌寇鼓鼙声中属纩之际,得毋自恨一瞑之不早耶?

柏格森在英语国家之势力原不减于本国,在美,有故詹姆士引为同调,盛加揄扬;在英,有威顿卡尔拳拳膺服,尽力护法。其一切著作,几于墨沉甫干,英译本之广告即出现于伦敦纽约报纸上。乃于其殁也,半载以来,英美哲学期刊中竟不见有为文悼之者,岂哲学家于其伟大同业之态度,亦随其国运为炎凉耶?抑滔天巨变中生活之惨迫有以使然耶?抑近来法国与英语国家在政治上之陕隔不免影响及于其哲学界耶?吾固无由知之。而晚近大哲学家之身后,则无如柏格森之寂寞者矣!

柏格森于我国一部分学人原非陌生之名字。当第一次世界大战告终之前后,西方思想滂渤而入我国。其时而西方哲学家之为国人最乐道者,美则杜威,英则罗素,德则伊倭铿,法则柏格森。而柏格森与我国文字因缘为尤深,其主要之著作,若《创化论》,若《物质与记忆》,若《形而上学序论》,俱有汉译。近十余年来我国哲学界风气似趋向于一种"形式主义",凡把握经验世界之真实血肉之哲学,悉屏置不道,柏格森之书遂无复问津者。虽然无平不陂,无往不复。予确信柏格森之哲学,实涵有若干不刊之灼见,可为今日我国补偏解蔽之剂者。此篇之作,固非徒于一哲人之萎,循例为饰终之辞已也。

二

柏格森之哲学可以一语挈其纲领曰:以直观观心,而广其所得于观心者以说物。今于其论直观,及心物,以次述之。

请言直观。柏格森曰:"吾人之知物,有二道焉。一者立于物外,环物而转,以摄取其表象;一者凭一种智力之通感,入于物中,而与其所独异而不可名状者为一。前者为常智之知,后者为直观之知。前者依藉乎所择之观点及所用以表宣之名言;而后者则无所藉于观点与名言。前者有事于分析,而后者则无事于分析。夫分析云者,即将其物化为其与他物所同具之原素也。今有物于此,常智判曰:是坚白石。此分析也,坚也,白也,石也,皆非此物所独然,而与他物同然者也。是故分析者乃将一物表现为别物之函数,乃不断改易观点,将一新物与他旧物比较,离其同德,而还以此等同德表示此新物而已。夫观点之改易,同德之孳衍,无论为之如何频数,终不足以尽物,而此之改易与孳衍,可以无涯。今有物于此,常智判曰:是坚白石,遂足以尽此物矣乎?未也,此物粗。则更判曰,是粗坚白石,则足以尽此物矣乎?未也,此物莹。过此以往,无论常智之判,如何增益,而此物不尽犹自若也。而常智之判不能无所止,是故分析者以有涯随无涯之事也。惟直观之观物也,寂然不动,感而遂通,其所执者一,其所得者全。分析止于相对之境,而直观则能达于绝对之境。"

人有慕巴黎之盛而向往之者,顾惮为远行,则尽搜巴黎之影片、地图、游记,而浸馈之,以终其生,自谓世之知巴黎莫己若也。夫彼于巴黎岂无所知?彼于巴黎之所知,孰谓其不博?孰谓其不能有所用?然彼遂得为真知巴黎矣乎?人有闻荷马史诗而悦之者,顾惮于习古希腊文,乃广通其他殊方绝国语,取一切荷马史诗之译本而熟记之,至于不遗一字,自谓世之知荷马史诗莫己若也。夫彼于荷马史诗岂无所知?彼于荷马史诗之所知,孰谓其不博?孰谓其绝无所当?然彼遂得为真知荷马史诗矣乎?任分析而不任直观,其知物也亦犹是已。

形而上学之方法,如其有以异于他学者,即直观之方法也。夫直观之所把握者全整而无分体,特独而无比类,而名言者生于分析,丽于抽象,而囿于同德。直观无所取于名言,而名言亦不足以状直观之境。故形而上学者,超绝名言之学也,不至此境,不足以语于形而上学,至于此境,则无复可言。或曰:然则柏格森复奚言?曰:言以忘言。超绝名言之境,非可以一蹴几也。形而上学之讲论所以为此境之工夫也。庄子曰:"终身言,未尝言",正此义也。所终身言者,到此绝对境之路径与此境之依稀仿佛也。所未尝言者,此境之本身也。

柏格森之立言,有时虽似扬直观而抑分析,然彼亦认分析为形而上学家不可少之修养,其与直观虽相反而实相成。惟形而上学之特殊方法不在此耳。柏格森之言曰:"直观为人心一种原始之作用,斯无疑义。此与常智所造,破碎肤受之知,不可同日语也。常智之于物,视为一串自外摄取之景象已耳。顾积习成性,在今日思想状况之下,以直观把握实在,反非复自然之事。今欲重臻此境,必也藉徐缓而忠实之分析,锲而不舍,以为之准备,必也于所研求之对象,举其一切所赅所涉之事项,其不稔悉。若所遇者为普博而繁赜之实在,则此之准备,尤不容阙。于情实之精确科学知识,乃透贯物里之形而上学之直观所待以行者也。"世有以科学为形而上学之敌,或以为形而上学家可以看科学之高深结论于不闻不问而自安于浅陋者,异乎柏格森之所见也。

昔者庄子与惠子游于濠梁之上,庄子曰:"儵鱼出游从容,是鱼之乐也。"惠子曰:"子非鱼,安知鱼之乐?"庄子曰:"子非我,安知我不知鱼之乐?"惠子曰:"我非子,固不知子矣;子固非鱼矣,子之不知鱼之乐全矣。"此所示庄子与惠子之异,乃直观自内体会与常知自外衡量之异也。罗素读《庄子》译文至此,叹曰:"吾与惠子。"吾知使柏格森而读此必当叹曰:"吾与庄子。"此所示庄子与惠子之异,亦即柏格森与罗素之异也。

或曰:凡物之可以自内体会者,必其物之有经验,有内生活,而其内生活与吾一己之内生活相近似也。令人类以外之实在,其有内生活与否不可知,其内生活之与吾近似与否更不可知。此皆不可知,庸讵知吾所谓自内体会所得之非幻觉乎?柏格林森曰:"万汇之中,至少有一焉,具内生活,而可以从内体会者,此非他,即吾心是也。"则请以直观反观吾心,而察其所得者为何?

三

今吾请试屏思息虑,转而内观,则曾见从物质世界而来之一切感觉,凝结于表面,有如壳然。此等感觉,清楚分明,互相骈列,而群分为种种对象。其次,则为依附于此等感觉而可用以解释此等感觉之记忆。此等记忆,以其与诸感觉相类似,为所摄引,自吾心深处浮出,止于吾心之外表,而非复绝对为吾心之一部分。最后则为若干意向与趋势,即一群预拟之动作,与此等感觉与记忆紧相连系者。凡此种种,自内而发散于外,集合而成为一圆球之外表,此圆球渐渐扩大,而与外在之世界融合为一。然吾若自外表而转入中心,所见大异。在此等崭然之结晶体上,在此凝结之外壳上,有一绵绵不断流转,与前此所见之任何流转绝异。于此所见,为缤纷之情状者,乃吾经历之后,而反顾其辙迹时之所得云尔。方吾正在经历之之时,是固交相组结,而为一共同之生命所贯彻,吾不能谓某也于何处始,又于何处终。实则无一焉有始有终,而举皆互相融合。

此意识之流,唯直观可以体会而得之,瞽于直观者虽百分为之设譬,终未由喻也。然姑请设譬。此意识之流有似一线团之抽放,盖无一生物不觉大限之日近,而活得一日即老去一日也。然意识之流,又有似一长线之内卷而为团,盖吾人之过去追随吾人之后不断啄蚀现在以自肥;而意识与记忆,乃一而二,二而一者也。然事实上意识之流即非抽放,亦非内卷,盖此二喻,引起线与面之意象,而线与面之诸部分乃一致浑同,可相叠合。若夫意识之流,则绝无两刹那焉,而相符同。试取一简单之感象,设想其恒住不变,而以全神注定之。与此感象相偕之意识,不能在相接之两刹那停住不变,盖意识至第二刹那时,必包涵第一刹那所遗留之记忆也。意识而能经验全相符之二刹那间,必意识之无记忆者耳。如此之意识,必时时刻刻,死而复生。吾人所以形容无意识者,外此岂更有他道别有一佳之喻。光学中有所谓析光谱者,众色并陈,浓淡为次,由甲色至乙色,界限都泯。设想一感觉之潮流,掠此析光谱而过,以次历涉各色,则当经验一串微渐之变化,其中第一变化,宣启其直接后继者,而终结其前一切之先驱者。然析光谱中相次之象色,乃相外者,是相骈列,是占空间。反之,意识之流,则与骈列、相外、广袤诸观念,举不相容。请更换一喻。设想一具弹性之微体,能缩小至于数学上所谓点者,乃引而伸之,使由此微体而生出一恒在延长之线。请毋着意此线之为线,而但着意抽引之二动作。吾人当知:此动作也,固历时间,然若无停辍,则不可分;使于其中羼入一点逗,则成为动作,而非复一动作矣;若判之为二动作,其中每一动作,仍不可分;所可分者,非此长往不居之动作,而为此动作所遗留于空间之辙迹,彼固定之线是已。最后请忘却动作所占之空间,而但着意动作之本身,着意纯粹之变动。如此,则于意识之流,庶得一较近真之影象。然即此之影象,亦为不全。实则任何方譬,皆有缺憾。盖意识之流,在某若干方面,有近于前进运动之一致性;在他若干方面,则又有近于发展中之情状之繁赜性,而一方譬难能兼斯二者。吾若用彩色缤纷之析光谱为喻,则此乃一见成之物,而意识之流,恒在成长之中。吾若用受引伸之弹性物体为喻,则无以见彩色之繁富。吾文诚以己凭直观体会意识之流,则此诸方譬可助其反省直观之所见。瞽于直观而欲求意识之流于此诸方譬,则无异生盼者之叩盘扪烛以求日矣。

外乎吾心之实在亦一流转也。凡存在者,非已成之物,而为方在成长之物,非自持不易之情状,而为方在变化中之情状。静止者,表似如是,相对而然耳。意识之流,万有之范也。今若为趋势为方向转变之权衡,则万有一趋势也。

吾人之心,恒寻求坚实之据点。盖其在日常生活中之主要功用,乃在表示情状与物事也。实在本为一而不分之流转,而吾心则于相隔许久之时间,摄取若干刹那中之影象,吾人于以获得所谓感象与意象。如是以断代续,以定代动,以固着之点,所以记转变之方向与趋势者,而代转变历程中之趋势。此之代易,于常识,于语言,于实际生活,诚为需要;即于实证科学,在若干程度上,亦为需要。吾人之智力,循其自然之性,则一方面趋向坚实之感觉,一方面趋向固定之概念。以静止为本始,而表示运动为静止之函数。以预制之概念为依据,而施之于实在之流,期有所捞取,如渔者之用网罟焉。此其为知之道,非求于实在获得内里之知识,获得形而上学之知识,决矣。此其为知之道,乃所以利用实在已耳。每一概念(每一感象亦然)乃吾人向实在提出之一应用问题,而使其然或否回答者也。然如此为知,其于实在之本质,失之交臂矣。

右略述柏格森说心与物竟。

四

万有为日新月异创造之一大流行。生命乃此大流行中之一创造品。意识与生命而俱来,而其发展自隐为之显。意识之显,乃生命进化之峰极也。意识之显,为用在综去来今而为有规画之创造,是物物而不物于物,是自由也。

哲学家每骋其玄思于生命之意义与人之命运,而忽略自然本身所既予吾人之指示。自然恒以明晰之标识,告吾人以目的地之抵达。此标识非他,喜悦是也。喜悦与快乐非一事。快乐乃自然所以使生物保存其生命之设计,而不指示生命所趋之方向。惟喜悦则恒宣布生命之已有所成就,有所进展,有所征服。凡大喜悦,皆有凯奏之音调。吾人试察喜悦之生,必有与创造相偕。创造愈丰穰,则喜悦愈深至。慈母抚视其儿而喜悦,彼自知在体魄上、在德性上,皆己创造之也。商店工厂主人,视其业之兴盛而喜悦,岂因财货之增殖而劣名之彰著哉?财富与社会地位诚为世所重,然其所带来者毋宁为快乐而非喜悦。就顷所举之例言,真正之喜悦,乃创业垂统之感觉,于生命有所贡献之感觉也。有超常之喜悦焉,艺术家已实现其意想,思想家已成就其发现或发明时之感觉是也。或谓此等人为荣耀而工作,从其所博取之钦慕中而获得最高之喜悦。此则彻底大错!吾人依藉赞美与荣誉之程度,与自信不足之程度,恰恰相等。矜骄之中有谦卑之意味存焉,求称誉者所以自壮也。正犹如未足月之婴儿,则以裹绒絮然,吾人以活力不充之作品,则需求世俗之赞美,以为之环卫。惟以所作之不朽,有绝对之自信者,其意不在称誉,其所感超乎荣耀,因彼为一造物者,因彼知其然,因彼之所感之喜悦,而上帝之喜悦。夫生活之发皇,无在而非创造;然艺术家、哲学家之创造,以至事功上之创造,非人人时时之所能为也。有一种创造焉,为人人时时之所能者,此即以自我创造自我,由一切庸德之实践,以恢宏其人格,而宇宙亦于以日富而日新。所谓成己而成物者,人生之准的,其在斯欤,其在斯欤。

右附述柏格森之人生哲学竟。

(原载《思想与时代》第 1 期,1941 年 8 月)

哲学与政治

哲学和政治的关系可以从两方面来看：一是哲学的修养和政治的实践的关系，一是哲学的理论和政治的主义的关系。下文分别说明之。

什么是哲学的修养？我认为哲学的修养主要的有三个条目：一是理智上彻底诚明的精神，二是"求全"（全体的全）的精神，三是价值意识的锻炼。

（一）所谓理智上的"诚"，就是理智上的"毋自欺"，就是不故以不知为知，不故以未至十分之见为十分之见；所谓理智上的"明"，就是理智上的"解蔽"，就是不妄以不知为知，不妄以未至十分之见为十分之见。

"诚"与"明"在理论上虽然分别甚明显，但在事实上每很难分别；由诚可以至于明，由明亦可以至于诚，不自欺之积可以成为自信，理智上糊涂的人每每同时即是理智上不忠实的人。理智上的诚与明是哲学上的第一戒。一个真正受过哲学训练的人，他视任何判断，任何信念，如其视几何学的命题（这里姑用普通人对几何学的观念）一般，要问：它是表示自明的事理，任何具理性的人所当承认，而无须为它举出理由的吗？否则他的前提是什么？这前提是否表示自明的事理？否则它又有什么前提？如是一直问下去，至于无可再问为止。假如我趋向了某一判断或信念，而别有许多并非害心病的人却不能接受它，而接受与它相反以至相矛盾的判断和信念，他们对于所接受的信念又举出了若干理由，则我在接受我所趋向的判断或信念之前，必须把他们的理由加以客观的考虑，看能否用严格的论证，把它推翻；如不能，则我得把我所趋向的判断和信念虚悬或放弃，万不能以叫嚣谩骂作自卫的兵器，也不能关起大门，对一切异说，装作不闻，或竟不知，而在沙堆上建筑其理论的楼台。这两样"作风"诚然是一种捷径，但这是诚明的反面，这是爱智的反面。因为哲学的堕落，挽近学哲学的人多失掉了理智上诚明的精神，也即失掉了爱智的精神，而只走捷径。但我们不可以他们的捷径，代表哲学的修养。

彻底诚明的精神，表面上似乎和政治实践的需要不很适合。彻底的诚明就是彻底的自我批评,而政治的实践需要对于主义的始终不渝的信仰,任何批评所不能动摇的坚执。一个常常"不惜以今日之我与昨日之我挑战"的政治家,决不是伟大的政治家。政治根本主张上的贰臣降将和朝代上的贰臣降将,有相类的地位。他们即使是"弃暗投明",对大众也必然失去号召力,也即失去领导的资格。那么政治家的根本信仰岂不是站在批评范围之外,而政治家的根本精神和哲学家的精神岂不是不相容的吗?其实不然。正惟政治家有根本信仰有"从一而终"之义,所以他在"择主(主义的主)而事"之时,需有彻底批评的精神。一个政治家在选择主义时若没有做过彻底批评的功夫,则日后的结局,除了幸而盲中外,若非朝秦暮楚便是一错错到底。一个政治家的错到底不是等闲的事。那也许是几千万以至几万万人的生死安危苦乐所关。《中庸》说:"诚之者择善而固执之也。"执当然要固,但择亦要精。要择得精就要考虑得彻底。彻底的考虑就是彻底的批评。

而且,政治家需要彻底批评的精神,不仅在主义的选择,还在国策的主持。任何政策都是根据国内或国际当前的情势(可简称政情)而产生,它的功效就在它对某种政情下的国家的利益的适合。但政情随时可变,有时(不是每逢)政情变了,政策就得因之而变。政策好比药剂,政情好比病状。有时病状变了,药剂就得因之而变。病状变而药剂不变,可以杀人。政情变而政策不变,可以祸国。但是政策若奉行了许久而历历有效,则它自身具有一种抵抗改变的固定力。功效产生传统,传统成了偶像,偶像成了理智的黑房。在另一方面,政情的改变每非自始即彰明昭著,为有目所共见,却经长久的隐运潜流而爆发于一旦。抱着传统政策的偶像,临着剧变的政情,而措手不及;许多政治上的危机就是这样造成。不用博征远引,现在英国的悲剧便是一个最好的例。

远在危机暴发之前而能灼见政策与政情的脱节而从事补救,这便是"知几",这便是"先觉"。从事后观之,知几、先觉每似乎是很简单,很容易的事,但在当时却便是超迈一世的大智大勇。所以古人说:"知几其神",又以先觉为圣。怎样才得到这样神圣的本领呢?天才成分搁开,就人力所能修的而言,唯有至诚至明的,不囿于传统的反省,守候着政策和政情间的关系而已。这就是说,以彻底批评的精神施于政情的观察和政策的考虑而已。张横渠有一句话可以断章取义地用作这番意思的注脚。他说:"诚、神、几,曰圣人。"此所谓"诚",是指自诚而明的工夫;所谓"神",是指通过外表的障隔而见众人所不测的本领,所谓"几",是知几的效验。由自诚而明的工夫,获得能见众人之所不测的本领,而收到知几的效验,这便是圣人。哲学之为政治家"内圣"的事,其要义之一在此。

(二)所谓"求全"的精神就是对于全体之一种深切的兴趣,科学在对象上注重局部,在方法上注重分析,而哲学在对象上和方法上都要"整个地看"。这"整个"又有两层意思:就对象的范围说,是"至外无外"的整个;就对象内容说是"表里精粗无不到"的整个。自然这只是一个目标,而且是一个永远不能达到的目标。但哲学家明知它不能达到,却力求去接近它;明知没有路径可以达到它,却在无路径中找路径。这种精神对政治的实践又有什么贡献呢?现在的政治自然只是国家的政治。对于世界而言,国家是一局部;但对于国家组成的部分而言,又是一全体。政治的推动和支配力每每发自国家的一局部。对于握有政治上的推动和支配力的政治家,最容易引起其注意而占据其心胸的利益,每每是这种力量所从发的局部的利益,但他的任务却是统筹全局,他必须超越局部,而以其心为全体的心,他即使在实践上没有"为天地立心,为生民立命"的机会,却有"为国家立心,为国民立命"的职责。惟有一种取法乎上的"求全"的精神可以引导他自然而然地超越局部。

(三)什么是价值的意识?通常以真美善包括一切价值,那么价值的意识就是领略真美善的能力。自然这三分法并不足以显示价值世界的繁杂性,只举其大纲而已。例如真有科学之真与哲学之真;(对宇宙全体的直观所见之真)美有闳壮之美与美丽之美;善有庸德之善,卓行之善,事功(群体之自觉的发展)之善。一个健全的文化,就是能使一切最后的价值都得到和谐的发展,都并育而不相害的文化,今日德、倭等国的疯狂性就在事功的价值压倒以至摧残其他一切价值。在虎兕出柙的世界里,一个国家要维持生存,即使无须以暴应暴,亦势必要把事功的价值放在国民生活的前景,而让其他一切价值退到背景。但这只是暂时不得已的变态,而不是永久当然的常态。

古人说:"尧舜兴则民好善,幽厉兴则民好暴。"这是说统治者的价值意识决定国民的价值意识。也许有人觉得这些话太过夸张个人的力量。但我们一看希特拉兴起以前和他兴起以后的德国,便不能不承认这话比它的否定更为近真。"君子之德风,小人之德草。""上有好者下必有甚焉。"当政治成为讴歌的对象时,它是指导文化的势力。当政治成为讽嘲的对象时,它是限制文化的势力。无论如何政治家的价值意识若乖戾,则一国的价值便不会平正;政治家的价值意识若狭隘,则一国的价值意识不会广博;政治家的价值意识若卑下,则一国的价值意识便不会高上。

一切价值的研究,一切价值的意义和标准的探讨,即所谓价值论者,乃是哲学特有的部门。普通人的价值兴趣都有所偏,对各种价值的了解深浅不一,唯哲学要对一切价值都求深刻的了解。价值意识的锻炼乃是哲学修养要素之一。必待政治家成为哲学家,一国的文化的发展才得到合当的指导,而免于不合当的限制。

上面已把哲学的修养和政治的实践的关系阐明,其次要说哲学的理论和政治的主义的关系。在这一点上,我的话可以很简短。

没有一套哲学的理论充分地涵蕴一套政治的主义。没有人能依逻辑的历程单独从一套哲学的理论引申出一套政治的主义。二者之间的联系不是逻辑的,而是心理的。有宇宙的,自然的秩序;有人间的,人为的秩序。我们的本性要求这两个秩序之间有一种连续,一种契合,一种和谐,恰好比我们的审美意识要求建筑物的形色和布置与四周的景物相调协。我们不乐意看见人道和天道相背而驰。我们不能改变宇宙的秩序,以适应人间的秩序;可是别的考虑搁开,我们情愿依仿宇宙的秩序,以创造或改变人间的秩序。所以我们对宇宙的秩序的认识,不免影响到我们创造或改变人间的秩序的计划。请举一个最简单的例。比方《易传》说:"天行健,君子以自强不息。""天行健"表示对宇宙秩序的一种认识,"自强不息"是指示我们改变人间秩序的一个方向。"天行健"的命题本身逻辑上并不涵蕴"我们应当自强不息"的命题。我们若相信"天行健"而反对"我们应该自强不息",逻辑上并不陷于自相矛盾。为什么"天行健",我们就得"自强不息"呢?没有什么,只是我们根于本性,不乐意看见"天行健"而我们"自弱而息"而已。有谁否认这一点,我唯一的答复就是"汝安则为之"。哲学的理论就是宇宙的秩序的描写,政治的主义就是改变人间的秩序的计划。我们对于某种哲学理论的从违,乃是我们对某种政治主义的从违的决定因素之一。政治学家不能忽视哲学,尤其是流行的哲学思想,其原因之一在此。

(原载《思想与时代》第 2 期,1941 年 9 月)

论中西文化的差异

文化是一发展的历程,它的个性表现在它的全部"发生史"里。所以比较两个文化,应当就是比较两个文化的发生史。仅只一时代、一阶段的枝节的比较,是不能显出两文化的根本差异的。假如在两方面所摘取的时代不相照应,譬如以中国的先秦与西方的中古相比,或以西方的中古与中国的近代相比,而以为所得的结果,就是中西文化的根本异同,那更会差以毫厘,谬以千里了。

寻求中西文化的根本差异,就是寻求贯彻于两方的历史中的若干特性。惟有这种特性才能满意地解释两方目前之显著的、外表的而为以前所无的差异。若仅只注意两方在近今一时代之空前的差异,而认为两方的根本差异即在于此,一若他们在近今一时代之空前的差异是突然而来,前无所承的,在稍有历史眼光的人看来,那真是咄咄怪事了!

近代中西在文化上空前的大差异,如实验科学、生产革命、世界市场、议会政治等等之有无,决不是偶然而有、突然而生的。无论在价值意识上、在社会组织上、或在"社会生存"上,至少自周秦、希腊以来,两方都有贯彻古今的根本差异。虽然,这些差异在不同的时代,有强有弱,有显有隐。这三方面的差异互相纠结,互相助长,以造成现今的局面。

这三方面的发生史上的差异,下文以次述之。

一

凡人类"正德、利用、厚生"的活动,或作为"正德、利用、厚生"的手段的活动,可称为实际的活动。凡智力的、想象的或感觉的活动,本身非"正德、利用、厚生"之事,而以本身为目的,不被视作达到任何目的之手段者,可称为纯粹的活动。凡实际的活动所追求的价值,可称为实践的价值。凡纯粹的活动所追求的价值,可称为观见的价值。过去中西文化的一个根本差异是:中国人对实际的活动的兴趣,远在其对纯粹的活动的兴趣之上。在中国人的价值意识里,实践的价值,压倒了观见的价值。实践的价值,几乎就是价值的全部,观见的价值,简直是卑卑不足道的。反之,西方人对纯粹的活动,至少与对实际的活动有同等的兴趣。在西方的价值意识里,观见的价值,若不是高出乎实践的价值之上,至少也与实践的价值有同等的地位。这一点中西文化的差异,以前也有人局部地见到。例如在抗战前数年时,柳诒徵先生于《中国文化西被之商榷》一文里曾说:

> 吾国文化惟在人伦道德,其他皆此中心之附属物。训诂,训诂此也;考据,考据此也;金石所载,载此也;词章所言,言此也。亘古亘今,书籍碑板,汗牛充栋,要其大端,不能悖是。

又说:

> 由此而观吾国之文学,其根本无往不同。无论李、杜、元、白、韩、柳、欧、苏、辛稼轩、姜白石、关汉卿、王实甫、施耐庵、吴敬梓,其作品之精神面目虽无一人相似,然其所以为文学之中心者,君臣、父子、夫妇、兄弟、朋友之伦理也。

柳先生认为中国人把道德的价值,放在其他一切价值之上,同时也即认为西方人没有把道德的价值放在其他一切价值之上,这是不错的。不过我以为这还不能详尽地、普遍地说明中西人在价值意识上的差异。在上文所提出的价值的二分法当中,所谓实践的价值,包括道德的价值,而不限于道德的价值。惟有从这二分法去看中西人在价值意识上的畸轻畸重,才能赅括无遗地把他们这方面的差异放在明显的对照。

说中国人比较地重视道德价值,稍读儒家的代表著作的人都可以首肯。但说中国人也比较地重视其他实践的价值,如利用、厚生等类行为所具有的,许多人会发生怀疑。近二三百年来,西方人在利用、厚生的事业上惊心炫目的成就,使得许多中国人,在自惭形秽之下,认定西方文明本质上是功利(此指社会的功利,非个人的功利,下同)主义的文明。而中国人在这类事业的落后,是由于中国人一向不重功利,这是大错特错的。正唯西方人不把实际的活动放在纯粹的活动之上,所以西方人能有更大的功利的成就;正唯中国人让纯粹的活动被迫压在实际的活动之下,所以中国人不能有更大的功利的成就。这个似是自相矛盾而实非矛盾的道理(用近时流行的话,可称为辩证法的真理),下文将有解说。

《左传》里说,古有三不朽:太上立德,其次立功,其次立言。这是中国人的价值意识的宣言。历来中国代表的正统思想家,对这宣言没有不接受的。许多人都能从这宣言认取道德价值在中国人的价值意识中的地位。但我们要更进一步注意:这仅只三种被认为值得永久崇拜的事业,都是实际的活动,而不是纯粹的活动;这三种头等的价值,都是实践的价值,而不是观见的价值。所谓德,不用说了;所谓功,即是惠及于民,或有裨于厚生、利用的事;所谓言,不是什么广见闻、悦观听的言,而是载道的言,是关于人生的教训。所以孟子说:"有德者必有言。"

亚里士多德的《尼哥麦其亚伦理学》。其在西洋思想史中的地位,仿佛我国的《大学》《中庸》。《伦理学》和《大学》都讲到"至善"。我们试拿两书中所讲的"至善",作一比较,是极饶兴趣的事。亚理士多德认为至善的活动,是无所为而为的真理的观玩;至善的生活,是无所为而为地观玩真理的生活。《大学》所谓"止于至善",则是"为人君止于仁,为人臣止于敬,为人子止于孝,为人父止于慈,与国人交止于信"。这差别还不够明显吗?中国人说"好德如好色",而绝不说"爱智""爱天";西方人说"爱智""爱天",而绝不说"好德如好色"。固然中国人也讲"格物致知"。但那只被当作"正心、诚意、修身、齐家、治国、平天下"的手段,而不被当作究竟的目的。而且这里所谓"知",无论照程朱的解释或照王阳明的解释,都是指德性之"知",而不是指经验之"知"。王阳明的解释不用说了。程伊川说:"知者,吾所固有,然不致则无从得之。而致知必有道,故曰致知在格物。"又说:"闻见之知,非德性之知,物交物则知之,非内也,今之所谓博物多能者是也。德性之知,不假见闻。"致知所致之"知",为吾所固有。即由内,而不假见闻,即德性之知也。朱子讲致知,是"窃取程子之意"的,其所谓"致吾之知"当然即是致"吾所固有"之知了。实践价值的侧重在宋明的道学里更变本加厉。在道学家看来,凡与修身齐家治国平天下无明显关系的事,都属于"玩物丧志"之列。"学如元凯方成癖,文至相如始类俳。独立孔门无一事,却师颜氏得心斋!"这是道学家爱诵的名句。为道学家典型的程伊川,有人请他去喝茶看画,他板起面孔回答道:"我不喝茶,也不看画!"

我不知道有什么事实可以解释这价值意识上的差异。我们也很难想象,这差异是一孤立的表象,对文化的其他方面,不发生影响。这价值意识上的差异的具体的表现之一,是纯粹科学在西方形成甚早,而在中国受西方影响之前,始终未曾出现。我们有占星术及历法,却没有天文学;我们有测量面积和体积的方法,却没有几何学;我们有名家,却没有系统的论理学;我们有章句之学,却没有文法学。这种差异绝不是近代始然,远在周秦、希腊时代已昭彰可见了。纯粹科学,是应用科学的必要条件。没有发达的纯粹科学,也决不会有高明的实用的发明。凡比较复杂的实用的发明,都是(或包涵有)许多本来无实用的发现或发明的综合或改进。若对于无实用的真理不感兴趣,则有实用的发明便少所取材了。这个道理,一直到现在,我国有些主持文化、学术或教育事业的人,还不能深切体认到。传统的价值意识囿人之深,于此可见了。观见价值的忽略,纯粹科学的缺乏,这是我国历史上缺少一个产业革命时代的主因之一。

有人说:中国的音乐是"抒情诗式的",西洋的音乐是"史诗式的"。不独在中西的音乐上是这样,在中西全部艺术上的成就上也大致是这样,想象方面的比较缺乏"史诗式的"艺术,与智力方面的缺乏纯粹科学是相应的。史诗式的艺术和纯粹科学,同样表示精细的组织,崇闳的结构,表示力量的集中,态度的严肃,表示对纯粹活动的兴趣,和对观见价值的重视。

二

其次,从社会组织上看中西文化之发生史的差异。就家族在社会组织中的地位,以及个人对家族的权利和义务而论,西方自希腊时代已和中国不同。法国史家古朗士说:"以古代法律极严格论,儿子不能与其父之家火分离,亦即服从其父,在其父生时,彼永为不成年者。……雅典早已不行这种子永从其父之法。"(《希腊罗马古代社会研究》汉译本,页64)又斯巴达在庇罗奔尼斯战役以后,已通行遗嘱法(同上,页58)使财产的支配权完全归于个人而不属于家族。基督教更增加个人对家族的解放。在基督教的势力下,宗教的义务,是远超过家族的要求。教会的凝结力,是以家庭的凝结力为牺牲的。《新约》里有两段文字,其所表现的伦理观念与中国传统的伦理观念相悖之甚,使得现今通行的汉译本不得不大加修改。其一段记载耶稣说:

> 假若任何人到我这里来而不憎恶他的父母、妻子、儿女、兄弟和姊妹,甚至一己的生命,他就不能做我的门徒。

另一段记载耶稣说:

> 我来并不是使世界安宁的,而是使他纷扰的。因为我来了,将使儿子与他的父亲不和,女儿与他的母亲不和,媳妇与他的婆婆不和。(两段并用韩亦琦君新译)

基督教和佛教都是家族组织的敌人。基督教之流布于欧洲与佛教之流布于中国约略同时。然基督教能抓住西方人的灵魂,而佛教始终未能深入中国人的心坎者,以家庭组织在西方本来远不如在中国之严固,所谓物必先腐然后虫生之也。墨家学说的社会的涵义和基督教的大致相同,而墨家学说只是昙花一现,其经典至成了后来考据家聚讼的一大问题,这也是中国历来家庭组织严固的一征。基督教一千数百年的训练,使得牺牲家族的小群,而尽忠于超越家族的大群的要求,成了西方一般人日常呼吸的道德空气。后来基督教的势力虽为别的超家族的大群(国家)所取而代,但那种尽忠于超家族的大群的道德空气是不变的。那种道德空气是近代西方一切超家族的大群,从股份公司到政治机构的一大巩固力,而为中国人过去所比较欠缺的。我不是说过去中国人的社会思想一概是"家族至上"。儒家也教人"忠孝两全",教人"移孝作忠",教人"战阵无勇非孝也",教人虽童子"能执干戈以卫社稷者可无殇"。孔子亦曾因为陈国的人民不能保卫国家,反为敌国奴役,便"过陈不式"。有些人以为过去的儒家所教的"忠"只是"食君家之禄者,忠君家之事"的意思,那是绝对错误的。不过中国人到底还有调和忠孝的问题,而西方至少自中世迄今则不大感觉到。在能够"上达"的人看来,"忠孝两全"诚然是最崇高的理想。但在大多数只能"下达"的人看来,既要他们孝,又要他们忠,则不免使他们感觉得"两姑之间难为妇"了。而且对于一般人毕竟家近而国远,孝(此处所谓"孝"就广义言,谓忠于家族)易而忠难,一般人循其自然的趋向,当然弃难趋易了。就过去中国社会组织表现于一般中国人心中的道德意识而言,确有这种情形。而这种情形在西方至少是比较轻浅的。像《孟子》书中所载"舜为天子,皋陶为士,瞽瞍杀人,则如之何"的疑问,和孟子所提出舜"窃负而逃,遵海滨而处"的回答,是任何能作伦理反省的时代的西方人所不能想象的。许多近代超家族的政治或经济组织,虽然从西方移植过来,但很难走上轨道,甚至使人有"橘逾淮而为枳"之感者,绝对尽忠于超家族的大群的道德空气之缺乏是一大原因。

三

再次,就社会的生存上看,过去中国的文化始终是内陆的农业的文化;而西方文化,自其导源便和洋海结不解的关系。腓尼基、克列特,不用说了。希腊、罗马的繁荣是以海外贸易、海外掠夺和海外殖民做基础的。在中世纪,海外贸易的经营仍保存于东罗马帝国,而移于波斯人和亚拉伯人之手。文艺复兴的时代同时也是西南欧海外贸易复兴和市府复活的时代。从12世纪西南欧的准市府的经济,到现代西方海洋帝国主义的经济,是一继续的发展,是一由量的增加而到质的转变的历程。这历程和希腊、罗马的海外开拓是一线相承的。而海外开拓的传统是中国历史上所没有的。这点差异从两方的文学也可看出。西方之有荷马和桓吉尔的史诗,好比中国之有《诗经》和《楚辞》。荷马和桓吉尔的史诗纯以海外的冒险的生活为题材,他们的英雄都是在风涛锻炼成的人物。而在《诗经》和《楚辞》中,除了"朝宗于海","指西海以为期"一类与航海生活无关的话外,竟找不到一个"海"字。近三四百年来,像克茫士(葡萄牙诗人,以华士哥发现好望角之航行为史诗题材者)、康拉特(英小说家,专写海上生活)之徒在西方指不胜屈,而中国则绝无之。中国唯一与航海有关的小说《镜花缘》,其海外的部分却是取材于《山海经》的。我不是一味讴歌洋海的文化,而诅咒内陆的文化,二者各有其利弊。孔子说:"智者乐水,仁者乐山,智者动,仁者静。"我们也可以说洋海的文化乐水,内陆的文化乐山;洋海的文化动,内陆的文化静。而且我们也可以更进一步说,洋海的西方文化恰如智者,尚知;内陆的文化恰如仁者,尚德。洋海的文化动,所以西方的历史比较的波澜壮阔,掀扬社会基础的急剧革命频见叠起。内陆的文化静,所以中国历史比较的平淡舒徐,其中所有社会的大变迁都是潜移默运于不知不觉,而予人以二千多年停滞不进的印象。洋海的文化乐水,所以西方历史上许多庞大的政治建筑都是其兴起也勃焉,其没落也忽焉,恰如潮汐。而中国则数千年来屹立如山。(第一次世界大战后,希特勒汲汲经营陆军,图霸欧陆,而不甚着意海军,以图收复殖民地,他未必不是有见于此理)这差异固然有其地理环境的因素。但地理环境所助成的文化发生史上的差异，研究比较文化的人不容忽视。海外开拓是产生资本主义的一大原动力，虽然资本主义的发达也增加了海外开拓的需要。一般仅只根据《共产党宣言》去讲唯物史观的人，以为照马克斯的说法，欧洲资本主义的社会是蒸汽机的发明所造成的。（所谓生产工具决定生产关系）其实马克斯晚年在《资本论》里已经放弃这种说法。近今讲马克斯主义的人绝不提到《资本论》里对资本主义起源的更近真的解释，我觉得是很可诧异的。在《资本论》里，马克斯把资本主义分为两个时期：

(1) 手工制造时期
(2) 机械制造时期

照定义，在资本主义的手工制造时期，蒸汽机还没有出现，怎么说蒸汽机的发明，造成资本主义的社会呢？那么资本主义怎样起来的呢？马克斯以他所目击的英国为例。资本主义发生的先决条件是大量无产无业的"普罗列特列亚"聚集都市，以供拥有资财的人的利用。因为海外市场对英国毛织品的需求，使得这种制造事业（起初是由小规模的工场和家庭出品的收集来供应的）在英国特别繁荣，同时羊毛的价格也大涨。于是拥有巨量土地的贵族，纷纷把本来供耕种用的土地收回做牧场，同时把原有永久的佃户驱逐。这大量被剥夺了生产的资藉的农民的聚集都市和海外市场对英国织造业的继续增长的需求，便是造成最初出现于欧洲的大工厂的动力。以上都是马克斯在《资本论》里的说法。我们更可以补足一句：蒸汽机的发明也是适应着海外市场对英国织造业的继续增长的需要的。（但非纯由于适应此需要。远在此时以前西方已有以蒸汽为发动力之机构，惟视为无用之奇器，陈列于博物院者而已）所以要明白近代西方生产革命的由来，不可忽略了西方航海事业的传统，要了解中西文化在其他方面的差异，也不可不注意西方航海事业的传统。

（原载《思想与时代》第 11 期，1942 年 6 月）

说"同一"

一

有名,有义,有实。义者名之所示,实者名之所指。名必有义,而不必有实。鸟之名有义,鸟之义有实,鸟之名亦有实。九头鸟之名有义,而九头鸟之义无实,九头鸟之名亦无实。吾人可能分别有二名而只相当于一义一实者,有二名二义而只相当于一实者。茗与茶,二名而一义一实。等边三角形与等角三角形,二名二义而一实。摄氏表零度与华氏表三十二度之温度二名二义而一实。每甲乙二义只相当于一实时,吾人可分别二义而思之,当其思及甲义时,不须涉及乙义,当其思及乙义时,不须涉及甲义;抑有进者,当其分别或合并思及甲乙二义时,可以不知二义之只当于一实;抑更有进者,当其思及甲义时,可以不知有乙义,当其思及乙义时,可以不知有甲义。故在义为一者,在思可以为二,在思为二者,在实可以为一。在实之一,不害于在思之二,在思之二,不害于在实之一。

右说既陈,乃可进而解析"数目之同一"(Numerical identity)之义。此义以后简名曰"数同"(并作名词与状词用)。俗言之示此义,或单作"同一",或单作"一"。今谓"甲与乙在数目上为同一",或"甲与乙为数同",俗言则每作"甲与乙为同一",或迳作"甲与乙为一"。数同者,非名与名,或义与义,或实与实之间之一种关系,而乃名与义,或义与实,或名与实间之一种关系。当吾人言"甲与乙数同",或"甲数同于乙"(二辞义同)时,其可能之解析,不出二者:一谓甲与乙二名只相当于一义,或甲与乙二名只相当一实。若摄氏表零度之温度与华氏表卅二度之温度之类是也。故数同恒为二以上之名与一义,或二以上之名与一实,或二以上之义与一实间之关系。故数同必为三项以上之关系,而不能为二项之关系。

俗说则不然。似认"数同"为实与实或义与义本身间之一种关系。案依此说,则"甲与乙为数同"之辞,当解析为"甲实与乙实",或"甲义与乙义为数同",如是窭蹶立至。夫甲乙二实或二义既已分举而别标之,是明明为数异而非数同矣,复谓其为数同,得非自语相违?有等论者谓数同(此之数同,即彼云同一)之义在蕴涵别异之义,即蕴涵其反。其意若曰:"吾人若判断某某为数同,则同时亦须判断某某为非数同而相别异。此之自语相违,乃根于数同之本义,无可挽救,而此相违之判断,从一义言,可以俱真。"此诚非常可怪之论。溯其原起,乃由拘执数同一义之俗说,而不知其非也。知俗说之非,则此论无由起矣。

二

或问曰:一物历时而存,则先时之此物,与后时之此物,为一而非二。否则此物成为二物矣。然先时之此物,与后时之此物,固二实非一实也。有历时而存之物,则必有二实焉,既为二而非一,亦为一而非二矣。请取近事为例:官成都时之杨全宇,与在刑场时之杨全宇,为二实明矣,假杨之旧僚,有死于其伏法前者,则此人见官成都时之杨,而不见在刑场时之杨也。当杨伏法之日,观刑之众,必有不少于是始省识其面者,此诸人等见在刑场时之杨,而不见官成都时之杨也。若前者与后者为一实,则此实也,有人焉,见之而亦不见之,不见之而亦见之,岂理也哉?是故前者与后者必为二而非一。然吾人又不得不谓在刑场时之杨,即是官成都时之杨,即不得不谓二者为一而非二,否则无一杨全宇焉。历官成都时至在刑场时而存,则煌煌告示中"验明正身"之谓何?断曰:官成都时之杨,与在刑场时之杨,既为二而非为一,亦为一而非二。此之自语相违,根于事实,无可解免。子欲解免之,其道何由?答曰:子之推论有跃,由子之证,不能得子之断。

今请分别下列六辞于后:

(一)官成都时之杨与在刑场时之杨为二实非一实。
(二)官成都时之杨与在刑场时之杨为二人非一人。
(三)官成都时之杨与在刑场时之杨为一人非二人。
(四)官成都时之杨与在刑场时之杨为一实非二实。
(五)官成都时之杨与在刑场时之杨为二而非一。
(六)官成都时之杨与在刑场时之杨为一而非二。

子前证(一)"官成都时之杨与在刑场时之杨为二实非一实",而未证(二)"官成都时之杨与在刑场时之杨为二人非一人"。后证(三)"官成都时之杨与在刑场时之杨为一人非二人",而未证(四)"官成都时之杨与在刑场时之杨为一实非二实"。诚于既证(一)(二)(三)以后,能更证(一)实蕴(二),或更证(三)实蕴(四),则所谓不可免之自语相违立矣。今兹未能,而猥在(一)、(三)两辞中,抹去人实,遂臻于所断,得非跃乎?夫(一)不蕴(二),(三)不蕴(四),决矣。何则?(一)真而(二)妄,尽人可知。真不蕴妄,故(一)不蕴(二)。(三)真而(四)妄,尽人可知。真不蕴妄,故(三)不蕴(四)。

或后曰:(一)(三)分别蕴(五)(六),而在(一)(三)中,抹去人实,即得(五)(六)。(一)(三)既真,(五)(六)亦真,故在(一)(三)中,抹去人实可也。

答曰:从子之说,(一)(三)分别蕴(五)(六),则(二)(四)亦蕴(五)(六)。何则?答:"甲乙为一人",得蕴"甲乙为一";则"甲乙为二人",亦得蕴"甲乙为二"。"甲乙为二实",得蕴"甲乙为二",则"甲乙为一实",亦得蕴"甲乙为一"。(二)(四)既分别蕴(五)(六),而(二)(四)妄也,则(五)(六)亦妄,是则(五)(六)亦真亦妄,岂理也哉?故知(一)(三)不分别蕴(五)(六),而(二)(四)亦不分别蕴(五)(六)。溯或论之生,盖由一蔽。即认(一)辞中之"一",与(三)辞中之"一",示义唯一,而不知其非也。(一)辞中之"一",乃"同一"之一,即示数同之关系。(三)辞中之"一",非"同一"之一,不示数同之关系。然则后"一"所示者,果为何关系?曰:此之关系,可名曰"个体上之同一"(Individual identity),简名曰"个同"。凡言"某与某为一物",或"某与某为一人",或"某与某为一心",或"某与某为一我",某中之"一"皆"个体上之同一"之一,而示"个同"之关系。"个同"一义之详尽解析今病未能。今可得断言者,"个同"乃实与实间之一种关系,而非名与义,名与实或义与实间之一种关系,个同不蕴数同,数同亦不蕴个同,然(五)(六)二辞若为(一)(三)之省,则其中之二"一"示义各殊,一示"数同",一示"个同",则二辞实不相违,各俱真也何害?论者盖视(五)(六)为(一)(三)之省,而忘却(五)(六)中之二"一",示义各殊,遂谓(五)(六)相违。意谓已证(一)(三)俱真,即已证(五)(六)俱真。夫吾人既不能不认(五)、(六)为俱真,又不能不认其为相违,是有无可解免之自语相违也。知(五)(六)二辞中二"一"之义不一,则所谓无可解免之自语相违,得解免矣。

三

于此乃可进而解析旧逻辑中开宗明义之第一律,即所谓"同一律"者。(此律实亦存于新逻辑中,惟表示之方式不同耳)律曰:"甲是甲"。此辞即谓"甲与甲为同一"明矣。不知此所谓同一者,为名与实或名与义间之关系欤?为实与实间之关系欤?为数目之同一欤?为个体之同一欤?有等论者,谓此之同一,只能为实与实间之关系,只能为个体之同一,例如,休谟是也。休谟直译此辞为"一对象与其自身为同一",而论之曰:

> 在"一对象与其自身为同一"之辞中,若"对象"一名所示之意象与"其自身"一名所示之意象全无别异,则此辞竟无义旨,其中亦不涵一主词与一宾词,而二者固为断案之不可少者也。单一之对象,只能引起单一之意象,而不能引起同一之意象。
>
> 反之,对象之繁赜,亦不能引起此意象,不论吾人设想诸对象为如何相似。人心恒谓此一非彼一,而认彼等为二,为三,或其他一定数目,彼等之存在,完全为别异而独立者。

休谟此处所谓"同一",乃指"数目之同一"也。一对象不能有"同一"之关系,二以上对象间,亦不能有"同一"之关系。然则"同一律"之义当云何?休谟曰:

> 吾人不能依任何语言之轨范,而谓一对象与其自身为同一。苟非吾人之意若曰:此对象在于某一时者,与其自身存在于别一时者为同一。如是则"对象"之名,与"其自身"之名,所示之意象有别,而不致涉及数目,亦不致自缚成严格而绝对之一矣。(右引休谟语三则,见 Selby-Bigge 编本 *Treatise*,页 200—201)

休谟此处所谓"同一",却非指"数同之同一"而指"个体之同一",其所谓"严格而绝对之一",则指"数目之同一"也。

案依休谟之说,则同一律之义当为:"若有历时而存之物甲,则先时之甲,与后时之甲,为同一个体"。案依休谟之说,则同一律成为"历时而存之物"之界说。盖谓(1)"甲历时而存",即谓(2)"有先时之甲,有后时之甲,而二者为同一个体";即谓(1)"甲历时而存",(2)特(1)之省耳。案依休谟之说,则吾人不谈及历时而存之物时,同一律却无听于用。则吾人谈辩不涉及历时而存之物时,而援同一律为无当。然吾人之谈辩有时固涉及历时而存之物,而确知于此际援用同一律,绝非无当,则休谟之说不立也审矣。

吾人若视同一律中之同一,为个体之同一,则不得不视同一律为"历时而存之物"之界说。此说不可通。而同一之义,不出个同与数同二者,则将视此之同一,为数目之同一欤?然按依前所陈数同之解析,数同至少为二名与一义,或二名与一实,或二义与一实间之三项关系。今在"甲与甲为同一"之辞中,甲与甲非是二名,不示二义,则此辞乌得云及数同之关系?个同与数同,于此均无所施,则所谓同一律者,得非竟而无义旨之涌言?

曰:前所陈数同之解析,可广也。吾人若广"二名"之义界,使包括一名之重宣。易言之,吾人若以一名之重宣,亦当作二名,则数同之关系,可施于同一律。同一律中之同一,若为广义之数同,则其正解当云:"甲名重宣,示义唯一;假其有实,指实为一。"从反面言之,此辞即谓:"甲名重宣,不容分示二义,或分指一实。"更详释之,此律若曰:吾人既认定以甲名示某义,或指某实,则以后重宣此名,当亦示前所示之义,或指前所指之实。从反面言之,若曰:吾人若认定以甲名示某义,或指某实,则以后重宣此名,不容别示前所示义以外之义,则别指前所指实以外之实。外此,吾真不知同一律可更有何解矣。

或曰:甲名重宣,前后分示二义,或分指二实,苟自觉而标明之,何害?在日常言语之使用中,此容不可免者也,逻辑禁之,毋乃多事?答曰:甲名重宣,前后分示二义,或分指二实,而自觉标明之,则此前后之甲名,虽貌为一名,实二名矣。甲名重宣,前后示义不一,而认为其前后只示一义,只指一实,以事推论,此则许多大谬所由铸,同一律所禁者,此也。

(原载《思想与时代》第 17 期,1942 年 12 月)

北宋四子之生活与思想

荫麟先生于三十年(1941)冬撰此文,后以鼻出血而中辍。仅成"北宋四子生活"一节,思想部分尚付缺如。再者,先生于《中国史纲》宋史部分,拟作五章:(一)宋朝的开国和开国规模;(二)北宋的外患与变法;(三)宋代的文学与思想;(四)女真的兴起与宋金的和战;(五)蒙古的兴起与金宋的覆灭。一二两章已载本刊四五两期。本文当为第三章之初稿耳。《思想与时代》月刊编者识。

予近撰《宋代思想的主潮和代表的思想家》一文,分三大段:(一)北宋四子;(二)王荆公及其"新学";(三)朱陆与南宋道学。将于本刊陆续布之,此其第一段也。作者识。

像千邱万壑间忽有崛起的高峰,像蓬蒿萧艾间忽有惊眼的异卉,在思想史里每每经长久的沉闷、因袭和琐碎后,继以一生气蓬勃、光彩焕发的短短时期,在其间陶铸出种种新学说,支配此后几百年以至过千年的思想界。宋代自仁宗庆历(1041)以后的四五十年就是这样的一个时代。这是周濂溪(敦颐)、张横渠(载)、王荆公(安石)、程明道(颢)和程伊川(颐)的时代。(诸人以年辈为次,周、张、王皆长二程十岁以上。)此以前,宋人的思想大体上继续唐末五代的沉闷、因袭和琐碎;此以后,至宋朝之终,以王荆公为偶像的"新学",和以周张二程为典型的"道学",相继支配着思想界。故庆历以后的四五十年,一方面是宋代思想的源头,一方面也是宋代思想史的骨干。我们述这个时期的思想应当以周张和二程兄弟——可称北宋四子——为一集团,而以王荆公为一支别出的异军。

北宋四子不独在思想上有许多同调之处,在生活上亦有密切的连系。二程兄弟少时曾从学于濂溪,而横渠乃是二程的表叔,与二程为学友。我们叙述四子和以后的"道学家"的思想,不能离开他们的生活,因为他们的中心问题是一个实践的问题,什么是圣人?怎样做到圣人?我们要从他们的生活中体会他们的理想人格的气象。

　　濂溪(1018—1073)的事迹见于记录的,像他的著作一般简短得可憾。他是湖南道州(营道县)人,年少丧父,以母舅的荫泽出身,历官州县,官至广东转运判官,兼提点广东路刑狱。当他二十来岁,任分宁县主簿时,有一久悬不决的疑狱,他经一次审讯,便立即分辨。任南安司理参军时,因平反一冤狱,和上官力争,上官不听,他放下手版,缴还官状,脱身便走。他道:"这样官还做得的吗?杀人媚人,我办不到。"上官卒被他感悟。任南昌知县时,曾得大病,一昼夜不省人事,友人为他预备后事,检视他的所有,只一破烂的箱子,里面钱不满一百。同时大诗人山谷形容他的性格道:"胸怀洒落,如光风霁月;廉于取名,而锐于求志;薄于徼福,而厚于得民;菲于奉身,而惠及茕嫠;陋于希世,而尚友千古。"他爱自然,他对生命的世界好像有一种冥契。他窗前的草从不准剪除。问他为什么?他说:"这与自家意思一般。"他教学生,每令"寻孔颜乐处",体认他们"所乐何事"。有一位老者初时跟伊川同学,总不领悟,便扶杖去访濂溪。濂溪说:"我老了,说得不可不详细。"便留他对床夜话。过了三天,他忽觉恍有所得,自言如顿见天的广大。他再去洛阳看伊川,伊川惊讶他迥异寻常,问道:"你莫不是从濂溪那里来吗?"

　　横渠(1020—1077)也像濂溪一般,少年丧父,孑然自立。他学无所不窥,特别好讲究军事。年十八,当西夏用兵时,上书谒范仲淹。仲淹一见,认为大器,却戒责他道:"儒者自有名教的乐地,何用谈兵。"并劝他读《中庸》,他读了觉不满足,转而向佛典里探讨,用功多年,深通其说,却又觉得不满足,终于回到儒家的经典。年三十八,登进士第,始出仕。尝知云岩县,以教导人民、改善风俗为务。每月分别召宴县中长老,亲自劝酒,让人民知道养老敬长的道理,同时向他们访问民间疾苦,并告诉他们怎样训诫子弟。通常县官的布告,人民大多数不闻不知,只成一纸具文。横渠常把各处的乡长召来,把告示的意思对他们谆谆解说,命他们回去街坊里传达。每逢在公庭上,或道路上遇到人民,便考察他们是否听到他所要传达的布告,若没有听到便责罚受命传达的人。因此他每有所告诫,全县人民无不知悉。尝任渭川军事判官,于本州的民食和军食和军政都有很精明的规划。神宗初年,因大臣的推荐,入仕朝廷,官至崇文院校书兼同知太常礼院。神宗很赏识他,想加重用,但他不附新法,终于告退,归隐于陕西郿县的故乡,教学终老。

　　明道(1032—1085)和伊川(1033—1107)虽是大家所认为志同道和的两兄

弟,但他们在思想上却有若干重大的差别,而他们的异致在事业上性格上,比在思想上更为显著。在事业上明道是少年科第(与横渠同榜同进士第)的循吏;而伊川则一次落第,便不再应试,晚岁始以布衣征起(哲宗元祐元年,时年五十四),为崇政殿说书。明道的仕历是三十年受尽讴歌赞叹的,不可胜述的容断和仁政。这里只举几个例。他知晋城县时,有一个富人,丧父不久,忽有老人到门自认为是他的父亲,两人闹到县府。老人说,他行医远出后,其妻生子,贫不育养,抱给张家。他现在归来,始知道此事。明道问他有什么凭据,他拿出一部陈旧的方书,后面空白上记着:某年月日,某人抱儿与"张三翁"。明道便问那姓张的:你今年几岁?答道:卅六。又问:你父亲死时几岁?答道七十六。明道便对老人说:他方才所说的年岁有邻舍可问的。他出世的时候,他父亲才四十岁,怎么便叫张三翁?那方书上写的是假无疑。老人给吓了一跳,无话可答,只得认罪。他在晋城任内,用保甲法部勒乡村,令同保的人民力役相助,患难相救。凡孤寡残废的人,责成他们的亲戚乡邻不使失所。旅行经过县境的人,遇着疾病,都有给养。每乡设立小学,时常亲去视察。教师有不良的,便给撤换,儿童句读有错,也给改正。令乡民结为会社,并给各会社立定奖善诫恶的规条。在任三年,县内从没有强盗或斗死的事件。临到他任满时,忽然半夜有人叫门,说出了命案。他说:本县那里会有这种事?若有必定是某村某人干的。查问果然。他任镇宁军判官时,有一位声势煊赫的宦官,方督理治河。本军的兵卒八百人,被派去工作。天气严寒,他们受不了虐待,半夜逃归。同僚和长官都惧怕那宦官,主张不放入城。明道说:他们逃死而归,不纳必乱。亲自去给兵士开城门,却与他们约定,休息三日再去工作。兵士欢呼听命。以上是明道无数精彩的政绩中的片断。

伊川仕历最精彩的一幕,却有短短年余的,很不愉快的口舌生涯。当他从布衣一跃到"帝王师"时,他要求在皇帝面前坐着讲书,满朝哗然,他只得照例站着讲。那孩童皇帝偶然高兴,在槛外折一柳枝玩玩,他便板着面孔说:"方春万物发生,不可无故摧折!"惹得皇帝、太后和满朝大臣都皱眉。司马光死了,适值明堂大礼,行完礼后,同僚齐去吊唁。伊川认为不对,坚执力争,引《论语》"子于是日哭则不歌"为理由。苏东坡道:《论语》没说"子于是日歌则不哭"呀! 伊川却传语丧家,不得受他们吊。有名会开玩笑的苏东坡便给他取个绰号,叫做"尘糟坡里的叔孙通"。再后那孩童皇帝生了病,不能坐朝,伊川忙去见宰相说:皇帝不能坐朝,太后就不该单独坐朝。这一来太后忍无可忍,谏官乘机参了一本,他便以管勾西京国子监名义，被送回老家去。从上面二程事业的比较，已不难推想他们性格的一斑。

关于明道的精神生活，他的一个学生有一段很好的描写。他说："先生……粹和之气盎于面背，乐易多恕，终日怡悦……从先生三十年未尝见其忿厉之容。接人温然，无贤不肖皆使之款曲自尽。闻人一善，咨嗟奖劳惟恐不笃；人有不及，开导诱掖惟恐不至。故虽桀傲不恭，见先生莫不感悦而化服。风格高迈，不事标饰，而自有畦畛，望其容色，听其言教，则放心邪气，不复萌于胸中。"另一个学生有一次离别了明道之后，人问他从什么地方来，他说："我在春风和气中坐了三个月而来。"明道在熙宁以前，和王荆公本相友好，后来虽因新法和荆公分道，但只平心静气，相与讨论，劝荆公不要太过拂逆人心，从没有意气之争。荆公亦感其诚意，对人说："他虽不闻道，亦忠信人也。"后来他追论新旧之争，亦很公允，他说："新政之改，亦是吾党争之太过，成就今日之事，涂炭天下，亦须两分其罪可也。"又说："以今日之患观之，犹是自家不善从容，至如青苗，放过又且何妨？"论广厚宽和，伊川远不似乃兄，这从记载所存几件对照的琐事可以看出。二程少时尝随父远行，宿一僧寺。明道入门右转，仆从都跟随着他；伊川入门左转，无一人跟随。伊川也自觉道："这是我不及家兄处。"又一次，二程同入一佛寺，明道见僧一揖，伊川却不。门人怀疑，明道说："论年齿他也比我多几岁，一揖何妨？"明道讲书，偶带谐谑，引得大家哄堂，伊川则永远严肃得可怕。门人讨论，遇有不合，明道只说："更有商量。"伊川直说："不对。"明道也曾对乃弟说过"异日能使人尊严师道，那是吾弟之功。至于接引后学，随人才的高下而成就之，则我不让吾弟"。横渠批评二程道："昔尝谓伯淳（明道）优于正叔（伊川），今见之果然。其（明道）救世之志甚诚切，亦于今日天下之事尽记得熟。"

（原载《思想与时代》第 27 期，1943 年 10 月）

二　哲学式对话录

代戴东原灵魂致冯芝生先生书

芝生先生：

《世界思潮》第一、二期里有您的"新对话"，据称是记录朱元晦老前辈近来和我的一番讨论。我读了很觉得诧异。从您的著作里我知道您是一个极忠实的哲学史家，我相信你是决不会向壁虚造的。若不是您误据了元晦的弟子们的谣言，那就是不知哪位聪明小鬼扮成我的样子假托我的名字把朱老先生骗了。你不知道，这类的伶俐鬼在我们阴间多得是，其实我自从八年前北京的名流在安徽会馆替我做二百年生日，把朱元晦也请来陪热闹以后，至今还没有再会过他。听说他现在白鹿洞里研究黑格尔，因为"黑学"现在中国有点应时，而且有人说黑氏的绝对观念就是他的太极呢。至于我近年却隐在故乡万架山里补习数学，从未外出。何来那番谈话呢？

我写这封信，不仅要求求您替我更正，而且要把那篇对话里朱老先生的议论（不管真假）略加批评，使世人知道我近来思想的真面目，免得以为我竟像您的对话里所表现的那样落伍。

在您的"对话"里有这样的答问：

　　朱：我问你一个问题：为什么古人没有飞机？
　　戴：古人不明飞机之理，所以他不能造。

这样眼白白地把我拉入一个逻辑的陷阱里，我是要提出抗议的。当日我若在场，我一定这样回答："古人不会做飞机，因为他未曾有过与发明飞机者的经验相类似的经验。"让我反问朱先生（其实问您也行），什么是"飞机之理"？这是多么一个含糊的名词！我们若不先把它的意义弄清楚，便根据它来建设一种哲学的理论，那是多么危险的步骤！这种传统的思辨方法正是宋儒的通病，我们汉学家所引为深戒的。其实宋儒根本就未曾把"理"的观念弄清楚,所以王阳明误听了他们的话,要穷庭前竹子的"理",费了七天工夫,结果一场大病。什么是"飞机之理"?这个名词若是有意义的话,只能指示某一组关于重学的命题,其中一个重要的原素可例示如下:

空气的抵抗力之大小,系于空气的密度,动体的速度,动体浮扬面之大小和动体浮扬面的形态。

这个命题若更正确地用符号来表示,则作:

$F = KSPV^2$（F 为空气抵抗力,P 为空气密度,S 为垂直于运动方向的动体的最大截面积,K 为关于动体形态之常数,V 为动体的速度。）

这便是所谓"飞机之理"的一个原素。其他原素,同此性质,不必例举。

现在我要问:这样一个命题和公式所代表的是什么?是一种不在空间不在时间,无影无形,不可捉摸的"理",如朱先生在"对话"里所主张的吗?那似乎不是。如若我对于现代科学的了解没有错误的话,每一条科学定律所代表的只是科学家在某种规定的情形下的经验的撮要,和他关于未来的经验的预期。如若他的预期历验无爽,他的定律便被认为是真的;如若他的预期不中,他的定律便得修正。但是未来的事是无从预断的。因此任何科学定律都带点子"假说"的性质。没有一个科学的命题是代表什么"天经地义",什么"先天地生"的道。亦没有一个明白的科学家这样看待它。近今维也纳学派的领袖石黎克(Moritz Schlick,他是深通近代科学的一位哲学家)说得好:

即在科学也没有法子建立一条定律,绝对确实的。……我们从不能确信一条定律的所有预料将尽成事实。虽然实际上少数应验的预料便使我们对于一定律发生坚强的信仰,有时一次的应验便被认为充足,但就严格的逻辑之观点而论,一切我们的公式将永止于"假说"的地位,而过去的符验之为偶然,恒是可能的事。(见《加里佛尼亚大学哲学丛刊》第十五卷,页120)

不独科学中的命题为然,其实任何可真或妄的普遍的判断都是一种假说,一种试探,一种预期。它的对象都是在"时空"里的个体,过去的和未来的,因此它可以被我们的经验来肯证或否证,因此它有真妄之可言。凡不能用经验来肯证或否证的命题，若不是无意义的字堆，便是一种界说，一种 convention，无所谓真妄。

许多传统哲学的系统，乃是建筑在对于普通的概括的命题的性质之误解上。例如柏拉图，它认定科学中（譬如几何学中）普遍的命题所指示的，乃是绝对确实的，规范一切过去未来的个体的法则。我们无从经验一切过去未来的个体，却能知道这些命题的确实，可见这些命题的对象，决不会是在个体中的了。为要解释绝对确实的普通的智识之可能，他不得不于现实世界之外，另起造一个观念世界。近今的新实在主义便是柏拉图的观念主义之字眼的改换。又例如康德，他认定综合的普遍而且必要的判断（他在《纯理论衡》中最初下"先验"之界说为普遍而且必要的）之存在是不成问题的，因此他要在哲学史上起一个"哥白尼"的革命，提出知识的先验形式说，来解释这种判断之可能。其实我们若明白一切普遍的命题之假说性、试探性、预期性，如现今许多实验科学家所了解者，则这些传统哲学的楼阁自然不攻自倒；则知综合的必要的判断之可能性原不成为问题，则知普遍命题的对象无须求之于个体之外，于"不在时间空间之内"的无何有之乡。

我并不是否认我们的经验，无论关于自然界及人事界，是有秩序的，但这秩序只存在于时空里的个体之中，并不是超乎时空之外。这种秩序，您若喜欢叫做"理"亦无不可。我在《孟子字义疏证》里也说过："理者，察之几微，必区以别之名也。是故谓之分理。在物之质曰肌理，曰腠理，曰文理。得其分，则有条不紊，谓之条理。""在未有甲物之前已有甲物之理"，这个命题若是有意义的话，只是说："在未有甲物之前，世间某一类事物已有某种秩序。"这也是一种试探的假说。

以上是批评朱先生关于"理"的主张。其次关于朱先生的道德论，我也要发表一些意见。

在您的对话里，朱先生说道：

> 这些条件（人若有健全的组织，其中分子所必须遵守的条件）至少有一部分叫做道德。比如说，人若有健全的组织，其中分子必须相互敬爱，这就叫做仁；必须各努力所担任之事，这便叫做忠；必须各守其约言，这就是所谓信。一组织中之分子必须实行这些基本条件，那个组织才能健全存在，不管它是什么组织。

我对于这段话还有点不大明了。第一，那些条件中至少有一部分是道德，这就是说其中还许有一部分不是道德了。到底这两部分的界限怎样划分？第二，"健全"二字用在这里是很含糊的。什么是一个生物学上健全的个人，这还比较容易回答。什么是一个"精神"上健全的个人那就牵涉到全部人生哲学了。朱先生所谓健全到底是指生物学上的健全呢？抑或指伦理学上的健全呢？若指伦理学上的健全，他对于这种健全的观念又怎样呢？第三，道德与健全组织的条件之关系到底如下面第一图或第二图所示呢？

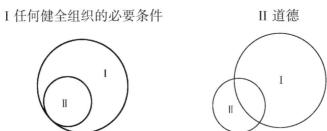

若照第一图的解说，则任何人类组织的本身和一切不违反某一组织的"健全"条件的行为是在道德的"论域"(universe of discourse)之外的。换句话说，则我们不能说某种组织的本身(例如说盗贼团体，或侵略他国的军队)或任何不违背该组织的"健全"条件之行为(譬如说抢劫别个团体的财产，奸淫别个团体的妇女)是不道德的。照第一个图的解说，这些命题是无意义的。试用譬喻来说明。我们若承认(见第三图)：

则不能说一件没有色彩的东西是绿的。如上的道德界说，其意义一经指出，便用不着再批评。

但若照第二图的解说，则除了任何人类组织之"健全"的条件以外还有什么东西是包括在道德的范围呢？这一层朱先生却没有提及。在他答复我上面的疑问之前，我实在无从批评他现在的道德学说。

其次朱先生说：

> 人有道德，是一个人类组织之存在的必要原因，而非其充足原因。

这句关键的话，我也觉得极其含糊，想批评也无从批评起。第一，他这里所谓"人"是指一个人类组织内的一切分子呢？抑或大多数分子呢？抑或是指一部分的分子(譬如说统治者)呢？第二，说一个人"有道德"是说(1)他一切或大多数属于道德论域的行为都是道德的呢？抑或(2)是说他曾经有过合于道德的行为呢？若照第一种说法，只有圣贤才可算是"有道德"的。若照第二种说法，则人人都可说是有道德的。这些分别并不是我故意咬文嚼字和朱老先生为难。这种种不同的解释所包含的信仰，对于你们(我是无能为力了)"救国"的行为大有差别。譬如你们若相信一切或大多分子的一切或大多数的行为之合于道德是一个人类组织存在的必要原因，则你们"救国"的初步工作之一，便是要使全国大多数人成为圣贤。(呀！我恐怕这种工作没有做到百分之一，中国早就亡了。)倘若你们相信少数某部分的分子(譬如说统治者)之一切或大多数的行为合于道德是一个人类组织存在的必要原因，则你们当前的问题之一，是要把这样有道德的人放在恰当的社会地位。而实现这种地位的改换之方法，又是急切的问题了。

说到这里，我想您或者会反问我自己的道德观念，那么大致上我的《原善》和《孟子字义疏证》具在，您可复按。但我近来对于那里的见解颇有一些修正。在最近的将来，我希望把补习数学的工作赶完后，有机会把这修正案写出来给世人和朱先生指正。唉，说到数学，我实在有点惭愧。我当初写了《勾股割圜记》以后，颇沾沾自喜。近来才知道我那里的数学知识还赶不上现在一个高中毕业生！没有充分的数学预备，没有了解现代科学发现的能力，却来侈谈形上形下，那岂不是痴人说梦吗！我奉劝中国治哲学的人们：从故纸堆里(不管康德，黑格尔……)出来到实在的世界里去！

戴震顿首"阴"历
九月一日

附言：此函乃乩授素痴君代录。

必须谢谢素痴先生，老远地从西美斯丹佛大学寄来这篇大作。收到时——上月十一——正当我们几个朋友也在讨论这个理的问题，所以更加增加了兴趣。公开的平心静气的学术讨论是必要而有益的，很希望从此引起。芝生先生有趣的答覆也久亦写好了，当于下期按登。

(原载《大公报·世界思潮》第14期，1932年12月3日)

戴东原乩语选录(二)

【降坛诗】
微言欲醒千年梦！朴学空传一代名？
神州今日如汤沸，我来说法与谁听？

本仙休宁戴东原是也。今夕（素痴注：壬申除夕）降坛，不为别事。近与朱文公讲论义理之学，辩难未休。渠门徒众多，新语录早已走遍天下。列位试想：柏拉图替苏格拉底作语录，岂有使其师词绌之理？本仙生平"但开风气不为师"，到此方知上当。现在悔也无益。幸喜素痴先生，打抱不平，情愿免支薪金，为我作宣传部主任。现有与朱先生书一通，不免达来美洲，劳他乩笔，录付《世界思潮》刊布。

与朱元晦论共相书　戴震

戴震顿首，奉书于朱元晦老前辈阁下：

昨者造谒考亭，辱承启诲，复得公孙龙子解纷理惑；别归山中，两月以来，念公等言，未尝去怀。公等所以益震者深矣。何以报之？惟有续献所疑。

震昔有言："寻求所获，有十分之见，有未至十分之见。"向所论难，今所疏陈，皆未至十分之见也。与公所争者，至于远近耳。夫在震犹以为未至十分之见，而欲使配祀两庑，师表四代如公者，弃其所学而俯从焉，不待智者而知其不可能矣。又况学说之依违，每先决于个人之气质。《洪范》沉潜高明之辨，昔人阐说已详，詹穆士软心硬心之分，今人征引尤稔。姑较言之，公，所谓软心之人也；

震,所谓硬心之人也。震自顾不能改变其气质,敢以责望于公乎?

且一家学说受限于世运时会者亦不在小。此为陈义,说者或过。然公与震固昭昭之例也。曩尝怪公,理性之面凛于秋霜,纲常之律严于铁尺;人类生趣,当之索然。逮其末流,遂成为强者凌压弱者之利器。公之坐此为世诟病,亦已久矣。由今思之,公之出此盖有不得不然者。公生宋之季世,锦绣中原既已沦为鸟蹄兽迹,而崎岖半壁复时惊雨骤风狂。华胄文明之广厦,二千年来圣哲贤豪之所艰难缔构,而公之所与依为性命结为一体者,旦暮有栋折榱崩之厄。此时扶危定倾,惟赖舍生取义。而柄国守土诸臣工则何如者?猴哄狗斗,逞私愤于睚眦;龟息禽栖,闻庑声而战栗。兴亡何责?且逍遥于绿水青山!笑骂由他,自颠倒于舞群歌扇!此时若再以乐利之说进,以谓人生急务无过于遂欲全身,是何异掘泥扬波以益洪流之浊也哉?时代既要求绝对之牺牲,自必有拥护牺牲之哲学。公之哲学,拥护牺牲之哲学也。由公之说恋个体而从人欲者与草木同腐;惟去人欲而存天理者与宇宙永生,与本体为一。是说也,使牺牲之志已决者有以自慰而自豪,使牺牲之志未决者或将闻风而兴起。贵家次淇先生有云:"宋末以来,杀身成仁之士远轶前古,皆朱子力也。"(素痴注:次淇即朱九江先生,为康南海师,影响清季粤东学风甚巨。此所引语,见其门弟子简朝亮所撰《朱九江先生讲学记》,予幼时曾用为读本。)此言虽有所阿,要非全无根据。呜呼,晦翁,今日中国之局面正南宋历史之重演也。则公之新语录时见刊载于《世界思潮》者,岂无故哉!震自信受中国文明之薰陶,对中国文物之恋慕,视公或未甚减。其对公之学说,若离开理论之观点,又安能不表相当之敬意与同情?在今日中国而欲有所为,必须抱孔氏"知其不可而为"之气概。而"知其不可而为"之教训绝不能依据于任何趋向乐利主义之道德哲学。此震所以自觉其道德学说有修正之必要也。昔撰《孟子字义疏证》时未遑及此;所以然者,公若一察尔时之世局,不难洞知。方当清室之隆,内外宁谧,举世有遂生乐利之资,而不得遂生乐生之道;故震之问题非如何使人乐于牺牲,而为如何使人易于足欲也。

若是乎,吾曹思想上所受之羁轭可知也。庄生所谓"吹万不同,皆自己"者,非耶?虽然,吾曹之异乎彼"调调之刁刁"者,以有时能自知其所受限制,而复具求知之欲望也。愿吾曹在以后之讨论中毋忘此等限制,而思有以超越之,则接近真实之障碍庶几乎少矣。

今请先察公孙先生对吾二人之总评,次论公对愚前致冯先生书之答辩。盖序齿礼当先公孙先生,而渠说若不能持,则公说之不能持更可知也。

荀卿先生其知之矣:凡立一说必须"持之有故,言之成理"。所谓言之成理者,不自牾也。所谓持之有故者,能解释若干待解释之事实也。自牾之说,言之悖理。于事实之解释全无所稗之说,持之无故。于此可和,吾人之破一说,为道有六:指明其自牾,一也;指明其所担任解释之"事实",并非事实,二也;指明其说不能解释所担任解释之事实,三也;指明有它事实与其说相牾,四也;指明有它说焉,不独能解释初说所能解释之事实,且能解释初说所未能解释之事实,五也;指明有它说焉,能解释初说所担任解释之事实,而视初说为简单,六也。简单云何?此问殊不易答。今所注重而下文所将援用者唯简单之一义,今但界说此义便足。凡不可以接遇而假定其存在之事物,谓之拟设体。例如旧物理学中之以太,柏拉图之观念世界,康德之物如等是也。设有甲乙二说,同可以解释若干事实,而甲说所牵涉之拟设体视乙说为少,则甲说视乙说为简单,而吾人当舍乙说而取甲说。明乎以上破论之六法,则立论之法亦可知也。此为吾侪汉学家之方法论,其详须俟专篇,然必大致上公等承认之,始有往下讨论之可能。公等若不承认之,则当先从方法论讨论起。今假定公等承认之何如?

公孙先生问:谓理在时空者,在任何时空,抑在一切时空?谓理不离个体者,不离任何个体,抑不离一切个体?善哉问!予之答覆如下:

每一普遍命题(包括科学定律或公式)在时空的现实世界中有其特殊之"领域"(realm);在此领域中之每一个体为此命题之一"特例",而在此领域以外任何与一切个体不为此命题之一"特例"。譬如前举 $F = KSPV^2$。其公式之领域为一切在气中移动之固定体(rigid bodies)及其所受,而银汉之星与日中黑子,流水与行云,孔子之生与秦始皇之死,西子之美与无盐之丑等等不与焉。一领域内一切个体之同具某种或若干种性格之一事实,即其相当之普遍命题之对象,即所谓"理"之一。设以 U 代表一普遍命题,P_1、P_2、P_3……P_n(其共名为 P)代表其"领域"所包括之一切个体。P_1、P_2、P_3……P_n 各具有 C_1、C_2、C_3……C_n(其共名为 C)之性格,互相类似者。(P1 具有 C1,余类推。)于此吾人乃有若干(存在于时空中之)事实,若以 Boole-Schroeder 之符号逻辑(愚拟译为"代名学")表示之,则得下列诸式(其中 P′代表非 P,C′代表非 C):

$$P_1 C'_1 = 0 \quad P_2 C'_2 = 0$$
$$P_3 C'_3 = 0 \quad \cdots\cdots \quad P_n C'_n = 0$$
$$(其中 P_1 + P_2 + \cdots\cdots + P_n \neq 0;$$

$$C_1 + C_2 + \cdots\cdots C_n \neq 0)$$

由此可得：

$$P_1C'_1 + P_2C'_2 + P_3C'_3 + \cdots\cdots + P_nC'_n = 0 \text{（或简作 } PC' = 0)$$

末一列式所表示之事实（存在于时空之事实），即是一理，即 U 所描写之对象。此事实，假设其为有者，吾人只能直接经验其若干元素（例如 $P_1C'_1 = 0$、$P_2C'_2 = 0$ 等），其它一部分（属于过去者）为吾人所推断，一部分（属于将来者）为吾人所预期。吾人可以确知 $PC \neq 0$，而不可确知 $PC' = 0$，故吾人对于后一事实之描写（即一普遍命题之所代表者），永远为一假说，而此假说之所假设者乃在时空中之事实。世间只有事实，并无超任何或一切事实之"理"。

由上之说，则"理"之存在于个体者，只能存在于其相当之领域所包括之个体，而不能存在于此外之任何或一切个体。于此愚得答公孙先生之问曰：每一"理"，就其全体言，则存在其相当之领域之一切个体；就其元素言，则存于此中任何个体。

由上之说，若谓一"理"之领域未有之前，已有是"理"（假如谓未有空气及固定体之前已有 $F = KSPV^2$ 一式所描写之"理"），此无意义之言也，犹谓未有朱元晦先生之前已有朱元晦先生注《四书》之事实之为无理取闹也。

由上之说，若谓"未有某物之前已有某物之理"，此言之唯一可能的解释，即谓未有某物之前，世间已有其它诸个体，构成一"理"之"领域"，而此新有之物可隶属于此领域之内也。如此，则发明飞机之人之所发现者，并非某种超任何或一切时空之理明矣。予前致冯先生书中之意固如是也。

公孙先生曰，"理之有是在一切时空，不离一切个体，而不是在任何时空，不离任何个体"。此言亦甚含糊。不知公孙先生从前亦曾注意，或现在可能承认，每一理有其特殊之领域而只能存在于其领域中说否？果尔则渠说与愚说当无龃龉。如不尔则渠说直不啻谓"飞机之理"之所在一切个体中，可以包括西子之美与无盐之丑，孔子之生与秦始皇之死，流水与行云，银汉之星与日中黑子等等以至于无穷。（不知其如何存在于此等事物中，而吾人又如何能在或从此等事物中发现之，敢问。）若愚说得立，此言妄也。

以上答复公孙龙先生。今当转而讨论我公之反驳。

公在《新对话(二)》中以为有"理"焉,"在时空外",如"飞机之理"是其一例。照寻常文字所达之意,此显谓在时空世界之外别有一理之世界,略如柏拉图之"观念世界"者。愚前致冯先生书中一切关于理之论调皆向此的而发。历来持柏拉图主义者大抵诉诸普遍命题之确实性。盖每一普遍命题所描写之对象,若为一切在其领域内之个体,则吾人既无从经验此一切个体,即无从知任何普遍命题之确实性。然若如持彼说者所假定,吾人果能知若干普遍命题之确实性,则其对象必不能为其领域内之个体,而在时空世界之外。换言之,柏拉图主义所以持之有故,即解释"普遍命题之确实性"之假定的事实。愚前书极力否认此事实,乃用上文所谓破论之第二法也。公若承认一切普遍命题之假设性、盖然性,即无理由以否认每一普遍命题之对象为其领域内之一切个体,即无理由以拟设一"在时空外"之"理"的世界。此乃极重要之点,而公等乃轻轻放过,而猥曰愚对公说有所误会焉,其亦未之思矣。

公谓承认一切普遍命题之假说性即"容可错误性",而仍持故说,并不陷于自牾,其然?岂其然乎?请即公在前次讨论中语,以明公之自牾:

戴:……在我的信里我已经问:"这样的一个命题或公式所代表的是什么?是一种不在空间不在时间,无影无形,不可捉摸的理吗?"我以为"似乎不是"。

朱:我以为似乎是。

可见公明明承认每一普遍命题之所代表者为一公之所谓"理"矣。理是不能错误者,此乃公所屡次声明者也。然则每一普遍命题之所代表者乃是不能错误者,岂不瞭如天日?然公后来又云:

这个公式($F=KSPV^2$)所代表的,如果是如此,它本来就是如此。(《世界思潮》第十五期,第二栏第九行。)

则公之承认一普遍命题之所代表者容或不是如此,即容可错误,因而不能为公之所谓"理",岂不又了如天日?一普遍命题之所代表者,不能错误,亦有错误,是"理"亦不能是"理";此而非自牾,孰则为自牾者?

姑舍是,而观之所以自护其说之最后矛盾:

朱：请问空气抵抗力,及空气密度,是在空间时间之内的么？

戴：当然是,你以为不是吗？

朱：我以为不是。

戴：那更奇怪了,请加说明。

朱：在时间空间有某种程度的空气抵抗力,没有一个仅只空气抵抗力的空气抵抗力。在时间空间,有某种密度的空气,没有仅只空气密度的空气密度。仅只空气抵抗力的空气抵抗力,及仅只空气密度的空气密度,正是不在时间空间,无形无影,不可捉摸的。插说一句,所谓不可捉摸者,是用这几个字的本义,就是我们不能感觉它,不是说它是含糊不清。我们如果说,我们说空气抵抗力的时候,我们的意思,是指具体的,有某种程度的空气抵抗力,我们就不能得一个公式。即令可以得一个公式,而这公式所代表的,还是不在时空的。例如你所举的 $F = KSPV^2$,即令 F、K 等是在时空,而 $F = KSPV^2$ 这个公式所代表的,不是 F 不是 K 等,而是 $F = KSPV^2$。

此论愚每念及,不禁莞尔,以其与愚新近所闻一段有趣之故事颇有连也。稍闲,当为公述此故事。今欲请问：公在时空中否？岂不曰在也？再请问：公何姓,何讳？岂不曰朱熹？虽然,有襁褓中之朱熹焉,有侨寓建州时之朱熹焉,有应进士试时之朱熹焉,有充秘阁修撰时之朱熹焉,有讲学于紫阳书堂中之朱熹焉,有在白鹿洞中研究黑格儿之朱熹焉。由公之说,当吾人用"朱熹"一名而不加任何形容词(如在"朱熹者贤人也"一命题中之"朱熹")时,所指之对象,乃仅只朱熹之朱熹,而不能为在襁褓中。或侨寓建州时,或应进士试时……之朱熹,因吾人并未云尔,犹仅言空气,未言其密度如何也。而曾存于时空中者,只有在襁褓中,侨寓建州时,应进士试时……之朱熹,却无仅只朱熹之朱熹也。由公之说则必有一仅只朱熹之朱熹者,在时空之外,先天地而生,而为"朱熹"一名所指之对象。此朱熹者,非公必矣。然人呼"朱熹"之名而公应,宋宁宗之敕封书"朱熹"之名而公受,孔庙中之神牌上书"朱熹"之名而公来歆者,抑又何耶？答云"朱熹"一名所指之对象可为任何或一切在某时某地及某情形中之朱熹,则"空气"一名所指之对象,又何以不可为任何或一切具特定密度、热度、温度等等之空气耶？则 $F = KSPV^2$ 一公式所指之对象又何以不可为任何或一切具特定形状、材质、重量、速率,……而在特定密度、热度……之空气中之固定体与其所受特定量之空气抵抗力间之关系耶？此之可能予在上文答公孙先生难中既已指明。公先有一成见横亘于胸中,以为 F 所指之唯一可能的对象乃为仅只空气抵抗力之空气抵抗力,V 之唯一可能的对象为仅只速率之速率。……等而下之,因以为前说之公式之唯一可能的对象为若干纯粹质素(Essence)之关系。此等质素既不能求之时空之世界,因以为必有一时空外之实在为此等质素所构成。不知此公式之不指若干国粹质素之关系,正犹"朱熹"一名之不指仅只朱熹之朱熹也。若问此公式何以可能?则请问朱熹一名何以可能。

夫一公式或一命题就其本身而言,乃一符号,乃白纸上之黑字,或吻吭间之声响而已。因制约之关系,吾人嗜之或聆之而在心中引起若干意念。其所能普遍地引起之意念,即其意义。而此之意义,恒指向时空的实在之一部分,以待察验。此即其对象。符号也,意义也,对象也,皆在时空中之事实也。若察验之后意义与对象相符,然后吾人知一命题为真,反是则妄。

以上吾人已予普遍命题以一种解释,而无须于时空世界外另拟设"理"之世界,如公说之所拟设者。即退一步承认公说亦为一种可能之解释;而愚说视公说为简单,依上文破论第六法,公说当弃,愚说当取。

然公说为一不可能之解释也。第一,依上所引,公直视彼"不在空间,不在时间,无影无形,不可捉摸"之"理",即普通命题公式之符号所示之意义。("是用这几个字的本义")夫一符号之自身不能有真妄,能有真妄者其所示之"本义"也。由此观之,公若承认每一普遍命题之容可错误,如公向所承认者,直不啻又承认"理"为容可错误也。此又与公向所持"理"不能误之说相牾。前谓公若承认一切普遍命题之假说性而仍故说,则必陷于自牾,此又一证也。

第二,公若认为一切类名(如"空气""抵抗力""速率""牛""马"等等)之对象乃不在一切或任何个体,则吾人之语言将不能有其事实上所有之效用。何以言之?

上文所提及之有趣故事今可得而述矣。愚所居附近,近来添一新鬼。坟上有碑,大书"哲人李慕玄之墓"。其旁有墓志铭,署款为:

    前哈佛大学教授桑泰延纳博士篆额
    哥伦比亚大学教授蒙台歌博士书单
    清华大学教授冯友兰博士撰文

此是否出于依托,愚尚未加考证。志文甚长,愚亦不能举其辞,惟铭语四句,

尚铿锵上口,请为公诵之:

> 言必顾行行顾言,生民以来孰或先?
> 赞化育兮参地天!光予后死表兹阡。

可知李氏必为一特别言行相顾之人矣。按志:李慕玄者,佚其邑里,少时以革命致富,晚为同志所"奥伏赫变"(此名何谓,愚尚不解),退隐于普陀山。稍读二氏书,尤喜人称其淹通哲学。一日有友过焉,语之曰"如公之热心哲学并世无两也。虽然,曾亦闻林风马其人乎?渠曾在美国耶鲁大学、德国柏林大学、法国巴黎大学、英国牛津大学'研究'哲学有年,尤精所谓'拍拉拖'(编者注:柏拉图)之说。今不幸失业,无以为生;曰,'虽执鞭之士,吾亦为之矣'。此公之一好机会也。何不佣之于家,一举三得?山居需执爨之人,一也。切磋之益,二也。其仆为哲学家,则其主可知,三也。"其后李慕玄家遂添一哲学家之仆人。慕玄问风马:拍拉拖何国人?曰,希腊人。问:希腊人何所食?曰,食面包。曰,然则吾亦食面包。居无何,面包尽。慕玄谓风马:盍为我购面包。风马再三问何购。慕玄怒曰,购面包。风马出,旋空手返,曰吾固谓世间无面包。吾闻之拍拉拖矣,面包一名所指者共相,共相在时空世界之外。世界所有者惟白面包、黄面包、黑面包……曰,然则为我购白面包。风马复出,旋空手返,曰世间亦无白面包。此名所指者亦共相,在时空世界外,世界所有者,惟新鲜之白面包、次新鲜之白面包、不甚新鲜之白面包与腐臭之白面包。曰,然则为我购新鲜之白面包。风马复出,旋空手返,曰世间亦无新鲜白面包。此亦共相,在时空世界之外。世间只有圆筒形之新鲜白面包、长方体之新鲜白面包、圆锥形之新鲜白面包……等而下之,慕玄以形界,风马则以味异;慕玄以味界,风马则以重异;慕玄以重界,风马则以量(大小)异。而重也,量也,以复于形也,臭也,色也,复可以无穷异。于是凡慕玄所能以言语形容者不能得。终于皆不食而死。噫,嘻!晦庵,公亦幸而不食人间烟火耳,不然,以公之四体不勤五谷不分,事事仰给僮仆者,倘遇林风马一流人,其不步李慕玄之后尘,而饿死为飨(素痴注:鬼死为飨)者几希。

关于"理"之方面,愚今所欲言者已毕。由此可知愚之哲学地位,全为唯名论的,经验论的,实证论的,"手术观"(素痴注:"Operational View of Conception",此名始见于 Bridgeman 氏之 *The Logic of Mode in Physics* 中,用以指示相对论之认识论的基础者)的。此四者同一根本精神,而各有所侧重。折衷于名目新旧之间,愚毋宁自称为一实证论者。然则实证论遂无困难矣乎？曰有之;乃在纯粹数学方面。然晚近数学名家已显有为纯粹数学作唯名论的解释者。如德之 Hilbert 氏及其弟子辈是也。愚于其说亦粗有涉猎。前致冯先生函中屡提及数学,盖欲授瑕与公,使为攻击之资,而引起讨论之绪也。毕竟过去对于纯粹数学之唯名论的解释是否完全满意,愚今尚未断敢言,而有待于继续研究。向谓愚说为未至十分之见者以此。

最后请一评公关于道德论之答复。多数人类组织,其本身复为一较大之组织之一分子。此事实愚当初未及注意,良用歉疚。然纵指出此事实,公在《新对话(二)》中所提出之道德论仍有困难。何以言之？由公之说,设有一人类组织甲,同时为一较大之组织乙之一分子;甲之行为无损于自身之健全而有损于乙之健全者,从甲之观点言之仍在道德"论域"之外。惟从乙之观点,则在道德论域之内,且为不道德的。然则同一行为可有两重道德价值。吾人处此种情形究应何去何从？愚料公当教人以包括最广之组织之观点为准。如是则公前所提出之道德论,应修改为：个人或团体行为之合于其所属最广的人类组织之健全之必要条件之某部分者,是为道德的,反是则为不道德的。（自然,合于所属最广之组织之健全条件者,亦即合于所属任何组织之健全条件者。）

然此修正之说,仍有困难。由此之说,一国家若脱离任何国际组织,立意与全世界为敌,欲消灭其它一切国家。假设其有此力量者,则此国家行为之不违反其自身健全之条件者,完全在道德论域之外,以此国家更不为任何人类组织之一分子也。夫相敌相仇,拼争你死我活之若干国家之不构成一人类组织,正犹相斗之一龙、二虎、九牛,不构成一龙虎牛之组织也。何谓组织？康德在其《品鉴论衡》(下卷)中尝下组织体之界说,大意谓是乃一全体,其各部分藉他部分而存在,同时复为他部分而存。愚认此为一可采之界说。夫拼争你死我活之国家,其非相为同时复相藉而存在也明矣。苟非故意看乱名实,决不能谓之为一组织体也。

愚窃有以知公说困难之总源。公在不自觉中,肯定全人类"应当"成为一组织体,且一健全之组织体。而此组织体之健全条件之一部分,即为道德。夫全人类之成为一组织体,乃是理想而非事实,至少有时不成为事实。而公说,即如上所修正,只承认道德之论域,限于个人或团体之行为之影响于其事实上所隶属之最大之人类组织体之健全者（自然亦即影响其所属任何组织之健全者）。而此人类组织,固不必为包括全人类之组织也。当其不如是包括时,则由公之说,甲组织侵害乙组织之行为,可以超于道德论域之外。而此则公之"良心"所不肯承认者也。公之自觉的道德学说,与不自觉之道德信仰,相差如是之巨者,盖由公欲避免"应当"之字眼及其意义问题,而遽以"如是者",为所认为"应当如是者"下界说也。然"应当"之字眼及意义问题实为任何道德哲学家之所不能避免者,如欲避免之,则其道德学说,乃建筑在沙滩以上。近已乩授素痴先生《道德哲学之根本问题》一文,即极力指明此点。不日当以呈改。相晤在即,余不一一。

附录　冯友兰的答复

素痴先生此文到后,我本想再写一篇《新对话》,请朱、戴二位老先生再辩论一番。但我又想:我们在以前几篇文章里所有的那些辩论,如果要有结果,我们应该先把几个重要名词的意义说清楚。不然,有许多辩论是劳而无功的。例如素痴先生所说的"事实",便是一个先应讨论的名词。我们都应注意事实,但是什么是事实呢?素痴先生举:

$$P_1 C'_1 = 0 \quad P_2 C'_2 = 0$$
$$P_3 C'_3 = 0 \quad \cdots\cdots \quad P_n C'_n = 0$$

以为这些都是事实。但我们说上式前三列是事实,与说与后一列是事实,这两个事实就不是一样的意义。因为 P_1、P_2 等是在某特殊时间、特殊空间的,而 P_n 则不是。譬如 P_n 可以是 P_8,可以不是 P_8,可以是 P_9,可以不是 P_9。它是任何 P。因为是任何 P,所以它就可以离开任何 P。于是我们就可以说:Pn 虽在一切时空,而却不在任何时空,虽不离一切 P,而却离任何 P。(此点金岳霖说。)

以上我不过举一个例,以见有些重要名词的意义要先说清楚然后才可不致有许多劳而无功的辩论。就我这一方面说,我应当先把所谓"理"者,及其它有关的名词,如共相等,的意义先说清楚,然后才可不致于引起许多不相干的误会。不过这种工作,不是几天的工夫可以作成,而且也不宜于在《现代思潮》之小篇幅内发表。所以我现在只把素痴先生对于上次《新对话》里朱熹的批评,简单答覆如下:

(一)素痴先生以为我们承认了普遍命题之假说性(即容可错误性),我们就不得不承认普遍命题所代表者之假说性(即容可错误性),不然我们就要限于

"瞭如天日"的自相矛盾。这话我们不能承认,我们以为普遍命题之所以有假说性者,乃因为我们不能确切断定它是不是可以代表它所代表者。至于它所代表者,如果是如此,它本来就是如此。素痴先生以为我们既然说它"如果是如此",我们就是以为他"容或不是如此,即容可错误"。素痴先生对于我的话这种解释,一半对一半不对。普遍命题既有假设性,说它所代表者是如此的时候,它所代表者当然可以"容或不是如此"。如果有这种情形,这就有错误。不过这错误是在于命题,并不在于它所代表者。这个命题本来就是假的,不过我们误以为真而已。

(二)"朱熹是贤人"是一个讲历史的命题,与普遍命题如公式等性质完全不同,不能相提并论。我们并不"以为F之唯一可能的对象,乃仅只空气抵抗力之空气抵抗力",不过以为在一个公式的里面,F应当作此解释而已。所以李慕玄先生所受的困难,我们并受不到。素痴先生以为仅只空气抵抗力之空气抵抗力,不是F之唯一对象:这与我们并无冲突。但不知素痴先生亦认仅只空气抵抗力之空气抵抗力亦可为F之可能的对象之一否?如认为亦可为F之可能性的对象之一,则在一个公式里,我们以F为指此对象,则此公式即"简易直截"。如认为不为F之可能的对象之一,则下面的话就长了。

(三)素痴先生说:"假设有一人类组织甲,同时为一较大之组织乙之分子;甲之行为无损于自身之健全,而有损于乙之健全。从甲之观点言之,仍在道德论域之外,惟从乙之观点言之,则在道德论域之内,且为不道德的。然则同一行为,可有两重道德价值。吾人处此情形,究应何去何从?"我想如果甲已为乙之分子,则我们评论甲之行为时,即不能"从甲之观点言之"。若甲已为一大组织之一分子,而仍从它自己的观点,去决定它自己的行为;这是不道德的。

(四)素痴先生说:"一国家若脱离任何国际组织,立意与全世界为敌,……则此国家之行为之不违其自身健全之条件者,完全在道德论域之外。"我说:是的,不过我们说这话的时候,我们要注意任何两字。例如日本虽然脱离了国际联盟,而仍免不了侵略中国之道德的责任,因为别的国际组织,如经济文化等组织,他是没有脱离而且不能脱离的。康德所说组织之界说,我也认为可采。但素痴先生说:"夫拼争你死我活之国家,其非相为同时而复相藉而存在也明矣。苟非故意淆乱名实,决不能谓之为一组织体也。"素痴先生说这话的时候,似以为世界只有这两个国家,这两个国家如果不能"为一组织体"的时候,则世界即没有任何国际组织了。实则两个虽然交战,而两国同时仍在国际法律经济文化等组织之内。例如战时国际公法,虽然有时只是一纸空文,但是如果没有国际组织,这个空文就不会有的。甲乙两国交战的时候,甲国可向丙国借款,乙国可向丁国买东西。甲乙两交战国所负道德上的责任,是它们对于国际组织所负的责任,并不是甲对乙、或乙对甲所负的。如果火星上的生物,坐着高速度的飞机,来攻打地球(除此之外,我想不出别的实例),我恐怕不能说它这举动是不道德的。

(五)"应当"一语,又是很重要的,其意义又是须先说清楚的,现在不谈罢。

(六)因素痴先生所说的笑话,我也想起一个笑话。一个先生为他的学生讲《论语》。讲到"吾日三省吾身"一句,先生说:"吾就是我。"学生回家,他的父亲问:"吾是什么?"学生说:"吾是我们先生。"他的父亲大怒,说:"胡说!吾是我!"第二天先生又问学生:"吾是什么?"学生说:"吾是我的父亲。"还有一点,与素痴先生无关,而我要附带声明的:我的《新对话》是讲哲学,不是讲历史。我用朱熹之名,虽不是毫无理由,但在《新对话》里面,朱熹所说的话,是不能叫历史上的朱熹负责的。这似乎不必说,然而似乎也有人在这一点上有点误会。

芝生

(原载《大公报·世界思潮》第 27 期"'理'的讨论号(三)",1933 年 3 月 2 日。署名"素痴",附录"冯友兰的答复"一名为本书编者所加)

戴东原乩语选录（三）

在本刊（编按：《大公报·世界思潮》）第二十七期里发表的《乩语选录（二）》后面，附有冯芝生先生的一段按语，并且引了金龙荪先生的一点意见。后来在第二十八、三十一期里又见有张申府、张季同、瞿菊农（以刊载先后为次）诸先生对于那篇语录的反响。我读了这些高论以后，又生出许多问题，一时没法子解决，只好再去请教东原大仙。这回仙是我请的，乩笔却不是我拿。因此我有机会和大仙作问答。下文凡作"问"的是我问，"答"的是大仙答。——素痴识

乩：戴东原，戴东原，戴——

素：仙驾到了！恭迎，恭迎！请问大仙，为什么这回没有降坛诗了？

答：不瞒你说，汉学家吟诗，原不是开口就来的事。咱们一回生，两回熟，可免就免了罢！

问：上回大仙乩授给我的信寄出以后，再会过朱文公没有？

答：没有。

问：接到了他的回信没有？

答：也没有。他必定是给黑格儿迷住了。那也是应当的。现在的中国和黑格儿时代的德国竟这等相似！

问：可是谁是我们的费希德呢？谁是我们的威廉一世呢？那里是我们的普鲁士呢？

答：都会有的，都会有的。不用悲观！我以中国的普鲁士期望于现在的福建，我以中国的威廉一世期望于十九路军的领袖们，我以中国的费希德期望于现在朱元晦先生的和我的私淑弟子们。

问:但愿大仙的话应验。可是大仙也不过希望着而已。

答:不要轻视希望。权在某个人的事,那个人的希望便是它的现实之母;权在某个民族的事,那个民族的希望便是它的现实之母。所以现在要紧的是唤醒大家的希望:让大家知道怎样希望,并且让大家知道怎样不希望——例如等候别一国来做"救苦救难"的观世音之类,又例如等候那些被利欲薰透、恶习绑紧的有力者"立地成佛"之类。

问:大仙的话,意重心长,在下必敬谨录出,传与世人。可是现在离本题太远了。在下这回请大仙降坛原有一些疑问要请教请教。大仙知道上回乩授的信在我们的世界里发表了以后有什么反响?

答:我倒愿意知道。

问:冯芝生、金龙荪、张申府、张季同、瞿菊农诸先生都先后对那封信表示了一些意见。先说金先生的。他以为大仙把"事实"这个名词至少用作两种不同的意义。大仙说明什么是"理"的时候,曾用了代名学的列式。金先生说,在那些列式里,$P_n C'_n = 0$ 之为事实与 $P_1 C'_1 = 0$ 等之为事实——这两个事实并不是同一意义。因为 P_n 并不如 P_1 等一般是在特殊的时空位置的。P_n 可以是 P_8,可以不是 P_8;可以是 P_9,可以不是 P_9,它是任何 P_i。因为如此,故可以离开任何 P_i,而 P_1 等则不然。大仙看这个批评对吗?(素痴注:此问说完后,隔了十多分钟,乩笔始动,大仙必定是在思索了。)

答:金先生这个批评,意向甚好,但似乎还没有鞭辟入里。我在给朱元晦的信里有一个不可恕的忽略。到底每一"理"的领域所包括的个体,其数目是有限的呢?抑或是无限的呢?换句话说,到底那些列式里的 P_n 或 C_n 所代表的,是有限的系列(series)的最后一项呢?抑或是一无限的系列中若干项以后的任何一项呢?若后者是实,金先生的批评是对的;若前者是实,金先生的批评却不对了。其理由下面再说。我在前信里不自觉地肯定了每一"理"的领域的个体是有限的,而以 P_n、C_n 各代表一有限的系列的末项,但没有明说,也没有举出我的肯定(那是一个很重要的形而上学的肯定)的根据。我十二分感谢金先生的批评把我提醒。哲学的辩论,若能平心静气出之,是很有益的,此是一例。

我说,若照我前信里不自觉的假定,C_n 或 P_n 所代表的是一有限的系列的末项,则其对象仍然是独一无二的个体,这里并没有什么奥妙的理由。假设我们已知道某一"理"所涉及的一切个体是有限数的,那么我们若随意地把它们排成一系列,自然有一个,而且只有一个是最末的。我用 P_n 去代表它,C_n 去代表它的的一种属性。因为我不知道这个"理"所涉及的个体到底有多少。所以我这里只能用一个空洞的 n，而不能用 8 或 9 等等。但这并不害于 P_n 对象之个体性。譬如现有甲、乙、丙、丁四位"摽梅已过"的摩登小姐，都不肯把自己的真实年岁告诉人。但我们从她们庆祝生日的时期，可以知道她们之中没有两个是"同时同日生"的。那么，他们之中，必定有一个是最长者，和另一个是最少者。那么，"甲乙丙丁中之最长（或最少）者"这个名词的对象，虽然非我们所能指，还是独一无二的个体。我们可以猜，她也许是甲，也许是乙，也许是丙，也许是丁，正如我们可以猜 P_n 也许是 P_8，也许是 P_9……，但我们不能说它是甲、乙、丙、丁中之任何一个，正如我们不能说 P_n 是 P_8、P_9……中之任何一项。Pn 正是上例中"甲、乙、丙、丁中之最长者"之类。

但倘若 Pn 是代表一无限的序列中若干项后之任何一项，则这个假设自身，就肯定 Pn 可以是 P_8、P_9……中之任何一个，如金先生所指出了。但我前信里的 Pn 不能如是解释。

以上是答复金先生。

问：大仙说每一"理"的领域的个体是有限数的，这句话有什么理由？

答：理由一：我们所知道的一切物类中，没有一种可以有理由相信为无始无终的；反之，每一物类都可以有理由相信其为有始有终的。譬如我们日常所见闻的物类不出太阳系，而这太阳系本身，据天文学上所推测，就是曾经有始将会有终的。这个结论诚然不是绝对可靠，但总比它的反面更可靠。

理由二：有些物类，我们原则上可以确知其有始有终（或至少将会有终）的，譬如古生物学上种种已灭绝的生物，又如专制的世袭帝王、封建贵族、农奴、骑士等等。而我们不知道这些物类与其他一切物类之间有何种性质上的差异能保证后者不与前者同其运命的。

问：即使承认一切物类有始有终，也不能断定每类的个体的数目是有限，因为空间也许是无穷，我们所知的世界的情形也许在我们所不知的无限数个世界里同时复演。即使空间有限，而一切物类有始终，也不见得每类的个体的数目是有限，因为在有限空间里的终始也许无限地循环复演，如尼采所想象的。

答：照现代物理学上说，我们似乎没有理由去相信时空的世界是无限的。即使撇开现代物理学的结构不讲，哲学的任务，如科学的一样，乃是就所知的世界的事物而立最可靠、最有理由去相信的假说，而不是离开所知的世界去起楼阁。

那种楼阁是起不胜起的。

问:假定现有的物类将先后一概消灭,大仙相信会有别些新的物类先后出来替代它们么?

答:当会有的。新陈代谢,是我们所知世界的恒事。推之将来,亦当如是。

问:推之过去呢?有没有已经灭绝的物类而我们不知道的呢?

答:我想有的。

问:直至现在为止,那样的替代的复演次数是有限的呢,抑或是无限的呢?在将来,那样的替代会不会有一天中止?更浑括地说,宇宙间物类的总数是有限的呢,抑或是无限的呢?若此数无限,即是涉及一切类的"理"(如"凡类有生灭")的领域所包括的个体为数无限,而大仙前此对于"理"的解释不能成立了。

答:我知道,我的"理"说的 implications 之一是类数有限,那是无法证明,也无法否认的。

问:那么,季同先生说"也许有一二最根本的理是永存的",这个"也许"你是不能承认的了。

答:照我的"理"说,那是不能承认的,事实上也没有承认的必要。

问:现在我可以告诉大仙以冯芝生先生的批评了。先从简单的说起。第一,他说"'朱熹是贤人'是一个讲历史的命题,与普遍命题如公式等性质完全不同,不能相提并论。"大仙——

答:这句话似乎有点武断。"完全"这两个字怎么讲?历史命题是一个命题,普遍命题也是一个命题。就这一点而论,它们岂不就相同了吗?我们多方的惠老先生说的好,"万物毕同毕异"。就其相同的地方而论,什么东西都可以相提并论。人和原生动物差得多远!而生物学家要把它们相提并论。人体和空气又差得多远!而物理学家也要把它们相提并论。且不必远扯,冯先生大约不会把逻辑的第一课也忘记了罢?

凡人皆有死。

亚里士多德是人。

故——

这里不独把一个普遍命题和一历史命题相提并论,而且认为同属于一类型:A。便是跟桑泰延纳走的 D. W. Prall 也得说:The problem of universals is to be solved either by noticing that all words with meanings are universals in the same sense, or else by noticing that all words with meanings are particulars in the same sense, but in neither case contradiction or mysteries. (《加里佛尼亚大学哲学丛刊》,卷八,页150)因为就语言的起源而论,专名和类名是一样的。

我在前信中把"朱熹"和"空气抵抗力"等名相提并论,原就其相同的地方而言,并没有否认它们之有差别,那是很明显的。我的意思是说:"空气抵抗力"(即前信公式中之 P)一名之以具种种不同的属性和特殊个体为对象,正如"朱熹"一名一样。我们不能因为"空气抵抗力"一名里没有说及那种种不同的属性,遂以为它的对象不是那些个体,而在时空的世界之外,正如我们不能因为"朱熹"一名里没有说及在各时各地的朱熹的情形,而以为它的对象不是在各时各地各种情形下的朱熹。同理我们也不能因为 $P = KgPV^2$ 这个公式里没有提到空气的密度、热度等,遂以为这个公式的对象不是在种种情形下的空气,和在种种情形下的物体的关系,而是若干纯质素的关系。

问:冯先生又代朱文公答复道,他们并不"以为 P 之唯一可能的对象乃仅只空气抵抗力之空气抵抗力"。那么大仙前信中李慕玄之喻岂不是无的放矢吗?

答:哈哈!冯先生这话,对于朱元晦当初的地位而言,倒是我所乐闻的退让。朱元晦恐怕是不能答应的。我们既然承认 P、S、V 等的对象可以是时空世界里的具体事物,那么便没有理由去否认那个公式的对象可以是时空世界里的具体事物的关系。(但朱元晦以前却以为"我们如果说,我们说空气抵抗力的时候,我们的意思是指具体的……空气抵抗力,我们就不能得一公式"。)那个公式的对象既然可以是时空世界里的具体事物的关系,那么我们便没有理由,也没有需要,去替它另找一个对象于时空世界之外了。

问:不过冯先生问大仙:亦认仅只空气抵抗力之空气抵抗力之可能的对象之一否?

答:本仙根本就不承认宇宙间有所谓"仅只空气抵抗力之空气抵抗力"。没有人曾经验过它,也没有理由去相信它存在。

问:不过冯先生的意思,以为若假设这个东西存在,则在那个公式里我们以 F 为指此对象,则此公式即简易直接。

答:但宇宙可就复杂起来了!第一,时空的世界之外凭白添了个非时空的摹本。第二,这两个世界怎样沟通?在时空世界里的人靠什么官能去接遇那个非时空的世界?难道又学柏拉图,假设往来于两世界间的无数灵魂吗?若然,宇宙间又要添上第三种能存在于时空界亦能存在于非时空的界的怪物了。这种呼风唤雨、撒豆成兵的勾当,倒是很痛快的,可惜和本仙的脾气不大合得来,只好让朱元晦罢!

问:季同先生却想出了一个折中办法。他说:"任何某种程度的空气抵抗力,即含有仅只空气抵抗力的空气抵抗力。种种程度的空气抵抗力有一种公有性质,即仅只空气抵抗力的空气抵抗力。"大仙以为如何?

答:这原是蒙台哥在他的《知的诸方径》里的办法。但我却不能采纳它。我觉得凡所谓同类的个体,只各有若干特殊的性质与其它本范围中各个体之若干特殊的属性相类似的。(类似是一种简单而不可分析的关系,而非"公有"同一的属性。)

且所谓公有者,于意云何?是说若干个体对于一 numerically unique 的性质有相类的关系,略如所谓"公妻"之公呢?抑或是说一 numerically unique 的性质的全部同时或先后为若干个体的一部分,略如下图中圆 A 之为圆 B、C……的部分呢?

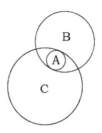

抑或是说一 numerically unique 的性质同时为若干个体之一部分,略如下图中圆 O 之为△AOB、BOD、COD、AOC 等所"公有"呢?

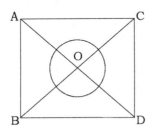

抑或是说若干 numerically diverse 而 exactly alike(义如 G. E. Moore 论 Intrinsic value 文中所解说)的性质,respectively 为若干个体所有呢?无论就这四种的"公有"中那一种而言,多数个体之"公有"一种性质,不是我们在经验里所发现的事实。我们所发现的事实,可与所谓"共相之存在"相当者,只是若干 numerically diverse 而 more or less alike 的特殊性质,respectively 为若干个体所具有而已。

问：大仙所谓共相（universals）是什么？

答：是一个类名所代表的，a class of more or less similar characteristics or entities（all particulars）。

问："理"呢？

答：是两个以上如上所界说的共相的关系。

问：瞿先生以为"有"的意谓，也得讨论一番。他说："'未有某物之前已有某物之理'，此前后两'有'字意义即未必一致。又逻辑的有与个别事物的有，意义当不相同。若混为一说，恐意思不能清楚。"大仙以为何如？

答：瞿先生提出这问题时，似乎假定了我们可以辨别"有"的几种意义。历来试去作这个辨别的人，都是假定时空世界以外别"有"东西的。既然作了这个假定，自不能不分别在时空世界的有和不在时空世界的"有"了。但在我们觉得"时空世界"与"全宇宙"是二名一实的人，根本就认为在时空世界以外的"有"是一个无意义的名词，与"方的圆"、"只有两边的三角形"……同等。

瞿先生分别逻辑的有与个别事物的有。他所谓"逻辑的"亦尚含糊。我们可以分别"纯粹逻辑"和"应用逻辑"。前者只是纯粹数学的一支，后者是个别事物的关系之一种 mapping 的方法，正如应用几何学之为一种时空世界的"geography"而已。

那么，纯粹数学（包括纯粹逻辑）里所谓"有"某东西是什么意义呢？按照 David Hillbert 的解释（我们认为唯一可采的解释），那只是有（在时空世界的有）某种符号，可以被人依照某等没定的规则运用（operate）的而已。纯粹数学里的所谓 postulates 就是限定符号的运用的规则，只如棋法中之"象行田""马行日""炮行直线"等一般。

问：那么季同先生说的"我觉得有即在时空，不在时空即无。说不在时空而有，我觉得似乎只是无意义"。大仙对此，完全同意了？

答：完全同意。

问：还有"事实"一名大家也认为有解说的必要。

答：这里本仙也有点意见。不过近来听说关于"事实是什么"的问题，美国加里佛尼亚大学的哲学系曾出过一部专书。本仙因为近来事忙，还没有看。待看了，并介绍给朱元晦先生也看了，彼此讨论过一番之后，再发表意见不迟。

问：要等多久？

答：迟则一年半载。

问：还有关于道德问题的——

答：关于这方面,我日内打算再找朱元晦面谈一番,然后乩授你《道德哲学之方法与结论》一文,以续前次乩授的《道德哲学之根本问题》。现在不妨将道德的问题和"理"的讨论暂且分家。

问：那么大仙不久要到庐山白鹿洞里去了？

答：是的,朱元晦还没有离开白鹿洞的消息。

问：大仙去江西,不怕"共匪"么？

答：什么是"共匪"？我倒不懂。

素：共者共产党,匪者土匪。

乩：奇怪,奇怪！这两个名词怎么会被连缀在一起？本仙也算得读破万卷,却未之前闻？

素：在我们的世界里没有奇怪的事。因为有些人乐得把他们一律看待,所以它们就被连缀在一起了。

乩：怪不得呢！把这两种不大相同的势力一律看待,就是迫它们冶为一炉了。不过这也是应当的。不然,怎么有命可革,有头可砍呢？革命是最光荣的事,砍头(素痴按：东原大仙大约是说砍人家的头而不是学金圣叹说被人家砍头)是最痛快的事。不过我仿佛听说东邻友邦嫌中国的人头太多——

素：东原大仙,莫谈国事！若照样下去,在下再不敢记录大仙的乩语了。在下的头也不见得不要紧。若竟被砍了,大仙找第二个免支薪金的人来记录乩语,恐怕就不很容易。(乩笔停,执乩笔者旋醒。)

(署名"素痴",原载《大公报·世界思潮》第44期,1933年6月29日)

戴东原乩语选录(七)

乩:(降坛诗)

拨雾朝来海上游,
天风未解百年忧。
两州七国闲观迁,
可有仙才列杜俦!

岂无胜赏住行舟?
春光已到色江头。
异国笙歌终聒耳,
归去中原看乱流。

素:大仙这回归去,除看以外,干些什么呢?

乩:首先自然是参加朱元晦将近召集的辩论大会。

素:对了,提到这个大会,我已等得不耐烦了。大仙那篇骈俪的通启不做也罢,何苦因此把盛会耽搁?

乩:那倒不是阻迟会期的主要缘由,我原是乘机躲懒。

素:那么,主要缘因何在?

乩:头一件,你知道的,比来他住处的附近已成了群魔出没之区,非先请张天师做一番祓除的工夫,是不能容我们畅快地讨论的。列宁大仙头一个就会不肯来。但不幸张天师已赴栖霞山某院长的法会,非六七月间不能归龙虎山。

素:那么,贤者何以不能避地?

乩:为着一些历史的因缘,朱元晦无论如何不肯迁地。他是主席,我有什么话说呢?

第二件,这回的盛会少不得你——

素:岂敢?

乩:做速记生呀!

素:也不妨效劳。

乩:但是把你的灵魂一请去和一送还,这其间——

素:喂,东原大仙,请了去,一定送还的吗?

乩:有朱元晦担保。

素:那我可放心。

乩:这其间的手续是很麻烦的。

素:大仙会腾云驾雾、呼风唤雨等等,有什么麻烦?

乩:便是腾云驾雾也快不过飞机。就你在北平说,一往一返也要一天,我们的会也要费一天。

素:为什么这样长?

乩:不是讲个声嘶口涸便了。讨论前后有乐舞,那霓裳羽衣,少不得请你一听。讨论之后又有酒宴,那琼浆玉露——

素:少不得分我几杯。

乩:这一来可不就费一昼夜吗?而且灵魂和肉体分离固易,结合却难。这一结合,法力不算,至少需七七四十九小时。从尊魂离开尊体至二者复合,至少有四天多。在这时间,你的床的四角要点着长明灯。看灯的任务,除了你的爱人,谁也不能信赖。万一有一盏半途灭了——

素:就会有大星掉下么?

乩:别这样夜郎自大。万一有一盏灭了,你此后只好永远做我们的伴侣了。

素:咦!危险,危险!

乩:不妨,不妨!我们已请了爱笛生大仙替你特制一种万分安全的灯,而且有你的爱人看着。设使死在爱人手里也算值得了。但比如你现今孤另〔零〕地在客舟中,尊魂一离尊体,别人只当尊魂已赴修文之召,把尊体投于清流,那岂不糟天下之大糕?

素:原来如此,我们只好等待了。不过辩论会只是短时间的事,我刚才问尊驾回去后干些什么,是指更远的将来。

乩:更远些连我自己也做不得主。

素:什么？你们仙人也没有意志的自由？

乩:意志的自由？我不懂你的意思。

素:大仙别装傻。

乩:委实不知。

素:我却知道了,大仙又在"窃取"一个人的话。

乩:此人为谁？

素:安斯坦。大仙别以为博兰克的《科学往何处去》是一部僻书。

乩:我原没说那个存款是自我作故呀!

素:不过我们不要为大名所慑。老实说,当安斯坦说他不懂别人说意志自由时的意思,我还不懂他的意思。

第一,他是说,"意志自由"这个名辞,本来是无意谓的,像"上大人孔乙己化三千"一般,因此,他无从懂得呢？

第二,抑或他是说,"意志自由"于他是一个陌生的名词,像"揭谛揭谛波罗揭谛"之于一个从来未曾碰过佛学名词的人呢？

第三,抑或他是说,"意志自由"这个名辞歧义甚多,若不更加解说,他无从知道所要传达的是什么意义呢？

乩:他的意思我不得无知,我的意思却指第三项。

素:那么,咱们弄哲学的人就不能以"不懂"二字了之。请教,那个名辞到底有多少歧义？以前弄哲学的人也曾加以析辨么？

乩:据本仙所知,约翰·李德格大仙,在其飞升以前所著的《一些宗教的独断义》里,曾分别"自由"的五种义,在以前似乎是最详尽的了,但还不算十分详尽。而且他的毛病乃在未曾将"意志"和"自由"两个观念分开,而囫囵地搅在一起,甚至把"意志的"也认为"自由的"之一义,那么,"意志的自由"就可以解作"自由的自由"了,这怎行呢？

素:那么,"意志自由"这个观念之弄清楚,有待于大仙更进一步的努力了。

乩:岂敢？这种工作倒是很需要的。依本仙看来,以前讲"意志自由"的人的毛病大抵是这样:他们费了一龙二虎九牛之力去证明甲种意义的意志自由的实在,经过一些不自觉的撮弄之后,便以为乙、丙或丁……种意志自由的实在也得证明了。其实,不独甲种意义的意志自由之实在逻辑上并不包涵乙、丙或丁……种意义的意志自由之实在,而且乙、丙或丁……种意义的意志自由,我们本来就没有相信其存在的实据。同样不逻辑地,有些哲学家否证了甲种意义的意志自由，便以为一切或一些它种意义的意志自由也被否证了。

素：不独关于"意志自由"的论证为然，恐怕有一大半哲学的错误都是这样弄出来的。

乩：所以凡肯认真去思想的人都感觉正名的工夫之必要，不能以其徒在诂字而轻之。

素：现在请大仙把"意志自由"一名先正一下。

乩：好的。它的诸种意义一经弄清楚，则其彼此间的逻辑关系不待言而喻了。不过多歧义的乃是"自由"，而不是"意志"。让我们先确定"意志"是什么。请问，"意志"是不是一种可以指目、感触或听闻的，而且单纯的、形态或东西，如像黑白、宫商？我愿意恢复康德用"直觉"的本义，名黑白、宫商等类为直觉的对象。

素：意志显然不是单纯的、直觉的对象。

乩：凡一个指示非单纯的、非直觉的对象的名，要确定其确当的对象，须看当我们证明一个包涵此名的命题为真时，实际上所能证明的是什么，实际上所循的手续是什么。这是本仙传自休谟、孔德、马赫、安斯坦的心法。

素：只当大仙有什么奥论，原来是一个"拖沓逻辑"。那可不是说，凡名之正当的对象就是其本来被用（自觉地或不自觉地）以指示的真实对象吗？

乩：不错。然而妙处就在许多哲学上重要的错误乃由于忽略了这个"拖沓逻辑"，而哲学上的革命屡会由于认取这个"拖沓逻辑"。为什么有这样奇异的情形呢？许多重要的名，其在未经批判的常识上的涵义，大部分是没有真实对象的，没有相当实证的手续的。科学沿用旧名，实际上每只采其有真实对象的一部分涵义，或附益以有真实对象的涵义，而遗弃其本来没有真实对象的涵义。此观于诸名在科学中之相当的手续而可知。但这种变迁大家是不注意的，每每连科学家也不自知。大家只当诸名在科学上与在常识上所用是同一意义的，而以为既适用于科学，则其在常识上的涵义之有真实对象更不成问题了。发现同一的名在常识上和在科学上的意义之差异，指出其在常识的意义之虚妄的部分而刊落之，这样，每会引起哲学上的革命。休谟之于因果、质力，安斯坦之于时空及其相关的概念所做的工夫无非如此。而这种工夫之发端，无非注意一名在实证科学中之相当的"手续"（Operation）。我们可以名上说的方法为"概念的手续观"。现在让咱们用它来处理"意志"这个概念。

素：像一个忠实同志所必须忍受的，在下如今恭候大仙训话。

乩：请问，我们有什么法子去决定一个特殊意志的存在？不，我们还要作一种区别：有自己的意志，有他人的意志。二者的决定方法，同呢？不同呢？

素：还请大仙赐教。

乩：先考虑他人的意志。决定它的存在有什么法子？

素：不外如先圣所说的"听其言而观其行"罢了。

乩：误解经文，该打手心十下。这里所谓"听"是说"听信"，而不是说"听察"呀！

素：难道，我们不能断章取义么？如若更放胆些，用时髦的心理学名词来说，那么，行就是所谓 Behaviour，言就是所谓 Verbal Report。

乩：对于我们的问题的解决，二者是缺一不行的吗？

素：请教。

乩：譬如一个哑子（为使咱们的问题简单化，试假定他生来不哑，到成年以后才哑的），他会不会有意志。

素：会的。

乩：我们有没有法子去决定他的意志的存在呢？

素：我想有的。

乩：但显然我们不能听其言而只能观其行了。

素：他的什么样的行为才足以表示他有一个意志呢？

乩：以本仙所知，足以表示他的意志的存在的行为有两种样式，试为各举一例。

譬如我把好些鲜美的苹果锁在玻璃柜里，那位哑子一进门来，眼睛就盯住玻璃柜，许久不放。隔天他又进来，眼睛照旧盯着。隔天他进来，一手指着柜，一手指着口，眼望着我，我却装着不懂。隔天我进去，他已先入，在玻璃柜面前踱来踱去。隔天我发现他拿着一串各种式的钥匙，逐一向玻璃柜的锁眼里探。那么我就可以断定，他有取食那些苹果的意志。

概括地说，对于同一的某对象继续作类似的反应，而这些反应都是趋向于某对象的接近、取得、或避免、助长、保持、或消灭的，——这是判定意志存在的一种标准。这些反应相隔的时间愈久，则意志的存在愈显。

又譬如——

素：且慢。大仙刚才说什么"趋向于"，这可不是把"非行为学的"（non-behaviourestic）话头混入"行为学的"描写里，或者说，把主观的揣测混入客观的叙述里吗?而且,"趋向于"和"志于"似乎就是同一观念的两种说法。

那么,大仙似乎把所要解说的观念改装混入解说里头,其结果只有愈解说愈糊涂。

乩:其实我所谓趋向,除了下面所规定的,更无别的意思:说甲趋向于乙者,就是说,每逢甲发生,乙便跟着发生,或乙多半会跟着发生。

素:原来如此!还请大仙续举第二例。

乩:譬如有一位如狼似虎的某甲,为着一些很小的事故,在大庭广众中把那位哑子打了两个嘴巴。他当时瞪着眼睛,咬着牙龈,捏着拳头,悻悻地走开。过了些时我看见他去市场里买了一把刀。又过些时,我看他磨刀。又过了些时,我看见他怀着刀,在某甲时常走过的路旁等候。又过了些时,他遇着某甲,劈头就要砍。让我们把悲剧改成喜剧——幸而有一位巡警在旁抢过他的刀。在这些情形之下,我们可以断他有杀某甲的意志。

概括地说,设有一串同出于一人的(自然不是同时的)行为让我们以 $B_1 B_2 B_3 \cdots B_n$ 代表它的元素,其中每一先前的行为(例如 B_2)是它的直接的后继者(例如 B_3)的准备、条件或手段(说"甲为乙的准备、条件或手段",与说"甲趋向于乙",如上文所解释者,同义。字眼的改换全为行文的便利)。这样一串的行为,让我们称它为一串"手段—目的式"的行为,乃是判断意志的存在的另一标准。

素:这两个标准是否各自充足的?换句话说,我们判断某意志的存在时用其中之一便够了呢,抑或须二者兼用呢?

乩:自然用其中之一便够了。

素:但试放下那位哑子而论会说话的人,对于他们的意志的判断,这二标准之一也是必要而且充足的么?

乩:是的。

素:难道人们的话竟是丝毫无助于我们对他们的意志的断定的么?

乩:没有的。世间尽有大言不惭的妄人,也尽有守口如瓶的志士。

素:决定自己的意志的存在和决定他人的意志的存在,二者的充足而且必要的标准是否一样的?

乩:一样的。说自己有某种意志,而始终找不出一些行为的征验,那只是欺骗自己。所以我们对于"有志而未逮"的一类话要格外留神。

素:上说的两种行为之一仅仅是意志存在的符征呢?抑或同时都是构成意

志的必要元素？

乩：要解答这问题，我们得作一种关于行为的区别：这就是蓄念的和意外的行为的区别。蓄念的行为，在发动之先，主者已有了它的观念或"方略大纲"。例如袁世凯的称皇帝，或如本仙现今的授此乩语是也。意外的行为，在发动之先，主者全无一些关于它的观念。例如刘豫州的闻雷失箸，或如阁下前天见着一只疯狗便飞跑是也。上说的两种行为也许是蓄念的，也许不是。譬如一个受着催眠术或喝醉了酒的人，也有时会做出那两种行为，然而我们似乎不能说它们一定是蓄念的。

假如我们侧重蓄念所发起的行为，我们应当就下意志的界说如下：意志者，对于同一对象之持续的同趋向的蓄念的行为，或一串"手段—目的式"之蓄念的行为也。

按照这界说，那两种行为之一是构成意志的必要（却非充足的）元素。但倘若我们一定要牢守"志者心之所之"的古话而不把侧重放在蓄念之行为的表现上，则我们可以界说意志为：发起"对于同一对象之持续的同趋向的行为"的蓄念，或发起一串"手段—目的式"的行为的蓄念。

按照这界说，那两种行为之一不是构成意志的元素，而是它的必要条件。这两条界说的取舍全凭它们 Heuristic Value。现时心理学发展的趋势似乎指示我们以采用前一界说为便利。下文即采用之，而名其所牵涉的蓄念为志念。但无论我们的侧重放在哪边，上说的两种行为必须被包括在意志的界说里，这是无可疑的。

现在已把"意志"的观念弄清楚了罢？

素：清楚了。

那么我们可以进而咀嚼"自由"那块硬骨头了。

素：到底"自由"一名曾有多少歧义？

乩：让本仙想一想（停一刻）。现时想到的竟有九种之多！

素：大仙还是功亏一篑。何不凑够十全，以足伟人们互数罪状之数？

乩：这层却要请足下帮忙。

素：听了仙训以后，或能触类旁通，也未可定。

乩：本仙所谓自由的九种歧义如下：

第一，说有些意志是自由的，就是说，这些意志的原因之一，乃是主者自身的习好；就是说，这些意志是他自己心甘情愿，并非由于外力的强迫，避脱不掉的。

素：这就是罗素在他的《哲学中之科学方法》(页236)里所要肯定的自由。

乩：第二，说有些意志是自由的，就是说，它们所牵涉的志念之最后的一阶段是可以由主者的手里实现的(已被实现或将被实现的)，而不是"癞蛤蟆想吃天鹅肉"一般的空想。俗谚所谓"有志者事竟成"的"志"就是此类。

第三，说有些意志是自由的，就是说，它们是不受外力的迫诱而中止或变迁的。孔子所谓"三军可夺帅，匹夫不可夺志"的"志"是其类。孟子所谓"富贵不能淫，贫贱不能移，威武不能屈"的意志又是其类。不过这里"可"和"能"两个名辞，以其涵昧之多，都是本仙暂时所要避免的。"不可夺"当易作"不为人夺"。"富贵不能淫"当易作"处富贵偏不为所淫"，余类推。

素：平常人们所谓意志自由，似乎多半囫囵地包涵以上所说的三义。试举近今一位作者的话为例：

> 亚(亚里士多德)氏关于意志自由之意见，与儒家之说颇相似："不论何事，苟其成因在我，即为我之意所左右。"儒家每言知命，人不能逾越命之范围，然在此范围之内，固绝端自由。意志在我，他人不能侵犯。"三军可夺帅也，匹夫不可夺志也""我欲仁，斯仁至矣"，此皆言意志有相当之自由也。(见《国风》半月刊第三期，《孔子与亚里士多德》文中)

乩：第四，说有些意志是自由的，就是说有些意志，主者是自觉的，在那整个行为的历程中，主者时时刻刻知道自己是在做什么的。

素：斯宾诺莎所谓意志自由恐怕就是此种。他不是说过"假如石头知道自己要下坠，那么，它亦自由么"？

乩：第五，说有些意志是自由的，就是说，它们是不受任何他人的意志之阻碍或干涉的。通常所争的政治自由即是此种。

无论就以上五义中之任何一义，说"有些(Some)意志是自由的"，我想无人会否认的，但"一切意志是自由的"的话就难成立，除非把其中之某一义包括在意志的界说里头，颇有些哲学家便是这样干的。但这一来，"一切意志是自由的"的话，便成了一个"拖沓逻辑"，而无关痛痒了。

第六，现在要提到黑格儿所界说的一种自由。黑氏用的名词原极苟且之能事。其书中所谓自由，为义不一，而恒相混乱。譬如他在《历史哲学》里，起先把自由用作"非由外铄"和"不受外制"之意，这是上说的第一、三两义之合了。但不一忽儿他又说：

> 自由不是别的，只是一些普遍的、具体的对象（权界和法律）的承认和接受，和契协于这些对象的实在（国家）的产生。（Universal Literature Library 本，页 111）

这又完全是另外一种自由的观念了。照这界说，自由的意志就是循守法律而同时维持国家的存在的意志。照这自由的观念，说在东方的历史里只有君主一人的自由（这是黑格儿历史哲学要点之一）是不可通的，但黑格儿却管不得许多了。

素：这儿在下却有点疑问。国家的形式不一，难道不论在什么样的国家里，遵守不论怎样无理性的法律，便算得到自由了吗？

乩：黑格儿的答案是有条件的肯定。依他的意思，不论在什么样的国家，凡违反法律的意志绝对不得自由。

素：就一义言，这是自然的喽〔啰〕。犯"法"就得坐监，或失踪，或公开地或秘密地吃卫生丸。

乩：所以要得自由，必须守法。

素：这就是说，要守法，必须守法，因为他把守法包括在自由的界说里。

乩：这且别管。他说，守法（不论什么法）的意志却可以得到相当程度的自由。国家有其最高的理想。事实的国家距理想有远近，因之其所给人的自由有程度的差异。待国家的最高理想实现，人们才得到完全的自由。但国家理想的实现乃是"世界精神"的"潜性"的自然发展之结果，而非一个身微言轻的公民所能左右的，所以他最稳当的路径是遵守法律。

素：写在白纸上的法律呢？抑或枪杆所指定的法律呢？若纸上的法律有含糊的地方，要靠理性去解释呢？抑或靠枪杆去解释呢？这两种解释有冲突时怎样办呢？

乩：这些倒似乎是黑格儿所未曾想到的难题。不过黑格儿对于国家的理想却是很高明的。他以为国家是一种组织，在其中"一切个性和它们的特殊的利益（interests）都得到完全的发展，而且它们的利益的独立的界限得到明确的承认。这种境界的实现，一半由于个人的利益化为公众的利益，一半由于个人在思想上和行为上承认这公众的团体是他的实质的灵魂，为着它努力，如同为着自己的究竟目的而努力一般"（见《权界哲学》第 260 节）。

素：这简直是东方一个新国家的描写，怪不得黑格儿的哲学大受那新国家的推崇。而且若把所谓国家包括全人类，那么抽象地说，马克思主义的最高理想也不过尔尔。

乩：闲话休提。如上段所界说，完全的自由自然是没有的，至少现在还没有，但种种程度的不完全的自由却是有的。

第七，要数康德的自由观念。依这观念，说有些意志是自由的，就是说，它们是完全而且仅只被先验(a priori)的道德律的观念所决定。它们除了先验的道德律的观念以外，不依藉任何事物（素痴补注：参看 Abbott 译康德的《伦理学说》六版，页187）。又此处所谓决定和依藉，自然不是指逻辑上的决定和依藉，似乎是因果关系的另一种说法。什么是先验的道德律呢？康德说，这是仅只规定意欲的形式而不规定意欲的对象或内容的。唯一适合这条件的道德律的总原则如下："这样地行为：使你的意志所依守的训练同时可作普遍的立法的原则。"（换句话说，欲知某宗事情可行否，先问若人人照样做，那宗事情将会存在否？譬如若人人自杀，将来还会有人自杀否？）这条道德是否充足，是否从经验得来，都不是我们现在用着追问的。现在要问的是：完全被这道德律的观念所决定而不依藉于其它任何事物的意志，换句话说，以这道德律的观念为充足因而不复有它因的意志是有的么？康德的答案如下：在我们所得而经验的时空世界里，它很明显地是没有的，但在超乎时空世界的本体里却也许有。这句话的后半没有意谓，本仙暂且不管，这句话的前半却已令本仙十分满意。因为本仙现在要暂守古圣的遗训，把"六合之外""存而不论"。

第八和第九种的自由义却最简单。依前者，说一些意志是自由的，就是说它们是无因的；依后者，就是说它们是不可预料的。这两义的自由之有无，才是值得争论而最不容易答的问题。要阐明这问题，须先阐明"因果"和"预料"这两个观念。

素：且慢去招惹那类可怕的题目。我现在可以把大仙所列的自由歧义凑够十全了。刚才所说五种自由义使我联想起友人贺自昭在其《我之意志自由观》里的一段话：

> 假如一个人自己觉得潇洒超脱雍容自得，作起事来，问心无愧，那么，他的意志就算是自由，即或用科学去研究，他的一言一动都是有原因的，都是可以用机械定律解释的。（见《大公报·现代思潮》第三十六期）

这种也是容许程度的差异的自由之有或将会有,我想也是可以承认的。

乩:果然十全!

素:不过我很怀疑,"自由"一名的歧义就尽于上面所举,就不多不少,和人们的罪状同数。咱们再想一想罢!

乩:让本仙再想一想。

素:柏格森的《意识的直接资料》英译不是改题《时间和自由意志》吗?这个题目的下半,他又怎样做法?

乩:是的,他的做法,又与众不同。他以为一个人的自由的意志,即是包含〔涵〕他整个人格,表现他整个的"我"的意志。

素:这句话不大好懂。

乩:更详细的解释只好请教柏格森。他说"联想主义者把那'我'化为若干意识状态——觉相、情感和意象——的聚集。但,假如在这种种的状态里,他所看见的,仅只是它们的名称所表示的,假如他所得的仅只是它们的公共的方面,那么,即使他永无休止地将它们互相比属,也只能得到'我'的幻形,那'我'投射在空间的影子。反之,假如他注意到这些心态在某一个人心中所具的特殊色彩,由其它一切本人的心态的反映而生的色彩,那么,他便不需联属好些意识的状态以重构某个人,因为整个的人格就在其中的单一份子里,假如他知道怎样选择的话。这内的状态之外的表现,便是所谓自由的行为,因为单只那'我'是它的作者,又因为他表现整个的'我'"。

素:假如柏格森的意思以为有些心态保留着过去本人大多数心态的痕迹而合成为一连续的历程,我并看不出我们有什么理由去和他抬杠。

乩:没有。

素:假如他喜欢称呼表现这种心态的意志为自由的意志,我们也可以容忍。

乩:可以的。但本仙很怀疑柏格森的主张是这样简单。他以为就真正的时间言,过去简直容纳于现在。有些心态简直包涵过去本人一切的心态,而为它们所渗透,而所谓自由意志牵涉这样的心态。

素:我敢昌言,这是一种强扯的谬论。现在的心态之不能包涵过去的心态,如其昔日之所然(as they were),正如鸡皮鹤发之不能包涵花容玉貌。过去的毕竟过去了,其所保留于现在的无论如何丰富,毕竟只是陈迹,只是糟粕。盛筵毕竟难再,青春的回忆只增惆怅。现在的心态只能包涵过去的心态的回忆,但回忆不就同于所回忆。

乩：故曰，柏格森有见于生，无见于死；有见于成，无见于毁。

还有一层，柏格森似乎不只想替"自由"一名下新界说而已。他不说，那种表现"是所谓自由的行为，因为单只那我是它的作者"吗？他似乎说，自由的即是单只以我为作者的，而那种表现是单只以我为作者的，所以自由的意志存在。

素：说"单只我是 X 的作者"，意思是什么？

乩：这句话很含糊，有两种可能的解释：

（甲）我是 X 的唯一因，除我以外，X 再没有别的因。

（乙）我和 X 有一种特独的关系，如丁玲女士之与《苏菲的日记》的关系，为其它任何事物和 X 所没有的。

素：照（甲）的解释，自由的意志就是以我为充足而且唯一因的意志。

乩：这种自由是没有的。

素：而柏格森似乎想偷梁换柱地令人相信这种自由的存在。若照（乙）种解释，则凡可以被人称为"我的"意志者，凡表现一个人的人格的意志，依界说所规定，即是自由的意志。这种字义的诠诂似乎不是柏格森自认的使命。

乩：柏格森的意志自由观已数到第十一了。咱们若能再找一个新花样，凑成一打，也就很可观，而这种工作便可以休止了。因为替一个本来含糊的名词下新界说原非甚难的事，何况出之于著名的哲学家？

素：所以每添一个著名的哲学大家，便添一种意志自由的歧义？

乩：无论意志自由的歧义怎样多，本仙已发现一条公例：如若把意志自由界说得它的存在不成问题，则它在玄学上是无关重要的；如若把它界说得在玄学上甚关重要，则它是不存在的。

素：让咱们试试穆尔在他的《伦理学》里所提出的一种意志自由观。

乩：这本仙却没注意到。不过，他是著名能把话说清楚的人，一个腐旧的问题，经过他的陈述便成新奇。

素：那么下面便是他的话：

有许多理由，令人觉得，当我们说"我们能做了我们所没有做的事"时，我们常常只是说"我们会做了它，假如我们决定了这样做"。若然，则就此义言，我们常常的确能做了我们所没有做的事，……就我个人而论，

> 我得直认,我不能确定,这也许不是我们通常说"我们有自由意志"时的一切意谓。……有人说这是我们的意谓,我也找不出反面的坚强论据。(原书页217)

假如我们采用上面提出的解释,以为说一个意志是自由者,即是说,它所牵涉的行为不是当时唯一可能的行为。换言之,当时本人会做了别的行为(Would have done otherwise)假如他决定了那样做(If he had chosen),这种自由是否存在?

乩:这个自由观念还需要进一步的分析。我们首先要考虑的下列两个命题的关系,是怎样的呢?

(甲)我能做了我事实上没有做的 X,假如我决定了这样做。[I could have done x,(which as a matter of fact I did not do)if I had chosen.]

(乙)我会做了我事实上没有做的 X,假如我决定了这样做(英译同上,除了易 Could 为 Would)。

照上面所引穆尔的话看来,他显然以为(甲)(乙)两个命题只是同一意思的两种说法。

素:敝校的金龙荪博士却以为不是。

乩:他的高见如何?可否请他参加讨论?

素:我想可以的,但劳大仙稍候。

(素痴注:此乩语非一次所授,录此时我已回到清华园了。)(未完)

素痴先生已讨论到 Could、Would、Should 等字的意谓了。这些字,与中国字的"可以""会""应"等等同,都是大有歧义的。我曾觉着,要弄定 Could 等的逻辑意谓,应先弄定它们的普通意谓。换言之,它们在一句话里应该怎么翻法不可不先有一个决定。否则恐不免感觉别扭。穆尔那本伦理小书以自由意志为题的一章是从头至尾克得乌得个不已的,我希望有人先把它翻出来,作讨论的基础。不知素痴先生或戴老先生以为何如。——编者附识

(原载于《大公报·世界思潮》第 68 期,1934 年 3 月 22 日;第 71 期,5 月 3 日;第 75 期,6 月 28 日)

戴东原乩语选录（八）

读者们，对不起得很，东原大仙也学许多阔人一般，入名山"逭暑"去了。（不知去了何山，但决不是庐山，因为张天师的被除工作还没有做。）这两个月间，几次熏沐肃请，都不见降临。以致《世界思潮》一年又结束了，而乩语还没有结束。可喜现在秋凉甫生，乩笔又动。

因为长篇零载于读者编者都不很便，决将乩语（七）未完的部分判为数篇，各成一段落。本篇释 Could，还是意志自由的讨论的一部分，等再来一篇释 Would，才将这问题结束。以后便跟着讲因果和前定。这回乩谈，金龙荪教授前来参加，是我亲见无误的。但在这"看朱成碧"的时代，虚幻是时常被期待着的。而东原大仙背后照例跟着一班伶俐鬼，难保无化身冒替的事情。毕竟下文金先生的话能否代表金先生，以抗议之有无为断。

素：东原大仙，金龙荪教授来了。

乩：还用你说！本仙的法力做什么用的？金先生，请坐。适才拜读大作《论外在关系》，如今我们思想上恐怕要发生一点内在的关系了。

金：仙凡路隔，吾斯之未能信。

乩：阴阳一理的。

素：我们刚才在意志自由的讨论里，牵涉到 Could 和 Would 两个观念，听说先生对于这方面有些独见，特地请来赐教。我们正在疑惑着，下面的两种命题的关系是怎样的？

（甲）在过去 t 时，我能够（Could）做了 A，假如我当时决定了这样做。

（乙）在过去 t 时，我会（Would）做了 A，假如我当时决定了这样做。穆尔似乎曾用（乙）去注释（甲）。我们怀疑他的注释是否妥当。

金：（乙）即使有和（甲）相同的意义，此外似乎还有别的意义。至少就（乙）之一义而论，（乙）和（甲）是不能"转注"的。但若取（乙）与（甲）相同之义，以注释(甲),则注释为徒劳。

乩:我们现在要注意的是(甲)和(乙)之相异的意义,先把它们的意义分别弄清楚,再看它们和所谓意志自由的关系。

金:那么,让我们先分析(甲)罢。鄙见以为它的意义包括以下的几点:

(一)在过去 t 时,我并没做了 A。当时我也没决定了去做 A;至少是在肯定(甲)时,我们隐示如此。如若我们用 p 来代表"我决定了去做 A",用 q 来代表"我做了 A";那么(甲)的事实背景是 p'q'。当没有假设这种背景时,肯定(甲)是无意义的。

(二)但过去的经验。有时证实了 p'q,这就是说,有时,我并没有决定了去做 A,却做了 A。这种事实让我称之为免做 A 的不自由。使得 pq 为真的种种情形让我们称之为 u、v、w……过去的经验也有时证实了 pq',这就是说,有时我决定了去做 A,却没有做。这种事实让我们称之为做 A 的不自由。使得 pq 为真的种种情形,让我们称之为 x、y、z……

(甲)可以有广狭二义。就广义言,它仅只否定做 A 的不自由,这就是说,否定 x、y、z……等在 t 时间的存在。就狭义言它否定做 A 的不自由和免做 A 的不自由,这就是说,否定 x、y、z……并 u、v、w……等在 t 时间的存在。

(三)在 t 时间,当 x、y、z……或 x、y、z……并 u、v、w……之不存在,没有别的情形防止我做 A(防止 q 之为真),除了我之没有决定去做 A(除了 p' 之为真)。

从上面的解释看来,(甲)一类的命题是可以用经验证实或否证的。这考证的历程牵涉到(1)支配 x、y、z……和 pq' 所代表的事实及 u、v、w……和 p'q 所代表的事实之关系的科学定律;(2)在 t 时间 x、y、z……u、v、w……等是否存在的历史事实;(3)除 p' 之为真外当时是否有足以防止 q 之为真的历史的情形。

(甲)类命题之有时为真是很明显的事实。如若这类命题包涵意志自由的观念,那么这种自由之存在是人人都相信,而没有人否认的。

乩:金先生的论说可谓析辩毫芒,但依本仙看来,也有它的困难之点。

X 可以代表很普通的,很容易重现,而且常常被重现着的事情,譬如说,从清华园去到北平市;但也可以代表很特殊的,从前未被尝试过将来也无法尝试的事情,譬如说,行刺黎元洪。

换句话说,(甲)可以释作"今朝我能够从清华园去到北平市,假如我今朝决定了去"之类——这种解释让我们称之为(甲1);(甲)又可以释作"某时,我能够行刺黎元洪,假如我当时决定了这样做"之类,这种解释,让我们称之为(甲2)。

本仙现在要指出的,金先生的论说只适用于(甲1),而不适用于(甲2);但我们现在所讨论的"能够"(Could)之一义,是有时被包括于(甲1)类命题,也有时被包括于(甲2)类命题的。

为什么金先生的论说只适用于(甲1)而不适用于(甲2)呢?因为它假定p'q 或 p'q 与 pq' 有时为真。在(甲1)的 Context 里,p'q(我没有决定去北平市,却去了)和 pq'(我决定了去北平市,却没有去)的确有时是真的,至少可以有时是真的。但在(甲2)的 Context 里,p'q(我没有决定去行刺黎元洪,却行刺了他)和pq'(我决定去行刺他,却决有做到),却从来不曾是真的。

素:那么,大仙对于(甲)的诠释也有些建设的意见,以修正或替代金先生的吗?

乩:岂敢!让我们首先作更进一步的探讨罢。

素:好的。

乩:为免除一些不必要的纠纷让我们把(甲)改为第三人称,"某人在 t 时能够做了 A,假如他当时决定了这样做"。这并无损于我们所要分析的意义,我们仍可称之为(甲)。

素:可以的。

乩:现在本仙要提出一个观念曰"本质方面上的类似"(Similarity in essential respects),或简称"本质的类似"(Essential Similarity)。这既不同于仅仅若干方面上的类似,如圆饼与圆桌的类似,也不同于穆尔论"内在的价值"篇里所谓"严格地相似"(Exactly alike)的关系。

素:大仙所谓"本质的类似",可不就是孟子所说"圣人之于人,类也"的"类"么?

乩:是的。但本仙还没透彻地知道怎样替这观念作更进一步的诠释。本仙相信它是有真实的对象的,无论如何,我们现在假定它是有真实的对象的。倘若有人能否证这假定,那么,下面许多理论便马上坍台。但否证的担子似乎在立异者身上。

素:在下现今不想兜揽上这担子。

金:在下暂时似乎不想。

乩:那么本仙可以放肆下去了。(甲)隐示过去有和 A 所描写本质地相类似的行为,这些行为构成一类 a;而且这些行为皆牵涉本质上相类似的决断,这些决断构成一类 C。简单地说,(甲)隐示 AC≠O 使得 aC≠O 的必要条件,(包括消极积极的),让我们称之为 S_1、S_2……S_n。

现在我们可以替(甲)作最后的诠释了。(甲)不过肯定某人在 t 时间处于与 S_1、S_2……S_n 等本质地相类似的情形。

以上的解释不独可以应用到(甲1)并且可以到(甲2)。

假如我们拿自然的事实去代替人的行为和选择,上面的解释仍然可用。如此则(甲)当改为"在过去 t 时 A 能够发生于某处或某物,假如 C 发生于某处或某物"。这里,a、c 分别代表 A、C 本质上相类似的事情。S_1、S_2……S_n 仍然代表 Ca = 1 的必需条件。

依上面的解释,(甲)也是可以用经验证实或否证的命题。这考证的历程牵涉到:(1)过去有无和 A(或 AC)本质上相类似的事情之历史的问题,(2)S_1、S_2……S_n 和 ca 的关系之科学定律,(3)在过去 t 时某人(或某物,某处)是否当着和 S_1、S_2……S_n 本质上相类似的情形之历史的问题。

再者,依上面的解释,(甲)类命题之有时为真是极明显的事实。如若这类命题包涵着意志自由的观念,那么这种自由之存在也是人人都相信,而没有人否认的。

最后,假如上面的解释站得住,我们至少已将"可能"(Possibility)的一义消纳于现实(actuality)里头。

素:大仙能否将"可能"的一切义消纳于现实里头?

乩:本仙还不知道。但是问还好!假如我们能把"可能"(就其一切义言)分析为描写现实的一种格式,而非超乎现实的"原理"啰,"观念"啰,"潜性"啰,那么以前许多哲学家(如像来本之、怀惕黑)所认取的"可能世界"和"现实世界"的分别便成为无意义,而宇宙便被简单化了许多,不,简直打了几次对折。

素:过些日子,另请大仙作一次关于"可能"的乩谈,并请金先生参加,何如?

乩:可以的。金先生呢?

金:似乎可以的。

乩:我们现在回归本题,讨论 Would 罢。

素:关于这一点,金先生的话长着哩。但我们不便久劳执乩笔的人,这种反常的心态支持太久似乎于他无益,下次再谈罢。

乩:本仙去也。

(原载《大公报·世界思潮》第 81 期,1934 年 9 月 20 日)

戴东原乩语选录补篇(一)

此篇实乩受于今年春初,当时东原大仙坚嘱暂勿刊布。顷《周刊》记者索稿,因卜得大仙同意,以此付之。素痴识。

乩:(降坛诗)

> 愧此冲虚缥缈身,爱向人间听曲文。
> 平倭一出风流歇,梨园曩本合翻新。

乩:(奉和一章)

> 泽畔孤吟蕉萃身,收魔捉魅只空文。
> 沐猴毕竟人宗族,又换衣冠黻黼新。

乩:和得好,胜过原作。然而阁下也忒大胆,拿沐猴去比什么?

素:我倒要问大仙,新串的是什么戏?

乩:戏还没有看到,但是它的 Prolog in Himmel(素痴注:意云在天上的孔子。《浮士德》中有此一出。)却已当时即地的看到了。

素:是怎样的?

乩:刚才路上遇着三位天使,都是去向玉皇"述职"的,而且同是来自某一地方。

素:某? 地名有隐讳的必要么?

乩:不,我还不知所以名之。这地方原名羊国,后来一群各种色的犬到来,把它占据了,要改名为犬国,而群羊不服。但是我们若用旧名,则群犬不服。

素:那么,何不应用辩证法,求个综合,索性称为它犬羊之国呢?

凫：这更不行，连犬和羊都不服了。

素：是的，而且"犬羊之国"念起来就和"犬羊之鞹"分不清。

凫：那倒不妨，这"犬羊之国"距只剩下"犬羊之鞹"的时期已不远了！因为犬靠羊生存，而犬却非咬羊不可。羊死得愈多，犬的生路也愈蹙。

素：我想不会的。至少就犬而论，有洋大人豢养它们，有租界的大厦给它们住。

凫：但是能享这样清福的犬到底是少数。玉皇可怜群羊，也可怜群犬，所以派了三位天使下去。他们的职任很简单：同是使犬不咬（或者少咬些）羊。

素：这是可能的么？

凫：本仙还不敢确定地说。但从他们的就职宣言看来，倒各有各的把握，各有各的办法。他们恰恰代表"救羊制犬"的三派学说。

素：又有三？可不应了"万物之数括于三"的国粹吗？难道又是一个辩证法的序列？

凫：本仙不懂什么辩证法不辩证法。

素：请教那三派主张。

凫：甲说"犬之性犹牛之性，牛之性犹人之性"也。只要你时常温柔地，笑迷迷地，摸摸犬毛，将将犬须，摆摆犬尾；假如你通犬语的话，遇着雄犬时对他说，"您很威武"，遇着雌犬时，对她说"您很美丽"（但有些雄犬却喜欢人说他美丽，有些雌犬却喜欢人说她威武的，你得随机应变）。不拘遇着雄犬或雌犬，对之说，"您很聪明，很公正，很廉洁，很有礼义，很知羞耻，很会唱歌，——总之很有才干和道德，——尤其又很爱惜那些愚蠢的，缺乏您的美德的群羊，您真是它们的理想的保卫者，当是这样"。那么，犬听了自然会十分高兴。他们高兴的时候也许少咬几只羊，或者替一些给他们咬伤了的羊揩下子血，敷些儿药，绑好绷带，把它们送到医院里去，并且赏它们几文医药费、恤家费，但更重要的是治丧费；或者下几道雷厉风行的命令，禁止手下的犬把羊咬得太凶，至少要慢慢的咬，莫让自己和当时未被咬的羊听到哀号宛转的声音；或者叫一些还没有被咬死的羊到来，向它们做大致如下的教训："你们看着，我是咬你们的吗？我可不是你们最慈惠的抚育者和最忠勇的保卫者？我誓要为你们鞠躬尽瘁，死而后已。咬你们的不是我手下的小犬，更绝对不是我，只你们的非黑非白非蓝非黄的同类，为着你们的好处，为着兽界和平，我必得竭全力去扑灭他们，即使因而狂咬了你们中几只也是顾不得的。但你们之被咬大半也因为你们缺乏道德，尤其是我们祖宗固有的道德。你们若肯学学我,脱下蓝楼的羊皮,穿上油滑的猞猁狲,梳光羊头,剪齐羊胡子,行路端正,叫声响亮,那么,上帝保证,你决定不会再被咬,至少我忍不得咬这样的羊。我奉劝你们,赶快回去开始一个 Vita Nuova!"说完了这段训话以后,他也许立刻下一条子给厨房,吩咐当日晚餐以猪易羊。

素:刚才提到什么 Vita Nuova。他们也读但丁么?

乩:为什么不?他们私淑的祖师据说是剥苏林泥(编按:墨索里尼),而剥苏林泥是把但丁读得烂熟的。

素:哈哈!我明白了! Vita Nuova 是爱情的一种结晶品,所以我们时常听到"革命不忘恋爱,恋爱不忘革命"的学说?

乩:并不是不可能的。

素:在下正要请教大仙,对这一种学说有何高见?

乩:在仙却先要请教你,革命是什么?恋爱是什么?

素:革命吗?曾经有人替它下过一条著名的界说:"你不好,打倒你,我来。"

乩:来什么?

素:来享福。不独生时享福,并且死后享福。

乩:革命是为着革命家享福的么,异乎吾所闻。

素:你们仙界的革命观也许不然,我们人间的革命观却是如此。大仙试看那一个革命元勋在租界里没有广厦?那一个革命元勋在外国银行里没有体己?那一个革命元勋的享用不胜过小说里的王侯,那一个革命元勋身后的营葬至少也不夺数十万人的衣食?那一个革命元勋的戚宗不致身通显?

乩:这种革命本来就是国粹之一。谁能想象那应天顺人的汤武是毕生捱苦的?在中国历史里,墨道从来未曾成为统治者中间的风气。那胼手胝足,生住在茅茨土阶,死宿在桐棺三寸而无椁的夏禹只是墨家的理想。那粗衣粝食的晏婴、王莽辈只有受人讥笑的分儿。

素:怪不得我们的革命家都要保存国粹,那么"革命不忘恋爱,恋爱不忘革命论"也许又是国粹之一了。

乩:看:所谓恋爱是指那一种爱。

素:恋爱也有异种么?

乩:当然有的。至少有三种。

素:又是三。请教第一种。

乩:第一种可以说是"关雎式"的恋爱:"窈窕淑女,君子好逑。""求之不得,痦寐思服",甚至并非为着想睡觉而喝安眠药水。

素:如何得之呢?

乩:先把家里的黄脸婆解决了。

素:既得之呢?

乩:革命已告成功,同志及时行乐。

素:行乐就是享福。这种恋爱自然和国粹式的革命分不开了。因此又有"革命不忘恋爱,恋爱不忘革命论"的国粹?

乩:你很聪明。

素:请教第二种恋爱。

乩:爱者认所爱是至美至善的代表而终身企慕之,膜拜之,以之为兴感的源泉,每念及之便油生向上的想望。

素:但至美至善的代表从来未曾被派到我们人间呀!

乩:你们可以拟设她存在,而且存在于你的爱人身中,正如你们拟设上帝存在一般。

素:没有人曾会见过上帝,所以我们能拟设他是全知全能,至美至善……但谁能没会见过他的爱人?

乩:一般也有会而不见的。

素:我想刚才说及的一种恋爱,只有在三种情形之下才能实现。第一,爱者是一个疯子。疯子能相信自己是齐天大圣或查理士第一,为什么不能相信他的爱人是至美至善呢?

乩:凡对于坚决地没有实据的事情而作坚决的信仰的表示者,若不是伪善便有点子疯狂,更摩登地说,有点子精神病。一切宗教的信徒也不是例外。

素:第二,爱者对于所爱毕生只有几面之缘而初会又在少不更事之日,如像但丁之于比亚特列斯。第三,在爱者有机会认识庐山真面目之前,所爱已先夭逝,如像诺唯利史之于素菲,又如亚伦波所描写"丽丽亚"的故事。

乩:又是一隅三反,孺子可教可教。是的,古今一切颂赞式的情诗都是在这三种情形之下写出来的。

素:还有一种恋爱呢?

乩:爱者与所爱,彼此知其所短而赏其所长,相见而悦,莫逆于心,在志业上,相辅相成。

素:这种恋爱是理想的革命家所必需的么?

岚：待系爱而后兴者，凡民也；若夫豪杰之士虽无恋爱犹兴。

素：革命虽不应等待恋爱，但无疑地恋爱可以滋助革命。

岚：是的。道德的责备撇开，大多数成功的革命领袖（不拘理论的或实行的）是有"内助"的。以国为家的人到底是例外。黄花烈士之一方声洞给他妻子的绝命书中有这样很值得玩味一句话："吾爱汝。即此爱汝一念使吾勇于就死。"

素：所以恋爱还是革命家所不能忘的。

岚：但假如有人这样告诉我自己："我现在不能革命，或安心革命，因为我缺乏一个爱人"，那么，我们就可以断定，他决不是革命的材料。

素：咱们现在所谈的革命，自然不是国粹式的，而是理想的。但不知理想的革命是什么一回事。

岚：那就是天使乙和天使丙争论的问题。他们都觉得天使甲的办法是不行的，因为他承认犬的特殊地位，而把羊的命运系于犬的意志，把羊的希望附托于犬之道德的自新，于犬之认下屠刀立地成佛，而那是不可能的。

素：这句话未免太武断罢？

岚：绝对不。要一百几十只以至一百几十万只已过了生命周期之半的犬自动地而且彻底地改变它们的生活习惯——如若这是可能，则动物行为学上一切关于制约的原理可以根本取消了。不用说狗，不用说已过了中年的狗，便是人，便是尚在青春的人，假如他的恶习惯已养成（人格不是别的，只是习惯的总和），则一切道德训说、责备、鼓励，对于他只是东风之过马耳，不信请试试自己的朋友，试试自己的子弟，试试自己本身。那些于犬的被感格而迁善以寄其政治希望的人，若不是傻瓜，便是骗子。所以天使乙和丙都觉得天使甲的办法是不行的。

素：那么，他们有什么别的办法呢？

岚：他们都打算在犬羊之国里起些根本的改变，要把犬的特殊地位取消，使羊群以上更没有靠咬羊而生活的群兽。

素：又是可能的吗？

岚：历史告诉我们，这是可能的。

素：历史上尽多可怜的羊群，统了一百几十年的血才送走一班恶犬，结果却迎来了另一班更恶的犬。

岚：只因为那些羊们从不曾认清楚犬的阶级的真面目，更不曾梦想到一个没有犬的阶级的组织。如今却不然了。新理想不独惊醒了好些感觉敏锐的羊，而且有了光焰万丈的榜样。羊是这样怪的:当他未曾见到光明的时候,他可以于黑暗,无论所受的痛苦怎样严酷,她也不会抱怨黑暗;但一天他看见了光明的朕兆,无论启示得怎样朦胧,相隔得怎样遥远,他必定朝光明的方向追求;无论道路怎样迂回,险阻怎样多大,需时怎样悠久,他终必寻得光明,离脱黑暗而后已。就这一义,并且仅只就这一义而论,羊到底是有理性的动物。这种理性的具有乃是本仙对于羊的前途的乐观的唯一根据。

素:大仙的根据并没有落空。撇开犬羊之国而看我们的历史,可曾有一个先知先觉的气力是白费的?可曾有一种始受逼害的理想终不实现?

乩:其受逼害愈甚,则其去实现之期愈不远。

素:何则?

乩:其受逼害者,以其有力。

素:那么,新理想如今已有力量了?

乩:有,但还不甚大。

素:怎样使它大?

乩:接受之者愈多,则其力量愈大。

素:怎样使接受之者增多?

乩:有人为的方法,有自然的方法,二者缺一不为功。

素:什么是人为的方法?

乩:志士仁人的唤召与启导,和他们所受的迫害所引起的同情,正的和负的同情。正的同情是对他们的景慕,负的同情是对他们的迫害者的痛恨。

素:什么是自然的方法?

乩:现状的持续使大多数人遂生乐生的资藉很明显地一天天减少。

素:自然的方法正在被运用着,不须我们为它操心,那么,目前的急务之一当在新光明的播散。新光明的领域一天天增加,而自然方法的运用一天天的励〔厉〕害,那么,新社会秩序自然会水到渠成地被实现。一切伟大的时代都有播散光明的天使为之先驱。

乩:天使丙就打算在"犬羊之国"里做这样的工作。但天使乙却不赞成,以为那是太迂阔,太沉闷了。目前的效果一点也看不见,将来的效果尚在缥缈之乡。

素:那么,天使乙要怎办?

乩:他要随时随地鼓动,组织那些被咬到无处可躲的羊,遇着犬便迎头痛击,不计成败。

素:犬本来是狼的后身。以羊敌狼,苦哉羊也。
乩:玉皇说,这也是历史的必要。

(载《清华周刊》第42卷3、4期合刊"尊孔与复古问题特辑",
1934年11月12日)

戴东原乩语选录乙编之一
——为窃书案答辩

乩:(降坛诗)

  仙家鸡犬近来瘠,
  金盘玉粒终何益?
  更豢鹦鹉称能言,
  唧哳声中闻霹雳!

本仙休宁戴震又来也。

素:久违了,东原大仙。为什么有两年多,屡次请大仙都请不动?

乩:"邦无道,其默足以容。"

素:上半句似乎要斟酌。

乩:我所谓道,原非常道。历史上有一等时代,在其中,不忍对被压迫者下井落石的人,只合缄默。

素:不过近来至少有一件事,大仙不容缄默。

乩:什么事?

素:涉及大仙飞升以前的事。

乩:到底什么事?

素:大仙窃书的事。近来孟心史先生又把这场公案提出,而且似乎两罪俱发。

乩:何来两罪?

素:分开来说罢。第一,大仙得承认窃赵校《水经注》的旧罪。

乩:碍难承认。

素:那么,大仙承认见过赵校《水经注》么?

乩：我原没说没见过，或暗示没见过呀！四库中关于《水经注》部分由我戴某一手包办是时人所共知的。赵诚夫的《水经注》四十卷刊误十二卷著录于四库，即由我署名校上，并撰提要。我在这提要中还夸他"考拟订补，亦极精核。……旁引博征，倾为淹贯，订疑辨伪，是正良多。自官校宋本（素痴按：东原以大典本为出于宋本）以外，外间诸刻，固不能不以是为首矣。"我在《直隶河渠书·唐河》卷一中也说过："杭人赵一清，补注《水经》，于地理学甚核。"我对于诚夫和他的校释水经注，一再推重。人家却说我装作没看见赵校水经注。公理何在？假如我有意盗窃诚夫的书，何不把他屏于四库之外，连目也不存？

素：可是大仙校定的四库本水经注，内中好些地方说是依据永乐大典的，今人覆按，却不同于大典本，而同于赵校本，这又何说？

乩：你自然不知道我们当日的一段苦衷。捧大典即所以归美于中秘的意思。归美于中秘乃是当日识时务的馆臣一致的态度。纪晓岚先生头一个就要这样办。说我因为归美于中秘，不择手段，我诚无辞。若说我存心要掠夺人家一点校勘的功劳，那么我戴某虽不肖，何至要靠一部书的校勘来争学术界或学术史上的地位？

素：为什么要归美于中秘？

乩：归美于中秘乃所以归美于君。你读《水经注》提要，可曾注意到这些话？"今以永乐大典所引，各案水名，逐条参校。……神明焕然顿还旧观。三四百年之疑窦，一旦旷若发蒙。是皆我皇上稽古右文，经籍道盛，琅嬛宛委之秘，响然并臻，遂使前代遗编，幸逢昌运，发其光于蠹简之中，若有神物拥呵，以待圣朝而出者。是亦旷世亦遇矣。"假如我据实直书，这些颂圣的话从何说起？

素：为什么要说这些肉麻的话？

乩：一言难尽。要解答这个问题，请细读阳世当今的杂志和报纸。

素：赵诚夫的美，大仙以归于中秘，那么大仙本身亦有美么？

乩：有的，有的，就在厘别经注的义例。

素：大仙还提那些义例哩！其中第二例，"水道所过，经云经，注则云迳"，孟先生指出，赵诚夫在本书的附录的按语里已经说过。

乩：官书例不著所出。而且我立了三例，此不过其一。

素：孟先生说，"戴君之第一例，所谓注文无。一水内必详其注之小水，以间厕其间。是以主水之名，屡举不厌。虽注入之小水，有所携带者相间，亦屡举小水之名，云云。东潜于此携带之小水，指明其为注文之生枝发叶，歧中有歧，特推广注中注之例,用小一等之字书之,以别于直接注入主水之小水。使学者随文辨认,一目了然。较之空设一例,仍使浅学按例寻求,不易立判者,用意疏密何如。"

乩:我根本不赞成注中有注之说,理由详赵书提要。库本已经把经注分开,何待"浅学按例寻求"?以涉及小水之文属注,这是赵君与我所同的。但我更进一步以为此等枝叶只能属注,不能属经,而立为判别经注之一法。赵君只注意个别的事实,而我则归纳成一条公例。这其间是有一大差别的。

素:孟先生又说,"若夫第三例谓县与故县之别,经时之县,注时已成故县,此可为辨认经注之一法,东潜视此,似以为当然之事,不在郑重定例之中"。

乩:诚夫是否"以(此)为当然之事",我无从得知。孟先生又乌从而知之?"似"之云者,已是"遁辞知其所窮"了。诚夫没有"郑重定例",而我"郑重定例",这便是我的一点小贡献。不自觉的肯断,和自觉的"立法";这其间也是有一大差别的。

素:刚才说"两罪俱发"。大仙还有一个罪案,那就是偷赵诚夫的《直隶河渠水利书》。

乩:那真是滑天下之大稽!《直隶河渠书》是官修的书,我不过把诚夫的初稿删定之后,录一副本,藏之于家。我何尝在上面署有自己的名字?我生时既没有当为自己的著作而发刻,死时也没当为自己的遗稿而托人刊行。至于后人认为我的遗书,那是他们的错误。他们又不相信扶乩,否则我可以把他们纠正。

素:那么,大仙简直是被冤枉了?

乩:就《水经注》而论,也不尽然。当年为讨乾隆皇帝的喜欢,不惜扭歪事实;现在想来,是可耻的。不过哪个时代的士大夫没有"得君"的需要呢!为着"得君",谁还顾得真理呢?我为着"得君"而抹煞了的只不过一个人校书的功劳;有些人为着"得君"而抹煞了的却是血写的历史!(乩停)

(署名"素痴",原载《大公报·图书副刊》第 169 期,1937 年 2 月 18 日)

三 译作

斯宾格勒之文化论

按欧战而后，西人对于本土文化纷起怀疑，其最深彻而亦最悲观者，莫如德国历史哲学家斯宾格勒（Oswald Spengler）之论。氏著一书，名《西土沉沦论》（Der Untergang des Abendlandes）综括世界历史之全部，而以详瞻之事实，证明：（一）各文化之发展大体上皆循一定之途径；（二）文化恰如一有机体，有生长灭三期；因而推断（三）近世欧美之文明将达其不可逃之命运，距其灭亡之期只二三百年耳。此书于1918年7月出版，全欧震惊。初版销行至九万部，批评及攻诋者蜂起，到今犹争辩不绝。其影响当世之大，达尔文《种源论》以来所未有也。现时欧洲之思想家及言论家，约可别为赞成及反对斯宾格勒之二派。其中重要作者及所著书籍内容，后当另有论述。独怪吾国人士犹鲜知有斯宾格勒者。仅本志第二十二期李思纯君《论文化》篇中曾略及之。斯氏原书，共二巨册，可谓体大思精，然其卷帙繁重，内容充实，征引详博，而文笔则甚艰晦，故甚不易读。直至1926年始有上卷之英文译本，名 The Decline of the West，系美国 Charles Francis Atkinson 所译，伦敦 George Allen & Unwin 书店发行。下卷之译本迄今犹未成书。而美国葛达德（F. H. Goddard）及吉朋斯（P. A. Gibbons）二氏，乃撮取原书大意，以浅显之笔，演述而阐明之，题曰《斯宾格勒之文化论》（Civilization or Civilizations: An Essay in the Spenglerian Philosophy of History），1926年出版，美国 Boni&Liveright 书店发行。全书共分八章：（一）导言；（二）政制；（三）基本理想；（四）思想；（五）艺术；（六）19世纪；（七）将来；（八）结论。未能窥斯宾格勒原书者，读二氏此作，亦可知其大概。故今由张荫麟君译出，以饷国人。

据斯宾格勒原书自序，谓著此书费时三载，1914年欧战将起时即已告成；又细加增改，于1918年7月问世，故实作于欧战以前。书中之主旨及结论已早定，并非由于欧战之影响。特就观察事实所得，以推测未来，所持论乃不期然而与欧战后一般人士之见解与情感相合耳。又谓思想家仅能观察事实以发见真理，不能以己意自由立论。吾博览详考,所见历史之实迹如此,文化之真象如此,不得不笔而出之。人多识吾为悲观,吾不受也。又谓吾作此书,实受葛德(编按:歌德,Goethe)与尼采之影响,葛德示吾以方法,而尼采则教吾以勇敢之怀疑,务必彻底探求真理,言人之所不敢言,而无所恇怯也云云。

斯氏所云葛德所授之方法,盖谓广求知识,博征材料,而于其中求普遍之原理及全体各部相互之关系,即综合(Synthesis)是也。然葛德之综合,实含有微妙之观察与精神价值之选择,而非拘泥于外表之迹象,制定一成不变之公式,强以材料纳入其范围,以证明我所发见之某种回环因果律也。易言之,斯氏自许其工作为包括全世界之历史哲学。又斯氏以文化之生长类比于有机体,名为形态学,实缘受生物学之影响。而葛德则虽研究科学而能超乎科学家之上,虽论究人事之原理而不创造一种历史哲学,此葛德高于斯宾格勒之处,亦即斯氏之书之短长所由判也。

综合之研究,为现代主要之思想方法。19世纪之所谓综合,仍限于欧美之历史及文化。今则知识益增,接触日密,于是东西两方之畛域不存,研究之范围推广。治学立论者,均不得不综合古今东西远近各国之材料而供其探求。近十年中,欧美所出版之世界文学、艺术、宗教、哲学、政治、经济等书,或叙述史实,或阐发理论,其稍可观者,莫不以中国、日本、印度之材料赫然列为一章或数章,用资参证比较,以求公律而明全体。斯宾格勒即代表此综合之精神及趋势,而为之先导者也。斯氏学问之广博,至为可惊。其书之难读,亦以其材料过于充实,例证过于繁伙。然作者知识之丰富,实今世所少见。其书出版后,诸多专门学者,犹指摘其错误缺略之处若干条。斯氏于1922年其书再版时,已一一改正。彼之学包罗万有,但取一部分较,自不敌专治此学者之精确。顾其全书之价值及其立论之根据,初不因其记诵闻见有万一之失而为之减损也。

斯氏不但学问渊博,且其观察极为锐敏,一往思深,而敢于立言。古今之大发明家,皆富于想象力而不惧错误失败之人,用能大刀阔斧,树立规模,静待后人之增删修正。斯氏惟深信古今东西各族各国之历史及文化,皆有公共之原理而具同一之因果律,故能归纳其迹象事实而创为宏大精微之规模及议论。夫若谓世宁有定有变,未可尽纳于科学规律。而人之知识有限,故历史之实迹、生涯之琐事,常有无因而至,出于偶然,而神秘不可解者。昧此而行,强作解事,终不免武断之嫌。由是以言,则历史哲学根本不能成立。而斯氏之书实为多事矣。然在一定之范围内,此种研究实亦有其价值。斯氏固已申明此书并非文化生灭律最后之定案，真确而不可移易者，仅彼一人研究思索之结果耳。斯氏之长处，在能超出欧美寻常人士思想感情之范围之外，在能破除当前社会之偏见及习俗之藩篱，在能不以科学为万能，不以进步为常轨及定理，在能不拘囿于时间空间，而从大处着眼，静观历史，而发见其各部分真正之异同，在能了悟国家社会民族文化有盛有衰，有起有灭，而不以一族一国为天之骄子，可常役使他国他族而自保其安富尊荣，在能洞见文学、艺术、宗教、哲学、政治、经济、风俗等等发达之迹象，寻出其相互之关系，而沿溯其兴灭之轨辙。按之吾人所熟知之事物，动多符合，在能探索得每种文明内蕴之精神。所谓其基本理想，本此以观察解释一切，头头是道，而人类之全史乃了如指掌，视文化兴灭，不殊观弈者之全局在其胸中也。总之，斯氏之分类比较及其论断，孰敢言其无误者？然其大体之观察，实有至理，而合于实际。即使其运用材料评判史迹全属错误，而其创立一种宏大精严之新研究方法，实已予吾人以极深之刺戟及有益之榜样也。

　　由上所言，而攻讦斯宾格勒者之为是为非，亦可略论。今若斥斯宾格勒为狂妄、为夸大、为武断、为比附、为浪用想象而流于虚幻、为强改事实以明其学说，皆可也；然如法人马西（H. Massis）等斥之为"战败后之德意志"之感情冲动，为德国人忧郁愤怒之表现，则似有未当，盖（一）则斯氏之攻讦欧洲文明，未尝以德国为例外，其所指之缺点及病象，皆欧美各国之所同；（二）则斯氏序中固已明言其书作成于欧战未起时也。然斯氏划分欧洲文明为：(1)上古之希腊罗马；(2)中世之基督教；(3)近世之日耳曼或条顿民族之三段，谓其根本不同，而以(1) Apollo, (2) Magi, (3) Faust 之精神（soul）分别代表之。所谓近世欧洲或西洋之文化者，实即日耳曼族之文化，其主要精神趋向于无限之扩张。故其基本科学为数学，其基本艺术为音乐，重知识而轻行为及修养，务抽象分析而不求综合，皆Faust 精神之表现也。斯氏书中推重德意志之处，不一而足。自序中且赞许己之学说为德国派哲学，谓此足以自豪。点评者斥其国家观念之过重，更有进者，无论斯氏初意如何，战败后之德国人确为忧郁愤怒，故读斯氏书而大悦之，而极端推重之，德法两国之民情及历史环境根本不同。勿怪其国中名士持论之相反也。

　　今世物质虽未衰敝，而精神之乱、人心之苦，极矣。斯氏之书，虽为综合之论究，乃止于叙述病状，甚至抉发病源，而曾未示治病之方。且谓西方文明行将绝灭，此言徒使世人惶骇迷乱，莫知所措，虽自辩非悲观而劫运难逃之说，几何不使闻之者灰心丧气也哉。据吾侪之所见救今世之病之良药，惟赖实证之人文主义，如本志夙所提倡介绍之白璧德等人之学说是也。东方西方各族各国盖同一休戚矣。

斯宾格勒论中国文化亦颇有卓见，然终嫌所知不多，深望吾国宏识博学之士，采用斯氏之方法，以研究吾国之历史及文化，明其变迁之大势，著其特异之性质，更与其它各国文明比较，而确定其真正之地位及价值，则幸甚矣。编者识。

一 导 言

"进步"一观念，为 19 及 20 世纪特具之信仰之一。今也虽三尺童子，几莫不以超胜古人自豪。此自豪即根据于进步之信仰，第有自觉与不自觉之殊耳。欧战而后，吾人前此之错觉，揭穿不少，独进步之信仰，吾人附之弥坚。惟此信仰，使吾侪对于人类之将来，能抱乐观态度。虽然，不瞻瞩将来则已；如瞻瞩焉，则现在与过去之比较，实不容已。有此比较，则进步之标准为不可少。今夫进步一信仰，率尔观之，固似础坚基巩也。以言科学，以言思想，以言智识之任何枝系，其进步皆可觇缕数。他如社会秩序也，政治制度也，其进步皆吾人所深信不疑。又如人类之于宗教理想也，伦理行为也，人道主义也，在在有证据焉，可助进步之信仰张目。吾人更冀望美术之鉴赏亦曾有进步（此恐终为宗教式之希望而已）。进步之观念既如此普遍，吾人苟一究论进步之真相，则一切人类之成绩若艺术、科学、宗教、政治、社会、思想，凡以构成文化史者，胥当感受其影响矣。

虽然，此进步之观念，近日已遇劲敌。言进步者，必取征于历史事实；然据历史事实所昭示，从未有绵绵不绝之进步的发展。文化所示，非有如算学之级数，其进也，似以骤奋以突跃；而文化又非一成不可毁者也，各有其兴衰起伏之运。文化云者，实包括多数文化。其兴也，分疆异域，各不相谋，其中澌灭荡然而无嫡胤纂其绪者，比比然也。罗马帝国之颓覆、中世纪之黑暗时代，在历史上非独例也。其偶可于较远较晦之时与地得之，亚拉伯文化之骤花骤实也亦然。此诸怪异现象，吾人自可以种种因故比附之；然此第事后之垂训，而睿哲之史家所资以御后知来者而已，未可为涣然冰释之解答也。历史所昭示，从未有一清楚之线索焉，为文化所循以日进无间者。就全体而论，历史所展现者，凌乱一堆之人类成绩而已。此诸成绩，有孤立无连者，有经长期之继续发展，而忽归于尽，不可解究者。

德人斯宾格勒（Oswald Spengler）覃思殚虑于上述一类之历史事实，遂创为文化之定律，以说明文化之起坠。其所著《西土沉沦论》（*Der Untergang des*

Abendlandes)不啻于纷乱堆中,求得惊人之秩序焉。旧日史家每综观一切人类之成绩,而试寻溯其相互之关系。斯宾格勒则不尔,举历来人类之成绩,分为九团,而以为每团各成一特异之文化。据彼所发见,人类历史上文化之兴起,凡有九次,各于艺术、科学、思想、宗教及社会组织,有极高之造就。本章之末附表一,列举此诸文化;表二及表三,列举其在政治上及思想上造就。

诸表所示者:(一)各文化所被之地域;(二)各文化所占之时代(仅就其生命尚存作用未失之时代而论);(三)各文化中政治与思想发展之途径(仅举其略且限于文献足征者)。

第一表所载年代,有仅得其约略者,因考古家之估算,意见纷歧也。(埃及考古学家为尤然。)观此表,可见各文化后期所被地域之广远逾于初期。

第二表示政治之发展。就大体而论,于此可见政府之形式,视乎个人能否服从扶助疏远之政府而定。在封建时代,小诸侯王(例如西欧之诸侯[Barons])实为一切权力所萃。在"真国家"(real state)时代,一当局下所属之疆域,视前更广,如希腊罗马之邑国,及16世纪之英吉利、法兰西、西班牙及西欧是也。迨其后二百年以降,此制已不复能满足时代之需要,于是大国崛起而扰乱生焉;同时大城市兴,第四阶级及都市之民治随之蔚长,复使政府呈杌陧不安之象,最后乃有帝国时代,以更广之疆域,全部附托于一统治权。

第三表于诸种式思想之发展,仅能以极简单之方法述之。至于一思想家与其它同时代而属异文化之思想家之关系,则必待认取各文化之影响之全部,然后能了解之矣。

在所列九例中,文化之发展,皆循同一回环之轨道,是故吾人可据过去之历史而推论曰:凡文化发展达于其限度,则更无成就可期。在前八例中,各有一人类社会,在一特定之地域内,循迟缓之道,以营艺术科学及社会之进步,历时略逾千四百年,厥后则此社会无复艺术科学与社会可言,有之亦式微极矣。吾今人自身,即为类是之第九次文化之产品。此文化约在9世纪初发轫于西欧,而直至今日。此文化已经过回环轨道之一部分,吾人所得而见者也;其将至此轨道之终极,吾人可得而推测者也。

由斯宾格勒之定律观之,文化之轨道,恰如化学原质周期表之程序。化学原质分为若干组(Octave),每组内诸原质相互间有一定之关系,每原质在其组内有一定之位置,与其前后二原质有一定之关系。此原质与他组中占相似位置之原质,又有显著之类似。造此表之俄人孟德里叶夫(Mondeleyeff)根据此表,能断定当时所未知之原质之存在,又藉他组同位原质之比较,能预言此诸未知原质之特征。斯宾格勒之文化定律(苟吾人能了解其真义者),在史学上实予吾人以同样预言之能力。吾人苟能得其玄要,则其他枝叶细节可自迹溯之,则过去之虽似昏黯破碎,吾人亦可于其中寻得许多事因(factor)为任何文化所不能缺者焉。未来之事,诚暧昧难知,然若干事势,在过去诸文化(就其历史总和可得量度者而论)既历演不爽,吾人推之将来,谓其当复重演,夫亦岂悠谬之谈哉?

本书之奢望,欲以清晰简短之文笔,阐演斯宾格勒之名论,示人以过去各文化所循之主要途辙,并略陈所以鉴往知来之方。书中大意,其有资斯宾格勒者自不少,惟斯宾格勒之解释亦有不能尽从者,故本书在若干处与其说出入甚远。又本书之形式与方法,本于作者之自匠,此不待言。尤有加于是者,作者特侧重一事实,其事实惟何?曰:"环境之重要固昭然若揭,然超妙之启发,艺术之形式,与夫思想、政治皆循一内律,由内而自彰于外,非出偶然,非尽赖人类之意志与发明,亦非尽赖地理上之境况或其它境况。"换辞明之,作者欲指陈人生所受之限制而已。此诸事因,高尚生活全赖焉。明之,则于现代文化范围内个人自身发展之坦道,思过半矣。吾人拭目遥瞻,将来历史之舟,或有以哲学为舵工之一日乎?虽然,此则不属史家范围之内,亦非其权力所及,吾侪仅得坚言曰"事实具为吾上所陈"而已。

表一 历代文化

名称	年代	初期地域	后期地域
苏米利安(Sumerian)、亚克地安(Akkadian)文化	元前3200至1700	波斯湾	北向以至巴比伦
埃及文化	元前2800(?)至1100	阿拜多斯(Abydos)	门菲斯(Memphis)、赫利奥普利斯(Heliopolis)及尼罗河口
赫泰(Hittite)、亚述(Assyrian)文化	元前1800至333	布克兹(Boghaz Keuoi)、小亚细亚	亚述、波斯、巴比伦
中国文化	元前1500(?)至纪元初年	黄河流域	扬子江流域
印度文化	元前1500至纪元初年	潘查波(Punjab)	印度
希腊罗马文化	元前1200至纪元后200	比罗奔尼苏、小亚细亚	罗马帝国

续　表

名称	年代	初期地域	后期地域
亚拉伯文化	纪元初年至1400	叙利亚、小亚细亚	西班牙至印度,包括地中海南岸。
马雅(Maya)文化	纪元后200至1500（为西班牙所毁灭）	玉克顿(Yucatan)	墨西哥、中美、秘鲁
亚欧文化	纪元后900至2300(?)	西欧	世界
俄罗斯文化	纪元后1800	俄国	

表二　政治之发展

约略时代	政府之形式	巴比伦	埃及	赫泰、亚述	希腊、罗马	亚拉伯	印度	亚欧
未有文化以前	不固定之部落	克希(Kish)	退尼脱斯族(Thinites)	哥斯族(Kossaoans)	阿克央族(Achaeans)	迦勒底族、犹太族	亚利安族	法兰克族、日尔曼族
纪元初年至200	帝国时代封建初期		第四朝	布克兹(Boghaz Keuoi)	亚格满能(Agamemnon)	地奥克利纯(Diocletian)、刹刹尼特斯(Sassanids)	潘查波、亚利安族	霞立曼、克伯王朝(Capetians)
200至400	封建时代贵族势力增加	拉格西(Lagash)、乌尔(Ur)、伯脱西(Patesi)	第六朝	布克兹	奥德西(Odyssey)	同前	同前	帝国及教主专政时代
400至600	封建后期	安天曼尼(Entemani)、安尼亚敦(Enneatum)	第七至第九期	布克兹	爱奥尼亚之商业城市	Byzantinism	七城	百年战争、蔷薇战争

续　表

约略时代	政府之形式	巴比伦	埃及	赫泰、亚述	希腊、罗马	亚拉伯	印度	亚欧
600至800	独裁"真国家"成立	沙尔刚2600、那兰姆新（Naramsin）	第十一至十二朝	Shubbiliuluma Shalamaneser	独裁、民治、寡头政治	Justinian至Haroun Al Raschid	恒河流域诸王国	新帝国 路易第十四
800至900	形式之弛懈及大国之兴起	固地亚（Guden）	第十三至十四朝	Carchemish亚述利亚	4世纪社会革命	舍尔霍克土耳其族（Seljuk Turks）		拿破仑
900至1100	第四阶级（即大都市之暴徒）之兴起"战国"	Gutaeans	Hyksos族时代	尼尼微、巴比伦、第二亚述王国、米底亚人	希腊化（Hellenism）	报达Cordoba等大城市兴起		国家战争、社会主义
1100至1200	恺撒主义全文化在一统治权之下	色密特人之侵入	第十八朝	Cyrus帝	苏拉至恺撒	Saladin	Chandragupta	纪元后2000
1200至1400	帝国时代	汉摩拉比帝	第十九朝	Darius帝	奥古士都大帝	回教土耳其人	阿育王	纪元后2100
1400至1600	文化生命之终结，完全停滞	元前1700	元前1100	元前333	纪元后1100	纪元后1400	纪元后初年	纪元后2300

表三　思想之发展此表采自斯宾格勒《西士沉沦论》而偶有重要之修改

约略时代	思想之种式	印度	希腊罗马	亚拉伯	西欧
纪元初年至300	神话时代	亚利安族英雄史诗	伊里亚（Iliad）	默示录（Apoealypses）	尼伯隆歌（Nibelungen）
200至600	不自觉的信仰时代	吠陀经典（Rig Vedas）	神谱学宇宙开辟论	新柏拉图★三位一体之争辩	经院派哲学★
550至750	复兴及改革时代对于宇宙之自觉的思想	奥义书（Upanishads）	爱奥尼亚人、爱智者毕达哥拉斯	穆罕默德	文艺复兴、宗教改革、路德－克林威尔
600至800	最初惟理的及科学的思想	森林哲学经典几何学大要	诡辩家柏拉图	Djafar	布鲁诺、哥白尼、加里辽、开普拉、笛卡儿、牛顿、巴斯喀尔
750至900	特著的思想家及统系哲学	Panini 迦比罗瑜伽	柏拉图、亚里士多德	Aveicenna	巴克莱（Berkeley）、康德
800至900	唯理主义返于自然		在后诡辩派等		陆克、百科全书家、卢梭、休谟、吉朋
900至200	唯物主义		皮尔汉派	亚拉伯科学	乐利派
	生活方法	释迦	伊壁鸠鲁派		实验主义派、实在论者
	人道主义	耆那教	斯多噶派	Averroes	Shaftesbury
	唯心主义		犬儒派	Algazzil	格林（T. H. Green）
	怀疑主义		怀疑派		批判主义
	社会主义	佛教	斯多噶派		马克斯
	通神学及秘传信条	佛教	斯多噶主义	Sufism	精神主义、通神学
	悲观信条	佛教	神秘派伊壁鸠鲁	Omar Khayyam	叔本华、哈地（Hardy）

续　表

约略时代	思想之种式	印度	希腊罗马	亚拉伯	西欧
900 至 1100		科学思想及应用科学时代			
1100 至 1400	组织统系编集与停滞	Manu 法典	Galen	Gaius	Ptolemy

[注]凡有★符号者,为"假文化"时代,或受先进文化之影响。

二　政　制

本书所论诸文化,为系有九。就全体而论,文献幸较可征。其中有若干系,可征者特丰,亦有一二系,可征者特啬,吾侪且略而不论。此诸文化,各兴于一特定之地域,其先必经一榛狂时代。此时代征诸众系而皆类,其为期或且数世纪。各文化诞生而后,所取形式,实质上相同。其始也浑噩,形式不具,其终则达于形式之极,而复归于浑噩。此浑噩者与其所从出之浑噩,表状虽类,而无其蓬勃之生力矣。此诸文化,各各为若干潜伏之理想(Ideas)、情感(Feelings)、性质(Qualities)之表露、之实践。惟然,故非纯粹简单之智力所能识取其全体,智力仅能外立以判物而已。文化者,吾人视之当如视一艺术作品,盖文化上"形式之高下"(Height of form)非可以文字或数学符号明示之者也。各文化所实践之理想(Idea,用希腊古训),可名之曰:普通理想或基本象征(Fundamental Symbol)尤佳。此理想或象征之所由表现,则文化上种种现象,凡属于政治、智力、精神、艺术者皆是也,是故高等文化之全部生活悉与此理想有密切之关系。各文化所占时代,约略千四百年,欲免诘难,毋宁曰千六百年。众文化之系别如下:(一)苏米利安亚克特安系。历时自元前 3200 至 1800 年。先是曾经过若干浑噩之时代,其在乌尔之时代史家所假定纪年,每失于过远,要之恐不能前于 3800。其在克希之时代,约略 3500 年,乃其裔皇之期也。(二)埃及系。历时自元前 2800 至 1200 年,其前为退尼脱时代及最初三王朝。(Flinders Petrie 氏及最近美国发掘家谓第三王朝在元前 4200 年,以他文化类推之,此说决不可采。Meyer 氏所定埃及纷乱之时代,在中国及 Theban 帝国之前者,视剑桥大学古代史所定为短,兹采之。)

(三)印度系。其初在潘查波(Punjab)区域,其后扩至恒河流域,最后远播至于锡兰。其发端约在元前1500年,吾人于其初期历史实际上毫无所知,然吾人秘钥在手,故读其古代英雄史诗及后来宗教典籍,解索之易、撷获之丰有非剑桥大学印度史之作者所可同日语者矣。最近印度河流域之发掘,更启示一事,即苏米利安影响之伸及印度是也,然此与印度文化史毫无关涉。(四)中国系。在黄河流域,略与印度同时而各不相谋。于其最初时代,吾人实际上亦毫无所知,惟后此则典籍甚富,以吾人之推测,其创始当不后于元前1100年。从多方面观之,中国文化实近似于吾西方者。然彼有特异性质,即"善的形式"之坚持是也,以是其神魂之全部虽逝,其躯壳犹能续存千数百年。(五)希腊罗马文化。一称古典文化,兴发于爱琴区域,为时约当元前1200年。方其初期,与埃及之遗绪连谊极切,老幼两文化相接叠焉。在克诺苏斯(Cnossos)与埃及,则偏于自然主义之艺术与优越之建筑形式并世。在迈森拿(Mycenae)则新兴之粗陋艺术与嵯峨之封建宫院争辉。罗马者,乃古典文化之最后一阶级,而非与雅典平行,如吾人所习闻者也。(六)赫泰文化。或称第二巴比伦,或称赫泰亚述尤佳。关于此系疑点尚多,疑所由生,则文献难征,而考古家妄欲以地理上之连续与文化上之连续混为一谈,不免成见之蔽也。此系约当元前1800年,发端于小亚细亚中部之布克兹(Boghaz keuol)。其初期依例为英雄崛起之时代,逮Shubbululiuma时而帝国始建,逮Shabmaneser之世,其中心徙于Carchemish(此邦至元前800年后始灭),逮Shalmaneser之世,复徙于尼尼微,最后经过一纷扰之时代,以至大流士(Darius)建波斯帝国之世,乃启安奠之局。(七)约当纪元前后之交,有二文化各兴于绝远之域焉。其一斯宾格勒以"亚拉伯"名之,此名望文易滋误会,然以无他善名可择,姑暂用之。以亚拉伯名者,非谓亚拉伯为其中心,亦非谓亚拉伯人为其主也,谓此语文化后来之形式,吾人所得而窥见者,乃其灿然展现于亚拉伯之学术、之建筑、之宗教中者也。其诞育之地,即亘东罗马至底格里河间之区域是也。其前有种种神秘宗教,自元前600年以降,滋长于此地,然为波斯宗教所掩抑,犹迈森拿宗教之为埃及所掩抑,亦犹其后纯正亚拉伯宗教之为罗马所掩抑也。此种现象,斯宾格勒名之曰"假蜕化"(Pseudo-morphosis),意谓一新文化因并地有旧文化之存在,而湾曲其发展之常径也。然气以愈压而愈雄,力以愈抑而愈奋,最后此幼稚之文化乃狂迸怒茁,一日千里。其最佳之例证,即穆罕默德时代亚拉伯文化之突然膨胀是也。其第二例证,则见于此后数世纪之欧洲。(八)约当同时,美洲中部之文化兴焉。先是已经过数世纪"前文化"(Pre-cultural)之时代,此文化兴于玉克顿(Yucatan)及其以北之地,渐移至马雅(Maya)区域,最后阿兹台克(Aztec)帝国称雄焉。然不旋踵,西班牙人飙扫雷霆而至,不独歼其民族,更且毁其文献,而不然者,吾人于此时代之全部历史,当不致绝无所知也。(九)最末,为西欧文化。约起于纪元 900 年,克尔特种(Celtie)文化及霞立曼之帝国其先驱时代也。此文化至今尚有三四百年未尽之路,然其重历罗马帝国纪元前 150 年以后之成辙,盖昭然矣。此文化所特具之"普通理想",使其物质科学超迈前古,因之吾人遂以其为永寿无既。虽然,由活而僵,由流而凝,史训炳垂,未之或爽,吾侪之文化独能逃此命运乎?从"已然"未必足为"当然"之保证。今告人曰:使世事而循其"自然"之途径,则吾人所得而希冀者为何如何如。此段忠告,于人或亦有相当效用也。虽然,若谓吾人能有所为,以堵阻此自然之趋向,吾不能无疑矣。

此外尚有一文化,或可于此并论之。此文化至今犹未达堕世之期,然其下蓐之朕兆已显呈矣,此即俄罗斯文化是也。俄罗斯文化实"假蜕化"之最有趣的例证。究其真际,俄罗斯与西方之思想,盖未尝有同调之处。试一研究纯粹之俄国小说、习俗及建筑,而知其然也。惟以彼得大帝之雄才,误降斯土,新国改俗,雷厉风行,弃莫斯科而都彼得堡,以瞰西方,以迎西化,而不知俄国之真正中心实莫斯科也。尔后二百年间,孳孳焉务以西方思想科学及社会形式,被诸其人民之上,而不知其人民实与此新文化格格不相入也。俄罗斯有初民史诗(Epic)之端倪,有形体未固之帝国(amorphous Empire)形式。征之于史,形体未固之帝国,乃文化之前驱,而封建制度之胚核也。然以 1861 年农奴之解放,其民族进展之途径,益与常轨歧。意者其有待第二英雄之出现,恢复俄罗斯之"故我",回其西顾之首,而尽力于东南,且激厉农民之安土固居,以为封建制开其先路,一如罗马食邑(Villa)之为封建制度开其先路欤,然今犹未也。

文化之兴,如平地张罗,展布自表,非层层积累,渐升而上也。何为其然欤?不得而索解矣。浅人曰:人类之演进由斯特倍期(Stepyean Period, 18000 B. C.)而入亚兹利安期(Azilian, 15000 B. C.),由亚兹利安期经新石器期(1000 B. C)而新石器后期,而铜器期。其间变迁,皆以积渐,此妄也。夫克鲁麦格囊人(Cro-Magnon, 40000 至 25000 年前居于欧洲)固超胜于继乎其后之苏禄脱利安(Solutrean)及麦格德利尼安(Magdalenian)人也。先后两文化之间,固不必有相连之环已亡佚,而有待于吾人之寻索也。新式异类,其兴也骤,吾人可循其迹而溯其源,然其兴废之因,莫能明也。粹纯之达尔文主义已不为世宗,今世科学家始体认一真义,此义唯何？曩谓"自然绝无突跃之举"(Natura nihil facit per saltum)者误,实则当谓"自然无在而不突跃"(Natura Omnia facit per saltum)。由低文化而跃入高文化,实一极猛之跳跃。若以与后此"入于高文化以后"之变迁较,其猛益彰。即低等文化中,或亦有循环之律可寻,然此有待于将来更深之探讨以证实。就现在而论,吾人于各低等文化之形式(forms)及根本理想所知极少,而又零碎无统系,尚不足为论证之资。例如南俄罗斯人之陶瓶饰画及澳洲中部诸族之婚姻俗例,今皆不能援以入论,亦绝不能资以解释文化之真正本源也。吾人于一理想或艺术形式,苟能追溯其发端之时代,辄自以为能明其本原,此实大误,而遍于各门思想之通误也。缘此通误,遂以罗马建筑解释峨特(Gothic)建筑,遂以伊莱鲜尼安(Eleussinian)人之神秘思想,证明基督教之拾取余唾、无足轻重,遂以埃及神话之见于英国,以冈布第安象(Cambodian Elephants)之见于马雅(Maya),而欲证实一切文化之同源于埃及,而谓吾人之"文化资本"(Cultural Capital)悉促埃及假借或盗窃而来。证说孔繁,不胜列举。夫先后不足为因果之征,即此一言已足破其说。姑舍是,文化之贷与,不必即为德债,有时反为借者之累害。一文化之特性之所由显示,不于其所借,而于其所不借;知其所不借,然后能明其所以借之故。欧洲音乐之所以伟大者,以无同类之样本可供其抄袭也。反之,以东方化之艺术输入希腊,强其注意,希腊雕刻遂久困桎梏,莫能自张。拿布尼达斯帝 Nabonidus(为伽勒底帝国之末主,亡国于波期)苟非为沙尔刚(Sargan)及汉摩拉比(Hammurabi)之祈祷文及神话所束缚者,当有创新作故之机会也。

凡此所言,多数绩学之批评家,定目为邪说。然19世纪之幻想一日不破,则文化史一日不能出霾见天。借取他山,固以助已身之滋长,然所借之物必须保存其生命,必须善为摄取也。使吾人而必以人种学上或地理学上之段落自缚,因而撰罗马史必上起纪元前千年,下讫纪元1925年,或撰欧洲史必上起纪元前五千年,下讫今日,则吾人有当体认之一事:人种学问题就其本身而言,羌无意义,其于文化问题之解答不能为丝忽之助。所关重要者,不在种族,亦不在诺特(Nordic)族,而在一文化之创造的影响(Creative influence)。是故罗马史必当晰然厘划为三段,吾侪必当彰示者:(1)罗马如何至纪元前500之际而成为古典文化之一部,同时即采用一适应其时代之政治形式,即非世袭之独裁制(Tyranny)。(按 Tyrant 乃首长之称,而无君主殊科,位不世袭,由强有力而能收拾一部分人心者相嬗代。)如何因人民监政制度 Tribunate 之发明(Tyibune 乃民权监督政府之员,有制止政府行动之权,行此制度,政治修明而国以治),因希腊诸雄国不能助汉尼拔（Hannibal）维持均势，而罗马遂成为惟一之中心。如何经恺撒主义（Caesarism）时代及帝国主义时代，至纪元后200年遂交末运。（二）其后如何凝滞不进，内部如何腐败黑暗，因而见陵于异族。此异族最初在历史上占如何其无足重轻之位置，一如前伊脱鲁斯干（Etruscan）人而居于罗马之民族，如何迨罗马入于东帝国势力之下，迨教皇实质上不过成为一奉天宣道之教主，而此异族遂宰制欧洲之命运。如何而材智优秀之士，为罗马之荣誉所吸引而联翩聚于其邦，因有圣奥古士丁（Augustine）、普鲁丁纳斯（Plotinus）其人者，移远方文化之奇花，植于罗马之旧圃，故虽奥所著书用拉丁文，普所著书用希腊文，其情感理想实与古典文化相冰炭，其所表现之上帝观及世界观纯属于"亚拉伯式"，独其名词与亚拉伯人所用者殊。如何而罗马为"亚拉伯化"，其政治上、思想上、艺术上一切重要人物，虽居罗马之地，戴罗马文之名，其所以获重要地位者，全在能接收亚拉伯文化。（三）最后如何至纪元800年之际，而罗马成为西欧文化之一部分，其后二百年间，教皇不过一封建诸侯。如何至12世纪间，纯粹西欧化之教皇制之理想战胜，且成为一宗教理想。此理想至14世纪间，因赫尔都伯兰德（Hildebrand）谋建一普遍之教皇封建制度不成，遂归萎落。如何而教皇加入君主与贵族之争，时而左袒，时而右袒。如何至宗教改革之际，教皇在欧洲之势力，大部分化为乌有。如何而罗马成为无足重轻之地，自查理士第五至拿破仑第三以来，不过为强邦戎马践踏之场。如何而有马志尼、莫索里尼、柯洛齐（Croce）、邓南遮（D'Annunzio）辈出现，罗马在思想上及政治发展上复占西欧文化中之重要位置。凡此诸端，皆作罗马史者所不可忽也。至如先烈原型与国民心理之关系，神圣罗马帝国对于历史常轨之影响，对于西欧文化之阻挠，亦宜寻根溯源，然此则属于次要而非主要者矣。

存此戒心，吾人试进而叙述各文化政治进展之近象，请先提其纲领。吾人首当记取者，各文化所占时代，约千四百年；复次，凡一地域而成为某文化之一部分，则必同具此文化所臻之形式。一文化之各部分非如世人所习忖，各循分隔之途径，彼此不谋也。是故一地域与一文化之有无实在关连，视乎其与此文化之形式有无差忒为判。政治之进展，其大纲如次：各文化之政治的差异，其要因端在"基本象征"之差异，然有同轨焉。其始也，僧侣贵族两阶级，并散漫之农民阶级，渐团聚而固凝，如是者若干百年，是为一时期。后此遂入于封建之世，而真正文化乃随之发轫。封建制度者非欧洲之专有物也，凡文献可征之文化，莫不有之，其发生之时代亦同。（非谓时间上相同，谓次序相同。）约在二三百年后，而与封建制度相鳞迭者,纯粹贵族政治起焉,与之孪生者为国家主义。当此时期,王权式微,其中或有复起中兴,或全归消灭。更后二百年间,贵族政治废而寡头政治代之。贵族阶级起后五百年乃颓落,贵族颓落,而"平民"始获政治上之重要地位。彼新统治者之权力所基,厥在平民。尔后一世纪间,政治组织之形式遂臻于最高之程度,而在一短时期内,止于"完满"之境(Perfection)。此完满者,可感觉而不可表状。此完满者犹吾人听巴克(Bach)之乐曲时所感之"完满"也;然完满不可久也,形式之紧严渐弛,民众之威力随增。最后"第三阶级"竟与国家一而二,二而一。然在此国家不能与其政府形式同久长,盖第四阶级日以滋长而泯棼之会交矣。当此时代之初,民治民权,显然有真正之进步可见,然其后人民仅为"伟人"之工具,以遂其私图。此种政治,史家称为"恺撒式"之政治。政治而入于"恺撒式",则旧日之纲纪常维,与夫政治之智能,已崩分虀碎矣。继此为最终之一幕,即帝国之兴起。旧日政治经验及政治能力之遗留,无论存于贵族或人民者,悉应用于是。帝政之结果,位置及功能之划分日趋于紧严,用克适应环境,而物质文明之兴盛随之。更历二百年,此最后一星之"生力"已竭,于是文化销沉,返于原初之状态,复为半封建式,复为混沌浑噩,然已奄奄无生气,极其量只能藉"惰性"之作用,延其残喘而已。

如是简略表陈,事实已彰彰明显,当难容呶辩之余地。然吾人不能以赤裸之叙述为餍足,更不能不追询其变迁之原因。或曰,此诸变迁,当于外求;或且曰,在经济方面。然吾人不能信此自止也。此诸变迁,实为文化内体之一部分,犹花之为植物之一部分也。今夫蔷薇之生,有滋助之者,有沮抑之者,花之繁稀,固视乎滋助沮抑之情形而殊。然蔷薇花之本身,非从外至,若用旧日"资质心理学"(Faculty Psychology)之名词言之,蔷薇花乃"蔷薇质"之结果也。坚持此说,而拨除藤蔓,以显明其定律,是则本书以下之工作,而斯宾格勒已开其先路者也。

若是乎,吾侪实非完全自由者也。吾侪之材力、之野心,悉为所生在之时代所限。吾侪有类于一班傀儡,为外于吾侪而又超于吾侪之手所操持。无论吾侪称之曰"命运",或曰"内在的倾向",其为操持吾侪之手一也,凡此皆吾侪所当承认者也。虽哓哓解辩,无益也。吾侪所能为者:接受此诸限制,而在其范围内,尽吾力之所能而已。虽然,吾侪更有当认取者。吾侪之时代,非山岗之峰极也。彼埃及第四王朝时代之轻信心理,及罗马共和时代之实用主义,较之吾侪今日之豁达精巧,各就其在本时代之用处而论,其价值及重要实无轩轾也。绝对之价值标准,非此诸文化之一部分也。彼玄学家固能讨论之,权衡之,按其价值而等第之,然吾侪尚未至于讲玄学之时代也。除数学及其亲属科学而外,亦无永远之真实可言也。一切有重要关系之思想,一切有生力之情感,一切真理,即或貌似永久之真理,皆随时代而转移,而吾侪亦必当如此视之。荷马之标准,非吾侪之标准也。使亚拉伯医生烦苦之问题,非 Hipocrates(希腊名医)之问题也,Thomas A. Becket 之原则与 J. A. Froude 之原则迥殊也。

在详述政治制度之前,吾侪尚须反溯"前文化"时代(即未有文化以前之时代)。此时代或有异族之侵略,亦或无之。此时代全区域皆在流转之状态中,其故不由于战争之频数(因每有长久之升平),而由于指挥文化之大势力尚未完全施展。此时代亦恒有伟大之成就,若埃及第二王朝时之雕像,若克尔特人之颜色圆案,若遇森拿人之金工,若巴比伦人在克希时之政治,若亚拉伯人在犹太时之《默示录》(谓神之启示),皆是也。由历史之观点言之,此时代乃"结晶"之时代。在此时代内,有两大阶级(此两阶级为各文化所同具)获得完满之生力,此即贵族与僧侣是也。吾人皆知,文明未启之民族,视贵族及僧侣为最重要,余则其附属者而已。然此二阶级,其能发展而成真正固定之阶级,为初期文化之负荷者欤?抑将停留于散漫不纲之状态,其后必待此文化脱离故土移植他乡,始能活动施展欤?此键挟之问题。在"前文化"时代已获决定,此二阶级者,即吾人今日所称为"作为之人"与"思想之人",或外竞者与内竞者是也。即在今日,人类重任所寄,亦惟在此等人。其在邃初,此等人乃文明进化之要素,而代表两种特异的且基本的趋势。

贵族阶级环集于君王或酋长之廷,盖一切邃初团体,苟欲有所作为,必须立一确定之首领也。于是"半封建"制度之情状生焉。此时国家之组织尚未成,惟官吏之阶级日以滋长。埃及、东罗马帝国及法兰克民族诸王国,其显著之例也。此时代之详细情节,视乎各文化之基本象征而殊,僧侣制之形式尤多差异。一文化之宗教态度之所由表现,在僧侣所获之地位。在一文化区域内,宗教相似,与他区域则迥异。罗马宗教之根本情感与希腊同,巴比伦之与苏米利安亦然,耶稣新教之 Wesleyan 派之与天主正教 Catholicism 亦然。无论何地,皆有贵族与僧侣之斗争,而斗争之结果,则或相悬殊。其在印度,贵族实际上为僧侣所消灭,其留存者不过为僧侣之一种而已。其在中国,以贵族威权之全盛,屏僧侣于历史之幕后,使非赖近年之发现(译者按:此当指殷墟之发现),吾人且不知中国古代亦尝有明显之僧侣阶级也。其在希腊,僧侣除为国家或城市之官吏者外,毫不重要。其在亚拉伯,僧侣与贵族融化为一。其在西欧,僧侣与贵族对等。

当此时代，帝国肇起，散漫而组织不善固矣。然其兴作，已足以划清一特定之区域，而文化将于此表现，将于此发轫焉。贵族与僧侣两阶级间之垣堵，日以固定，一切有关重要之人物，必属于二者之一，最后两阶级成为世袭，而不容新份子之羼入。文化一至此境，苟非遭暴力之扫荡，苟非变全区域为荒墟，则万无毁灭之理。其在俄国，往者贵族及僧侣两阶级之成立，全由人力造作，故一时有贵族阶级崩坏之象。然俄罗斯文化决不至停滞，盖新阶级将兴于是邦，而扬鞭为先路之导矣。此种初期帝国之例，若霞立曼、米尼斯（Menes）、亚格满能（Agamemnon）、彼得大帝等所建国，及最初治克希之苏米利亚族诸王所建国，皆是也。

于是未来景象，已露熹微之端倪，然每更历悠久之时间，然后一文化之纯粹精神始彰明而外播。观乎埃及，先自第三王朝有阶级金字塔及稍足代表埃及精神之建筑，然后有纯正之金字塔及隧通之茔墓，为尼罗区艺术之重要象征焉。其它一切文献足征之区域，莫不如此。政治之端倪，始露于贵族之组织。其最著之例，则欧洲之诸侯（Barons）是也。贵族之存在，与土地有密切之关系。彼辈深居于堡邸之中，堡邸以外不知有天地，优然游然，尽其功能而不自觉焉。王者，乃其僚曹之首长，然在经常情形之下，王与臣众之关系极密切紧絷，不待规定而自明；而贵族自成一阶级，历世遗风，忠义是尚，此忠义之风气，亦不待规定而自明。封建时代之一切寇掠及小战争有两种效用：一以满足占有之本能，一以助贵族阶级之"形"成。贵族阶级而外，僧侣为一独立阶级，或与贵族相对等，或不尔；其余国内分子，则为农奴，其或界限晰厘，如西欧之农奴制（Villeinage），抑或严固略逊，如斯巴达之役隶制（Helotry），此则无妨于大体也。封建制度之兴，为势所必至，东罗马帝国其最惊人之例也。以东罗马帝地奥克利纯（Diocletian）之规划，皇朝文官，尽成世职，军役成为强迫之义务，而贵族巨室，各养私兵以供战争。其尤显著之事实即希腊罗马时代之奴隶制度消灭，而代以农奴（Coloniglebae Ascripti）之制。此种制度起于纪元三百年，其它文化在相当之时代亦复尔尔。

贵族对于本阶级之忠爱，与其对于首长之忠爱，不能尽契协也。二者有冲突时，则胜利属于贵族阶级。在贵族初兴之三百年间，无在不见王权之展拓。其结果，极端之纷扰每与此时代相始终。即当封建时代，组织之紧严已臻于极，而居要枢者，实贵族耳。其在欧洲，教皇及罗马帝皆曾力图建设一普遍之封建制度，而终于失败。教皇及罗马皇之权力陵替者久之，是故封建制度全盛及其倾坠时代，实相掩叠，如《荷马史诗》《伊里亚》及《奥德西》所示者是也。奥德西（Odysseus）之王也，威令不出于绮色佳岛（Ithaca），犹约翰之在英伦，第六王朝之在埃及也。国内贵族,各各独立,而挟王以行其所欲焉。然彼辈目的既达,旋即被取而代。国之为国,而非仅为若干阶级之凑聚,彼辈所不能明也。国家为超乎彼辈之外之实体,彼辈朦然罔觉也。彼辈既胜王朝,遂张威焰。英国历史上之蔷薇战争(Wars of Roses)乃此种时代之显例,然非唯一之例也。此例不独见于欧洲,于罗马帝国、于法兰西、于中世意大利之帝党与教皇党、埃及之在第六至第八王朝、中国之在周末、小亚细亚及希腊之当寡头政治时代以及东罗马帝国,莫不皆然。

　　此扰攘之时代,民族国家于焉诞降。然方在艰难娩脱之中,去长成之期犹远。所谓民族,其义至歧,或如在欧洲之广博的地理的意义,或为希腊意大利之邑国,或为亚拉伯之宗教社会,或如在埃及,为一切崇拜拉 Ra 神之人。联合统一,为此时不可免之趋势。其集团或大或小,而恒归宿于君主国家。其始也为软弱之君主国,继是为一纷乱时代,继是而成一程度较高之国家。此国家而昌盛,则必需首出庶物之领袖,为一国之象征,为万民所宗仰,故有亨利第七,有查理士第五,有以岁更嬗之阿康(Archon,在雅典城中最高之地方官)及狄克推多,揽大权而与贵族阶级对抗焉。在此过渡时代,贵族阶级为最后之争斗,为其传统之地位而争斗,然终于败绩,其权位为国家所取而代。在此国家中,各阶级只有社会上之差别而已。自贵族观之,城市实为可骇异之物。在城市中,人民生活所根据之原则及生活之程度,在在与传统之法则径庭。在彼等观之,城市居民龌龊实甚,然城市之滋长实不可免者也。邃古之初,城市不过为交换货物之墟场,或亦宗教之中心地而已。操手艺者麇聚于是,浸成一大集团,而所谓"第三阶级"(Tiers état)者起焉。此阶级与原有之自然阶级(指贵族及僧侣)相冰炭,而终克服豀毁之。城市者,盖贵族之仇敌,而新贵族之颉对体也。城市既兴,遂成为政治舞台之最重要部分,贵族而欲图存,则必须于城市中求达其企望,而悲剧即在是。盖就政治势力之消长而言,贵族一入城市,无异鱼之去水,不然,则必贵族变身与其敌人为一,如在罗马之贵族然。夫贵族而成为自由主义者,则贵族之末运交矣。

　　至此乃见人民参政之发端。前乎民族国家之长成时,民众之向背,已为斗争之胜负所系。自民族国家成立后,民众之地位益臻重要。若希腊罗马之独裁者(Tyrants),若欧洲(纪元后 1500 至 1650 年)苏米尔(纪元前 2600 至 2500 年)与埃及(纪元前 1950 至 1800 年)之帝王,皆尝承认人民在政治上之价值。此种承认有必然之结果二:一则国家之组织于以造其最高之形式及理想;一则人民用其权力,使自身成为国家之一部分。要之,文化日进,则脱离农野而入于城市。贵族为自卫计,乃自组政党,与城市之政党对抗。然此种运动,除在罗马及英伦外,无一不以失败终。当潮流正趋向绝对的德谟克拉西之时,乃有折衷之新制度产生,如罗马在纪元前471年间监政制之建设,其最惊人之例也。(监议制度者,由民选监政官[Tribunes]、监督执政[Consuls]及元老院,有否认其议案之权。)其在苏米尔(Sumer),此时期恰与固底亚(Gudea)之朝代俱终。其在埃及则色苏突里士第三(Sesostris III)败贵族而张王权于极点。其在欧洲,则亨利第七创此时期之始,然迨至黎希留(Richetieu)及华伦斯坦因(Wallenstien)之世,然后臻于全盛也。

凡治法国史者当能体认一事,所谓专制时代者,非真其时君主恣意孤行,而其权力无所不达也。岂惟不尔,实文化潜力达于最高而表现于外之时也。此意惟洞明一文化之"基本象征"者能知之耳,是故吾侪敢谓雅典之共和时代与路易第十六时代同等。此言虽似荒诞可哂,而实非也。盖希腊罗马时代之宪法大意,最完全表现于其政长年选之制度(在历史上唯一无偶)及邑国之组织,而雅典时代所谓民主政体,与19世纪之德谟克拉西殊科,固甚彰明也。

封建之末运与贵族政府之初期,互相掩叠,专制时代之与民治时代亦然。纪元前4世纪时间雅典之情况,实显兆希腊之纷乱时代。陆克政治思想(试以其思想与霍布士对照)之传染,实法国专制政体倾覆之先机。汉摩拉比(巴比伦名王)前两世纪之扰攘,固底亚(Gudea)实辟其先路。各文化中,莫不有于此相应之时代,即所谓黎明期(一译开明时代,又译启蒙时代)者,其实皆衰降之时代也。于是"理性"为价值之唯一标准,"人权"之呼声喧嚣于世,旧日传统之象征,已为"唯智"之思想所取而代。代帝王者,卢梭也,代贵族之忠义者,金钱之权力也。学说与商业之新势力,将为僧侣与贵族两阶级之继承者矣。由僧侣而至于哲学家与科学家,由上帝之崇拜而至于唯智思想及自然观念之崇拜,其递嬗之迹,昭然易寻,而锱铢不苟之"商家王",其与贵族之关系,亦同此密近。自是以往,"作为之人"(见前)乃利用学说以行其志,利用金钱以获其果。公意舆论,斗角钩心,而全力集中于自相争敌。其在都市,交通易而书报之流通速,遂使群众自觉其权力而思运用之,然群众自身不能有建设之成就也。有人焉,机智足以驾驭群众,则群众归其统制。此其人,时则马理(Marius),时则为恺撒,时则为列宁。盖此诸人,实无一为民治主义者,而其中至少有二人,藉金钱为成功之要具。凯撒出现之时,罗马正有需于其人,正有适当之机会,使彼得凭藉其人格及其控制人民之能力,以从事建设之工作。列宁则欲使文化末造之现象,排演于尚未成熟之文化中，故其所成就无他，仅使当者瓦解而已，惟以其经济供给之不绝，用能支持其独裁之权力。至于终身，后之史家或将以列宁比于罗拔士比（Robespierre，法国大革命时激烈派首领），实则当以比于马理也。众文化当此时代之心智史，不幸多湮在乌霾。于埃及，吾人毫所知；于苏米尔，亦毫无所知；惟于中国及印度，则可知者颇多，仅有待于适当之研究与发表耳。盖关于此时代，司马迁曾有颇详赡之记述，而自释迦以至阿育王诸哲对于此时代政治生活之反想，佛典中多载之。以言乎亚拉伯，暧晦亦较逊。哈伦阿尔拉斯特（Harounal Raschid）王国之分裂，及鄂马开谟（Omar Khayyam）之世（为浪漫之时代）之衰降现象，皆转变之证据也。其在近世，则19世纪恰足当之。此世纪之于吾侪，从任何观点而论，皆极重要。吾侪今日正脱离此时代而始明白此时代之错误耳。此时代之结局非他，怀疑主义与否定之趋向而已。思想之进步、人权之发达，其所引起之希望终于烟消云散而已。吾人试一览此时代大人物之姓名表，而知彼辈不复为"作为之人"，不复为贵族，而为思想家，且恒为不透彻之思想家。此时期之最大政治家俾斯麦与巴米斯顿（Palmeston）皆为今人所不喜。盖今人于一切问题之判断，与黎明时代同趋，凡为敏慧之人，未有不左祖自由主义者也。然今日已有一退后之趋向，将使智能之士渐复集于守旧党之旗下。其在英伦，且齐尔（Winton Churchill）其第一人也。彼自由主义者所见虽高，所能为者实少，不过如其在古典时代之斯巴达，助长克落门尼斯（Cleomenes）之莽行而已；如其在19世纪末之英伦，助长格兰斯顿（Gladstone）之翻云覆雨而已；如其在1848年，助长西欧之革命而已。然彼辈亦不容忽略或小视。彼辈有时竟具最大之势力，如能与财政界及商业界联结，势将睥睨一时。彼曼且斯特学派（The Manchester School）以政治学派自称者，其注意政治之自由，不减于其注意商业之自由也。

凡此内的变迁，咸原于法国革命，其它各文化中亦有同类之因果。与此等变迁俱来之外的事迹，尤足为此时代之表征。斯宾格勒氏因采中国史家之名词，称之曰"战国时代"。于政治方面，吾人所见视经济方面为多。吾侪自身所经历，已过此时代之半，盖此时代之肇始，与拿破仑之出现、革命思想之散播及近世诸"民族"之兴起，实同时也。古典文化之踏入此时代，约在元前300年，正当亚历山大殂落，而罗马大败散奈脱人（Samnites）之后也。埃及、叙利亚及小亚细亚，在此时代犹蒙帝国之外形。其要因唯何？盖初期文化之传统势力犹存，发展之常轨遂受拦截也。然图伦美（Ptolemy）及色禄摄特（Seleucid）两家之帝王（乃此时代埃及、小亚细亚之统治者）与其六百年前之帝王固已迥殊矣。其在埃及文化,此时代为"海克苏斯"(Hyksos)时代。海克苏斯者,寇掠其北鄙之异族也。此侵略者浸假成为埃及文化之一部分,亦犹其后侵入"亚拉伯"文化领域之罗马人,终成为"亚拉伯"文化之一部分也。此时握统治之权者,非仅为僭夺之异族而已。无论其为贵族,为民众,为崛起寒微者,或为异族,莫不深受本邦文化之濡沐。其在中国,此时代即其本邦史家所称为战国者。其在亚拉伯文化,此时有连续之急剧变迁,由波斯而及于君士但丁堡,且及于西班牙。此时代者,大人物出现之时代也。彼辈不能如前此之贵族,构成宏大之传统势力。其动作也,俟机而乘时;其兴起所取之手段,甚卑微无足道。彼辈或为深沐教化之人,或为瓮牖绳枢之子。其露头角于当世,或因树绩于疆场,或因驭众有方,能维团体之伦序。语其大较,彼辈恒有学说为倚盾。此学说彼辈或藉之而崛兴,如列宁是也;或拳拳服膺而不逾,如革拉克(Tiberins Gracchus)是也。且也,如吾前所言,经济势力恒不离其左右。

吾侪今日迈步所趋之路径为何如耶?考往较今,不难窥见其大略矣。少数人物渐成为世界之中心。此等人物,各国皆有若干,而各操持其本国之命运,惟最后之决定犹有赖于国民及工党耳。倘英国能保持其统辖世界经济之权,倘英国工会不坚持其所想望之生活标准,以致英国经济上崩分离析,则将来产生大帝者,当属是邦。如英国不济,则当斯选者,德国与美国,必有一矣。独立也,国家主义也,民族自决也,不过供呐喊之口号而已,不过仅有片时声价之理想而已,及其威信既坠,则他者起代之矣。于是恺撒、奥古士都(Augustus)之徒起,重造统一与和平之局面。此和平者,非复19世纪之武装和平,而为真正完全之和平。此和平之基础,不在政治亦不在近世经济组织,而在一切有能力、有价值之人之最后努力。

以今日世界自视其文化过高,对之预言,诚属无聊之举。吾侪或终得解救,亦未可知。然能解救吾侪者,必非专门技术之造就,亦非科学也。使解救而可能者,则解救之方必在恢复旧日历传之轨范,或吾侪所可得而追随之最近轨范。臆造之制度而能行于政治中者,未之有也。盖此种制度未有能具相当之韧性,足以适应当今之需要者。吾人幸而生于今世,尚可图恢复历传之轨范,而为他日伟大之成就奠其先础。吾侪惟有集中其精神于此。苟有人焉,努力求纳国家于轨范,则其人表面虽类自私,亦当助之而已矣。在今英国,此业殊艰,盖其共产党中,既无伟大之人物,其社会主义者,亦犹自由主义者。然太固执其所主张之制度,守旧党之耗,则在缺乏感奋与热情。然则将待于军政独裁之建设,如法国历史上司空见惯者耶？是又不可能。虽然，成大功之人所待而兴之时机，今已至矣，吾侪不能不冀望一更伟大之路易、乔治或且齐尔出现，拯救众生也。此等人物，尚实行而不尚思辨，抑且对于许多问题无暇思索，然因是反可免除前人所屡犯之巨谬。希腊之斯多噶派、印度之佛教徒、亚拉伯之报达学派（Bagdad Schools），皆曾试验其玄想而失败者也。（印度似为例外，因印度人偏重宗教生活，故其解决方法只能于佛教求之；欧洲人以为佛教为与耶教相同类之宗教，其实大误，佛教之为哲学，无异于斯多噶学派及社会主义也）一切思想家，皆自以为能规划出一解决之方法，然其所成就者，不过激动大都市之人民（在今日则海外殖民地之移住民亦受其影响），使之热烈如狂，蠢蠢欲动，以供大人物之用而已。凡此时代在政治上有所成就者，莫不藉人民之趋附（其在希腊罗马时代则藉奴隶及同盟国）。彼等必须为人民着想，为个人之自由着想，而以此为前进之旗号。然吾人倘信仰此辈领袖，于其内情，必须有适当之了解。无论革拉克之正大忠诚为何如，终不能止其越俎之行动。彼第四阶级岂不曰社会主义（或共产主义）为吾等之救星乎？无论彼等之想象如何，设一旦纯粹之马克斯教义或列宁教义得行，则亦彼等之耗耳。

自19世纪以来，人民之权力及经济之权力日以滋长，换言之，即思想家及大商人之权力也。然21世纪之变迁，将使彼等失其地位。盖大帝国将兴，其所挟之新政治势力，将与彼等以大打击也。大帝国为各文化之最后形式，过此则复归于其初兴时"半封建"之景象。当大帝国之兴也，凯撒之徒吸集一世实行之人才为己用，与之抗敌者惟哲学家；在罗马则为斯多噶派；在中国则为儒家；在近世则为社会主义者。此时财富之积聚，依然继续。然无论大流士或拉美西斯（谓握帝国政权者）所需于财富者为如何亟，财富已不复能控制政府之命运矣。财富之积聚，不过为失意于政治者聊以自娱之事而已。此时之政治史，实集中于统治者之左右。于时则有各界之安宁，有国防交通之大规模的组织，有精密之商业及运输制度，有谨饬之赋税法，有物质方面蓬勃斋皇之气象。然与并长者，则为帝政威力之压迫。凡此种种，稽之有史以来各文化，无一爽忒，瞻望来祀，吾侪独能免乎？

三　基本理想

大地各部，殊异纷纭，虽亟极粗率之观察，亦能辨别之。凡稍有建筑学智识者，必不致误以埃及之神庙为回徒之清真寺或误以东罗马教堂为峨特（Gothic）式之寺院。通常解释此等建筑上之殊异者，大抵求之于营造之材料、模拟之型式及其它明显之物质的因素。此种建筑式样之殊异固亟明显，然犹不若思想式样之殊异之尤著也。虽今日全世界几尽欧化，虽交通工具若铁路、无线电话等，已广施于用，然地球犹自划分为两半。此半之所思，彼半从不知闻；即尔，亦罔能通晓。彼久居印度之英人，当感觉此困难矣。彼西欧人之基本理想，彼其思想行为所依据之"公理"，出乎欧洲之境域，出乎欧化之中心，则无复效验。同是过去各文化之遗迹莫不有其基本理想，而此理想，他文化中寻常之人每不能悟解之，必经无限艰苦之研究，始能了解异文化之态度。盖各文化在思想上、感情上，抑且其灵魂上，咸具特异之态度。此态度不可以物示，不可以言传，然其实在不容致疑。一切人类活动胥受其支配，因而有个别之色彩。文化之艺术、思想、建筑、宗教、政治，其所以具特殊面目者，基本理想为之也。此基本理想不明，则一文化中之特殊运动无从了解。

勃克尔之文化论（Henry Thomas Buckle，1821—1862，著有 *History of Civilization in Europe* 一书，1857 至 1861 年出版）久已为学者所摈斥。人类之活动，其可以气候及其它环境状况解释者盖不多。环境之状况固属重要，然使非具掩袭之势力，如昔日美洲中部之情形者，则决不能与文化之精神抗。或谓北方之种族，互较南方为强猛，惟浅陋之史家，目光不出近世者，始能为此无稽之说耳。试考 16 世纪之意大利及西班牙，其文化上之活动，曷尝逊于英法。试考 11 世纪之地中海南岸，其文化生活实远超于北欧。吾人方立于本系文化生活之高巅，遂目空一切，而不知百年以前，吾人犹未能领会亚里士多德之政治思想也，而不知就交通之完善而论。吾侪至最近始能追及罗马帝国之初期也。

更有一说，视前较新而愚谬则等。其说谓文化与若于特定民族之性质有关，且视之而殊。其在西欧，民族性质可得而迹溯者，厥有三式：曰诺尔特式，曰亚尔伯式，曰地中海式；而亚欧各部分文化之超越皆由于诺尔特民族之性质。如此谰言，实不值严重之考虑。就思想界之运动而论，文艺复兴之于西欧，其重要无与比伦。文艺复兴之家乡，则意大利也。然自 16 世纪以来，意大利在思想上已为瘠土。西班牙及葡萄牙在昔曾为冒险精神之领袖，使欧人能扩展其活动之范围至于全球者，二国之功也。然自 16 世纪以降，文化之中心已易地，而二国已成为无足重轻。吾人其将谓凡此诸国皆曾经一度诺尔特人之侵入耶？恐不能如是臆断也。且种族族之说，亦不能解释其它诸文化中之现象。印度曾有惊人之进步，继此却为完全之停滞,而未尝有丝毫种族改变之痕迹也。又如幼发拉底斯河流域之文化,在汉摩拉比时,实包括苏米利安人、色密特人及依兰密物人(Elamites,后者语言上之种属不可考或有带黑种人色彩之可能)。此诸分子各不相同,然并为一文化精神所捲括。一切与艺术、思想及政治有关者,施之全区域而皆准。

以西欧在科学上之成就凌迈前古,则其鄙夷他文化,谓是仅一篑之成也,无惑也。虽然,吾人亦常闻之矣。汽船、无线电报及毒瓦斯,不足为文化超越之证。吾人之科学思想;吾人之智识及原理,已日积日富矣。然此能有助于吾人对宇宙之了解否耶?其能纳人类之行动于理性之轨范否耶?

有一控案,欧洲人与亚利安人各为一造,而胜诉属于欧洲人者乎?无有也。彼十二名欧洲裁判官,自将以欧洲人为直,只因彼等仅能了解欧人之诉词而已;然若以十二亚利安人为裁判官,则将得相反之判决矣。准此以观,试将今日惟一之活的文化(俄罗斯文化)与西欧文化较,两者恰成颉对,无论在思想上及概观上皆然。不独现今亚欧人感想不类俄人,且前此亦从未尝相类。今虽以"假蜕化"之故,铁路官厅及共产主义雄据此邦,然俄罗斯之灵魂,实在普通欧洲人思议之外者也。托尔斯泰虽为俄人,实西欧人之偶然化身而已。至若《狂人》(The Idiot)及《迦兰麦曹夫兄弟》(Brothers Karamazov)诸作,则非真正之俄人不能为。(按此二书系陀斯妥威夫斯克[1821—1881]所作。)"此罪恶吾痛恶之,而吾躬蹈之",此俄人在其灵魂之深底所恒感觉者也。其它俄国小说名著中,屡见此种内心之冲突,惟其表现之形式,却与此种精神相冰炭耳。若精明活泼之巴比陀(按此乃美国 Sinclair Lewis 所著之小说,即以书中主角之名为全书之名,该书出版于1922年)在俄人观之,直一不可解释之快活疯汉而已,亦犹德米特里(陀斯妥威夫斯克所著小说《迦兰麦曹夫兄弟》中之主角)内观冥想之态度,在吾侪观之,只宜于癫狂院而不宜于实事之世界也。精神之冲突乃俄罗斯人之基本理想。此精神之冲突,西方人所未尝感觉,亦非其所能了解也。

类是针封之差异,亦可求之于古典世界。在希腊人观之,世界乃实在的、具体的,即如奥尔夫派之信仰(Orphic belief)否认肉体之价值者,其中亦有实在者存,而不能于印度求之也。希腊人之观念有与吾人今日辜较相类者,即其重视现世而轻来世是也。然此外尚有希腊人之神殿、希腊人之城市、希腊人之科学、希望人之雕刻,凡此种种皆表现一稳定安静之精神。此种精神乃其内心对于人生之态度之反影,而非吾人所能感觉者也。希腊人所需要之政府,乃与人民极接近者,非如欧洲人对于极抽象之国家观念亦能贡献其忠顺也。威瑟克斯(Wessex)

之农夫，虽于伦敦及繁华之北部毫无所知，然英国为威瑟克斯农夫之英国，犹自若也。惟在希腊则不然，必其人能登都堡（乃俯瞰雅典城之高堡）而下望，见闾里之列陈，然后觉雅典为彼之雅典耳。虽睿哲之亚里士多德，其眼光所及，亦不出市府外也。自马其顿势力之侵入，一切真正之政治生活，遂辞别希腊而永不复返矣。其后罗马帝国亦以市府为基础者也。

以上言希腊政治上之特彩。其在宗教上亦有然。希腊之神，其确实一如人类，而与人类同喜怒。此等神人之名号及其功能，或不无沿袭他族，然希腊人对于神之观念与任何民族皆不同。神者非他，乃一群战胜之酋长（或男或女）、神异之海盗，一方面为自然势力之人格化，而实质上与邃初之希腊人无异，及其徂逝（为迷信时代过去也），则踪迹无遗。荒唐之迷信，神秘之仪节，与哲学思想，各走一极端，毫无调合之余地。其后在守旧之罗马，所留存者不过告朔之饩羊。如今日学校中犹保存晨祷之习惯耳。

与此种态度相针对，而略近于俄国人者，厥为印度人之态度。希腊之哲学虽曾借取若干印度之教义，然印度人之态度全为希腊人所不能领解。一切印度之思想皆以一观念为根据，此观念为何？即感觉人生之不快而思欲逃脱之也。关于印度之建筑，在佛教寺院出现之前，吾人毫无所知。此种雕石为墙，装饰辉煌之建筑，当其出现时，印度文化衰亡之兆已见矣。关于印度之政治史，直至文化中心自潘查波（Punjab）移于恒河流域，而大城市随之兴起之时，直至月护（Chandragupta）及阿育王之世，始渐有可考。前乎此者，文献无征焉。惟宗教及哲学史，则资料奇富，宗教与哲学结合，而印度人之情感于以得最完满之表现。印度人一方面知有神，一方面知有自身，而其最大奋力，即在求二者之谐协。神（多数）者最初为自然势力之人格化，而表现其最赤烨、最神秘之相。其后在《奥义书》书中，则成为合一之精神。"凡此一切，乃一梵天。试默想此眼见之世界，若托始于梵天中，而呼吸于梵天中焉"，此之谓也。然即在《奥义书》中，亦可见印度人感觉人神谐协之需要。离此普遍之精神而生存，即是幸福之反面。而人生之目的，即在逃脱此种生存。印度人以为有一种规律，可藉以逃脱世纲而回复人神之谐协，其全副精神即束缚于此种规律之观念中。迦毗罗（Kapila）之哲学之目的，即在拯救人类，使脱离三种痛苦：一曰身与心之痛苦；二曰自然的、外属的痛苦；三曰神界与超自然的痛苦。欲获得完全之解放，其唯一之途径，厥在悟解人类生存之规律。钵颠阇梨（一作跋陀阇梨）之瑜伽（Yoga）亦有类此之思想。而佛教实质上亦为一生活之方法，以一规律为根据。印度人之根本态度之基础，全在 Dharma(法)与 Karma(业)二字。印度人之眼光,全凝注在一普遍之规律,或权力,或方法,超乎知觉证验之外者。若是则印度主义(Hinduism)本身在艺术方面贡献之微(几等于零),固无足惑也。其最大之成绩,除宗教哲学外,厥在逻辑及数学。夫逻辑,为哲学所需;数学具神秘之必然性,二者皆不过印度宗教哲学之副产物而已。然印度人覃思殚虑,欲为人类之精神求一普遍之规律及方法,若此之人,除逻辑及数学以外,更不能有其它实际或半实际之展现也。

印度人所谓规律与方法及其所以求之之道,希腊人所无也(吾侪亦然)。彼希腊人所发现之种种规律,乃运用批判之智力于实事之世界而得之结果也。彼其理想乃形式之美。彼其理想之表现,或在具体之模样,如雕像及庙宇;或在高尚之生活,而仍为具体之生活。释迦教人以中庸之道逃脱生活,而希腊人则以调节谐协为最美之生活方式。印度人以将来槁木死灰之涅槃,为逃避世间烦恼之所;而希腊人心目中惟一之身后生活,乃在一幽冥之国中,而此幽冥之国,绝非乐土。以其异乎实在故,印度人之内心最高的表现,乃在一普遍之规律;而希腊人用神之观念,为一种抽象之势力,以助成世界之理想美者。最足以代表希腊人者,厥为其在几何学上之成绩。在一切科学中,惟几何学可称为具体有限,而又不失为美者。希腊之"基本象征"欲以一言蔽之,殊不可能。然以"具体美"三字概括希腊人之理想,以"具体形式"四字概括一般希腊人之感觉,虽不中不远矣。柏拉图固有时能逃脱具体之境界,然一般人性之所近,乃亚里士多德之政治学而非柏拉图之理想国。宇宙之辽廓,希腊人所不觉也。"无穷"一观念,希腊人所不知,知亦不深也。"永久"一观念,使希腊人闻而畏惧,故此字在希腊语中兼有永久及恐怖二义。

关于美索不达米亚文化及赫泰亚述文化之基本观念,文献不足征矣。埃及人之情感亦以一方法为根据无疑,然此方法与印度人之方法大异。埃及人心目中之身后生活,与埃及人之现世生活,同其确定明晰,同其实在有物。所谓埃及人之方法,即求所以达此种身后生活之方法也。然其求之之法不藉沉思冥想,惟藉一种明晰之智识,为人人所能获得者。埃及人生活之鲁直,表现于其金字塔庙宇。表现于其金字塔之秘密而亦牢固,于其庙宇装饰(雕墙及绘画)之拘紧的格式。

亚拉伯文化之基本态度,虽难于言说,然其与他文化之差别,亟为明显,且比较上易于捉摸。亚拉伯人之生活有三特性:(一)现世生活之实在;(二)未来生活之确定;(三)生活之神魔性。第一种特性盖隶属于其它二种特性之下,故有时在表面上观之，亚拉伯人似否认现世生活之价值者。然就其对于实在（Reality）之感觉而论，亚拉伯人实与希腊人为近也。虽然，亚拉伯人之感觉，其伸拓之远、包括之广，实逾于希腊人。于现世之实在生活而外，亚拉伯人更感觉将来之实在生活。此将来之生活，其确定真实，远过于希腊人心目中幽冥之国矣。再者，亚拉伯人又感觉一上帝之存在。此上帝之观念，乃亚拉伯文化与他系间最明显之差别也。在亚拉伯文化扩展及于全"亚拉伯"区域之前，此观念已先存在。当耶稣纪元前数世纪间，此区域内有部落社会及异族小国甚众，而同具一特点，即只信仰一上帝是也。其后此诸族之教条为耶教所换代，然内心本来之态度仍保持不失。不独犹太人 Ebionite 及拿撒勒人诸宗派坚决反对三位一体之说，即景教（在亚拉伯区域即罗马帝国以东之地最有势力）对于三位一体说之信仰，亦较耶教之他宗为弱。上述各宗派，除犹太系外，其后皆全部归入回教，而耶教徒与他派之差别遂泯。无论何处，上帝之威力皆超胜一切。回教徒所想象之上帝，乃一确定而有个性之人物。其行为之不可理解，一如世人。彼乃超乎理性及智力之上者，彼从不肯降身折志向人解释其行为、其命令或其宇宙，彼但发号施令，人类但有服从而已。更有同样不可理解，而对于亚拉伯人之感觉有同样之重要者，此即亚拉伯人心目中之一群天使、仙人、恶魅等等，布满于宇宙者是也。此等角色，当人幸运之环在手时，则为之服役；不幸偶尔错读咒语，则舍之而去矣。此亚拉伯人之观念也，凡此一切，使世界充满无数强猛而神秘之势力，而造成一种特殊之空气。此种空气予亚拉伯文化以奇异之神魔性质，而《天方夜谭》之奇闻所由生也。彼回徒之清真寺（具异样之拱门及细致之装饰者）亦带神魔性（Magical），然同时却少神秘性（Mysterious）。无论上帝如何难以了解，上帝之行动毫无神秘，上帝之动作为寻常自然世界之一部分，亦犹哈伦拉尔拉斯特（Haroun-al-Raschid）之动作也。其所以不可索解者，正因明显之事本无人能解释耳。回教清真寺所表现之宗教感情，不若耶教大礼拜堂（Cathedral）所表现之深。耶教堂嵯峨之尖塔，表现高举灵霄之愿望，而清真寺之招橹（回教尖塔之名 Minaret），则无此种表现。清真寺及其招橹，合而观之，实代表明晰而无争辩余地之智识，代表领悟之感觉，即对于与凡人相同而无凡人之缺点，无小忿小嫉而具大力之神之崇敬之情是也。

希腊思想之胜利，自亚拉伯人观之，仅得部分之满足。亚拉伯人愿为其信仰而死，而不愿为其国家而死。故自彼等观之，希腊人之政治奋斗及政治思想，皆无意义者也。亚里士多德之逻辑学，彼等能吸收之，惟亚里士多德之政治学，则不属于彼等之世界矣。几何学彼等得了解之,惟彼等绝不能创造之也。从另一方面而观,希腊人永不能超越具体的数目之外。惟亚拉伯人则能再构成零之概念,又能以神魔之 x 为基础,建造代数之学。尤有进者,彼等又能发挥天文学及医学。此二学当其初发端时,固半带神魔性,半带正确性者也。若夫纯粹之具体技艺,如雕刻与绘画(乃纯属于现实之世界者,乃感觉与智力所能完全鉴赏者),希腊人所赖以彪炳于古今者也。然此种艺术不能使亚拉伯人满意。凡一切亚拉伯人之所感觉、所作为,皆有信仰之情感在其背后。彼等无在不需求一不可解释之上帝,同时为确定而又带神魔性者(Definite and Magical)。

西欧文化中之艺术与思想,大部分从古典文化及亚拉伯文化而来。此不独西欧文化为然,凡幼稚之文化与旧文化接触时,莫不尔尔,然此在根本上无甚重要也。无论所借取者为何种形式,绝未有不经改变而适用者。一经基本理想之化炼,无论其外表上如何类似原样,其精神已全异矣。希腊之具体的理想,西欧珍重之;亚拉伯之神魔的确定性(Magical definiteness),西欧摄取之。然使西欧文化而赤手起家,则其发展之途径,实质上当为大异也。彼基本理想,在文化之有机体中施展其作用,则其所当产生之结果,在明眼人观之,大致当同也。当中世时,西欧之宗教表面上为亚拉伯之遗产,其帝国及教皇制,则一部分得自罗马,一部分得自亚拉伯。及文艺复兴之世,其文化则类似希腊。然在宗教、政府二者之下,实隐藏一种感情、一种欲望。此感情者,对于抽象界之感情也;此欲望者对于无穷无垠之境之欲望也。此境也,扩拓于人类世界之外,于有限之天国之外,而直至宇宙之极边。彼西欧人不甘于如希腊人之具体,不甘于如亚拉伯之确定而带神魔性。彼其科学、彼其思想,无疆界以自封;有之,惟自然及心智能力之限制而已。彼其开辟发现,仅为地球之面积所囿而已。彼其科学,仅为生活及方式(Form)之限度所囿而已。于具体之思想及代数式之 X 而外,西欧人又构成更玄邃之概念,如 $\overline{n-1}$,殊非智力所能模拟者。从艺术方面观之,西欧文化不以雕刻及绘画为满足。夫就绘画而论,从其伟大作品之背景中,可以感觉空间之广漠,此固有合乎西欧人对于无穷无涯之境之想望也,然犹未餍也。最足为此种想望之表现者,厥为音乐之节拍及谐和,盖音乐以其无际之势力,感动精神之灵机,使一刹那间吾人之智识能超乎时间空间之外。

就其更实际之方面而论,西欧文化之基本理想,可谓为真理之探求。从一方面观之,此特别为希腊人之性质、希腊之思想冲决羁绊,勇悍无伦,其所获结论,亦有灿然可观者。然就真理之探求而论,希腊之思想实犯一大病,即忽略事实是也。彼爱奥尼亚(Ionian)及依利亚(Eleatic)哲学家,不肯细究自然现象之本质,惟攫取某种自然现象,而忖测其特性,而演绎之以为全宇宙之原理。柏拉图及诡辩家,鲜肯降心抑志,以就事实者。若亚里士多德之搜集事实,在希腊为第一人,而抑亦惟一人也。即苏格拉底所发明归纳法,不久便为彼等所弃去。希腊人于真理中见美之形式,其构造哲学,几与其构造偶像无异。申言之,彼等依艺术之原则,运用其艺术的直观,穿透朦朦之神秘,而达于实在普遍之境界。彼等于所观之对象,无清晰之概念也。彼等见乎人生之全,惟见之不晰,此与西欧人恰相针对。虽有一艺术的全体,苟不与事实契合,殊不能餍足西欧人灵魂,而有时虽无全体但有事实反能餍足之。是故中世教会之无缝天衣,常为异端之粗手所破裂。彼等发现若干明显之真理或事实,与其所受教条如冰炭之不兼容,而背叛起矣。彼峨特礼拜堂冲霄之尖塔,表现欧洲人对于无穷境界之欲望,而中世之异端左道,则求真欲之表征也。当文艺复兴之世,欧洲人之精神遂冲决其网罗。南方之古学研究,与初步之自然现象观察,同时并兴。此种无所为而为之观察,遂启近世科学昌明之绪。其在严穆之北方,则以古学为一种新势力,授人以新责任,从古学获得之智识,则运用之于宗教真理之批评。复次,无论南北,皆发生艺术之狂热。其视艺术也,不以艺术本身为最终之目的,惟藉以表现真理之工具(此种表现视他种表现为更深远)。在希腊人观之,艺术作品者,艺术作品而已,而此即其存在之理由。惟于欧洲人,此犹未足也。鄙俗之商人,见一图画,则问曰,有何好处?一批评家见之,则心中较量艺术背后之思想。二者虽浅深不同,其所表现之态度一也。无论就文学或绘画而论,最伟大之艺术厥为人生之批评,以人世为对象,而探求人生之真理。即文艺复兴时代之大画家,虽受古典之先型之影响,固已浸润于近代人文之精神矣。惟其最昭著之表现,则在莎士比亚以来(直至今日)之英国文学。此种文学,其全副精神皆集中于"人类及其与宇宙关系之关系"之智识。同时,其它一切人类思想之分枝,莫不以此为交会点。紧严之考据学攻击古代之宗教记载;科学则阐明宇宙及人类之真相。此乃欧洲19世纪之主要特色,其它各文化中,无与伦比者也。虽哲学犹不能解答其所受质之问题,然能明确提出此问题,已是西欧人伟大之成绩矣。今后无论任何文学作品,苟毫不涉及人生问题,则决不能得伟大之称。无论范围如何狭窄之科学,苟不至进步已完全绝望之时,苟不至迷梦之最后觉醒,则科学家决不肯舍之而去。及一切科学皆至此时,则西欧文化之末运已届。及至此时,人类席丰厚之智识资产而不知所措施对明晰之问题,而不知所解答,则惟缄口默然而已。

斯宾格勒称西欧文化为"浮士德"的文化,盖以葛德之浮士德(Faust)实包涵此文化之精神及此精神之展现也。浮士德者,始以传统之方法求知,劳而无功,终至厌倦,乃转而求之于魔术;惟其所获,乃愉快而非真理,乃随愉快之所引导,周历人类经验之全轨,而于为人之实际服务中,得至乐焉,此或为其结局矣。当今之时,吾人正从事于知识之追寻,且已得一结论曰:人类必须求助于自身。天国空寂之时(谓宗教失势),即此文化之真精神展现之时也。自亚拉伯人观之,若为上帝,则人生毫无意义。鄂玛开亚谟(Omar Khayyam)之深刻的悲观,即可证明亚拉伯人之世界,倚赖一上帝为中心。彼印度人,当其乞灵于神而无效时,则思以脱离世间苦痛为唯一之目的。彼希腊人之理想,皆可于此世界实现者,故天国之存亡,无足以荣其心。欧洲之思想,尚未完全消减上帝之观念,然已折扣其信用矣。物理学之成就使人类知识扩至物界之极边。物界之内,一切皆循规律而行。惟在其边界之处,乃有不可知之事耳。然即退万步而言,有可断定者:此世界中一切事务,无天助可希,人类必须自决其命运。今后五十年间,人类将渐觉其理想之失败,此似无可解免者也。然此失败,对于欧洲人之实际方面,当无甚影响。欲穷无穷之真理,固不可能,然彼等当能移其心思,为自身计,为人类计,保存此文化中最优良之实际的贡献。即此文化不幸而倾颓,然19世纪在智力上及科学之成绩终不可磨减。即此文化而僵死,世界犹将感受其努力之结果也。

韦尔思(在《世界史纲》中)引墨翟之言曰:"今若国之与国之相攻,家之与家之相篡,人之与人之相贼,君臣不惠忠,父子不慈孝,兄弟不和调,此则天下之害也。……凡天下祸篡怨恨,其所以起者,以不相爱生也。……以兼相爱、交相利之法易之。……是故诸侯相爱则不野战,家主相爱则不相篡,人与人相爱则不相贼。……君臣相爱则惠忠,父子相爱则慈孝,兄弟相爱则和调,天下之人皆相爱,强不执弱,众不劫寡,富不侮贫,贵不傲贱,诈不欺愚。"韦尔斯为之说曰:"读者观之,何其似于拿撒勒人耶稣之言也。"虽然,异乎拿撒勒人之言者,莫此为甚也。惟有一文化浸淫于社会的权利与责任之理想者,始能产生墨翟之言耳。中国文化集中于社会的义务,其哲学及宗教,皆聚精会神于人类关系之外的方面。中国文学与美术,其可羡慕之处固多,然大抵浅薄,其意义在表面上已显露无遗,不需更向深处探索。然以中国人社会的感情之强,故虽其文化精神确却已死灭,其文化犹能勉强支撑,不致崩溃,而其遗绪不独继续至于今日,且有复苏之状焉。中国文化有一种特殊空气,即侧重人与人间之责任及义务是也。中国人今犹沤浸于此空气之中。此种理想原为一切文化之基础,惟在中国,此种理想,有变态之强力。以是中国文明虽腐坏,而中国人依然保持其极高之地位。希腊罗马之衰退也,惟存形式上之空壳,然使非遇日耳曼人之蹂躏,或当能支持更久之时间。亚拉伯区域自入土耳其人治下后,不过一以宗教为基础(政教合一)之死帝国而已。所有上述各文化,皆已死矣,皆成陈尸矣。其中亦有制成木乃伊,留存于永久,吾人得以追考其容态。凡此诸文化,各曾经继其个体之生命,由长成而腐坏。以此观之,吾侪亦将循同样之步骤也。西欧文化将循其特有之发展路线,以至于其终极。吾侪所资藉于前人者自不少,然吾人一切行为思想,皆有其特质,亦犹吾侪之生死不与人同也。

四 思 想

历史者,非人类由野蛮而日进于文明之记录,亦非大人物成绩之记录也。文化之展演,循一曲线之路,非缓缓上升而成直线也。彼一若按定期出现之大政治家及大思想家,其成绩非由自造,犹火山揭地之力,非其喷出之溶石所造矣。文化之规律(不论其为何),在相当时期,则产生相当式样之观念。而艺术家及思想家,无论其如何貌似创新作故之人,其工作胥受此规律之支配。此乃笼罩一切之大气,即吾人所称为"时代精神"者。一时代之代表产物及特著成绩之所由生,即此时代精神之伟力为之也。莎士比亚为16世纪之产物,吉朋18世纪,哈代19世纪,无16世纪则莎士比亚之存在为不可能,而吉朋及哈代,离乎其所在之时代,则无从思议之。无论一人物如何伟大,假若阙之,其时代之历史亦无大异。无论其工作如何貌似新创,远在彼未思及此之前,其纲领已先注定。彼优伶固或得自择其所饰之角色,然彼饰此角色时之所思所言所感,早已在撰剧者之心中安排停当矣。是故语其真象,文化之历史有如一大湾之海岸线,其间个人之荣盛伸张,犹海岸之有参差凹凸,无关于全体之轮廓也。邃古之初,绝无所谓个人思想也。在迈因(Henry Maine, 1822—1888,英国人,著有 *Ancient Law* 一书,有名)之父权的家庭,即见其例。彼其间有一种思想之空气,得自感觉而不由领悟。所谓父权的一名,为正确计,宜加改易"宗族制度"(Family-tribe-house hola System)一名,以称状文化将启之社会较为适合。此种社会,各有种种仪式、定例及法则,人民之服从遵守之,全出于本能,其有变更,亦出于不知不觉。又有一宗教焉,其产生实根据于自然界表面之事实,而想象一首出庶物之人为其原始。就吾人所能确知者而论,日耳曼人之在欧洲,亚利安人之在印度,及最初侵入希腊之人,其情形莫不如此。在此社会之下层,或另隐藏一组观念,如弗雷泽之《金枝》(Golden Bough)一书中所描写者是也。然此等观念,已失其威权,而变形化合于后来居上之累层中。当文化精神之最初发动,此等迷信即被摈于幕后,而成为孤立而无意义之俗习。此文化发展之通则亦有极重大之例外,于"假蜕化"之区域中见之。在此区域内,一新文化在旧文化之下萌苗而出,纪元初数世纪间之小亚细亚及叙利亚,其情形正如是。十七八世纪间之俄罗斯亦如是,不过其影响之势力较小,而彼受覆压之文化,较为幼稚耳。经过宗族制度后,社会乃转向封建制度,而一极长之发育期间开始焉,欧洲之中世其显例也。

中世文化之特殊态度,在其实际存在者与主观中存在者毫无区别。在其思想及宗教之领域中,感情与理智不成颉对,不论何处皆感情战胜。不论诸神灵之名号及属性如何,人民生活于宗教之空气中一也,彼众神灵咸为其生活之一部分。环绕其四周者,有许多势力,各藉种种符号、朕兆及灵迹而表现,各关心于人类及其命运,人对神灵则藉祈祷献牲等简单之举动而示其敬礼。在此宗教之空气中,彼不自觉其为个人。彼其与神灵之关系,亦非孤立之个人之关系。彼为一部落、一种姓或一民族中之一员,而神灵只与其所属之种族发生关系。依犹太人之想象,苟耶和华而受以色列人之冒犯,彼将降灾于全族,无分良莠。印度亚利安人祷天以求其寇掠及战争之胜利。中世之人以瘟疫及地震为民族罪恶之惩罚。就全体而论,神灵盖带有种族性,而僧侣之出现于历史,即在此种情形之下。僧侣之和解上帝,乃为种族之利益,而非为个人之利益。在印度、希腊及罗马,各家对于其宅神之教礼,同其家长主之。惟在全族之公庙中,当全族公祭时,乃用僧侣耳。当此时,僧侣为一族之代表,立于神前,用其对于神灵之特殊智识,以求神灵之和解,而图全族某种事业之顺遂,以是僧侣处于极重要之地位,而浸假成为一独立之阶级焉。

凡上所言,亦有许多显著之例外,各由"假蜕化"而起。亚拉伯文化之"中世",为古典文化之余绪所支配。其结果,吾人以为依例可期之社会仪式及宗教思想,胥不见于此。西欧文化之发展,其所受假蜕化之影响,更具殊至。西欧不独受罗马思想之影响,并亦受亚拉伯之成绩之影响,且完全为耶教所支配焉。此三重影响,外表上有极显著之结果:亚拉伯对宗教之态度,如加利佛(Caliph,谟罕默德之继承者)制所代表者;与罗马思想结合,乃产生帝国与教皇之冲突;耶教及初期耶教之批评，受亚拉伯文明之影响，遂开经院派哲学之宏壮规模。经院派哲学者非他，乃表现人类心智既受桎梏，猝遇重大问题当前，而努力求一解答也。欧洲境内唯实派与唯名派之抗衡，与罗马东部三位一体论之争辩，如出一辙。当亚拉伯之假蜕化时代，举世之智力竭耗于"神理"（Logos）与"实质"（Substances）之讨论，西欧则争辩"普遍性"（Universals）之问题，然二者之结果皆为否定的，于文化之进步毫无所裨。于是经院派哲学所织成华美之纤维，遂见摈弃，而宗教改革家遂将邓斯·司各脱之书，掷于牛津大学之庭隅，视为废纸。

帝国与教皇之冲突，亦同此浅薄。此种冲突，殊不能掩藏潜动于其下之真势力。彼教皇因借助封建诸侯而获得之胜利，及其不见重于同盟国时，则变为失败矣。盖封建制度利用此种争斗，以达其本身之目的。后此国家主义亦利用之，直至自身毛羽丰满，不惧教会之抗敌而后已。当十四五世纪时，从政治方面以观，教皇与罗马皇帝直无异封建诸侯而已。其关系于西欧最大者，厥为基督教之影响。

按常例，当文化肇始时，其宗教观念为人人所能了解、所能感觉，惟欧洲则不然，其所接受之宗教，内涵神学，无人能解。彼日耳曼人及诺曼人（Norsemen）原所信奉之 Wotons 与 Thors 诸神，苟非为耶教所代，当能保全其清晰之形式，直至于文艺复兴之时，然事实乃不尔。于是彼不幸之民族，乃与极复杂之哲学问题面面相对。在此种情形之下，欧洲人亦尝尽力利用新来之材料，以耶教诸先圣为地方之神，而予之以去灵显之能力。其所虔奉之天神则限于四（即一、上帝；二、耶稣；三、圣灵；四、圣母玛利），然即此，其思想之发展，亦大受屈挠。寻常在方发展之文化中，凡人皆有一感觉，以为吾人能了解上帝，上帝亦了解吾人，希腊人及埃及人莫不若是。惟西欧人则从未能造此境。彼等固能视弥撒之会（天主教中领圣餐时之献祭仪式）为儿戏，固能当演灵异剧时饰上帝于舞台上，固能用教堂为娱乐之场所，凡此皆初民思想之特征也。然中世时，僧侣实获极大之势力。其势力之滋长实反常态，及其终极，中世人虽以上帝成为其自身之影象，并藉上帝以表现其最深之情感。然彼等实不能了解上帝。无论其如何使上帝肖类于自身，上帝仍带有若干神秘性。彼等若无僧侣之势力，终觉自身之不安全。

其在希腊、印度与埃及，人民之宗教感情，较属于常态。诸神之观念兴自人民之内心，僧侣之对于个人毫无重要。彼宙斯（Zeus）及阿波罗于其仪节中，绝不役使神秘幽晦之势力。彼 Dyu 及因陀罗（Indra, 印度吠陀经典中神名）无论何人，苟需其助，皆能接近之。埃及人之所崇奉，混合图腾、自然界及兽神等，然及其文明进展,亦有人神统一之感觉,以为人之与神,彼此可相喻以解。欧洲之神秘空气,埃及所无也。诸文化初期生长之历史,除西欧外,几莫不沉于深霾中。故吾人于其普遍的、统一的宗教感觉之渐渐分裂,仅能得极模糊之观察。然在埃及与亚拉伯,史象之启示,已足使吾人确信其情形之与恒例同。在《力俱吠陀》中,亦有丰富之明证。唯《圣经》中之颂诗,时代极难确断。颂诗中晚出之部分,趋向于一神之信仰。有时除一神外,直完全忘却其余一切诸神。专向此一神致辞,视之为宇宙之主宰。有时更感觉一伟大之创造势力,在自然人类及诸神之背后。"彼予吾人以生命,彼乃万物之创造者,彼于宇宙各部分无所不知,彼虽备众神之名,实为一主。"渐近《力俱吠陀》之卷末,以事神为专业之僧侣,已成为重要之人物。彼等特娴于仪式之履行,而上致神明之颂诗亦掌于其手。于是一文化中之思想,裂而为数派。其在西欧,则经院派哲学产生威克里夫(John Wycliffe),并一更卓著之人物曰比葛克主教 Reginald Pecock(1395—1490;二人均英国人)。

在其它诸文化中,情形与此相反。其文艺复兴运动之出现,骤如电闪。然不论为渐为骤,各处皆有文艺之复兴运动之出现。其在欧洲,此运动之原因,学者纷纷寻索,或谓由于1435年君士但丁堡之陷落,或谓由于印刷术之发明。此种争论无异捕风捉影。夫即使无希腊之国,即使雅典对于欧洲之影响,无加于北京,文艺复兴运动之发生,犹自若也。此运动所取之形式为古典之传说所决定,是则然矣。然古典传说之影响,表面虽似重要,实不过偶然之事而已。实际之运动完全发生于文化之内部。此文化史上之期间,在欧洲则以文艺复兴及宗教改革等名词代表之。其它各文化中亦有同类之现象。至此期间,众人始脱离普遍的、统一的感觉,而获得解放。彼乃认知己与宇宙截然有别,乃觉悟其自身之个性。彼对于己身与自然界及超自然界之关系,乃始发生疑问。文艺复兴与宗教改革者,乃同一现象,而从异方而观之耳。至是,人与宇宙,自然及上帝,乃面面相对。至是一文化之基础象征,乃脱离前此所蒙之霾罩,而昭然表现于此后思想所循之途径。

欧洲及亚拉伯之宗教改革,即人与上帝之第一次面面相对也。当中世时,个人已丧失于群众之中,其上天堂或入地狱,皆与群众俱转移。个性感觉之解放,乃强迫个人,使自寻自择于思想之领域中。举凡亨利第八之一切机谋,其对于修道院之限制,其主义之变迁,及其进破罗马羁绊之法律等,从思想界观之,比较上关系极浅。其确有关于英国者,厥为自德意志及瑞士传来之冲动。此冲动转移英人之注意力,使加于前此所认为固定事物上,而中世之普遍意见乃崩裂矣。路德坚持信心之说,遂使宗教非成为个人之事不可。新教徒之宣传遍于世界,处处诉诸个人之自决,而全体一致之可能性乃破坏无余。自此以后,凡人各当自择矣。

回教亦以同此之方法,要求个人之选择。谟罕默德绝未尝有重要之新发现,而景教徒(在与回教对抗之诸派中,此为最坚持三位一体说者)之于回教,未尝特加敌视。彼谟罕默德亦坚持信心之问题,而以个人选择之问题为其计划之前提。然此选择为何,乃吾人所当注意者。个人实不得自由选择其所信仰。旧时之思想尚保存若干势力,人所得而选择者,只限于强有力之教派,经自由斗争而有生存之望者。斯宾格勒以毕达哥拉斯、谟罕默德及克林威尔并论,此其原因之一也。

毕达哥拉斯亦为宗教改革者,彼盖已摈弃与人性一致之奥林普斯(Olympus)诸神,而代以较与吾人理想契合之神。彼盖集中精神于酒神 Dionysus、谷神 Demeter 及冥府之女主 Persephone 之神秘宗教。彼修改神魔式之仪节,而变之为奉圣观之宗教。在此宗教中,个人之救赎,只能于信心与智识中求之。彼亦曾试以武力,威迫世人信从其新教条。彼建设一新学说,为此后爱斯克拉及柏拉图所附从。然"毕达哥拉斯运动"之弱点,可为希腊基本象征缺乏宗教原素之证,亦犹回教之强盛与统一,可代表亚拉伯文化之基本象征也。然在希腊及亚拉伯,同有此运动,同以剑为一切教条教派之裁判者,宗教依然居重要之地位。即在希腊,苏格拉底亦以不信本邦之神而服上刑。克林威尔者,以为己身与上帝已得恰当之关系者也。然吾人若以克林威尔与苏格兰之"神约派信徒"(Covenanter)比较,则知克林威尔尚过于宽容,而不足为此运动之代表人物。克林威尔所最重视者,乃与彼同思想、同感情之人之自由与优势。回教每遇异教徒,则直截了当置之死地。

然在此文化精神之大破裂中,尚有一事因(factor)焉,前言之矣。当中世时,人民之思想及感情趋于一致,群族之本能尚无强猛之势力足以破裂之。及宗教改革之际,只有一部分人民与此文化运动俱进,其余大部分犹留滞于后。不论产生此文化运动之势力为何,逮其末造,此势力只能影响民众中之一部分。除当宗教改革之剧烈的革命时期外,于宗教问题自动关心者,只少数人而已。教条一经解决,即变成僵硬之公式,亚拉伯及西欧之情形,正是尔尔。

分裂之趋势,前此已发端倪,其在欧洲为尤然,然尚未见重大之影响;至是,此趋势乃全相毕露。僧侣制度,盛极而衰,西欧之有此制度,本采现成之物。其在埃及与印度,僧侣阶级之始获大权,则当宗教对于民众已成为不可解之谜。而僧侣为民众所需要时,亚拉伯之宗教极为明白确定,故僧侣制度之发展无关重要。而希腊人则本性中无神秘之情感,若夫彼受绅士与牧师之影响而赴教堂之英国农民,与彼以本地 curé 为精神导师之法国农民,其间殊无根本上之差异。当此时期,不论何处,社会皆分为两部分:其一部分为少数人,其思想有关于文化之发展;其一部分为多数人,其思想本不存在,故毫无意义。后者以南欧之农民为最佳之例。

人类即瞻对上帝,而思索其与上帝之关系矣。其第二步即当注视外表世界。外表世界者,野蛮人完全为其中之一部分,而中世人与之离隔,亦不甚远。至是欧洲人之精神立转趋于两方向:在文学方面,彼等开始研究人之自身,然尚有更足为此时之特征者,即自然界事实之研究之开始。唯此研究之造端,遂有今世灿烂之科学成绩。盖至文艺复兴时期,人群对于外表世界之现象乃始发生问题,而思有以解释之。中世人于自然界现象,见其表面如是,即以为原来如是。其心智态度之特征,即从不肯费心穷究此等现象。关于此等现象,如有困难,则委之于上帝,遂止于是矣。及文化之花迸绽而盛开时,此种态度乃见摈弃,而代以研究态度,于是世界是乃肇始一长远之历程。此历程使 19 世纪成为一巨大之疑问符号。各文化中研究之方法自必与其基本象征相契协。几何学之要素见于印度,盖起源于与神火位置有关之测量。亚拉伯之丹铅家则开始寻求点金之石。亚拉伯之医学家则寻求长生之药。彼等旋即于不自觉中收集许多化学上及医学上之重大发现。希腊人视亚拉伯人短于实用而长于心思。希腊人开展之心灵,首摄取自然界之显著现象,不待研究此等现象之性质,遽进而创立原理以说明之,攫取一自然界之事实,而推广之以解释全宇宙。此种方法,谢里氏(Thales)、安那克西米尼氏(Anaximenes)及安那克西满达(Anaximander)之所同也。谢里氏察觉海之广漠无垠,湿气为生长所必需,因主张水为"第一原素"(the First principle)。安那克西米尼氏以为冷热生于凝缩与稀散,因下一结论,谓相当程度之稀散,能变水为火,更演绎其说,谓无穷之大气,即是上帝。海拉克里图斯(Heraclitus)亦同样由火之印象进而建筑其"神理"(Logos)之学说,其说至今无人能解。心理及天文等科学之创始,吾人若以归功于此诸先哲,亦无过当。然希望人好奇心觉醒后之努力,趋于别一方向。真正科学之在希腊,亦犹其在近世然,为晚出之品。在亚拉伯、希腊及欧洲,文化精神之伸展皆产生对于自然界之冥想。无论此冥想之结果,价值如何低微,语其最小之功效,是时人已知有可供冥想者存。彼从自然之外注视自然,而不复以己身为自然之一部分。

虽然,从科学之立足点观之,印度、亚拉伯及希腊皆有根本之缺点。印度为宗教之成见所囿,凡与宗教思想无关者,皆弃而不道。亚拉伯为上帝之性格所管辖,其成绩虽伟,其发展之可能终属有限。自亚拉伯人观之,一切现象皆由于上帝之意志,自然规律之概念,与彼等之精神不兼容。希腊人在情感上亦有限制,彼等视事实之精密的搜集与研究,为卑下之举,不屑措意,一察见若干事实,即仓促间藉纯粹之内观或哲学之助而创造一原理,以解释其心目中之宇宙。从希腊文化之各部分观之,莫不重抽象之思想而轻具体之事实。至少就此点而论,西欧文化实远胜于其它诸文化。欧洲人宁以哲学委之他人,而以事实之研究自任。当耶教掩盖全欧洲之时,初期之科学家已平心忍耐,探究事物之细节,初不知亦不暇顾及其所发现对于宗教有何影响也。彼等若曰:"事实如此,如何措施,随汝所好。"约当1536年间,哥白尼已发现地球为宇宙中心之学说不能解答事实,因而创太阳中心之学说。布鲁诺亦以主地转之说而遭焚身之刑。西欧精神之最伟大宣言之一,即加里辽氏 Epursimuove(地球依然转动如故)之名语是也。此乃科学的良心。在此良心之下,一切思想终须俯首。同时廖那多(Leonardo da Vinci,编按:达·芬奇)倡言化石为有机体遗骸,Gilbert 方著论磁石之书,Gesner 导动物学之先路,Belon 殚心于鱼鸟之研究,更有一长列之人名,为人体构造学之垦辟者。于希腊人之冥想及亚拉拍人详明而外,吾人更须益以欧洲人之正确,而此故事之结局,今犹有待也。

是时人乃注视宇宙。自西欧人及亚拉伯人观之,宗教与哲学其初自然为一。然即在欧洲,宗教改革亦有其哲学的方面。路德新教之主义,乃"无限"之观念之大展张而已。彼中世之上帝,坐于天堂,而俯视世界并其下之地狱者,至是乃被移至无限远之距离。彼其无限之权力依然存在,惟上帝之无限的正直,愈为世所坚持,遂产生一结论,谓良善工作于人类毫无补益,仅赖半神魔之方法,乃能接近上帝之宝座。此世界中,除人类外,一切皆善,且一切皆为神秘。以有无限之智慧运施于其中故,在如此之世界中,信仰遂成为首要之德性。印度之宗教即是哲学。《奥义书》中有一要点,即其坚持一普遍之精神之存在是也。一切皆婆罗门。凡人必当沉思冥索此眼见之世界。此世界自始至终,一动一息,无时不在婆罗门之中。一生如一河流焉,及至终极,则其个性沉没于大海之个性中。人之精神,其自身即为神灵之一部分,神灵即存在于人之精神中,故人之精神,不属与神灵并生,实与神灵为一。此乃印度人所确认之真理。其更进一步之思想,即欲寻求一方法焉,使神人二者,重相结合。二者外虽殊而内实一也。

虽然,纯粹之哲学精神,在希腊乃得完满之表现。希腊人之于外界事实,几全不措意,其于真正宗教,几亦持同等态度,是故希腊人得脱离种种羁绊,而专心致力于思想之世界。初期希腊哲学家之注意外的自然界,仅欲于其中求一提示,藉以解决宇宙之问题而已。彼等不囿于研究事实之需要,用能不旋踵而获得第一原素之概念。安那克西米尼氏倡言空气为永存不灭而有知觉者,此即世界之灵魂。海拉克利图斯亦获类是之结论,惟以火代空气,并引伸之为一种泛神一元论(pantheistic monism),与印度之泛神一元论大略相同。彼以为日之直径约长一尺,然彼知人之心灵,若仅藉其本身内具之资料,决不能产生确定之智识。彼于外界现象,有许多极粗野之观念,然彼于思想及理性之根本原理,却能确窥其微。其同时之思想家亦然。

文艺之复兴及宗教改革之最后结果,使人类之理智得自由运用。加尔文(Calvin)、路德、诺克斯(Knox)及其余辈,固或非宽容之人,然路德主义之结果,至少向人类证明一事实,使知即关于宗教问题亦可有相异之思想。最后,此主义使宗教上之宽容为事实上所必须。即若在亚拉伯,国定宗教迫众人遵从,然旧日宗教所统治之领土,已失去大部分。有许多区域,宗教之威令不能行于其间,在此等范围内,冥想与思考得自由活动。在希腊,宗教几已完全见逐于哲学领域之外,其留存者亦避匿于隐晦神秘之隅隙。市府之循例崇奉,其重要盖略如今日国会之由政府致开会辞,或音乐会终之唱"上帝佑王"一曲而已。从宗教之立足点观之,毫无意义可言。然若省去之,则大多数人民觉有所不安。大多数民众向神秘之宗教仪式中求慰藉,而不然者,彼等亦当否认此等仪式也。在此等仪式中,僧侣成为人神之媒介,乃使臻重要之地位。然彼等虽成为重要阶级,神秘之仪式仍为无关大体之衬景而已。若粗观希腊之历史,当略去之。非因文献难征也,盖因此等仪式之需要,虽人性使然,惟在此时代中,神秘仪式不过人类以软弱自甘之结果而已。虽其后当希腊之衰世,此种仪式发展而成重大之势力,为初期耶教之榜样;然此与纪元前450至250年间之希腊史无关矣。

此两世纪(纪元前450至250年间)与欧洲之十七八世纪、亚拉伯之650至850年间相当,乃个别思想家争鸣之伟大时代。在希腊,一切个别思想家皆以哲学为主,其兼通之科学或数学仅居次要地位。希腊思想之进步,发轫于爱奥尼亚之思想家,继之者乃诡辩家之破坏批评,成之者则苏格拉底、柏拉图及亚里士多德之建设工作。柏拉图关于外的世界之思想,殊不值吾人之探求;其值吾人之探求者,乃其关于下列种种之言论,如论最后之价值、论神之存乎人者、论真与美之关系及其在此世界中之影像,皆是也。希腊人对于事物得宜之感觉,希腊人关于美之概念,皆灿然表现柏拉图之思想中。就科学而论,希腊人之造就,有自吾侪观之之颇烦于巧慧之猜度者。例如德谟克利图氏(Democritus)之原子论是也,最后乃有亚里士多德出。

亚里士多德生于此时代之末,彼乃最后之集大成者,乃哲学家而兼为科学家之最后一人,乃科学家而兼为大哲学家之最后且唯一之人。彼其无涯之好奇心,使其探讨发端于外的自然界之事实及自然历史,于政治之细纲及推理之规律。而希腊人之共同态度,则迫之使从事建设一系统的宇宙论。此两种势力相离背而不两立,在某限度内,亚里士多德能以忽略事实而奏厥功(全顾事实而有奏此功者,盖无其人,故犹有可为柏拉图之方法解者)。亚里士多德之归纳方法及历史方法,乃其最大之光荣,而其直觉及巧猜次之。彼固终于失败,然从吾侪之观点而论,彼之失败无关重要。盖如亚里士多德一类之人物,乃其时代所需要,而其失败亦其时代所需要也。在相异之文化中,其失败亦相异,然有所同者焉。各文化皆有其根本上所认为真之观念,而事实必须就其范。而就此文化之立足点观之,此等观念固视事实之自身为更重要也。

印度之精神虽无契于科学,然当纪元前850至650年,已发明几何学之要素及数目之原理,载于一切经Sulva Sutrans中。Candahar地之波尼(Panini)氏则究心文法而阐明亚利安语言之字根。迦毗罗(Kapila)之哲学则分析人类之自觉,欲藉以求解脱之法。亚拉伯之文化,从其本质已自绝于希腊式之哲学。举凡平常之哲学问题,皆包括于宗教之铁网槛中,而以信仰之大炮队防守之。然在其魔术中,亚拉伯科学家即从事于化学及医学之研究。在8世纪末,有Djafar为叙述硝酸及合镪水(Apua Regia)之第一人。彼又知金属炼成灰后重量增加;报达(Bagdad)医院太医Rhazes首叙述硫酸之性质。10世纪间有Avicenna者,其博通众学,几足与亚里士多德比肩。其著作之范围,遍科学、生理、物理、天文、算术、语言、宗教、几何学,并其它许多科目,不可殚举。而在各科中,其所表现思想之正确、眼光之广远,皆足惊人。其推测山岭之起源,谓由于地壳之升高及水流之冲刷,其思想之透辟,与德谟克利图氏可谓先后相辉映。

其在西欧,哲学在发端之时已为宗教之一部分。笛卡儿及Malebranche及Geulincx辈,其受宗教精神之支配,不减于哲学精神。即巴斯喀尔(Pascal)与牛顿,亦以其数学为一种宗教上之成就。在17世纪以前,宗教之招牌上,大书处治异端之结果,使思想家望而噤口。然其后欧洲能善用其数学成绩所造之机会,为科学吐气。此时宗教虽仍未肯撤销其封锁政策,然为科学所迫,终不得不退让矣。数学之于欧洲人,盖有类哲学之于希腊人。笛卡儿式及牛顿式数学,可以满足吾人对于无限的境界及对于实际的正确之权望,并为一切用科学之根本。其它各文化皆有数学,在希腊则止于割锥术及立体几何学;在亚拉伯则止于弧三角;独在欧洲,数学为一切科学进步之基础。就其纯粹之形式而论,数学尚为"无用"之学。然若就结合于天文学、静力学、动力学及其余构成广义的物理科学之各部分者而论,则数学实为欧洲之科学冠冕。循数学之道路至其终极,则入于一境界,在其中,物质与能力相融和,而一切科学合成一体。笛卡儿、开普拉(Kepler)、牛顿、莱布尼兹(Leibniz)诸伟名,不啻思想之山脉之峰峦,渐进而渐高焉。彼等犹希腊诸哲,然最初本欲为孤立之思想家,亦犹希腊诸哲焉,非为偏狭之专门家。其于笛卡儿或开普拉之宗教论文,绝无逆意之感。笛卡儿之怀疑主义,与诡辩家之众派中有相类者(惟绝不与皮尔朗派[Pyrrhonists]相类),然其"我思故我在"之说,则为欧洲实际方面之极坚强的肯定。柏拉图与牛顿,虽如东西之相隔,然数学之绳索聊之为一。柏拉图以其信仰之感情,觉数学可解释一切;牛顿崇尚理智,而引用数学以解释自然界之疑难之一大部分。希腊人以哲学始,而终为事势所迫,不得不顾及科学。欧洲人则反其历程。若谓欧洲人以科学始,未免言过其实,然哲学家在其后期更为重要,则甚确也。康德与柏拉图之相似,远逾于巴斯喀尔之与毕达哥拉斯及其相对主义相平行者,厥为巴克莱及其主观的理想主义。康德犹亚里士多德然,为创造的大哲学家之最后一人。人类智识之全领域,皆为其思想所及。康德并于最后一次避免怀疑主义,而获得一结论焉。此后之哲学,或则为超实验的(transcendental)、神秘的,如斯多噶派及黑格尔派;或为纯粹哲学的怀疑,如彼朗派及存疑主义派。

18世纪中更有一重大之变迁。在欧洲希腊及亚拉伯,以前思想之进步,仅藉个人之力。此种现象继续至此时期之末,然变迁之征兆已见矣。有若干理想,渐趋于播散,而终成为一种心思之态度,其影响远逾于平时思想之狭隘的领域。于是此等理想,成为"普通化"。英国之18世纪,乃一理智主义及怀疑主义之时代也。种种教条、标准及仪式,已失去旧日支持之之理由。前此因致誉者,此时或因而致谴。休谟及吉朋之怀疑主义、陆克之明达、百科全书派及福禄特尔之理智主义与希腊之怀疑学派,不独事实上相并,且精神上相同。是时思想上之个人主义乃始失势,而大思想家渐归消灭。在此新时代中,思想之影响遍于社会中之上流阶级。其余各阶级凡能思想者,皆受其贯注。当此世纪之初,宗教及传统之信仰已渐倾颓,而为较开明之思想家所贱视。然哲学以及科学,其所指引者,不过空虚之否定而已。在此世纪中,更有一种趋势,即欲逃脱其所同贱视之礼教是也。则有卢梭与斯多噶派诸人者,集合前世纪关于自然状态之零碎思想,以为自然状态中,有纯洁光华者存,而与文明人之恶劣巧诈之态度相反。

由此而入于19世纪。在此世纪中,伟大之思想家乃真绝迹,而伟大之思想则极普及。此世纪更为科学及专门科学思想之伟大时期。哲学偏于自然主义,而舍弃解决宇宙问题之工作,惟植其目标于实用伦理学,并以此为其自身成立之理由。然19世纪实极重要而极饶兴味,吾人将于下文第六章详论之。逮此世纪之末,幻梦觉而悲观主义生。其后随时代之改变,思想之各部分,几尽归于停滞。自纪元前280至100年,或纪元后950至1150年,或1789至1975年间,划分文化史之一百五十或二百年即已过去,则文化将入于老年时期,在思想之领域中,不复能有所成就矣。罗马之哲学,不过祖述斯多噶派之伦理方面而已。其时之文学,则趋重散文,而以世俗之应用为目的。科学家及思想家则移其心思于编纂,总集前代工作之成绩。纪元100至200年间,罗马犹有表面上之文学的及哲学活动,最后则为制定法典之时代。摩奴(Manu)汉摩拉比及Gaius之工作,即其代表也,而思想则奄奄无生气矣。

五 艺术

艺术批评家及鉴识者对于艺术之态度依例自相矛盾,彼其兴趣所在只一偏支。例如希腊雕刻或意大利绘画,而希腊以外之雕刻,欧洲以外之绘画,则弃置不顾,茫然无知;然同时彼等却孳孳然溯希腊雕刻之渊源于埃及,溯意大利绘画之渊源于古典文化。所关重要者,为艺术之精神欤?抑艺术之源流欤?彼等从不措意也。是故彼等每论及罗马与峨特之建筑,或迈那(Minoan)与希腊之雕刻,辄为时间上或地理之关连所迷惑,呶呶争辩不休,而忘却艺术之真意义。夫唯艺术背后之精神乃最重要。此精神一变,则技法上之渊源与传授,只属次要而已。无论前型旧则为如何,新精神必将自求表现也。

艺术为一文化之全体之自然表现。惟然,故吾必当分别追溯各文化中艺术之生长,而将一文化与他文化间之影响,暂撂置不论。一切艺术之形式不尽具于各文化中,而所具者亦各不同。盖某文化之基本象征,有与某形式之艺术相冰炭者,惟建筑则各文化皆有之。盖艺术之意义与生力最初于建筑中表现。而建筑之留存于今日者,就大体而论,为量颇多。遇可能或必要时,吾人更当讨论雕刻、音乐、绘画等。此工作殊不易易,盖苟想象过于自由,苟吾人为艺术与道德或艺术与人生之关系所束缚,则一切关于艺术之讨论皆劳而无功。真正之艺术,不立教训,不宣传学理,是乃不自觉之形成,为幽微之势力所主使。(关于此等势力,除艺术所表示者外,吾人毫无所知。)

在各文化之艺术史中,有若干事实,灿然显陈,宜首加考量。以下所述,若各文化凭空起造者焉。然历史上除埃及外,盖无此例。埃及者,伊略脱(Elliot)、斯密斯(Smith)及柏梨(Perry)辈所以为一切文明之起源者也。关于巴比伦(若干专家以为先于埃及者),吾人所知殊少,难下确定之论。印度初期之艺术史全为空白,因近日在潘查波所发现者纯属苏米利安文化。希腊、亚拉伯及西欧,皆违背吾人所寻求之发展常轨。中美则范围过辽阔,资料过渺漠,而难于应用;然其建筑,则在冈布第安(Cambodian,编按:现译"柬埔寨")势力伸入之前已有可观,而长六哩余之城市或谓已存在于纪元前1000年间。

建筑为各文化中最初出现之真正艺术。惟"前文化"时代之家庭建筑,则非真正艺术。当一文化之灵魂(或其它任何名吾人以呼之者)孕熟而降世也,则掷聚无数庞大之物体,以为一种抗议、一种牺牲,以对待其所不能了解之势力。故最初大规模之建筑,几全为宗教的,乃为生与死之斗争之一种象征。在吾人所能追溯之例中,有亚述之朝塔(Ziggurat),有金字塔,有中古大礼拜堂。亚拉伯之教堂(Basilica)式建筑,不久成为耶教礼拜堂之基本,而最后为东罗马清真寺之基本。其在中美,正方形之金字塔建筑发达极早。

当此原始时期中,艺术上无自觉之思想或学说,或且无专门成一阶级之艺术家。盖每一手作者,自身即为艺术家。艺术为一文化之纯粹自动的、形而上的表现,寄于种种器物中。

各文化皆有一种最足代表其自身之艺术。当政治格式达于最高度时,此代表的艺术亦达于最高度,其衰灭亦约在同时。此艺术为一文化之基本象征(或曰并通理想)所决定,斯宾格勒称之为"应合之艺术"。是故吾人不必取各种艺术而叙述其历史,惟将"应合之艺术"说明足矣。

同一文化之各区域,其在各种艺术上之成绩,不相同等,亦无须同等。惟政治或思想达于最高度之区域，其艺术亦达于最高度。

当各文化之19世纪时代，艺术成为"浪漫的"，换言之，即艺术已离背乎有限与无限间之折衷之稳定的中心点，而为无限量之感情所挟而趋，复误以此无限量感情为真正艺术之无穷的秘奥（the infinite incomprehensible of real art）。在此时代之末，创造的艺术实际上已止息，继其后者只为新花样之翻弄，及节题意之重加铺排而已。虽创造及爱美之冲动尚存，而作家已无复创造之能力。

至文化将终结之时，即所谓罗马时代者，则有好大喜多之冲动，此表现文化之物质的趋向也。若埃及伽尔讷克（Karnak）之柱廊，若伦敦之官港及新堤，皆此时之代表的产物，而替代神庙与宫殿者也。好大之趋向，不可范围，因复归于初期浑噩无定形之状态。其在政治上亦有然，前已示之矣。

凡此所言，可视为独断之论，而姑承认之。以下请言归最初之艺术的表现，即建筑是也。

从许多方面言之，建筑视其它艺术重要较逊。然即若是，吾人于"空间感觉"中，亦可见"普通理想"之展奏其功效，而预为来者之征兆焉（恰如在文学中，尤在史诗及戏剧中，吾人亦可见同样之趋向）。在屋顶之穹圆，在窗柱之装饰，与在直线与质量中，可以窥知发展完全之象征之胚胎。吾人生长于种种恶势力中，此等恶势力使吾人轻重倒置，其最优者亦不过将艺术形式与道德伦理混为一谈而已。新形式之出现，在历史上可寻溯者，为例有四，各可示吾人以源流与实质之分别焉。（一）埃及第四王朝产生真正之金字塔及埃及式之浮花雕刻。所谓埃及式者，谓其大体为平面上之宽与长，且为循环之排列也。（二）在古典文化之前，已有种种宫殿之款式，宜可继续发展而成一种庙宇矣，然希腊摈弃之；又有迈森拿之瓶，希腊亦摈弃之。此等处可表现其将来矣。（三）亚拉伯将希腊之装饰及排列变为更朦胧、更神秘（虽或具同样静态）之形式，则有圆顶教堂，有列柱之拱门等。（四）西欧则奋力解脱罗马款式之支配，始创尖顶之拱门，使窗牖更固实，使屋顶之弯度增加。各文化所表现之"空间感觉"彼此殊异，此为极重要之点，而各文化之新创也。虽埃及Cheops王之金字塔仿自Goser，希腊之神庙原于伽尔讷克，亚拉伯之圆顶教寺规摹罗马之教堂，而西欧之礼拜堂亦有他型可袭；然此所关者甚小，此四者，在其形式完满之时，皆表现民众当"峨特时代"之宗教态度。而四者所表现各不相同，在神话可考之诸文化（即希腊、亚拉伯及西欧）中，其神话与建筑表现同一之精神，且也，其建筑时代与其神话发生及真正史诗之时代一致。

神话非妄造者也，史诗非梦想所构成者也，是皆其时代之自然产品也。当是时，凡思想者必以神话为思想之资，凡有述作者必述作史诗，是乃宗教思想成立之时代，是乃真正信仰之世，乃但丁及圣亚规那、新柏拉图派及初期耶教哲学派（Gnostics）、奥菲斯派宇宙开辟论者及荷马之时代也。其时生活之全部（历史哲学家所关心之生活），论其内力之催促，乃活泼而无知觉，是乃孩提之不自觉的精神。是时人类之各种活动，其互相联络之紧密，视其他任何时代为甚。一切思想感情皆为一，而相与并进，非为外的需要，而为内的力量所驱使。峨特大礼拜堂之建筑，非城市内某一部分人为之，乃一切有市民资格之人为之，无论贵贱，同尽其力。金字塔之建筑，或必如是。吾人以为成于鞭锤下之奴隶之力者误也，亚述庙塔（Ziggurat）之建筑亦必如是；谓亚述之信仰时代一如其帝国时代之野蛮者妄也。此所言为幻想与否，姑不具论，然此时代艺术与思想之间有密切之关系，则无可疑也。

在不以建筑为代表艺术之文化（除埃及外其它诸文化皆然）中，建筑之臻于其最高形式，约在政治达于最高点之前二百年。无论就培斯顿（为希腊所述之一城，在意大利）之神庙及法兰西之大礼拜堂而论，其成就皆甚伟。至欧洲之 15 世纪时（即希腊之纪元前 650 年时），建筑形式之大体已完成，"空间感觉"已明白确定，此后惟待实现潜藏于先前之形式中者而已。当金字塔发达既完全，则不复进化，且几不复存在，而为神庙及神庙之浮花雕刻与柱廊所代。当木构之庙宇及其铎利安（Doric）式之栋柱既为纪元前第 7 至第 6 世纪之石质建筑所代，亦当几何画法之花瓶图饰既充塞瓶面空间而明白表现希腊之精神时，此等款式遂无复进步。于是雕刻成为最重要艺术，花瓶图饰更为自由，而庙宇之建筑永不能回复 550 至 450 年间之盛况。其在亚拉伯，虽发展之常径为"假蜕化"所晦，然嵌工（Mosiac）日益重要（此可与罗马之棋盘式铺道对比）；固实之古典的建筑，变而为神秘空虚之清真寺。

在生活之各方面，皆可见基本象征之表现。吾人既知各文化之基本象征，则不难猜知其代表的艺术形式为何，至少有三例如是。希腊之代表艺术为雕刻，西欧则音乐，埃及则平直而有装饰之道路。亚拉伯之基本象征虽明晰，然苟非用否定之言词，不易下其定义。是故希腊自雕刻、西欧之音乐、埃及之建筑举不足以表现亚拉伯之精神，而巴比伦之建筑及中国之绘画亦然。可以满足亚拉伯人之灵魂者，其唯一种绘画，颜色及题材皆有定限，而偏重于背景者乎。然最能代表此象征而为吾人猜测所不及者，即亚拉伯之装饰花样是也。印度在音乐及雕塑艺术上否定形式,因此形式之否定,故其后代之雕刻,形式上散漫无节制。中国之代表艺术,则为绘画与磁〔瓷〕器。关于赫泰、亚述及马雅之艺术,吾人所知甚少,难加悬测,然吾人亦可自立种种意见,以待将来发现之证明或反证。

各文化之发展,皆趋向于此代表的艺术之最后的、完满的表现。此代表的艺术,吾侪可从斯宾格勒称之为"适合的艺术"明乎此,庶可免于谬误的类比之陷阱。历来艺术批评家及科学家多为此陷阱所骗。论埃及、古典及西欧文化之艺术,当比较其建筑雕刻及音乐。凡讨论考量其它一切艺术,皆当着意于其与此诸适合的艺术之关系。吾人若知此,则许多困难可以免除矣。迈森拿人何为缺乏几何画的艺术,至今莫明其故。或谓此艺术为自北方侵入之铎利安族所输入,或谓 Heraclid 人在其远故土时所输入。盖近代史家犹未能免除一谬说,其说谓必有一新民族然后产生一新艺术形式,而不肯信一艺术形式为一特定区域之自然产物,初无关于居其地之民族为何也。其实文化之势力既发轫,则虽与极殊异之民族亦能吸收之。由今观之,可知几何画的艺术为最初之真正希腊艺术。虽迈克拿之艺术未当毫无影响,然其影响只在一文化之边鄙,且其艺术已届末造,不能有掩袭之势力,如罗马之于初期亚拉伯者焉。是故一切纯粹之希腊艺术,皆是几何的,不独瓶饰为然。就吾人所知者,如磁〔瓷〕砖及铜器皆然。盖希腊之空间观念及形式感觉,本质上为几何的,犹希腊人之专门数学为几何学也。试取其成热时期之一红饰花瓶观之,其廓线、其编饰、其图案皆表现惊人之精巧。论其绘画所予人之印象,论其光色与绘影,则与狄贤(威尼斯画家,1477—1576)或鲍第齐里(佛罗兰斯画家,意大利文艺复兴之领袖,1447—1515)之画之边饰与曲线,有霄壤之别矣。一切古典艺术皆表现此观念,至少在创造力未泯及文化之最高潜能未尽实现之前有然。此观念在雕像中展现最完全。

同是一切欧洲之艺术形式,皆表现对于"无穷"之追求,表现一种欲望,即超过所用工具之束缚,离开物界的限制,打破物质世界之全体,而变之为磁力场中无限数之无限小紧张点(points of tension)也。科学亦犹宗教然,为基本象征之后期的代表,是故一切欧洲艺术皆趋向于音乐化,而其音乐乃为"无穷"之真觉的展示,而非如其它文化中之音乐,为特定感情之表现也。

埃及艺术则较简单,盖从未超乎建筑之外,而一切埃及艺术皆为建筑式,即其雕刻亦带建筑性多,而雕塑之工少。其造像互平坦正而为一建筑的全体之一部分。吾人试将一埃及造像,如 Amenemher 与柏林之女神比较,便知埃及雕刻与希腊雕刻之异点矣。吾人一旦感觉此异点,则一切关于基本象征之谈论,皆无需矣。埃及艺术之精神,在其文化之全时代中无所改变,其终一切艺术之感觉皆消失,而"中邦"之美术让席于德巴斯帝国(Theban Empire)之庞大巨怪。旧形式虽存,而质已为量所代矣。

其在亚拉伯,虽吾人于其音乐所知甚少,惟于其建筑、雕刻及思想所知甚富。即遗去其他重要之艺术,亦无害亚拉伯人之灵魂。太趋于实质、命运及时间之限制等问题之讨论,而不暇于艺术中求动的表现。凡亚拉伯人之所为,皆偏于外观而非其真际。其艺术最能助吾人了解普鲁丁拿斯(Plotinus,希腊新柏拉图派哲学家,204?—270?)及圣约翰之秘奥。亚拉伯人与神魔思想之接进,逊于印度人,而甚于希腊人及欧洲人,故未知数 X 与零 O 为亚拉伯之代表的发现,二者足以完全喻证亚拉伯之艺术科学及哲学。

思想发达,艺术亦同时发达。逮文化之"悲剧时代",则艺术正预备其最末而最优之果实矣。悲剧在欧洲、亚拉伯、希腊与埃及,皆产生于"同时代"。(前三者之悲剧表现于剧曲中,埃及则不于文学而于墓内之浮花雕刻。)悲剧之结构及其所表现之感情,视文化而异。(如希腊悲剧中洗涤感情之说,即可为证。)悲剧之兴,在唯理主义时代之前,其后虽有形式上之复兴,然不过在事物之表面上玩弄智巧而已,其最优者亦不过改良之社会讽刺文而已。巴斯喀尔在宗教思想上地位即爱斯克拉在宗教戏曲上之地位也。初期之综合(其最佳之例为《神曲》,其中无对于命运之疑问)至是已破碎,而无以代之。智力不甘如是,欲求一替代品。然即唯智主义者中,惟最"旧式"者乃为最成功者耳,如希腊尤里比底之 Hippolytus 或 Bacchae 剧,其证也。

在思想之领域内,悲剧若兴,则必兴于此时代。然文学以外之艺术尚能抵抗思想之盛潮,是可异者。麦坎吉罗、拉飞叶及廖那多三杰,并为大思想家而兼艺术家,既具超常之机智,既精于科学与诗歌,而复能产生《末日审判》《圣母》及《末次晚餐》诸作。若更后百年,则此事为不可能矣。惟在各文化之文艺复兴时代皆有此等成绩耳。品达(Pindar)已在阴霾之下,此非希霄德(Hesiod)之悲观的阴霾,而真正悲剧之阴霾也。是时冲突已开始,而人类发现其最初之行动不能使其避免思想而前迈。海拉克利图氏则为爱斯克拉开其先路。安奥尼式神庙之建筑者,则启一新空间观念之完满表现、与礼拜神灵之新方法。瓶饰之绘画者,则打破东方化之形式而产生最优之墨花文,与悲剧之气象相反。盖有一稳定之进行,趋向于一极点(Climax),直至美术家及诗人均着重思想,乃止。思想为吾人之殃,此言甚确。大多数人所共知者,惟思想亦为吾人之福。在日益与吾人生疏之世界中,欲求一兵器,护吾人以寻前进之路,莫优于思想矣。

在衰废之前,艺术或尚未完善,或且恶劣,然其中亦有康健动人而引人入胜者存。及至衰废之时,艺术亦为不完全,然兼有不健康及可憎厌之态矣。各文化中,19世纪之艺术,以与其17世纪之艺术较,皆极恶劣。此时之艺术所宣泄者,为感伤,为"浪漫主义",为怀疑,为悲愤。吾人极盼艺术之最后努力趋于健康也。吾人希望他日西方艺术将达于一境界,使今日伦敦纽约数十层之高楼建筑让席,而出现更朴野而更合理之新体裁也。欲求原始冲动之复返,诚为奢望,然当能有一种感动力,如德巴斯帝国时代及罗马帝国时代所展示者也。在19世纪,吾人以怀疑主义之悲剧代真正悲剧;至21世纪,则怀疑主义已失效,而真正悲剧亦毫无意义矣。

今试舍19世纪之前途而论艺术之灿烂时代。文化之灵魂既酝酿成熟,乃兴造伟大之纪念建筑物,以表现其对于所不能了解之势力之反应。在最后之大战胜以前,其前进曾暂时停顿。此时文化之灵魂离脱故乡而建造新纪念物于城市中。在城市之空气中,原始蓬勃之气不久遂僵缩,而文化之悲剧即在于此。此悲剧与贵族对君主或对僧侣之悲剧相平行,一方面灵魂需求自立自主,一方面须依据于冷酷之智力,虽人心中其他更深之部分之抗议而无如之何,然文化之灵魂却于其代表的艺术中得优美的表现。埃及自纪元前1800至1700年,希腊自纪元前500至350年,亚拉伯自纪元后700至850年(就东罗马、意大利及西班牙回教国之艺术而论),欧洲自纪元后1600至1750年,艺术皆有登峰造极之进步。更过五十年后则精华已空,代菲底亚斯(Phidias,希腊建筑家,前500？—432)者为斯各巴斯(Scopas),代巴克(Bach)者为比陀芬(Beethoven),正如代贝里克里(Pericles)者为亚历山大,代路易十四者为路易十八,又如代清教派思想之伟大及哲学之创造者为唯理主义及学究式吹毛求疵之钝拙。

吾人讨论斯特老斯(Strauss)或Pergamos(古代小亚细亚Mysia国之首都)之雕刻家易(纪元前4世纪之希腊雕刻家)讨论比陀芬或Praxiteles难,讨论菲底亚斯及巴克则尤难。吾人于最劣艺术家立可认识其稚弱及形式弛懈之处。凡艺术愈衰下,则谈之愈易。然欲为辞以批评巴克或爱斯克拉或埃及第十二王朝之雕刻,则又为一事矣。完满不能以言语形容,而为之,不过以更晦者喻晦者而已。近世妄人或以乱杂无章为最高之形式,而不知一切艺术之登峰造极皆当形式最紧严之时也。试观谨守形式之大作家之成功,则知彼亚历山大时代之清谈家之空言自喜为不足信。吾人之文化中之"新人物",亦将如其他文化中之新人物焉,非完全消灭,则永受摈弃而已。若协奏曲,若最优之亚拉伯图案,若奕丁拿斯(希腊建筑家,约前435)及菲底亚斯所筑之庙,若 Amenemher 之石坟,其形式之紧严或似过甚,然其伟大终不可掩。若彼扰扰可憎之蝼蚁与蜂虿,将与草木同腐而已。要之,当雕刻蔚盛于雅典及音乐蔚盛于欧洲之世,人类之最优善,种族之最纯粹,政治之最良美。语言之最有效力、最紧严而同时最有韧性,皆在于形式。吾人若非舍弃僵冷之思想,而以感情与所学相通,则永不能了解艺术。就大多数人应用之能力而论,语言适足以消灭艺术作品之欣赏,必须有诗人之技巧与天才,乃能将艺术之灵魂表现于语言,乃能赋灵魂于语言中。

第十二王朝为埃及艺术成绩最高之时代,此学者之所公认也。其时金字塔已成陈迹,然金字塔虽能震动吾人之感觉,其予吾人之印象为庞大、为怪异,而非艺术之美,不若通神庙之道 Pylon 其列柱及浮花雕刻配置严整,有摄人心目之力量也。Tutankhamen 帝固能以其家具时式奢华以其自身及家人之装饰,惊动一时,然其中除款式及器物之沿自 Sesostris 时代者外,余皆藉时式以动时式之人耳,非艺术之动艺术家也。是时金字塔之式样已完成,不复能发展而成一种"音乐的"建筑,如18世纪欧洲之建筑然。盖此种"音乐的"形式为埃及所无,其神庙及石坟成为艺术之集中点,而永远保留有庄严之列柱及雕花之斗拱。雕刻虽经发展与提高,然不过为建筑之装点,用以表现君主及其大臣之尊严与伟大。此种雕刻品虽庞大,然吾人鲜致以第十二王朝之造象与第十九或第五王朝之造象相混。此等造象可以一二稳当之标准辨别之。除大小之差别外,更有可以别第十二王朝之帝王造象于后此之造象者,即前者写实之色彩更重,而表里更伟大之思想是也。(许多旧以为第十七或第十八王朝之造象,今公认为属于第十二王朝,此可为上述标准之佐证。)彼雕塑之国王(Pharaohs)一若感觉人生之重担而不胜人生之刻厉者,于此吾人可见所谓宗教原素之侵入艺术。此原素为希腊雕刻之所无也。技术之工巧,二者所同;然吾人于埃及雕刻,则不感觉希腊雅典圣女祠(Parthenon)之宁静与尊敢,而得精力弥满之印象,甚或悲剧之印象。然埃及人之生活虽向望于死,虽以死为人生之目的,惟全无悲观及愁黯之态,盖悲剧非悲观也。彼壁上之绘画,彼自然形式之摹状,皆表现一兴奋之生活,无过度,无夸张;然绘画非埃及之代表艺术。而第六王朝之绘画较第十二王朝更予人以深刻之印象,更动人,更悦人,其技术亦较精良。第十二王朝以后之绘画,则偏重于小品,除用作广告外,毫无价值。盖当 Sesostris 战胜贵族及诸侯,余威震烁之世,吾人当期以伟大之艺术成绩。是时果有石坟及庙宇(兼通神庙之道)取金字塔及壁画而代之。第十二王朝以后,虽有绘画,然已无意义矣。盖当此时代,虽在埃及,思想亦换一新面目。

论及希腊,吾人所处之地位较优,半由可知者多,半由知之之人多。在希腊雕刻终超越于其它一切艺术之上,而庙宇仅居次要地位。当雕刻家尚努力奋斗,求脱去丁尼亚之阿波罗(Apollo of Tenea)之劣点及埃及之抑滞的影响时,铎利安式(Doric)之庙宇已达于最高之标准。惟在希腊,庙宇建筑之保持其重要地位,为时长于欧洲(惟短于埃及),以其表现基本象征更完备也。当政治形式达于最高点时,建筑术仍进步不止,而雅典圣女祠、Theseion 庙及 Nike Apteros 庙,乃庙宇建筑之登峰造极也。Erechtheion 庙或且 Nike Apteros 庙,则恰逾峰极而入于斜陂。此等建筑始表现哥林多柱式(Corinthian order)发达完满后之退步,表现强固紧严之雅典圣女祠形式之软化与弛懈。如以巴克比雅典女祠,Erechtheion 可比比陀芬。范塑术之规矩至此中断。而后来之庙宇建筑家无复完全天才者之表现技能,彼等始有欲表达而不能之苦。然爱奥尼式(Ionic)庙虽不能如雅典圣女祠(此为希腊建筑之最高成绩)之灿烂,若用作菲底亚斯、Paeonius Calamis 及 Alcamenes 辈之雕刻品,如"胜利女神像""乘士"The Theseus,甚且 The Choiseul Gouffier 阿波罗等像之背景,则殊足赞羡。

是时建筑始退步至于"歌队长 Lysrcrates 纪念碑"(碑在雅典)一类之形状,此后更继续其下降之途径。然雕刻则异于是。虽吾人或有以菲底亚斯为世界最优之雕刻家者,然彼犹未登峰造极,则无可疑也。此无上之荣誉,盖留待于 Polyclitus 或 Praxiteles 也,吾人诚不能下最后之判断。以雕刻非西欧人于其中感觉最大之满足之艺术,而意见必多分歧也。然不论何,自 Alcamenes 以至 Lysippus 络绎相望之一班雕刻家,实与至 Mozart 或比陀芬为止之一班音乐家相对应。Polyclitus 始立定法规,惟彼躬自背之。Praxiteles 在方法上确已达于完满之地步,惟有时为其技巧引入歧途,致有弱点,与 Mozart 同病。Lysippus 则试图恢复谨严之形式与传说,如亚里士多德在哲学上为柏拉图之比较的弱点之反动者焉。Lysippus 更开一新途径,即摹刻真物是也。此实纯粹希腊精神消逝之征也。Elpinice 曾被用为金星女神(爱神)之模型,Aspasia 亦然。吾人更有贝里克里之造象。然真正之实物摹刻只有苏封克里像及 Lysippus 所作之亚历山大像。此非偶然之事,亦非因技术的精巧之缺乏,盖造真像固不难于造虚型也。惟希腊人不喜作个人之像耳。最优之希腊雕像中,并无心理学可言。希腊人愿造庄严伟大之虚型,而不能创造一"自我"一特个之灵魂。罗马人有一种艺术超胜于希腊人焉。自凯撒以降,诸帝之造象,其空前无匹。希腊人集中精神于形式,而罗马人则始集中精神于面目也。

与建筑之衰微同时而兴者,为花瓶之绘画。希腊5世纪时之红饰花瓶,亦犹其时希腊国内各地之货币然,恒有美丽动人之处,其廓线、其各部分之匀称。其所表现之精神,与凡此种种之在雅典圣女祠中者相类。或谓 Euphronius 之作品乃雅典圣女祠之具体而微,吾侪可补一语曰:Meidias 之作品乃 Erechtheion 之具体而微,瓶形之变迁与画材之变迁几相平行。然希腊之绘画非真正绘画,乃雕刻之施于一画图平面上者耳,犹埃及雕刻之为建筑而非雕刻也。希腊之绘画绝无所谓背景与前景,除少数相传袭用之颜色外,绝不用其他颜色。

关于欧洲,吾人只需举出主要之原理及主要之人名便足。吾人若能认清艺术发展之情形及欧洲之基本象征,自能拘出全部之细节。其间自必有若干明显之例外与矛盾,然试细察之,则知此等例外与矛盾或无关重要,或为暂时转变之结果。是故雕刻虽决不能使欧洲人餍足,然吾人却有麦坎吉罗之成绩。建筑已让开首席,然吾人却有圣保罗礼拜堂及罗柯柯(Rococo)派。绘画好用予人以远距离之印象之颜色,然吾人却有前拉飞叶派(pre-Raphaelites)。此等事实于发展之大体所关极微,亦有其它事实,更难于解释者。然就欧洲之艺术而论,尚未有重大之例外,如中国7世纪以后之艺术者焉。

如前所言,峨特式建筑至纪元后1400年间已完成。先有种种形式供其采用,有纯粹的撒克逊式及在 Burgundy 之混合的亚拉伯式与古典式。诸式可以 Ravenna 及 Milan 及 Aixla-Chapelle 为代表。然此三者最后最后咸成为相类之形式,表现同一"空间感觉",而成为一整个的体裁中不可缺少之部分。此体裁与西欧文化有密切之关系。至1400年间,西方文化区域内已无相异体裁。以石表意,只有唯一之方法。1500年以降,此冲动已失其势力,是以此后相异之体裁并兴。然此诸体裁犹有同一基本的感觉。17世纪之巴鲁克(Baroque)式,传至18世纪,一线相承,且遍行于全区域。惟此式之主要特征,即失去"建筑性"。其不失去建筑性者,必已失去艺术性。此式不独离背纯粹之峨特体,且离背一切体裁,而变为僵死或"音乐的"。若英国之乡间别墅,若欧洲大陆之市外离宫(如凡尔塞宫及柏林莫愁宫[Sans Sousi]等),非不华丽也,然其建筑之大部分已无生气,形式已破碎,或分出"浪漫主义"之旁桠,或僵瘪而至于死。

石的艺术品不能充分表现西欧之基本象征,以其不能任灵魂脱离实质及具体之束缚。西方物理学家将物质继续破分,直至物质成为磁场中之紧张点,或空无之点而后已。反之,希腊人则以为原子纵无穷小,尚为固实之体质。其在艺术上亦有同样之对照。希腊艺术家注重雕刻,而西方艺术始则注重绘画。其后来传与物理学家之感觉,于绘画中始得更实在之表现,终乃注意音乐。于音乐中,其与物理学家之类似更密近焉。自其最初,西方绘画家精神之所寄,已非一花瓶之有限空间,而为壁画及屋宇圆顶之比较广廓区域。如乔陀(1267？—1337,意大利画家)即其例证也。壁画为希腊绘画中之最大工作,惜已无存。欧洲则不久即舍弃之,而代以大礼拜堂之圆顶之绘饰,或代以更特属于西欧之形式,即圣母像及人之画像是也。其艺术家所用颜色,数目无限,而一颜色愈能助其打破距离之限制,愈能吸引人目于无穷之世界及绘画之背景,则艺术家愈欢迎之。试研究各文化所用颜色之数目及性质,著成一书,亦极有贡献之事业也。试以斯宾格勒之学说为引导,将埃及、希腊、亚拉伯及欧洲人之用色比较,则于众文化之差异,庶可得真灼之认识矣。

然即西欧式之绘画,犹未足也。所有大艺术家皆试手于绘画,虽形式或有不同,其精神则一。文艺复兴运动偏向古典,似足以堵塞发展之常径,而迫人返向雕刻及古典之形式矣。然即佛罗稜斯派受古典模范之影响最大者,亦不肯服从其命令,惟继续其原来之途径。威尼斯人随之,荷兰人更自创一派绘画,专注重现世(别与宗教的)之写真,几造西方绘画之峰极。其终,颜色已不能胜表现之任,而蚀刻术(Etching)对于 Holbein 及 Van Dyck 一流人生颇大之影响。是故其所作像,多迷失无限之线(Infinite lines)中,使人回想雷布兰(Rembrandt)之蚀刻品焉。

无限之线为心目所难捉摸,故1660年以后,所有重要之艺术家皆转向音乐,于此可以屏绝物质之羁绊也。盖音乐之材料已尽灵虚之可能矣。

音乐除有具体的及感情的效力者外,为柏拉图想象所不能及,故其《理想国》中除祷歌及颂圣诗外,摈弃一切音乐。吕底亚及爱奥尼亚(Lydian Ionian)诸体,自彼观之,过于娇柔或衰弱。于此,彼告吾人以希腊音乐之大概矣。吾人试自加猜测,而知其音乐盖与军歌(Marche Militaire)同等,惟振荡及魄力稍逊。与此相距之远,未有甚于西方音乐者也。西方音乐肇自教堂音乐,如格莱歌里之平易歌曲(Gregorian Plainsong)之类,不久遂自成一种特性,其在风琴音乐之尤然,盖是时风琴为表现西方灵魂之最良工具也。Palestrina 及 Stradella 及 Orlando Lasso 以后音乐之伟大时代遂开始。许多新乐器(如 Clavicord 及 harpsichord 及 spinet 及 Violas d'amour 及 da gamba 及 Violone 等)之发明,与许多新形式(其中最重要者为 Concerto,后由 Concerto grosso 转变而为协奏曲 [symphony])之发明同时并起,以此等形式之实现,而西方音乐遂达于其最高妙、最谨严之境。此等形式乃自然之发展,全出于无心。此时以后,无复新形式出现,惟有旧音乐之扩张或浪漫的音乐而已。勃拉姆斯(Brahms)及瓦格纳(Wagner)以后之音乐无复足道。即彼等之距离其一百年前完满之境亦已遥远,彼等乃属于19世纪者。西方音乐之得最满意的表现,乃藉覆叠(fugue)及合调(Counterpoint),而一切较为紧严之形式皆循此等方向发展。且藉此等工具,音乐家乃能超脱现实之事物。严格言之,若就感情(Emotion)一词之寻常意义而论,西方音乐中实无所谓感情。夫巴克之作品未尝无感情,此凡曾聆 Largo of the Concerto 一曲者所当承认也。然巴克作品中之感情,与瓦格纳最下乘作品中之感情,其间有不可通过之鸿沟焉。前者超妙,后者粗浊。巴克之内心,感觉文化之形而上的催迫,瓦格纳则表现其个人琐屑之感情。真正音乐无所谓精神之问题,盖真正音乐乃一种和谐的、自在的表现。其所表现者,乃超乎精神及非精神世界以外之物。真正音乐必须如此,而亦确实如是。比陀芬之作成其生平最优之歌曲(几乎打破形式之作品)乃在其失去听觉时,此可显示西方音乐之特征也。

自吾侪"近世"之音乐家观之,凡此所言,皆虚妄而无意。Strauss 可谓彼辈之代表。尝言彼希望他日能表现茶匙之事实于音乐中,此可见西方音乐之真精神已离彼而逝,而称彼为庸弱者乃过谀耳。吾侪不妨武断言曰:音乐非以为茶匙之表现,犹其非以为"雨中之花园或水上之鸟"之表现也。此辈音乐家盖退返于希腊音乐之地步,此亦不可免之势也。希腊音乐将被视为新体制而受欢迎,此亦可能之事也。然在全盛时代,凡有音乐之感觉者必当视希腊音乐为鄙俚不足道。盖代表的艺术之达于其最纯粹之形式,乃当文化最高之时,尔后则愈变愈朦胧矣。艺术之成为普遍(universal),正犹真理之成为绝对也。是故庞贝城中之绘画与近代之风景画或有相似之处,惟 Polygnotus 之壁画与拉飞叶之作品,则不然也。查兹派(Jazz 专奏急调,用鼓钹拨、大喇叭、钢琴等乐器)音乐与非洲未开化之音乐相类似之处,较汉都尔(Handel)最劣之作品与查兹派之类似为多。当庚斯勃罗(Gainsborongh)及雷纳芝(Reynolds)之时代,绘画之为"西方的"绝无可疑。惟20世纪之作品,即非立意步趋黑人,其价值之低下实无以异。然摩里斯(Morris)、罗色蒂(Rossetti)、庞钟斯(Burne-Jones)一派,以为返求于拉飞叶以前,则可成伟大之艺术创造者,其谬妄亦同等。就严格之时间次序而论,拉飞叶以前之画家,实未造于绘画之峰极,而西方绘画中最有价值之作,实不出于彼辈之手。

是故前拉飞叶派不过欲倒转时钟之针,而抹杀16世纪以来之画家之成绩耳。然彼等实无美质,彼派之所优为者,惟黑白分明之图案,为书籍之插画而已。C. S. Ricketts及Francis Crease之成绩,还优于一切表现派(expressionists)及象征派,而约翰及与奥尔宾(Orpens)之徒直无足道也。麦坎吉罗以后之雕刻家亦然。吾人作一麦坎吉罗以后之欧洲伟人表,其中当有许多绘画家、音乐家、数学家、科学家、政治家及军人。唯欲求一雕刻家则尤尤乎其难,其故则因石与铜非表现欧洲基本象征之良工具也。

大多数人于近代艺术略偶所知,于希腊与埃及之图画亦曾有所见,惟关于亚拉伯则所见或极鲜,而其发展,吾人全无所知。论及亚拉伯,亦犹希腊然。图画为所必需,然亚拉伯图画今惟存少数,且极难得。然吾侪若认识亚拉伯之基本象征,并记取其最初数世纪未变态之现象,则当能于榛棘丛中自辟路径矣。亚拉伯艺术史有数点确定者,可得言焉。圣苏菲亚寺为亚拉伯艺术之最显著之例证,吾侪可攫取为钥。此寺之兴造,在亚拉伯美术全盛之前,而正当建筑登峰造极之时,其后之发展与埃及相似。盖就一方面而论,建筑继续为亚拉伯之代表的艺术,惟较属重要者,非建筑之形式,而为装饰之形式耳。8世纪间,亚拉伯文化之传播,西至直布罗陀海峡,东至报达。是时,亚拉伯图饰(Arabesque)及嵌工(Mosaic)最富于基本象征之表现,而形式最"紧严"。亚拉伯图饰盖最足为亚拉伯之代表的艺术。此所谓亚拉伯,不仅为地理或人种上之名辞,乃一文化之全体,斯宾格勒以亚拉伯称之者也。亚拉伯图饰之原始,可能明白追溯。此盖不幸之事,因其结果使人误认之为纯粹古典的形式也。然试问此南欧之画素(Motif)曷为久久停滞无发展,至假蜕化之时,乃忽脱颖而出,生气勃勃欤？后期罗马宫殿中之斗拱(Capitals)其尚为古典形式抑已为亚拉伯式,每难断言,亦犹罗马最后之建筑物,如城外之圣保罗寺(建于386年,1823年毁于火)者,既不能谓之为古典式,而亦非亚拉伯式。

君士但丁堡为亚拉伯之中心地之一,而君士但丁堡所用之语言乃希腊语。此事实使吾人论及亚拉伯时弥感困难。吾人因之以为希腊文明直继续至Psellus及Moses Maimonides之世,然使非其文学表现精神之变迁极微浅等。吾人当已见。远在纪元300年间,一切古典的踪迹,无论在政治中及艺术之一切分支中者,皆已消逝。(其中在政治中者,因戴奥克利纯[Diocletian]之改革而消逝。)吾人若睁眼一视,则见在耶路撒冷、在Ctesiphon、在Petra(犹太国王,在位时为纪元前44年至纪元后4年)时以后,耶路撒冷新增之建筑乃为圣苏菲亚寺道其先路,当知圣苏菲亚寺与东方及西方亚拉伯文化之全体，一线相承。吾人当能信缅甸巴甘（Pagan）之阿难（Ananda）神庙，乃建筑于亚拉伯文化影响之下。因其名义上虽为佛教的，而实与纯粹之印度 Stupas 及 Dhobas 相离甚远也。吾人当以阿难神庙可与 Taj Mahal 同归一类，皆亚拉伯艺术之最后产物也。吾人当能将西班牙及北非洲之建筑物（西班牙之大食故宫［Alhambra］乃其最著名之例）置于适当之地位，当免于恒人之谬误。以为圣苏菲亚寺为耶教艺术之峰极，一若其与回教不兼容者。苟诚如是，则回教徒不独能模仿，并能融会耶教艺术之体裁，其成功为可惊也。圣苏菲亚寺显然为亚拉伯建筑之最初解放。其恰兴起于此地，乃自然之势，正犹当15世纪西班牙在文化上居重要位置时，而文学兴于其地也。自圣苏菲亚寺时代以至 Taj Mahal 时代，乃为同一体裁之发展。而此体裁之例证，吾人可于纯粹之耶稣教堂，如米兰之圣安伯鲁斯寺（St. Ambros）及威尼斯之圣玛利亚寺见之。圣苏菲亚寺最初显示吾人以亚拉伯之特色。若日进于空灵（immaterial）之亚拉伯图案（Arabesque）用为斗拱或拱门之装饰者，若磨琢精细之斑红石柱，若合成一体之拱门与旁柱，若以金为底之嵌工（Mosaic），若与古典精神相反之圆屋顶，若圆顶内面之装饰，皆亚拉伯之特色也。凡此诸特色，与埃及偏盛之建筑性质（表现于庙宇及石坟者），希腊之建筑雕刻及雕刻式之绘画、欧洲之绘画及音乐相应。至亚拉伯之19世纪开始，而创造时代告终，时当纪元1100年。

以上追溯各文化中艺术之发展，仅至其19世纪而止，以后之时代惟偶尔道及而已。虽然，毋论艺术至此时遂完全停止也。在希腊衰世及浪漫的时代，仍有艺术之展现。此时代恒继续至21世纪，然无论独个艺术家偶然之贡献如何大，此时代大体上乃衰降之时代。凡上所言一切与19世纪俱来之错误，至是更变本加厉。艺术家不愿受形式上之羁勒，甚至反对一切形式，感情盛张，主观彻注，公共性（impersonality）消灭，而艺术不过嗫嚅或咆哮而以虚幻无物为对象耳。于是勃拉姆斯与瓦格纳让席于 Strauss 与 Debussy（皆音乐家），而波格门坛（Pergamene Altar）及僧人迈蛇像（Laocoon）让席于安德奥克（Antioch）及伯亚吉利宾拿像（the Elder Agrippina）。欲挽狂澜，徒为梦想。吾侪惟有承认不可免之势，而在此等范围内，尽其所能而已。众文化之19世纪（仿欧洲文化之称，实自1789至1950年）为一切有形而上意义之艺术闭幕，文化已不复循守形式。而感觉创造之欲望之艺术家，求一形式以自表现而不可得。（在今中国，吾人欲作诗及小说者，其痛苦困难正如此。盖不特形式无定，失所遵依，甚至本国文字，亦为时人所破坏，几无可公用之文字也。）文化垂尽之年，恒产生有趣甚且有价值之物，然此时之艺术,惟建筑,偶或并有文学而已。建筑在曩时为未来盛境之开始之希望,至是则为催命之神。鳞介类之大动物演化至形体过于庞硕,则种族消灭,文化亦然。当其产生插天楼(skyscrapers)之时,则末日至矣。至于吾侪,只望不致衰降至于埃及拉麦斯时代(纪元前1500—1000年)或罗马人之地步,不致毫无创造能力,惟知抄摹或窃旧作品而加以新款题而已。

六　十九世纪

一文化中之流行思想,实质上皆以极狭窄之历史观为根据。一人之经验,限于此星球上之七十年,而此短时期内所应得之教训,亦非大多数人所能体认。少年时所得之政治教训,至壮年则忘之矣。当1918年,血肉相搏之惨剧方已,欧洲诸雄孰不厌倦而欲息哉?然不逾时,则又思奋张,处心积虑,以求藉战争而获得之经验与利益矣。丁尼生所谓:"悠悠无尽期之和平瘤",历时不过四十年而已。若是乎,又何惑于全部历史哲学之建筑在百年间之事实上哉?因今世之成绩,遂以为文化上有进步的发展,遂希望辉煌灿烂之将来。此希望恐终成画饼而已。夫进步之观念,亦有若干事实为基础,惟不如通常所想象耳。由1780年以至今日(此一时期为便利起见,称为19世纪),固有超越前古之进步,然不能据是遂谓此时代乃一上升斜线之最高点也。反之,此时代乃山脉之一峰,过此,则斜坡陡下步,乃一曲线之顶点,隆于其后而洼于其前。过去诸文化之经历,固如是也。方今之时,巍巍无极之壮观,眩惑人目。然不过方今之时而已,后此则幻梦觉而失望生矣。

西欧当18世纪时,已显露一新趋向,即思想随教育之发达而散布日广是也。休谟及吉朋之怀疑主义,非孤奇之事也,不过普通现象之代表耳。习知而悦闻福禄特尔之破坏的批评之人,不免登断头台而死。因被群众认为无用之障疑物,故不免登断头台也。然当新时代(19世纪)开始时,此种广布之思想更臻于一特异之形式。马文(F. S. Marvin)称19世纪为希望之世纪。是诚然,惟其意义异乎彼的想象者耳。18世纪之批评思想,大抵学者之空言,不必见诸行事。19世纪之思想,不仅为一思想,实为一理想。其中涵有宗教之势力,是乃一教条,众人甘为之而死。或曰不然,此种现象特由于受流行思想支配之人之愚暗耳;则曷不观乎穆勒(J. S. Mill),观乎其以宗教之热情为自由作护法?就政治而论,就宗教及哲学之一部分而论,19世纪实唯智的理想之伟大时代也,而法国大革命所标举之自由、平等、博爱,实为此时代所托始矣。

自由、平等、博爱,此诸理想,意义上各有其特殊之色彩,而循一疆界明晰之路径进行,终乃如中亚细亚之河流,迷失于末造文化之沙原低泽中。自由云者,最初似指民主政治。此所谓自由,法人于1793年得之,英人于1832年得之,因此自由之概念,遂有全19世纪之德谟克拉西的奋斗。至1918年欧洲大战之终,此奋斗几已完全成功。然此概念,犹为未足。由一方观之,民主政治尚遗一未决之问题,即民族之独立是也,而民族独立实为19世纪之第二大问题;由他方观之,民主政治之足以危害真正自由,不减于绝对专制,于是有拥护个人权利,谋个人自由发展之奋斗,以反抗政府之干涉焉。此问题在政治上及哲学上皆兴论战,而其在两处战场中之结局亦同,则有格林(T. H. Green)氏及自由党于政府中造成自由之可能性。而此理想之将来(果其有将来者),盖系于社会主义。以言平等,亦有相类之历史,惟其繁复较逊。最初此理想仅指人人在法律上之平等。此所谓平等,法国于革命时代已得之。从政治上言,此理想涵有普遍之选举权(包括女子选举权,如边沁所指出者)。其在英国,为此理想(政治上之平等)之奋斗,起于1832年,而终于1918年。然此理想,就其初义而论,亦为未足。盖欲求平等,先须机会均等,而世事多出偶然,虽尽组织及管理之方,亦难得完全之机会均等也。法国革命而后,此事实瞬即为明眼人所灼见。圣西门、佛里尔、及罗拔·欧文之出现,乃其明证也。社会主义及共产主义之广播,即根据于平等之理想,于是自由、平等两理想同终于一点,有如二川汇一河。若谓平等观念,更显然为社会主义之基础,自由之理想则实为此运动之主动力也。

博爱之理想,则属于一完全相异之思想品类。此理想与实际之政治不相干涉,惟其影响于人心之态度甚大,而人心之态度则影响于政治。在法国革命时代中,此理想不过为平等之变体。由此以论,则其对于社会主义之影响可以预断。革命家及社会主义者同以此理想置于其战线之最前方,非以策勉激动已方之行动也,以鼓动他人而起敌人心中之踌躇以自省耳。(意谓以"爱敌"为号召,不过离间敌军之一种诡术耳。)彼法国及俄国之革命,就其全体而论,以云博爱之表现,犹有所不足也。虽然,在此博爱一词中,有最高理想之胚核焉。在19世纪中,宗教趋向于伦理学,而哲学则趋向于生活之方法。18世纪之怀疑主义,其对于宗教之破坏工作,从实际言之,至是已完毕。若忏赎、若圣礼、若一切关于上帝之正统思想,已不能当批判的智力之考验。宗教之存亡,视伦理的标准而定。宗教改革时代之上帝,正直严厉而猜忌者,已变为圣约翰所谓"上帝即爱"之上帝矣。而最重要之二戒,通常解释作"汝须爱邻如己"及"苟汝能信上帝者,当并爱上帝"。哲学之在19世纪,有一更艰难之工作当前矣。彼乐利主义者,信仰最大多数之最大快乐,又信仰个人之努力以获得个人之快乐,是固类于纯粹之自私。虽然,彼有不能不承认者一事:真正之快乐仅能由不自私而获得,纵曰此不过"自私之不自私"而已。是乃此时代之特著的态度也。葛德之《浮士德》,其最后获得快乐,乃由于不自私而服事人类。白朗宁之 Paracelsus 中所得结论,则谓个人之鹄的,乃爱与为爱役之权能。玛志尼则以为意大利之自由能对于人类有极大之贡献。19世纪之理想之最高点,而已成为老生常谈者,厥为一语,曰"自由之极轨非他,爱人而为汝所欲"。就其理智方面而论,基督教之所以诏世者,乃其教主之伦理标准,而非其关于指导宇宙之势力之学说。

此理想固非实行所能几及。虽然,自19世纪之开始以来,人道主义之情感成为时代之潮流。初表现于英伦,其后遂遍于此文化之全区域。此时代之开始,即有反对黑奴制度之运动。等是震动一世者,又有反对工厂中白奴制度之运动。此时代有贫民律及刑法之改良。自1832年后,奴隶制之废除,实现于全大英帝国,使纳税者蒙极大之损失而不顾,而规模最大之工厂法,乃藉慈善之沙士勃雷侯(Lord Shaftesbury)之助力而通过者也。自1867年以往,人道主义运动之政治方面,成为常态政治之一部分。此外则有无穷数之组织,循无穷数之方向,为不息之活动。其所发募捐之书启,多于晨来邮袋中之债主通知单。苟吾以外有受痛苦者,无论其在东京、在希腊南部、在智利之京城,无论其为狗或马之受虐待,吾皆有干涉之义务。此种感情乃19世纪特具之态度也。自欧洲大战以后,美国人输大宗款项以救赈远地灾民。其地大抵为美国人所未闻,其方位大抵美国人所不知者。可见此种感情之强度无逊于往昔,而今日国际联盟背后支持之势力,半由于同情之感觉与免除苦痛之欲望也。

1789年以后之时代,与前此各时代,其间最明显之殊异,厥为原理科学与应用科学之进步。1789之年固在工业革命发端之后,然其时此经济上之大变迁,尚扩展未广。英国犹未为铁路工厂及城市所掩盖也。时至今日,则机械、电力及其他利用自然力之方法,已使英国完全改其面目,遂使18世纪安闲之气象,成为隔世,其距离吾人之远,有如中世或纪元前五百年之希腊矣。工业所应用之物理学及化学方法,因其隐微秘奥,尤使门外汉惊奇。每一产品,几莫不为若干幽微之因素之结果。此等因素,除本业之专门家外,无人能解。国内及国际贸易之组织，为财政或银行之统系所维持。此统系之本身，亦有不可穷究之神秘。精深之专门家恒或为之解释，然每一义起，意见各殊，适足以证明其不可解而已。原理之科学，则更隐奥难明。此时代者，生物学及其相关科学之伟大时代也。此诸科学之事实，为辩争极烈之哲学之根据。此等事实之解释，诚纷纭不可究诘，然关于此等事实之智识，则继续增加。壮观之科学实验，足以证明人类控制生物之力，惟不必能达实用上之目的耳。此时代者，亦化学研究之伟大时代也。化学在应用科学中尤关重要。生物学及化学两科，乃此时代之特殊产品，持此以衡量其它诸文化之成绩，难为月旦矣。惟数学为一切文化所同具。就此学而论，19世纪之成绩亦极伟。尽微究极之数学（Final Mathematics）已出现，几何学已进而入于后几何学。自爱因斯坦出而牛顿让席，以言乎物理学，若原子表之发现，若放射说之成立，若今日关于原子及电子之智识，论其所增益于人类思想中之观念之伟大，实为其它一切科学之冠。

方今之欧洲人，生于理想之空气中，日与科学之结果相接触，则其卑视前此各时代也，固无足怪。然纪元前280至120年间之希腊，及纪元后950至1100年间之亚拉伯，亦复尔尔。理想乃一文化中某时代之专利品，而非一文化之专利品也。其在希腊，自由、博爱、平等之发展之各阶级，欲寻迹溯源，诚为难事，然此诸理想之存在，并挟有雄强之生力，则证据昭然。虽以二千年来污土废物之掩叠，各种思想之标本犹可掘出。彼大儒戴奥吉尼斯（Diogenes the Cynic，提倡返于自然者）即同于约翰·穆勒之个人主义者。其立说假定个人自身之充足，以为起点。真正属于个人者唯有一物，即其一己之思想是也。世界最可宝贵者，莫如个人思想之发展。当希腊政治生活衰坏之际，戴氏未尝创造关于政府之原理，如穆勒之所为。欲求个人思想之发展，必须有稳固而合于理性之政府制度，而此则希腊世界所缺者也。(19世纪之欧洲除英伦外亦然。)戴氏转向内心以求个人之自由。前此亚里士多德以为个人之完成有赖于国家，戴氏摈斥其说，谓个人不必致身于市府之一员，亦能独善；个人发展之所需者，唯自由而已，而发展之可能性即存在于各人之本身。戴氏更进而主和个人之平等及奴隶制度之违反自然，谓一切人类皆相平等，不因肤色种族及国籍而有轩轾。一切人类皆为世界之公民。同是，斯多噶派之理性概念亦为自由平等之思想导夫先路。盖各个人皆具理性，而各个人之理性乃宇宙之理性之一部分，故吾人于所有人类皆当一视同仁。"世上应有合一之生活、统一之秩序，如唯一之羊群，在共同之牧地上。"此等思想遂引伸而成社会主义及共产主义之原理，甚且实行，此自然之势也。当古典文化中之19世纪,亦尝有具体之共产主义之试验,而罗马之革拉哥兄弟(Tiberiuss Gaius & Grachii)亦尝有近于社会主义之计划,盖直接受斯多噶派大师Blossius之启发也。与自由、平等两理想并行者,尚有博爱之理想焉。人道主义之运动,可以对于奴隶制度之攻击为代表,而博爱理想之发达,以斯多噶派为最。由彼宗观之,最神圣之德行莫如协助人类。据斯多噶主义,爱人类与助人类为上帝之本质。卜林尼(Pliny)之表述此主义最庄严有力,其言曰:"上帝非他,乃人之助人,而此乃到永久光荣之路"。

希腊人亦与科学接近。在此文化中,有亚历山大之时代(以工程及建筑之技巧著),有欧克里得、Apollonius及Eratosthenes及Manetho之时代。化学及生物学,固大部分在希腊人思想之领域外。惟就数学而论,其精深虽不能与吾人之十九世纪比肩,已足以炳耀于历史。Eratosthenes测算地球周径,用二比例中率以解决其问题,其法合理而近密。彼又推定两直线间之距离。Apollonius则著书论割锥术。Hipparchus之著作,其一部分且为牛顿所引用。以亚历山大时代理论为根据之多禄某的宇宙统系(Ptolemaic system)牢笼欧洲思想界者一千七百余年。尚有一更伟大之人,曰亚奇默德。彼其在赛拉鸠斯围城中之功绩,几使彼成为神话中之英雄。烧船之镜、飞石之车,皆用以窘罗马人(关于此等事之传说自多夸张),其它较和平之发明,为数四十,内有螺旋唧筒及水力机关。彼奠定流体静力学之基础。彼阐明杠杆之数学原理。彼计算圆周率至小数三位而无误。彼诚为智识界之巨灵,然彼非唯一之实用科学家也。盖亚历山大城之希罗氏更发明一蒸汽机,惟此机似为博物院中之奇器,而非如近世蒸汽机之行于铁轨上者耳。

亚拉伯人受宗教之支配过深,故智力上之理想不昌。惟在其宗教中,亦有极类于自由博爱者焉。12世纪时,在报达更有近于共产主义之宗派,宣传平等之义。亚拉伯人之趋向科学,视希腊人更为自由。纪元950至1100年间,为亚拉伯人科学成绩之乔皇时代。由西班牙以至波斯,由Cordova以至报达,科学态度遍布于亚拉伯之世界焉。其中最伟大之科学家,盖为Alhazan氏。彼最初说明光线发自物体而非发自人目,又断定网膜为视像之本位,而光线所投之印象由视觉神经传入脑中。彼又发现(或悟到)光波经过空气中之屈折,并应用此定理以确定空气界之高度。又有《智慧之平衡》一书,相传亦为彼所作。其中叙述空气重量与其密度之关系,并应用重心之原理,以研究物体之平衡。Alhazan氏又作物质比重表,与今世所用者密近。其所定水银之比重,至最近始知其正确,而前此所通用者反不如彼所定之密也。彼又料知自然进化之观念,料知动物逐渐进步而成人类之说。与 Alhazan 氏并世者,无论原理及应用方面,科学家联翩辈出。Averroes 氏发现日中黑点;Rhazes 氏、Alabbas 氏及 Albeitthar 氏各著植物学书,皆精绝;Abuothman 氏则著书言动物学;Avenzoar 氏则为药物学之名家;Ebn Junis 氏则用摆以计时。类此之人名,不胜列举。更观其应用科学方法于羊马之养育,观其输入米、糖、棉等物于欧洲,则知吾所认为纯属于西欧之气象,此时实遍布于亚拉伯之世界。而 Cordova 城内之街灯及饮料之供给,其超胜于 18 世纪之伦敦,不可以道里计。

希腊、亚拉伯及西欧,同有一科学时代。此时代之结果彪炳震世,足使后人思忆。惟中国及印度之科学,则无关重要。其在中国,犹有足证科学态度存在之痕迹,若铁器之发明,若医籍之编著(其中血脉运行之说,已露端倪)是也;然亦仅有些微之痕迹而已。从他方观之,在中国及印度之哲学思想中,其表现19世纪之特色者颇多,亦有足为19世纪特色之最显著例证者。其在印度,自由与政府无涉。自由者,脱避生存之苦之道也。平等者,非法律上之平等,或机会之均等,乃广义之平等,谓一切有情皆宇宙精神之一部分而无例外也。博爱者,当求之于共同之解脱方法及个人自私的感情之灭绝。释迦寻求解脱之道,非独为己,乃为众生,非因己生之苦,乃因众生之苦。释迦此种态度,与近世基督教之态度有符同者焉。人道主义之极端,于耆那教见之。彼教于极微小而有害之生物,亦禁人杀害之。其在中国,平等之观念,似不重视。此文化之基本精神产生一种强有力之社会的精神。在此种精神之中,个人与其它个人之对敌殊难想象。亚里士多德谓个人之最完满的表现,仅能于社会中得之,此种态度完全为中国人所具。更有一事实,使此种态度加坚强,即其于社会之关系而外,更承认家族之关系是也。孔子之所教,实不啻谓凡人之第一责任为对于家族之责任,而其次则对于政府之责任也。惟杨朱独具有个人主义与乐利主义者之精神,以快乐之追求为人生唯一有意义之目的。虽然,实际上一切中国人之思想皆为社会的。老子则创为合道生活之教,阐明真人之道,彼由战胜自身而求自由。老子者,中国之大儒也。彼委弃政府,以政府终不能免于暴力与骚乱也。彼委弃学问,以恶人利用智巧以为奸也。道德与自由,于何致之,唯于内观,唯于战胜世俗之希望与恐惧。此老子与庄子之教也,而与之俱者,尚有许多神秘之附缀品,籍以描状修养之极轨。以言博爱,实为中国之代表的理想,而孔墨之根本精神也。孔子之哲学,纯为社会伦理学。道德者,粗言之,即社会义务之尽行,如孝弟忠信是也。欲求人类之快乐,国与家族为不可缺,故必须以威权及赏罚之力支撑之。盖人类虽善,而易流于失误,必须有以制持之。然在孔子之哲学中,常识盛于理想,其大体上切实适用,可比英之格林(T. H. Green)。墨翟之指斥个人自私,偏于理想,墨翟亦承认社会义务,然更超出其上,以兼爱为一切困难之救药,使国与国不相攻,家与家不相凌,盗窃无有,君民爱忠,父子慈孝,则中国诚治平矣。然墨翟日日言天下国家,而不知苟人类完全无自私之心,则此等社会形式无复存在之可能与需要。故其后有一问题起焉,人之真性为善为恶,人类当如何约束。此诸问题为孟子、告子及荀子诸哲所注意,而以常识之态度论之。此种态度乃中国之所长,而欧洲之所短,是欧洲之大不幸也。

  各大文化中"19世纪"时代之宗教,咸具特异之形式。伦理之情感,教人为人类服务者,固或以宗教为根据,然其精神原非真正宗教的,而博爱之精神并不依赖上帝或天界而得其确当性也。孔子之成为宗教创造者,乃出乎己意之外,彼生平未尝言及上帝与来生也。同是,佛教亦为一种生活之方法。虽未尝否认神之存在及灵魂不死之可能,然此二者在佛教中实无关重要,其全副精神皆集中于个人及断定个人命运之规律。然此非宗教也,凡真正之宗教,必根据一种假装或实在之感觉的能力,此能力超越理智与事实。在各文化之19世纪中,随在可见此种能力之表现,在(一)伦理统系及(二)近代对于教条(dogma)之意见之背后。有两种运动,存在于今日欧洲焉。(一)曰天主正教之传统势力。此势力不惟未消灭,且在最近五十年中国较前增长。其在英伦,所谓英国天主教徒(Anglo-Catholics)更为之推波助澜焉。孔教之在中国,佛教之在印度,斯多噶派之在希腊,就其纯粹之形式而论,皆一文化中之智力方面之表现。此种表现今可于伦敦较优之周报中见之。惟各地日报通讯栏中所述民众之信仰,却与此绝异而较为真实。一切较伟大之思想,最后皆沉埋于群众之宗教迷信中。虽此等伟大思想之变为神明赎罪之仪式及礼节,乃末世之事。然传统式之宗教,实无时不在,无时而不挟强大之势力。彼理想之间架,无论如何崇高,终为单薄之建筑而已。虽其形式或历长期而犹存,若其实在之势力,不过昙花之一现而已。(二)除吾人可称为传统主义者外,19世纪之宗教尚一特点。此时代有许多秘传(esoteric)之教条与仪节,可以神秘主义一词粗略概括之。惟如基督教科学、通神学(theosophy)、天人感应学(anthroposophy)、精神主义(spiritualism)及真正之神秘主义等等纷歧之现象,可否并为一谈,尚属疑问。然至少就一点而论,彼等实相结合,彼等皆欲用超乎感觉、异乎科学之方法,以求窥知宇宙之奥,并将藉此种方法所得之智识传述于世。此等知识与一切藉人类理智所获得者,迥然不同。此种现象为一切文献足征之文化中之19世纪所同具。通神学之基础,乃建筑在印度,盖成于钵颠阇梨之瑜伽宗。其教派之目的,在压抑一切心之机能,使精神能窥见超意识之境界。所用方法有极奇者,例如继续念唵一字之咒至无限数次。此种习惯至今犹存,确有使人心疲倦而知觉消灭之效。钵颠阇梨之所窥见,与释迦所获之启示,极相类似。钵颠阇梨之重要,以其为印度文化中此类经验之显例也。其在希腊,斯多噶派学者几尽向迦勒底人之占星学顶礼膜拜。其中最著之大师,厥为Berossus,尝设一学校于Cos。与占星学及占星学上之神灵相结合者,有一种新信仰兴起,即对于先知、占卜、灵言、神瞩等之无限制的信仰是也。此等信仰之确凿痕迹,犹存于《新约》中。亚拉伯则一心皈依神秘主义,后此波斯之诗歌,全为此主义之主要思想所渲染。此所谓主要之理想即统一之观念,换言之,即除上帝外,无一物真正存在。是故一切现象皆为一真实体于瞬瞥间之表现,真理只能于内求之。天堂与地狱皆属于主观,而最高之智识乃混沌无觉,或曰神游物外。教派纷纭,皆为同一宗教之暗影,故曰:(按此诗系波斯诗人鄂马开亚谟[Omark Khayyam]之Rubaiyat篇中之一首。)

> 别宗七十二,试与吾宗比,信仰何所同,仁爱禀天意,贤圣与多辜,叛徒与信士,名号虽各殊,所志唯一事。

尚理智之19世纪,必笑神秘之经验为迷信之退化。然斯芬克斯(为古代神话中人面狮身之怪兽,每出谜与人猜,不中则有殃)之谜,固非科学所能解决,而神秘主义者所循之途径,殊乎引道科学家入于反面结论之途径。求真理之欲望,乃为19世纪之精神之半面,而科学所得之结果,确不完全。科学之所及虽远,然未能达于明晰之结论,其进步仅发起新问题而已。神秘主义者乃出其独有之一半秘钥,试开真理之门,其艰窘非门之不能开,而他方面冲突抵拒之事实多也。

合观19世纪理想、宗教、哲学及科学,欲以一言括尽19世纪之精神,绝不可能。其最明显之特色之一,厥为其理智方面之努力,以求了解人类。此于近世之文学而可证。安诺德曰:"诗者,人生之批评也。"而19世纪文学,乃人类之批评也。莎士比亚及爱斯克拉式之文学,皆以人为主体,一切伟大文学皆当如是。然在莎氏及爱氏所作之戏剧中,人类之感情与欲望仅为一部分,而非包括全体。"人物即是命运",此言虽不甚正确,然实可以形容莎氏性质之一。彼其所作雄伟之悲剧,兴趣之所在,非人物之发展,而为剧中动作对于人物所生之结果。在19世纪,文学之兴趣全集中于人物及其生活。19世纪英国小说之发达,经过极明晰之数时期。各时期之主要特性,皆可求之于纪元前300至150年之亚历山大文学,亦有可求于亚拉伯文学者焉。浪漫时期之小说,依例必有一英雄。此英雄历尽艰难险阻,终乃获得报酬,其报酬恒为美人。此时代之作者,藉其诗的幻觉,想象世界为一乐土,在其上有一万能之神明,赏善罚恶,各如其分,虽善恶之斗争甚烈且久,而恶人或暂奏凯歌,然天网恢恢,终无可逃。此种规定之模型,在昧于事实之世界中,亦有其用处。然试观最足为浪漫派代表者,如司各德迭更司之著作,其最大兴趣乃在次要之角色。盖在此等角色上,作者可自由展施其想象之能力及刻画人物之技巧。至若心理小说(以麦雷底斯 Meredith 为最大作家),其兴趣全在人物,其目的在摹绘之正确。而写实主义则描写人物与人生,力求毕肖真形。文学上之写实主义,乃法国而非英国之土产。然在英国,有维多利亚时代最后之大作家哈代,采用写实主义之精神,而以不同之方法刻意描写人生数方面之事实。彼"以冷静之头脑,摹绘恼恨、愤激、嘲嗤、凄惨,凡足以扰动人类最强烈之感情者,以质直而毫无支吾之词,记录亘古如一之灵肉死战"。浪漫小说、心理小说及写实小说皆以人类为主体,而趋向于描写之正确,趋向于人类在世上经验之真象。其在欧洲如此,其在希腊亦如此。惟希腊小说,乃以诗出之,且以古代神话为材料耳。亚历山大时代之作家,以产生浪漫小说即心理的与写实的描写,彼等亦为对于人类之疑问所影响。希腊之19世纪之精神与欧洲相同。其在亚拉伯亦然。浪漫小说式之诗歌与故事,占亚拉伯文学之全部,其流风及于欧洲,则产生 Troubadours(为11世纪至13世纪间法国南部及意大利北部一派情歌之作者)及 Chanson(法国中古时代歌者之称),其在亚拉伯本邦,则产生相当于鄂马开亚谟(Omar Khayyam)之诗人。

大势所趋,文学在此时代常以悲观之音调终。当是时也,科学则停滞而僵死,理想则烟销云逝,宗教则成为虚文与迷信,哲学则创作少而绍述多,间或随时势之需要,稍加增减而已。新康德派也,新黑格尔派也,斯多噶派也,伊壁鸠鲁派也,各以无端涯之词,讨论无端涯之原理,而毫无感奋,毫无进步。失败之感觉,或为哲学的,或为文学的,然无论为何,其出现皆在此时代将终之时。鄂马开亚谟之四行诗(Rubaiyat)非一人之作,实数人之作。而幻梦之惊醒,必为12世纪亚拉伯世界中之普遍感觉无疑矣。且尽今日欢,明日归黄土,此固为浅易之哲学,然其后实有极深刻之背景在。科学、哲学、宗教皆不能解答所问之题。智识所遗留与吾人者,惟有一事确定:"吾之来也如水,吾之去也如风。"过此以往,"盖有门矣,吾无钥也",而亦未尝有人焉寻得此钥也。道德及伦理之强制势力,消灭于使人失望之大疑问前,所遗留者惟酒一杯、诗一卷及关于"汝"字之犹豫不决的反想而已。其在印度,释迦之悲观主义较不坚决,盖生存虽为罪恶,然有钥焉,可开解脱之门。惟伊壁鸠鲁及其同派,所持意见与鄂马开亚谟同。彼等皆视宗教为滑稽剧,其教人以守德与宁心为生活之方法者,不过欲免苦而得乐耳,此乃悲观主义之最后归宿也。其在西欧,当19世纪之末,人类生活亦受悲观主义之影响,惟其悲观更深刻而更严肃耳。叔本华与哈代,乃其伟大之榜样也。而哈代视叔本华为尤伟大,即使彼之宇宙观不能自圆其说,彼之人生观已将维多利亚时代之神话与幻想摧毁无余,而使吾侪与人生之真象面面相对。欧洲文化视其它文化更为严肃,愈不能忘情于穷苦无告之大多数人民之问题。The Dynasts(哈代所作)一书,实为悲观主义之最优的表现,而作者盖能忍痛一览全世界之生活,而发现其中毫无希望者也。是故失望之醒悟,为此时期末之特征。于是及时行乐之思想,取初期之理想而代之。而近之人犹古伊壁鸠鲁派然,惟以举杯浇愁为事。其在禁酒之美国,则以取得金钱为唯一之目的。

至是19世乃闭幕。其理想虽庄严璀璨,竟以失望终。而其文学,亦以宁静之悲音为乱。从许多方面而论,19世纪之态度,乃一大疑问也。所问唯何?广言之,则生之意义;狭言之,则人生之意义。人类若终不肯承认事物之表面价值,则其将来之命运可知。此时代往矣,人之情感亦随之而改变。人类乃转向其物质的状况,以寄其主要兴趣。物质的兴盛之求索,消磨其心志,而此疑问遂成为过去之物矣。

七　将　来

西欧19世纪之大光荣,盖在倾心于理想矣。在理想之势力下,国际政治成为保障人类亲爱之具。国内政治成为有主义之争斗,科学则拥护事实所宣示之真理,文学则为理想本身之表现。战争乃为有战争价值之目的而发。政治之争斗出于义无反顾之热诚,论坛上之争辨亦率由本衷,因两方面皆确信其所主张之为真理也。此时人类堪称伟大(半由于其所为争斗之主义之伟大,半由于其所以争斗之方式之伟大),则有柯布登(Cobden)、玛志尼、俾斯麦、加富尔之徒出,咸能得其附助者恳切之仰慕与忠心。伟大之运动,如自由贸易运动、国家主义运动、德谟克拉西运动及人道主义运动等,予此全时代以高尚之情感,而使之远超乎 18 世纪之琐屑争执上。苟有足与此时代颉颃者,其唯宗教改革之时代而已。希腊与亚拉伯无足与此同日语者也。在希腊之 19 世纪,其政治全在衰乱之状态中,即或有若叹社会主义之运动,亦不过自私自利之暴民专政运动而已。亚拉伯之扰乱,全为敌党敌宗之争夺帝位而已。伯赖德(Bright)如生在希腊,只能成为斯多噶派之一员,而加富尔则一无名之群众领袖而已。伯赖德如生在亚拉伯,当成为朝廷上之道德家,而加富尔则有才无德之国务大臣而已。欧洲人对于动的生活及对于现实之感情,使伟大之政治成为可能,然西欧与其他诸文化之差异,虽极彰明,虽实甚浮浅。欧洲之政治虽已使理想主义实际上成为可能,然将来未必能长久如是也。在过去五十年中,实利目的之追求,已日渐成为政府之动力;而人民就全体而论,已不复如从前视政治之严重,或视政治信条如宗教信条,又从经验之教训,知理想主义在实行上不能奏效。自 1848 年政治上之大沸腾以后,前此志士仁人,以殉道者之牺牲精神、所为以战以死之种种主义,已藉非理想之方法而底于成功。德国以 1860 至 1870 年间之经验之结果,乃造成所谓 Realpolitik(实际政治)者极蛮野之性质。而法国受其所迫,亦步后尘,其结果以法人对于法国之责任置于第一位,至其对世界之责任则弃而不顾。帝国主义之观念,始犹乔装为一理想,至 20 世纪之初叶,则竟抛其面具而成为纯粹简单之攫地拓权政策。社会改革,亦循同路。社会主义之思想,其初原为人道之主义呼声,诉诸上等阶级,使牺牲自身以谋下等阶级之福利,此在英国为尤然。然在20世纪,情形全变,社会主义之思想不过为一种工具,以激动贫穷阶级,使为甲党或乙党投票,其交换条件即剥取富人之所有以予贫民。其在英伦,理想犹未消灭,然若欲求之于潘加赉之法国、史丁尼斯(Stinnes)之德国及莫索里尼之意大利,则遐哉邈矣。即在美国,政党之政纲及报纸之论说,其蔑绝理想,已甚于从前。

  过去诸文化之发展,皆循一确定之路线。不独西欧无离背此路线之理由,且就今日之征象察之,吾侪将来之途径可见焉。19世纪为纷扰之时代,此在一切诸文化中皆然,斯宾格勒称此时代为"战国时代"之一部分,此后即为广被全文化区域之帝国,及文化之终局。埃及之希克苏斯(Hyksos)时代如此,赫泰亚述文化自纪元前 800 至 600 年之时代亦如此。文化之中心,例向各方移徙,其移徙也极迅疾。其在埃及,则移于德巴斯(Thebes)、孟菲斯(Memphis)、赫尔莫普利斯(Hermopolis);赫泰亚述则尼尼微、巴比伦、爱克巴达拿(Ecbatana)。每地各有短期之煊盛,旋为暂时成功之敌手所推倒。至此时代之末,乃有一国崛起(此国恒在文化主要区域之外),具煊盛超常之势力,经若干次胜利之战争,遂囊括众敌,成大一统之业,而广被全文化区域之帝国肇始焉。此帝国乃文明最后之一幕。与之并始者,为空前之物质的兴盛,同时国内除边疆附近外,战乱几全停绝。此时代为期约二百年,过此则为最后之衰废。

古典文化最可为吾人之鉴。自纪元前 300 年以后,希腊之政治生活已衰败几至于绝望;东方诸帝国亦威权不振,马其顿惟赖过去之战绩稍维持其声望。其战术顽守节旧辙,不思改弦,一如耶纳之战以前之普鲁士人及劳克瑞(Rocroi)之战以前之西班牙人焉。其在希腊之内部,众党系复自相残杀,诸市府日以干戈相寻,而同时希腊之理想及科学却登峰造极,其播散所之区域亦日广。与希腊之衰败相嬗者,为罗马之兴起。时则有迦太基之战役,其结果使罗马成为西地中海之霸王。是故当纪元前 100 年之际,罗马赫然有席卷全世界之势。罗马之性质与希腊人全异。罗马人之思想假自希腊,然已为断刖后之残体矣。是故斯多噶主义成为克陀(Cato)坚如钢铁之清教,而伊壁鸠鲁派之生活成为纵乐之生活,与"伊壁鸠冢圈中之荡豕"同流。罗马文学至此时代止,绝不重要,其科学亦微微不足道。然使彼等幸而如马塞鲁斯(Marcellus)之在赛拉鸠斯(Syracuse)得见科学之实用的结果,则彼等对于科学或当有极浓之兴味也。然罗马人实为"实际政治"之真正代表者,惟彼等不自知耳。若有一市府焉,在地位上、势力上或商业上与罗马相对敌,则罗马人所当为者,攻之而已矣。一郡既克,则役之以自利而已矣。自个人观之,苟有权力在手,则用之而已矣,其后更以为天下最值得寻求而享用者,权力与金钱而已。罗马人持此种狭隘之实用态度,希腊人当之,必无幸矣。罗马从未尝产生新思想或新政治学说。罗马人专心一志于政治上之霸权,以为最优之事,盖彼等目中所见,无出此外者也。倘最适宜于统治之人乃为除统治外无所思念之人,则造成罗马帝国者,必其适宜于统治之特质也。试聆罗马人之言曰:"嗟,罗马人,尔乃生以治人,其念尔职"(Turegere imperio populos, Romane, memento),然此外罗马人无需念及者矣。

今日之西欧,犹在(或应在)"战国时代"。当 19 世纪各时期中,伦敦、巴黎及柏林诸都会,皆为政治中心,难加倚重,而圣彼得堡及维也纳次之。即在今日犹未有确定之总集点,如 1650 年至 1850 年间之巴黎者焉。然吾侪之文化,似不久当有一文物之中心出现,惟或不如旧日之所谓政治中心耳。今有可显见者,在西欧世界中,财富即是权力,而训练将才及其他军事上胜利之原因不与焉。国有殷庶之民,则因之而强,无之则弱。是故1870年后法国之艰危,不由于德国军威之振,而由于德国人口之增;欧战中俄国之所以不振者,实由其人口大部分为农民,散居乡间,不能集中于城市,以谋资本之积聚。使无大战发生,则欧洲大势所趋,德国之雄强当益甚,英国继续保持其权力,而法意及其它小国则相形见绌。惟同时海外之美国已张震世之声威。美国土地大于西欧数倍,其人口有一万二千万,而积聚财富之能力,复绝对无与伦匹。在此巨灵之前,即德国与英国亦当俯首。苟有一国将宰制全世界者,其唯美国乎?罗马战胜迦太基之结果,因而得宰制西地中海者,美国早已以和平之方法得之,谓其从拿破仑手中购得路易西安拿(Louis Siana),因而大扩疆宇也。昔希腊以不助迦太基抵抗罗马,遂自速其败亡。在欧洲诸国中,德国为美国唯一敌手。今英人既助美国以隳德国之权势,无疑引狼入室,则欧洲将更易成为此雄大之美国之牺牲矣。

然美国之霸权,盖不必藉战争而获得。在西欧,权力即是财富。虽有共产主义之理论,然爱财富即不能不爱和平。在以大城市(其大远逾于今日任何城市者)为本位之工业世界中,国际贸易之纲维乃生活之最重要原素,而此纲维为财政家所掌握。彼等操纵一己及他人所积聚之资本。唯此财富之原素,将使美国获世界之霸权。就此点而论,美国有一极大而极显著之优长。英国及德国亦犹希腊然,皆沾染共产主义及社会主义之学说与理想,并欲见之于实行。此等理想,即不实行,亦大足阻碍资本之积聚。苟真实行,则将使有关系诸国之经济实力完全崩溃。普通英国人更受不切实际之生活标准所限制,而视(1)政治(2)野外运动与赚钱有同等兴趣。惟美国人则无此等限制。时髦之说,或以为美国兴盛由于其文化之新造,以为其成功由于年富力强,而与欧洲之年高衰朽相反。然立说之谬妄,未有甚于此者也。17世纪时美利坚诸邦之创造者,皆为具有欧洲思想之人物。美国人虽未尝产生独立之文学,彼等亦可反求于旧世界之文学,而美国之发展异乎欧洲者,此实希腊与罗马之殊异点也。美国亦具致用之实在主义者之精神,使罗马战胜攻取者与使美国积聚财富者,乃同一之精神也。普通美国人未必全无理想,其商业眼光,英国实业界中人亦能几及之而有余。美国人之优胜,在其以坚决不挠之心守执生活之实际方面。惟此特性,使美国人与欧洲人属于完全相异之范畴。代表美国人之巴比陀(Sinelair Lewis 小说 *Babbit* 中之主角)之思想不足奇,所足奇者,彼为此等思想所坚定把持,而彼之个性完全为此等思想所支配耳。彼乃群众中之一人,群众全体皆以为人生之真价值在于金钱,以为惟智主义不过粉饰外观之幻想,以为社会主义乃万善之否定,以为商业上之活动乃真正道德。以极端严重之态度,追求鄙下之目的,此实可怖之现象。以是造成银元定价之标准,万事终须应合之,以是产生种种运动。自吾人观之,其怪异不减于基本主义者(信《圣经》中之传说而反对进化论者)之运动,及 Ku Klux Klan(编按:即3K党)之教条。英国人迷失于相矛盾之学说及理想之棘丛中,而空自奋斗,欲使(1)金钱之获得,(2)良善之生活,(3)社会的平等与(4)科学真理,相调和谐协。美国人则洞见一明晰之通路,直达一明晰之目标。美国人之达到此目标,而同时宰制世界,其成功也百,其不成功一耳。

犹有一重要之政治问题焉。有所有过去诸大文化中,除古典文化外,其最后帝国之建立皆由于一姓之成功。然在古典文化中,犹有多量政治生活,其待决之问题更有大于一朝一姓之兴亡者焉。罗马在纪元前100年间,名义上为一共和国,惟同时有一种日渐兴长之趋势,即共和政体渐成为大军阀及大财阀之护符是也。大人物联贯而起,若马黎、苏拉、邦贝、克拉苏(Crassus)、恺撒等,相继支配罗马政治。及奥古士都(Augustus)兴,而帝国主义之花全开,以一人代表全国之局成,而共和政体乃一灭不可复矣。恺撒主义在精神上颇异于专制主义。恺撒主义以为今所谓立宪政府不能产生所需要之结果,以为立宪政体不能保障自由与秩序,以为一人之集权较之原则上之自由平等,于全国更为有利。恺撒主义亦为群众之胜利,而阶级制度之失败。盖群众本身虽不得容喙于政府中,然至少彼等之代表者操万能之权力。然西欧之随从罗马先例当至何程度,实为一大问题。斯宾格勒以为"财主政客"(politician financier)乃近世文化史中之新来势力,并举罗德氏(Cecil Rhodes)为近代所循之路之例证。财主罗德氏一变而为政客罗德氏。将来操纵纽约财权之大罗德氏,可藉国会之方法及总统之选举而获得"欧洲之恺撒"之地位,而其后继者将使此地位愈固定,浸假而成为实际之帝国。然德谟克拉西思想之死灭,似极艰难。国会及议会虽使吾侪失望,顾"铁与血"实为低劣之替代物,银元尤为低劣之替代物。欧洲人之心,完全为代议制度及多数投票之观念所支配,欲其名义上抛弃,或事实上全部抛弃之,实为不可想象之事。或者西欧之帝国阶级,将取联邦之形式,造成一强有力之新国际联盟会,而此会之机栝,将隐为纽约财阀中之重要人物所操纵。藉此种方法,西欧之末期即社会安宁,经济丰盛之时期将得实现。

于是西欧将达于纪元前50年间"希腊罗马"文化所处之情形,而悠久之帝国时代将开始。此时代约略占二百年。此时西欧文化外形之大概或极类似今日。帝国时代恒为物质兴盛、组织强固之时代,其在罗马为尤然。其在 Ramessids 朝之埃及、汉代之中国及波斯帝国治下之赫泰区域亦然。城市之最后而最大之发展,乃此时代外表现象之最显著者。相对言之,乡村将完全依赖城市,惟城市亦有赖于乡村者。"亡意大利者,大农制也"(Latifundia perdidere Italiam)之呼声,乃出诸保守党员之口,以抵抗一冷酷无情之新运动者耳。此运动毁灭一切彼等心目中以为良善稳固之成规。然实际上此运动非他,乃土地垦辟之最后努力,以谋人类之利益。夫人类固喜城市之多方面生活,而不喜农村之狭隘范围也。城市包涵巨量之人口,罗马与报达各有二百万人。虽此二者皆为国都,其大逾恒,然在文化区域内之各部分,几莫不有重要之城市。将来之城市,其庞大之度当至何等,殊难想象。然试以居民二千万之纽约为准,当不甚远也。国际贸易或增加十倍,而财富之增亦随之。凡此一切,皆今日之规模之扩大而已。然以言精神方面,以言此文化之心的态度,则将有完全之差异。一切可想象为有最后价值之物皆渐消灭,一切与真美善有关者皆退居后位,而代以快乐之欲求与物质之兴盛,代以罗马之击剑比斗及其空前之奢侈,代以美国之棒球比赛及其大富翁之豪奢生活。

是故科学、艺术及理想遂入于末路。科学在希腊及亚拉伯已达于死亡之结局。钻研隐奥数理之智力,似为一文化中某时代之特殊产物。亚奇默德及 Albazan 皆不过孤立之巨灵,继其后者皆第二等人物。纵能了解其工作,然不能与之抗衡也。同是,爱因斯坦将无继承人,且今日西方之物理学及数学已如是其繁深,更远之进步或为心力上之不可能。吾人对于物质之概念,已到物与能力合一之地步,而相对论并其包括之思想,除极少数人外,无有能明之者。将来力学上及化学上之发明,当续能续至若干年,并能产生与现在同样新异之结果。此等发明为西欧之特色,而无前例可以绳之。吾侪或至能听数千里外政治家之演说,而同时见其动作映现于幕上,又或将有今日所未能梦想及之转运方法。虽然,尔时创造之科学则已死矣,其所余之工作惟知识之统系化,如其他诸文化中法制之编定,如汉摩拉比及曼奴法典之于刑律,如加伦(Galen)之于医学,及亚拉伯人于历史之有人名辞典是也。吾侪已入于世界史中之此时代,不久将至于科学及数学之末次统系化矣。尔时创造之艺术亦已死灭。奥古士都之世,确曾产生文学,且为高等文学,然不过形式之文学,而非精神之文学。美之实质既微,感兴尤缺,盖仅为"白银时代"之文学而已。其雕刻,苟非纪念之真像,即为希腊模型之钞本。其建筑,亦入于末世,惟见巍峨而无规律之宫室,除与人以庞大庄严之印象外,无他优长。罗马之宫殿及房屋即如是,而巴比伦及报达亦有类是之趋势。今纽约之"插天楼"(Skyscraper)及其它美国式之建筑,皆同一精神之表现也。

更有一事因,对于各文化之帝国时代颇关重要。19世纪之各种哲学运动有一趋向焉,即变化自身使与都市群众之心接近,换言之,此等运动成为宗教的。当印度之帝国时代,佛教乃散播于阿育王之帝国之全境,而成为一种神权。其在中国,孔教及道教之成为后来形式,盖当同此时代。在各例中,哲学与神话糅合,惟此乃能适应群众之希望与恐惧,而使其说流行。此种现象亦见于古典世界中。《新约·四福音书》所代表之基督教,盖有三重性质:(1)其中带默示(谓天神之启示)性质者(Apocalytic)则初期之亚拉伯之物;(2)其神道之教训则为己所特具者;(3)其伦理之部分则采自斯多噶派。经圣保罗之发挥,基督教乃成为一种神学(其中有若干原素为低下之智力所能悟解),而于罗马帝国之众神秘仪式及秘传教规中占一位置焉,最后更征服此诸异教,惟其时古典文化已交末运矣。转观亚拉伯,未尝创出一生活之新方式,当其帝国时代,种种无神主义及悲观主义匿迹潜伏,不讲形式。而默认穆罕默德之独断,而当罗马国力全盛时。此种第二宗教的表现,可以其对于恺撒一流人物之崇拜为例证。西欧亦须寻求一生活之新方式,其为此也,惟反求诸旧日宗教之独断。瞻顾将来,名义上依据四福音之宗教,赖无线电话、电影、幻灯及能巧之牧师等之助力,当能维持至若干时,然其最后之归宿将为"社会化"之天主教。以吾人思想之开通,必不致崇拜将来帝国之主,以为更伟大之Lord Leverhulme(英国富商,制造肥皂,1888年生,1922年袭伯爵)矣。

如是吾人将达于帝国时代。前此诸文化皆以衰废终,大抵乘时内乱兴起,亦或有外寇以速其灭亡。其在埃及、中国及巴比伦,并无特殊之事故发生,其帝国之组织依然留存,惟其文化之精神则已消逝,其人民沉沦于斯宾格勒所谓"费拉"式之生活(埃及与叙利亚等处之农民)。在此种生活中,其惟一之生趣只在满足目前之需要。其人民大部分以农为业,胼手胝足,以果口腹,无政治,无艺术,无科学,无理想。此最后阶级所遗留之社会组织,甚有似于封建制度。遍西罗马帝国中,食田(Villa)制度日以滋长,其与后此采邑(Manor)制度之相似,遂使后世史家或以为后者自前者蜕变而出,因而争辨纷纭。在边境之罗马军队,更造成正式之封建组织。酋长及部属皆以世袭,部属承领土田,并有疆场上作战之义务,此种义务之规定为例外之事无疑。盖由于诸蛮族之继续压迫,而于时罗马衰微,不能维持多数之正式军队,非有此规定不足以固疆圉耳。罗马及印度之内乱,即为其文化完全崩坏之明证。按常例,帝国之终结即为无数小邦之成立,此亦因乎地理上之情形而殊。惟西欧之命运将必如此，则无可疑也，最后则有外寇侵入、使文明崩坏之可能性。波斯帝国亡于亚历山大，罗马帝国亡于日尔曼人，中美洲之 Aztecs 与 Incas 则亡于 Cortes 与 Pizarro。在此种情形之下，旧文化完全消灭，而新来之文化代之。此新来文化之程度不一。此时旧文化所遗者，惟城市之荒墟而已，或亦有旧文化之留存，以为过去光荣之反景。衰败之欧洲完全齑碎于正当文艺复兴时代之俄罗斯之手，此亦可能之事，惟未必然耳。谓科学所予吾人之兵器，将废而不用，殊无理由。谓俄罗斯将表现如西欧，甚且如希腊罗马之冒险精神，则理由更少。将来之世运，当如下述：文化统一之时期既过去，众区域分立政府，其后即为长期之黯晦沉默。此时代之历史所记载者，当为无意义之政变、无意义之战争、无意义之学说与夫衰落之艺术。在俄罗斯文化伸张其势力及于大西洋以前，欧洲实无真正之历史可言，犹阿育王以后之印度及汉摩拉此以后之巴比伦，皆无真正之历史可言也。

  如此之时世，不必有特殊之困苦，其与今日大多数人所处之情形亦无大差异。在土耳其帝国治下，普通回教徒之生活，因无大异于在哈伦阿尔拉斯特 (Harounal-Raschid) 治下之普通回教徒也。受文化末造之严重影响者，比较为极小数。群众生活依然为固定不变之因素。同样之招橹 (回教寺尖塔) 中发同一之声音，招信徒以聚祷；同样之裁判员，具同样之良心，受同样之贿赂；同样之官吏，作同样之要求。倘生活而更艰难、更不安定者，此变犹未足以改易生存之普通状况，或普通之心的态度。盖最重大之因素，即普通理想者，已深入于人心。印度人依然长育于 Karma (方法) 与 Dharma (规律) 之空气中，中国人依然为社会责任之观念所绕。所异者，大著作家、大思想家、大政治家、大艺术家及其同类，已不复存在。思想、文学及文化之精神，足以抟大帝国而为一者，已成过去之陈迹，而一切有真实价值之物，亦与之俱逝。城市之人口或减少，然城市之生活仍为可能，且为颇有组织之生活。至纪元 2500 年时，火车仍当如今日之倏往倏来，商店仍当有如今日之亏折倒闭，判决离婚案之法官仍当如今日之诙谐杂出，至于著作家如麦雷底斯 (Meredith) 者已无其人，音乐之创作已停止，爱因斯坦之学说已无人能解。此等事固无注意及之者矣。将来举世之人当渴慕过去之盛世。然此种趋势除 19 世纪外，固全世界之所同也。人皆见世事之衰微，此衰微为实在而非幻想，则益觉过去之可贵矣。

  据古以推今，未来之事可逆睹矣。然以上所述，犹未足以尽将来之事变也。西欧之文化非今世现存之惟一文化也。俄罗斯今虽在"假蜕化"之势力下（此势力之强几不下于支配初期亚拉伯文化者),然其个人生活中犹保持一种心的态度,与任何吾人所习知之文化迥殊。而此心的状态,就吾人所能见及者而论,在过去五十年中已日渐滋长。若印度及中国,其过去文化之思想已产生一种惰性,有极猛之抵抗力而无膨胀之本能。俄罗斯则反是,其思想活泼而激进,即在今日,已大有影响于吾人对生活之情感。从政治及社会之立足点观之,今日之俄罗斯正在何地步,殊未可言。俄罗斯之受西方思想影响,诚不可免。彼得大帝之据波罗的海而移国都于圣彼得堡,更使此影响进行之速率突增,而机器及新式军械所与中央政府之权力,已使封建政治不能存在。同时,亚历山大第二以前之封建式社会制度已为西方之人道主义思想一扫而空。今也,社会主义之政府,建立于新生之文化中者,实为20世纪之共产主义者树一榜样。或谓今之俄国已实行真正之共产主义,此观念之谬,兹无需离题加以讨论,然有一特异之事实极明显焉。其在西欧,当大战之终,一切欧洲文化之趋势皆变本加厉。其最显著者,在英、德、美诸国,城市在政治上及经济上恢复其优胜于乡村之地位。战时经济上所需求于乡村者,战后已成过去,而城市之优势继续发展。反之,在俄罗斯与在其他一切斯拉夫民族之国中,乡村战胜城市。在俄罗斯、罗马尼亚、波兰、保加利亚及南斯拉夫,农民已能完全转移其生活之途径而一反其方向,已脱离租税力役之征而自有其土地。(旧日农奴须纳租于地主或为服役。)彼受西方思想影响之上等阶级,终无如之何。国际贸易虽不能屏弃,然已操纵于农人之手,而非其主人之手,其进行将与农民之感情谐协而非与之违反。然至此尚有一问题焉,俄罗斯文化现在究已达何地步。从俄罗斯之社会史观之,而知其现今尚在封建时代。从其乡村社会之外状观之,而可见其方在肇始之封建时期,而非结局之封建时期。试一究俄罗斯之思想,当可得一较切近之观察。俄罗斯人对于人生之态度(表现于西方之形式,故较其它文化之态度明晰),如乞可夫、屠格涅夫、陀斯妥威夫斯奇及其它俄国文学家所表现者,至19世纪乃始明显。吾人读此时代之文学,乃悉俄罗斯人情感之所以异于西欧人之情感者何在,即俄人深感人之灵魂中之破坏的冲突,而西欧人则主张创造活动之生活也。历史上欲求完全相同之事例,殊为难能。亚拉伯之 Ebionite 人及拿撒勒人诸教派,兴起于纪元前1世纪。真正欧洲文化之最初朕兆,显现于纪元900年左右。而在克伦尼(Cluny)之改革之前,在前一例,亚拉伯特具之情感显自表露;在后一例,欧洲精神大略展现于神学、哲学及古典之研究,此种研究发端于法兰西及日耳曼之修道院中。俄罗斯之精神有西方之工具以资表现,及其一至于自觉之时,将有比较上更成熟之展示。

倘此类比而正确,则俄罗斯之在今日之地位,与欧洲(1)撒克逊诸帝治下之日耳曼、(2)卡佩朝之法兰西、(3)威廉王(William the Conqueror)征服之英吉利之地位相同。若然,则彼得大帝略与沙立曼相当,而俄人罗斯之文艺复兴当在纪元2500年左右。

此时西欧文化已达于终局。遍西方之世界中,当有若干商业国。诸国与俄罗斯间之关系,与推罗(Tyre)及迦太基与希腊文化间之关系相类。俄罗斯交化西向进展,或以兵力,或不以兵力(大抵不以兵力为近),而使全欧洲震惊其势力。此时,西方文化犹未全烬,新精神至,使之再苏。此新精神在科学上及艺术上所将产生者为何,殊难预言,然吾人可猜知其主要趋势非向于实际活动,而其艺术上之成就极伟大也。

八 结 论

此书能使读者心悦诚服欤,吾殊不敢知,半由于阐述之简略,半由于所涉历者为新异之思想领域,而有需于态度之改正。此固恒人之所难,而必须费极大之奋力始能成就也。更有一障疑焉,本书所予"文化"一词之新意义异乎寻常,而与大多数近代之偏见相反。最后一难点,即吾人须屏除先入观念,任事实之叙述自生效果,而不加干涉,此所以诸多思想家读斯宾格勒书之全部而不能得其要领也。

然亦有少数人,理智上信服其说,惟不愿且不能承认之,以其与彼等较深之感情希望相反,且以其断定吾人文化之成绩将停滞以至消灭,有近于悲观也。盖彼等以为此不可免之停滞,以视自毁于愚昧及罪恶,尤为难堪。中世纪教会不肯且不能承认太阳为宇宙中心之说,以若是则上帝不当于恒河沙数之世界中,独集中于人类世界也。19世纪之普通人不肯且不能承认进化论,以其使彼等降为微小也。同是,斯宾格勒之书未能受人欢迎,以吾人自视过高大,而不屑实行吾人平日宗教中所宣传之谦德也。以是,吾人遂据百五十年中之经历,以解释全部历史。加里辽及达尔文,其学说虽略有修正,固已战胜矣。他日者,斯宾格勒亦将战胜也。

前即言之矣,欧洲原动力之一乃为真理而爱真理,其所爱乃事实上真理,异乎希腊人所爱抽象之真理。使此而确,则斯宾格勒之战胜,更无可疑,则在最近之将来,本书所阐述之原理将必为全西方区域所承认。斯宾格勒书之刊布,今或尚非时,然即若是,此书在英国所受之忽略与轻蔑,实为无理。待克干保罗(Kegan Paul)书店所刊二百册之《文化丛书》完成时,世人当知此一大堆散漫不属之事实与观念,斯格勒实予以意义与形式也。斯宾格勒亦尝见及之矣。在西方世界停止产生第一流思想家(无论创造的或思辨的)之前,最后有价值之工作,厥在为历史及智识之形体学奠其基础者。

斯宾格勒有所凭藉而起者也。彼亦自知其著作惟在此特定文化之特定时代乃能出现。19世纪教吾人随处寻求科学定律,20世纪则积贮现在可得之资料,以供将来科学家之用。爱因斯坦之发现,19世纪之物理学家及数学家已开其先路。同是,斯宾格勒亦有其前驱者焉,如海格尔、张伯伦(H. S. Chamberlain)、韦尔思诸人。无论其结论如何偏畸,无论其方法如何失误,其导吾人研究世界史,导吾人着眼于全部历史,功绩不可没也。惟鉴定明晰之定律,则有待于斯宾格勒耳。

明乎人类进化之途乃由多数个别之文化,而非由一文化之继续生长,明乎文化之定律及各文化肇始之年代并其发展之分期,则本书之内容思过半矣。将历史上之文化列成周期表,已不啻对各问题粗示答案。至其细节,读者但于历史具有深识,自能寻索得之。吾人将发现随处皆有形式之相同及内容之相异,惟必须以葛德之态度,代达尔文及赫胥黎之态度,然后能得真正之了解。将来之科学家必须任活泼之直观,而不用死板之理智。

斯宾格勒之定理但就其本身,亦有研究之价值。或谓其无用,虽即无用,亦当研究。古生物学可谓尤为无用矣,然古生物学之书销行固甚广,历史之本身亦为无用之学。以完全相同之事象,从古所无,而浅薄之类比,适足害人而已。藉类比之助,固可使历史成为教训,惟每不足为训,不过老人之喋喋,欺少年人之轻信而已。此种史学,或已成为无意义之混杂堆,或已成无用之研究题,在恒人视之,无异于希腊文语尾之研究。

然苟能有助于人类、时世及文化之了解,则无论普通历史或斯宾格勒之学说,皆非无用。过去之历史著作恒致力于此,惟因昧于历史之进程。许多时代,已有人误会忽略,或曲解以证明谬妄之教训。许多文化,惟至最近始有人研究。前人特重古典时代而为精细之研究,此偶然之幸事,而非由于学者之善谋也。古典文化确能在最狭之范围内,予吾人以最多真有价值之智识。然即古典文化之教训,吾人亦有忽略之虞,因吾人对于希腊见解渐可同情,亦因吾人不喜罗马人也。(此与吾人之不喜其亲戚同理,因吾人所常犯而欲隐藏之过失,彼等皆具之也。)然罗马人以其乐利主义,以其对于商业及实事之注重,其性质乃与吾人近代文化极为相似,此非吾人所能掩饰者也。罗马人之性质及其它诸文化中与罗马帝国相应之时代,乃吾人所当最精细研究者。

是故史家之目的,当在吸收本书之意。即吸收之,则当集中精神于有价值之历史时代。倘欲就历史窥见吾侪人类之前途,则当详细考察前此各文化之最后四百年,藉以推测欧洲之心态及政治社会组织将作何趋向。倘欲藉历史之助而得绝对之价值,则宜择最能明证此等价值之时代,而加以最精细之研究。"古代"或"近代"史之考试,除为专门家之外,宜尽废除;即不尔,亦当置之于历史之形态学的研究之下。其他诸时代不必忽略,惟各宜就其在本文化中之地位而论之,勿仅从现代之立足点观察。盖近代观点于其所不赞许者,辄诋其文化程度视已为低,殊非笃论也。

此观念之可贵,不仅因吾人信其为真,且因其实用上教吾人何者最宜坚持,然后能于本文化中居重要地位或具有意义。今日之艺术家,苟欲创造,徒属梦想。彼所以有价值者,仅在助吾人欣赏过去之绝对价值而已,然不能从反面推断,遂谓凡不于商业或工艺中出众者皆足轻也。因吾侪尚有需于政治家,且吾侪尚为人类,有感情待满足,有资能待发展,而此诸感情及资能,非为西欧之专有,亦非此时代之专有也。吾人因不能遮截全体之进程,然就力所及,吾人犹可为自身、本国及本文化之助,犹可将其目标重新估值,而改正其目标也。

于此,斯宾格勒之学说,乃遇一困难。此学说在哲学上须与两方面适合,其一为伦理学的,其一为形而上学的。第一问题为吾人之目标为何;第二即承认此目标后,吾人之自由所受之限制为何。此二问题,欲为充分之解答,殊非结论一章所能办也。

第一问题为第二问题之发端,而包含于第二问题中。假定大多数人之伦理学的目标为快乐,此快乐一词之内涵,实为吾人所生在之时世所决定。是以今日大多数人所采之答案,与他文化中同时代人所采者相类,而吾人之答案除细节外,并无新创。吾人之所谓快乐,包含下述二事之一:一则自享;一则助人。吾人苟非为无神论者、唯物主义者、享乐主义者,则为有神论者、理想主义者、人道主义者。依斯宾格勒之说,吾人在宗教或论伦理态度上所受限制之严,几同于命定。普通人但闻其说,便摈斥之,是无惑也。然使彼等而知吾人生活及行动上所受种种限制,实多不胜计,则益一损一,固无关重要,即使此一对彼之影响,显为重要也。使彼而忠实于一己,则当研究事实,一任研究所得之结论,自生其效果。

彼不能掩没事实,亦不能随意解释之以自娱也。

无论范围吾人之运命所决定者如何严厉,吾人在未能自信有打破樊笼之能力以前,必须采纳其结论。使吾人能确证自身为万能,或有充分之力量,能将所生在之文化或时代所置于前途之障碍悉行扫除,则以一切吾人所欲之自由归集于己,谁曰不宜?惟吾人宜知者,虽上帝亦未必有此自由也。夫吾人缘何而必想象文化为此星球上纯粹自动或独立之相乎?庸讵知其不有宇宙论上之意义,及吾人所未知之鼓动力乎?形而上学之说,无足使吾人满意者,盖在康德之世,满人意之形而上学已成过去矣。神秘主义虽有宗奉之者,然于大多数人不能有效。

吾人之形而上学必带生物学性质,而依附于今日之生物化学及生物量算学。吾人须信文化为一有机体,如其它有机体然。须信其历程已注定,大体上如花之历程然。且也,其葩发也无功,正犹其萎谢也无过。吾侪为一大全体之一部分。此全体为大于吾侪之权力所操持,而升坠由之。惟若因文化与花相类,又因花无灵魂,辄谓文化与花完全相同,则未免将类比推至极端。一花有其构成之原理,为科学所不能说明或解释,文化及人类亦也有同类之原理,以决定文化及人体之形式。即此原理,吾人无须信为无人格的或物质的。此种形而上学,可以免除达尔文及赫胥黎辈之自然主义的错误。文化中之人有其他种种性质,根于其它种种原理。吾侪不必因人类生存之一部分之受决定,有类于花,遂以其全部皆受如是之限制也。吾人不当为狭义之生物学的比较所误。夫即以植物与动物比较,苟推至极端,亦流于荒诞,而文化与植物之差别远大于植物与动物之差别。但作类比视之,此观念亦有相当价值。即就个人而论,亦必须坚持之,盖吾人身中亦有与植物一般之原理也。

受斯宾格勒之原理感动最深彻之人,决不致因此种命定主义而流于静默或悲观。彼等皆能与其环境谐协而为其时代之领袖者也。加尔文主义(新教之一派)从未有其逻辑上应有之效果,盖其教律虽严,然在实行上承受其说者,力使自身与之适应,复使之与自身适应。同是,承受斯宾格勒之说者,当为明智而有实行能力之人。彼等既确认事实之真相,将使自身与其文化适应,复使其文化与自身适应。对于詹姆士所谓刚心之人(tough-minded)无须软化此学说以适之。彼等虽深知其文化之生物的发展无法防止,纵有优生学(19世纪之特产,然功效有限),亦无济于事,然彼等犹能鼓勇前行。

柔心之人恒需蜜糖以咽下苦艾。转移文化衰降之常径者,当是此等人也。西欧必将循其它诸文化之途径欤?即使其然,亦不甚重要也。科学家未有信凡已然者为必当然者也。吾人必当假定欧洲可以避免他文化之衰降与停滞,而讨论其方法。柔心之人亟欲避免浓烈之药剂,或能由反动而得脱逃之方法。明乎将来所当遭遇者为何,或能引起避免之之力量。惟刚心之人则全不措意。凡事之巧遇,在吾人眼中观之为然耳。倘其发生,吾人当视为有宇宙的鼓动力,或为创造宇宙之伟力所加于人类之报酬。今舍巧遇之事不论外,有两主要之方法焉,可以改变世事之常径。

第一为物质的方法,即吾人可在物质世界上尽力,由其所得,或足以防止文化之衰废。此方法或为专门科学,吾人可想纪元2200年时之生活,如韦尔思或萧伯纳所绘状者然。此变迁或当由于生物学智识之增加,用能节制两性之比例、智慧、实行能力及有专长与无专长之劳工等等,并藉优生学之助,造成一管理尽善之社会。其人民"隔离生育"(谓不使劣种与良种杂也),其人民之生命乃由国家或国际医生之命令所预定。此等方法,骤聆之虽似想入非非,然盖可能之事也。惟此等方法过于侧重人生之物质方面,而仍未能解决生存之真正目的之问题。以此等方法所得之快乐,不过倾向于外之物质的兴盛而已。倘欲以此法解决伦理的问题,则生物学家当求所以防止天才及能力之绝孕(此事象似已见端矣)。不然,则虽有美妙之求快乐计划,而无人具治理或控制之能力,而无高出于禽兽之享乐,则何益哉?

第二为内心的方法,教会中人多持之。彼辈若曰:苟吾人欲之,则解救自来。因耶稣之降生实予世界以新的精神势力,苟世界能善用此惠施,则世界文化能保存,而新境界将开始。过去诸文化之事实,依例无法抵赖,彼等则归之于冥中鉴临之上帝之主持,然彼等难使基督教(西方式之基督教为尤然)与其理想准合。盖宗教亦犹艺术然,为文化的展现之一方面。各文化有其自异之宗教,而基督教即其首例。基督教为亚拉伯文化一部分之信仰时代之原动力,而遍布于此区域。在其发展之历程中,有初期之神父,有议会及异端,有穆罕默德之崛起。西欧文化当其在纪元900年降世之初,正在基督教势力之下,其神话及传说遂沾染基督教色彩。故异教之积层,恒存在于基督教之下。就其对于上帝之情感而论,西方宗教即无基督教,亦当无大异于今。就形式而论,基督教实与西方宗教背驰。吾人若将《四福音》中所见之基督教,与欧洲之天主正教及今日之人道主义相比较,则知其名目虽存而意义已变。纯正之基督与"生长"之观念不相容。其教假定一信徒之社会已得绝对之启示(指上帝之启示),其得之也,一而无再,彼等将于一定时期内接受天庥。是故基督教自身并不证明吾人文化之长在。吾侪仍可感觉一绝对之启示的宗教,具普遍之效力,而非为络绎之多数宗教,其发展受众文化之间架所限制者,不然,则当谓基督教亦受此等限制也。

虽然,吾人当可望藉科学之精巧与理智或精神之能力,使吾人之文化视前更多生力。吾人不能望天才之盛于前。吾人不能盲信盎格鲁撒克逊族或诺特族之为优秀特出。吾人必当认取一事实,即一切民族皆有兴衰,故将有一时焉,一切民族皆不复产生伟大之人物,为一时代之光荣与价值所系。如(1)但丁或赫都伯兰(Hildebrand,即著名之教皇格里高利第七),(2)路德或罗郁拉,(3)克林威尔或路易十四,(4)拿破仑或俾斯麦,(5)罗德(Cecil Rhodes)或福特其人者,彼时之世界作何景况,殊难想象。然可为吾侪龟鉴者,有极明晰之二例在:(一)埃及。就其创造的文化而论,已与德巴斯帝国同尽,惟Ramessid朝诸帝所缔造之组织,及其统治所根据之经济制度,至亚拉伯人侵入之前尚存,生活依然继续。然在其生活中已无复具历史上之重要或价值者,其文化已停滞矣。(二)其它一例,即为中国。汉代约在纪元前100年时所完成之制度,为中国人之生活之基础。又因中国人之主要观念为秩序与谨慎,用能产生第二文化之幻影,表现于其绘画及磁器中。此等艺术保存至纪元1000年间。然在中国,亦犹埃及然。其人之生活几纯为动物,已无活动的价值。吾人若假定(恐实际亦如是)人类快乐及成就之峰极,当求之于无历史之民族,则吾人一念及欧洲在最末时期内所造成之惰性,当超胜于中国。庶亦足以自慰矣乎?然苟吾人确信人类之可贵者乃在艺术、其思想、其政治,则瞻望前途,当不胜其悲戚矣。如此静止之时代,除为未来更高文化之创造之预备外,实无可系望,必待西欧入于俄罗斯文化势力之下,然后恢复其在史家或哲学家眼光中之价值耳。至此时西欧当能产生若干成绩,足以辅助全人类之共同发展者矣。

欲使斯宾格勒之学说不悖于普通人之进步之观念,最善之方法即想象各文化于世界之精神的进步皆有所贡献,想象高出人类上之势力(多数人假定其存在者)只能在此诸文化中展施,想象各文化皆有所尽力,以提高全世界之生存。吾人更可假定,在每一文化中,吾人不啻重新降世,缘此乃能获得最后所应得之最高权力。待此世界上生存之运会既终,将能与超人之势力合作,以范造宇宙于至善。

吾人当前之急务有二,而二者之成就必甚宏。第一,须将各文化所经之实在途辙,显明其完备极尽之细节及其最深之意义;第二,显明"巧遇"(Chance)之效果及众文化之相互关系。欲从事于第一种工作,吾人不独于所研究之时代事实须有详细之智识,并须于斯宾格勒之原理了解透彻。易言之,必当知一文化之基本观念为何,其发展之原理为何。凡此诸端之最简略大纲,已具于前此各章。唯其中较带哲学性,因而较多争辨之余地者,已加删略。因其过于繁复,不能于本章中讨论之。若以极简短而极不足使人折服之言述之,可约为两点。在此世界中有二动的原理或势力,此等势力展现于两种特异之境界、之活动、之思想型式、之行为、之情感中。存于各个人者,有两种原理:其一,与植物之生的原理相近,谓之"植物性";其二,与动物之转动能力相近,谓之"动物性"。此两种势力施展于文化中,因而产生贵族及僧侣两大阶级。贵族为第一种原理之表现于人类者;僧侣为第二种原理之最纯粹形式。贵族趋同于本能的、立刻的行动,僧侣则更解放,故更富于理智。贵族代表时间之原理。时间者,柏格森谓为直觉之事,又为唯一的去而不可复转者。僧侣则代表空间。空间近于理智,僵化而冷,是乃"方成"(das Wordene)与"既成"(das Gewordene)之对别也。此生存之两种形式,吾人于论政治一章中已言及之矣。在一切思想、行为、信仰及欲望之式样中,皆可分析出此两种原理。唯此二者之冲突,乃产生文化之冲突、文化之悲剧及伟大人物之悲剧。

追溯此二原理之长成及其所托体之二阶级之发展,乃将来历史家之一大问题也。能洞明此二原理之全部及其意义,则各文化之榛蔓深丛有廓清之望矣。在相异之文化中,贵族与僧侣各有不同之情感。由此等差别,吾人于各文化之基本态度或象征中可得一清晰之观念,然吾人必须戒慎,因皮相之观易流于谬误也。大学教授与学生,如欲就西方文化之研究作真正之贡献以自显,则待其恳辟之境域正广也。其较朦胧之观念,或能引入未知文化之新发现,例如本书所称为赫泰亚述文化者是也。此发现将处处证实斯宾格勒之计划,将能说明许多似若不可解之困难,并一堆似若散漫不属之事实。然吾人若念及在埃及、在苏米尔、在亚克特(Accad)、在中国、在印度、且在希腊,尚有极伟大之贡献可期,则知斯宾格勒原理之应用于西方文化之研究者,仅其功效价值之一小部分耳。埃及、苏米尔、亚克特、中国之古代文字、书契、碑版,今世能读通之者甚少,而但读印度及中国后世之载籍,亦未能考见其上古之政治及学术史也。惟关于古典文化,能为极有价值之工作者颇多其人。诚能追溯自亚格满能时代至奥古士都时代之大人物之态度,以阐明初期之古典文化,则新发现之机会极多。此则有待于今后之大学讲师也。即或彼等能将斯宾格勒之原理应用于政治家及冒险者(关于此等人可知者颇多)之研究,则希腊英雄之传记将成为密切相连之一班代表人物志,而非断片之杂录矣。然所当为之工作尤有进于是者。纪元前700年以上之希腊史事,史书所载极缺略,惟关于发掘及发现之少数按语而已。及此等发现物积至巨大之数量时,则又以之组成僵化之统系,而与他部分之历史毫无连络。是故克里底岛海王之年历及诺克瑞泰陶器(Naucratite pottery)皆经详细研究,惟其与他部分文化之关系绝无道及,实则吾人于艺术及政治之发展,正可大有所发明也。

吾人所希望之研究法,以下试举特例。在政治上,资料之全部多属于神话,必须重加锻炼,并将其中与文化全体有关之事实抽出。

吾人试研究雅典、斯巴达、哥林多、米加拉(Megara)、亚尔哥斯(Argos)、米利突(Miletus)及其它诸城之历史,则知其发展之次序与一特定之公式相符。试以希腊与西欧比较,则知希腊以次经历三阶级:(一)封建时代,亚格满能之故事是也;(二)王权之衰弱,《奥德西史诗》所纪者是也;(三)寡头政治之完成。吾人若了解古典文化之基本理想,则知希腊之封建制度表面上虽与西欧大异,而其实质则相同也。其初希腊必有许多封建官吏,此等官吏至后世犹存其名,惟其所任之事已改。此等官吏与君士但丁之帝国中之一班权贵相对应。(前言之矣,一文化以有生气之封建制度始,而以无生死之封建制度终。)其在欧洲,王权之衰弱,世袭观念之留存及君主制度之恢复,惟在希腊,此则绝不可能。其政府之绝对形式,苟非为完全之民主,即为完全之寡头制,在欧洲则几于非君主制不可也。

希腊初期之历史,可于其神话及谱牒中搜得之。吾人若能认清目的,自能为纪元前1100至800年间最晦昧之时代,大放光明。此后以至6世纪末(至是始见曙光)之历史,则有希霄德之《诸神纪》、亚克洛加斯(Archilochus)之诗及各地史乘(以年月为序而纪事)等资料可采,惟须善用之而已。当贵族自相阋斗之时,世家观念必盛。然在希腊,无与英国之"蔷薇战争"相类者。在英国僭窃者大抵自号为先王之裔。在希腊,则有官吏每年改任之特殊制度,此制与王位继承之原理恰相反对。而希腊之贵族极盛时代,乃在纪元前700至650年间,正市阿康(行政长官,共九人)长年选制最有势力之时也。

谱历家据传说所定年代,每有与政治发展上势所当然之时期相适合者。

是故一市府之政治历史,可为其全部历史之钥。及至执政(tyrants)之时代,则研究极顺利。吾人所知古典文化中之一切市府,非纯粹之民主制,则为纯粹之寡头制。此种希腊之特有情感及形式之二元性,其结果为停滞之征,幸而其最恶之结果惟见于希腊耳。如斯宾格勒所示,执政时代者乃富商之时代也。彼等自身恒为贵族,然因协助"第四阶级"(tiersétat)反抗贵族而得权,是乃一新时代之开始。此时代终于贺顿西亚之法律(Lex Hortensia)及纪元前3世纪之希腊市府,即相当于法国大革命。平民虽为全国主体,执政制(Tyranny)乃转入希腊民主制之过渡,切勿以之与19世纪之民主政治相混。直待大规模之放奴运动开始,及第四阶级滋长,然后古代世界始入于现代式之民主政治。希腊之民主政治,雅典实造其峰极。然其它市府亦有类雅典者焉,斯巴达粗观之似属例外,而今日则极易了解之。其完全公民(有完全之公民权利者)代表旧贵族。其民选之五立法官,乃用以削弱王权之贵族官,正如英国之《大宪章》(1215年,英王约翰因贵族之要求而颁此,限制王权,为英国宪政史上重要文件)然。其比利伊西人(乃其地原始居民之遗裔,斯巴达人不予以政治上之权利)即是第四阶级。此阶级在6世纪间本应升为完全之平民,惟因来喀瓦士(Lycurgus)之立法所定,遂永被压抑在下。其后鲍散尼(Pausanias)谋为执政,许彼等及赫落特人(为一种奴隶)以政治上之平等,其谋不遂,而斯巴达亦僵石化。虽然,此后斯巴达凡有政治活动,即使领导之者为君主,亦咸与古典文化全体之发展相照应。其最著之例,即纪元前220年间克利奥冈尼斯(Cleomenes)之共产运动是也。

其它似若例外而实非者为罗马。关于罗马初期之宪法史,前人研究之者极少。史家虽公认其资料带浪漫性而不可信,然彼等恒反求诸其说;不然,则不能辨认其中事实之基础。欲明罗马史,宜认取一事,即罗马在纪元前600年左右以前犹未加入古典文化之区域。惟自此以降,则入于一切普通之古典形式之势力下。乌尔氏(P. N. Ure)已见及Servins Tullius实为完全之执政者(Tyrant)。惟此就其运用财富之方法而论,而非就其百人会(Comitia Centuriata)之改革(此略与梭伦之改革相似)而论耳。在纪元前500年间,罗马为一颇大之城市,正循古典文化之常径而将发展民主政治。吾人若熟记希腊之情形,并悉护民官之设(Tribunate)为纪元前5世纪罗马史中之主要事件,则更益以少数系年之事,便能使全时代瞭然于胸中矣。纪元前五世纪为古典文化中之民主政治时代,罗马虽多民主政治之征,然罗马之民主政治终失败。因正当重要关头,护民官之设足以使民主派懈怠,表面上似已得不少之权势与利益。盖当贝里克里(Pericles)在雅典创立民政之时,罗马赖此制度,得免平民之攻击,并造成世宦之贵族,旧贵族及最优秀之平民皆在其中。平民之势力依然继续增加,为势不可免。护民官之职权虽日巩固,然除压抑平民,使安缄默外,别无真正之重要。一切5世纪及4世纪之种种法律,皆削元老院及百人会之权力,而增加邑宰之权力,故贺顿西亚法律(予平民以绝对之权力者)之通过亦已无足轻重。益以罗马百五十年中之战争,将遂"19世纪之民主政治"延搁至革拉哥(Tiberius Gracchus)之世,然至是已过迟矣。

最大之进步,或不在政治而在思想。初期希腊之思想与宗教(毋宁曰古典文化中宗教发展之本末)至今仍为凌乱之堆。充分之整理,即尝试者亦无之。凡有能于此中寻得秩序并追溯发展之途径,则其于古典文化史贡献之大,无复加矣。此种工作当于何处起始,则极易见。毕达哥拉斯为希腊之"清教徒"时代之代表,而倡行略与酒神(Dionysus)有关之宗教改革。复次,希腊为多神之国,故其僧侣与贵族在宗教之上冲突,非对于同一上帝而有两种不同之概念。(如在欧洲教会及诸侯名义上,虽同奉一上帝实际则有二位以上之上帝。)两阶级所奉之神灵,名目上且不同,此所以酒神(Dionysus)及杀神(Demeter)在荷马诗中极不重要也。盖荷马乃贵族之诗人,而歌颂贵族之神。僧侣礼拜诸神之形式及此种礼拜所根据之观念,必当殚力从神话(最重要者为酒神及奥菲斯之神话)中掘出。远在纪元前1000年时(倘不能更先于是者),当已有奥菲斯神之僧侣。且奥菲斯及Dionysus Zagreus诸神之故事之全体及其他神话中,不属于希腊之部分皆为僧侣传说之一部分。其后柏拉图采之以构成其世界结局说之统系。其中之观念、名号及服饰等,当有采自东方者,惟其思想之全体,在实质上为希腊所固有,正犹荷马之传说然。二者(僧侣传说与贵族传说)如何能结合为一欤,品达(Pindar)已示其例矣。彼自身承受僧侣传说,又受贵族思想之浸润,在希霄德之著作中,在奥菲斯神之颂诗中,在柏拉图及其后注释柏拉图者之书中,有极多量之资料,尚待人为之层分席列,以使吾人了然于希腊之宗教一如天主教,自圣伯纳之世,经圣法兰西斯、但丁及诸伟大教皇,以至路德及罗郁拉,层次井然者焉。此种工作非不能完成者也。

在所有各文化或互相接触诸文化中,此第一步工作既完成,第二步则追溯其影响,或为单方面之影响,或为相互之影响。于此可举一例为证,并示斯宾格勒之学说具何等烛照之明。试就古典世界之两大霸王亚历山大及恺撒而论,则知史书之叙论其重要与意义,实不能满吾人之意。彼史家曰:亚历山大散播希腊文化于印度河流域,并打破希腊人之偏见;恺撒之为历史上之大人物,则以其征服高卢及邦贝,又图为帝不成而已。吾人若就其在本文化中地位而判断之,则知彼二人乃其"时代精神"之代表者。亚历山大之地位正同于拿破仑。拿破仑者,代表一新势力。此新势力开19世纪伟大思想之先路,破坏国家之定式,提高第四阶级,兴起工业、科学、社会主义及种种理想,增长商业及灵魂之商业化。凡此一切，亚历山大亦与有功。此视其一切战胜攻取为更重要。疆场上之勋业，非不富于浪漫性而引起吾人之惊异与赞羡也。然其本身价值极小，其有意义只在表现亚历山大之内心耳。亚历山大者，乃最后之"希腊人"，乃最后实现荷马式英雄之心态者，其战也，非为主义战，乃受一种较其内心为尤雄之势力之催迫。亚历山大之桓桓挺苗，有如阿克力斯（荷马史诗《伊利亚》中之英雄）或一希腊偶像，其聚精会神于自身及现在也亦同。彼之动机为爱国，如阿克力斯然，惟非如近世批评家所言者耳。彼联合东方与西方之计划（倘果有此者）劳而无功，且分应失败。其摧毁波斯帝国之工作亦极重要，其所以重要之故，非彼所及料，而最有兴趣者则在其"拿破仑"式之工作也。

同是，关于恺撒，吾人可先研究其在本文化中之地位。彼为帝国时代之先驱，然彼仍为一应时而出之大人物。时则国家失纲，凡有志有才者，类能把持政府，攫取政权，由此以观，彼乃严格之"恺撒式"人物。然彼更有加于是者，恺撒以后，财政之势力消失，帝国之兴起，乃当少数有治国能力与志愿之人之政治意识复苏之时。（由此观之，则前章推测帝国权力将集于美国，其说不无可疑，盖美国或财权虽盛，而缺乏政治的兴趣，则帝国之权或将归于他国矣。）在罗马，恺撒则两面俱顾。彼仍以财治，一如罗德氏（Cecil Rhodes）焉。然自共和党在Thapsus之最后战败后，政治势力遂超胜于财政势力。若非因恺撒之不幸遇刺（学问家如西塞罗辈乃真正之主谋者），则帝国之建造当全由于恺撒一人之力，而奥古士都无与，其人远不及恺撒也。

就古典文化之观点而论，亚历山大及恺撒乃具有其时代之观念之人物。吾人若发现时代精神在彼等之活动中表现，则彼等之"意义"愈显。然历史之所当为者，固不仅清理各文化之纠蔓也，并须追溯其相互之影响。关于古典文化，吾人可断言，其发展几全未受外来之势力观念及传说之影响。希腊思想中诚有色密特及印度影响之痕迹，其艺术中则有埃及影响之痕迹，然其政治、数学、文学及宗教之发展，盖全无外染。古典文化之基本观念与历史意识相冰炭，故其对于异邦及异族之文化，除以满足其自然之好奇心外，不甚措意。然自古典文化之世以来，有两大影响力活动不息。此二大影响力，使大多数人对于历史及控制历史之势力生谬误之观念。此二大影响力即基督教及神圣罗马帝国是也，而二者乃亚历山大及恺撒所作成。使非因亚历山大特殊之功业，则东罗马帝国不能依其时代，依其方式而完成。使非因希腊文化之扩展至于叙利亚及美索不达米亚而更远，则罗马文化当止于小亚细亚之西境，其结果，则基督教，其初仅为犹太教中一小宗者,当困守巴勒斯坦而永远不能得一圣保罗。即有圣保罗,亦不能使基督教扩展至诸大城市而终至于罗马。所以能致此者,皆亚历山大之功业之结果也。其后基督教之扩展,以至基督教成为教皇制度及神圣罗马帝国之根本,则由于恺撒之力恢复罗马之统治能力,使其在尔后五十年内不至崩散者。恺撒也,以奥古士都为养子者。恺撒也,而奥古士都能善选卿佐以败安敦(Antony)。惟此胜利,使帝国之中心仍在罗马。不然,依安敦之意,可移至更方便之地点,即亚历山大城是也。惟此战胜,使欧洲有绵绵不断之宗传(tradition)。要之,吾人试想象,苟无基督教及神圣罗马帝国,则吾侪今日之文化当循何轨。明乎此,则可与测量亚历山大及恺撒二人重要矣。

凡此及类此之叙论,应能入普通人之心,而依此方法撰述之历史,当能增加读者之兴味,并扩张其想象之境界。此种历史,或当忽略战争之细节,然此忽略,除于军事史家外无甚损失也。此种历史,将使人集中精神于支配文化发展之重要势力。或更有进于是者,将使人悟知有一规律焉,控制世事及世变之循环。尤有进者,将提出命定难题,乱宗教家及哲学家者之心胸。其最后解决之方法,非归宿于神秘主义,则漠然置之而已。

按以上译全书已完。读者如购,本志第六十一期及本期,需费极微,而已得佳书一部,并知斯宾格勒学说之大概矣。斯宾格勒原书之英文译本,名 *The Decline of The West*。其下卷已于一九二八年七月译成出版,仍系 Charles Francis Atkinson 君所译,伦敦 George Aller&Unwin 及纽约 Alfred Knopf 书店发售,天津法界中街七十一号法文图书馆(The French Bookstore)有此书。上卷售价国币十四元五角,下卷十八元七角五分。能通英文者,盍就近购读之乎?本志编者识。

(美国吉朋斯、葛达德合撰,张荫麟译。原载《国闻周报》4 卷 48 期,1927 年 12 月 11 日;4 卷 49 期,1927 年 12 月 18 日;5 卷 10 期,1928 年 3 月 18 日;5 卷 21 期,1928 年 6 月 3 日;5 卷 22 期,1928 年 6 月 10 日;5 卷 30 期,1928 年 8 月 5 日;5 卷 31 期,1928 年 8 月 12 日;5 卷 32 期,1928 年 8 月 19 日;5 卷 33 期,1928 年 8 月 26 日;5 卷 34 期,1928 年 9 月 2 日;又见《学衡》61 期,1928 年 1 月;《学衡》66 期,1928 年 11 月)

白璧德论班达与法国思想

此篇乃白璧德先生所撰。原题曰 Benda and French Ideas，登载纽约《星期六文学评论》(*The Saturday Review of Literature*)第五卷第三十五期。以其列叙现今法国思想之各派极为清晰，又可见白璧德先生新人文主义之大旨，故译登之。

现今法国文学盖当非常纷乱之时。吾人苟欲于此混沌之情形中自寻修理，第一步或可区分法国作家为两派：其一派隶于近世运动；其一派则与之相反。此近世运动，就其最重要之一方面而论，乃为"初民主义的"(Primitivistic)。卢梭以其抑智力而扬本能之不自觉的助力，虽非倡初民主义之第一人，而实为其最有势力之一人也。

当代初民主义之对敌，其较著者当推塞里尔(Ernest Seillière)氏。彼著书多种，立说谓卢梭之性善主义在理论上虽崇博爱，而实际上结果适流为反理性之雄霸主义。又有毛拉(Charles Maurras)氏及《法国动作报》(*Laction Francaise*)一派，以卢梭主义为法国故范之敌寇，而思欲恢复此古典的、天主正教的及君主国的故范，一如其存在于路易第十四时代者焉。可注意者，彼等之崇尚古典主义及宗教，非为其本身，实因此二者乃彼等所称为"完整国家主义"所必需之柱石也。复次，则有新经院派(Neo-Scholasticists)，其中以马吕丹(Jacques Maritain)氏为最有才气。此派与近世运动分道扬镳，不仅自其对于18世纪之观念始，而自其对于文艺复兴之观念始。马吕丹氏在其所著《三改革家》书中，对于路德、笛卡儿与卢梭同施攻击，盖圣亚规那(Thomas Aquinas)《神学大全》而外，无足为其精神之下碇所者矣。

最后，以种种根据反对近世运动者中，班达实为最有趣之一人。在现今法国之思想战争中，彼为一孤立之人物。彼不独与近代运动抗，且与许多近代运动之敌人抗。彼以为新经院派之性气过于狭隘，一若惟己侪乃为真"人"，而在其正统之外者悉为狗彘焉。班达又发现毛拉氏之于理智，未免附以浪漫的原素，而以为《法国动作报》一派所倡之"完整国家主义"未尝符合真正之天主正教或古典精神。使卢梭复生，睹此情形，对于彼自承为卢梭学说之反动者流，当可用爱玛生（Emerson）言讽之曰"当彼曹纵我飞时，我便是羽翼矣"。

班达之所最关心者，非旧式之初民主义运动，而为最近三四十年内之新式初民主义运动。彼所最反对者，为此运动所取新形式之表现于柏格森哲学者，为此学派之反智力的趋势，为其以精神的幻象眩世，而其本质上不过卢梭之非非想而加以精饰耳。如是将幻想装起，遂成为"与万物本体之神秘的结合"。班达举其一例，见于 Edouard Le Roy（柏格森弟子，并为其法兰西学院之继位者）著作中者如下。

> 差别已泯，名辞无复何等价值。恍闻自觉之源在神秘中涌起，有如活水，自苔铺之幽洞，点滴暗流而不可见。吾已融化于成长（Becoming）之乐中。此身正付与一种欢欣，因吾已成为流动不息之实在。吾不复知吾是见香、吸声或味色⋯⋯

此种观点与当代法国号称"超实在主义者"（Surréalists）之一派（此派欲没入理性而下之深处以求创造的活力）相关。而超实在主义者又与英美一班放任于"自觉之流"之作者多相同之处。班达尤究心柏格森主义在法国雅人社会中所致之殃。此种社会，其传统上之功用，在维持闲暇之原理者也。妇女在此种社会中之影响恒极显著，然亦有变异。在旧日法国社会中犹有闲暇之男子为主倡之人，而妇女随从之者。惟在今日工业社会中，男子渐专心于商务及赚钱之事，同时复有以助长女子之自信其视男子为富于一种直觉之能力。此种直觉，即柏格森所尊于理智之上者也。因是女子渐轻视男性之观点。而至少就美术及文学而论，男子亦大都承认女子之有此种优胜。班达之言曰："予所知有某数人，皆为大企业之首领而佣工人以千数者。其企业改变许多实业界之全体，而换世界之面目者。其妻室及午始起，能与钢琴奏几阕苏曼（Schumann）之曲，遂自视胜于丈夫万万。不独妻意如此，彼其丈夫亦赞成此判断唯唯。"若此之图画，不难于美国求一对偶。美国之男子，其沉迷于乐利之追求，视法国为甚，且更乐于举一切文明之标准（过去诸伟大文化所最注重者）附诸妇女之手。

吾上引一段所从出之《恶魔》一书，虽继续班达氏对于柏格森主义之攻击，而其范围则较广。此书所攻击之主重感情之趋势，至晚可溯至18世纪之"感伤主义者"(Sentimentalists)。例如葛德之当浮士德宣言"感是一切"之时,彼实一方面总括卢梭之要旨,一方面预示"当前的满足之渴求"。后者即《恶魔》一书之论点也。此种渴求之影响,使传统之教范破灭,视初期之初民主义者为尤甚。为感觉及感情本身之故而趋求之。其结果可以桑达衍那之辞状之曰"红热之反理性"。

班达为犹太人,而以其所描写之衰败现象归咎于犹太人之影响。惟彼又谓犹太人有两类:一为在古代崇奉恶魔者;一为崇奉耶和华者。前者之近例,彼举柏格森,后者彼举斯宾挪莎。复次,苟非欧西人之精神抵抗力大有减损,当不致如是深中犹太人之毒害。抵抗力减损之一因,班达以为系"古典"研究之式微。由此或当推得一法,以卫教化阶级,免使盲目降伏于感情。此法即提倡人文主义之教育是也。惟班达已无回复于人文的美德之希望。彼预料将来之情形当更劣于现在,只见反理性之无限进步。

然班达之预言或未免过于悲观。班达对于感情的过度之分析之允当,众已皆承认。是故"恶魔主义"一名竟成为法国之流行语。此实为使人兴望之伟兆。吾人可受班达之分析之益,而不必取其命定论。彼见乎种种信为恶劣而不可抵抗之趋势,有时颇流于痛恶人类。而此对于人类之痛恶,源于其理性者少而源于其感情者多,故批评家乃有于班达之著作中发现"恶魔的"色彩者焉。

然就理论上言之,班达不独始终一致为理性张目,且以苏格拉底式之辩证法维护之。柏格森谓,吾人若欲逃脱机械主义而同时成为生机的、活动的,只有反求诸直觉,于是进而合直观的、本能的与理性而下的为一。然班达反驳之曰,机械主义的人生观所根据之理性之抽象范式,非其惟一之范式也,理性亦可为直观的。例如圣伯甫即具直观的理性。彼在其《月曜谈》一书中论及作家之绝技,而以极端文采上之优美出之。此类之直觉,迥不同于柏格森之所谓理想的直觉行为,即鸡雏啄破卵壳而出之类。

吾人固钦佩班达氏分辨之明彻,然试问但以任何意义之理性,与理性而下之直觉说及其说所生之恶魔主义对抗,便算充足否?依柏格森之说,法国哲学有两种故范:其一主重直觉,源于巴斯喀尔(Pascal);其一主重理性,源于笛卡儿。柏格森自称为继承巴斯喀尔之绪,不知班达视之何如?当巴斯喀尔离理智而诉诸于彼所称为"情感""本能"或"心"者时,此诸名词之意义是否与卢梭及感伤主义派以来所用者相同?吾人于此亦愿闻班达之意见。实则此诸名词,乃指一种超理智之意志的性质,即天志是也。自传统宗教衰微以来,大受削弱者即此意志的性质也。依巴斯喀尔之见,信仰为更高之意志,所以严制自然人之三欲。何谓三欲:(一)智识欲;(二)感情欲;(三)权力欲是也。

自肃穆之耶稣教徒观之,最谲诈之危机厥由于智识欲。班达为彻底唯智之人,自不觉此危机,更不至陷入耶教徒之弃智绝学主义。彼盖从未自质以钮曼教长(Cardinal Newman)所视为最根本之问题。"彼锈蚀一切、崩解一切之理智能力,孰为其面对面之仇敌以阻挡之而击溃之耶?"至于感情之欲,则凡读《恶魔》一书者当不致责班达防之不谨。彼在其近著《智识阶级之罪恶》书中又指陈权力欲之若干近代的表现之危机。此书之卷头语,用康德弟子 Renouvier 之言曰"众生受苦,乃由缺乏对于超经验之真理之信仰。"吾之读此,不禁问是否仅诉诸理性,即能获得对于超经验之真理之信仰,是否真正之超经验须肯定一更高之意志,无论其取耶教或其他之形式。要之,班达立说之归结,任何文化皆需要一班"教士"(此所谓教士,乃指智识阶级之优秀分子,包括思想家、著作家及艺术家)致其身焉,为存乎人而超乎物质利益及动物嗜欲之上之事服役。

在过去之时代及文化中,盖曾有无数"教士"焉,忠于其高尚之职业,虽因之受凌辱及刑迫而不悔。然今日之"教士"辈已犯一卖身通敌之大罪。彼辈自身之性气已成为世俗化。其结果不惟不抵抗俗人之自私的情欲,反安而从之。彼已渐加入离心之势力,加入造成人与人敌、阶级与阶级敌、且最后国与国敌之势力。彼等特别奖励一种国家主义。此主义除供恶魔借题放恣外,更刺激权力之欲求,而终造成类似塞里尔氏之反理性的雄霸主义,有如班达所描写者。使彼教士辈而忠诚不叛,则彼等当不助长离异,而奋起捍卫彼化除国界而抟人类于一共同中心之教范。班达预测,教士叛道之结果,将为灭绝人类之争战,如动物之残杀吞噬。虽然,彼又承认另一可能性。将来人之泄其征服之狂欲,或不于他人而于物质界。彼将第二种可能性放大,颇有类于斯威夫脱(Swift)之言。曰:

> 于是结合而为一大军队、一大工厂。……贱视任何自由而无利之活动。现实世界之外,不信有善者在。……则人类之于物质的环境将获得至大之管制力。而苏格拉底及耶稣为彼人类而死之事将为历史所笑。

班达之著作,就其大纲而论,可称为一近代人对于近代主义者之凌厉控状。至少就此限度而论,彼拒绝与其他反动者联合。苟不能显示其主张之有建设性,其近代人之地位终必不能维持。而班达之最不餍人望者,即在建设方面。或难之曰,彼所悬想之"教士"过于高超,去人世太远。虽然,冥想之生活自有其存在价值。尤有进者,彼亦未尝不欲其教士之武力之偶及于世间法。

真正困难之所在,乃班达于其教士之武力所根据之主义与教范,未尝予人以完备之观念。冥想之生活苟非为"象牙之塔"内之退避,则当从事于某种努力。此又班达所未遑及者也。若以班达为哲学家而论之,其弱点在不能确认理性而下之对敌,非仅为理性,而为超理性者;而此超理性、超经验之原素,乃为一种意志的性质,惟此意志的性质足以单独对抗诸欲。(此中包括感情之欲由于放任人之自然意志之结果者。)班达对于意志未尝有充分之应付。此与其流于命定论及对于人类之厌恶有密切之关系。惟不以独断或神学之根据,而以心理学上根据,肯定更高意志者,其庶几足以为建设的近世人乎?同时,适当之建设有必需之先着,即现有罪恶之诊断。吾人之所当谢班达者即在此,即在其为近世人心及其病症之诊断家。吾人所发现于班达者,为敏锐之分析合以诚实及勇敢。此固今世之所希有,或亦任何世之所罕见者也。

(原载《学衡》第 74 期;
亦载于《大公报·文学副刊》第 72 期,1929 年 5 月 27 日)

罗素评《现代人之心理》

美国克鲁奇氏（Joseph Wood Krutch），今春著《现代人之心理》（*The Modern Temper*）一书，纽约 Harcourt Brace Co. 书店出版，每册定价美金二圆五角。其书传诵一时，故罗素特为文评之，载纽约出版之《民族周报》第 128 卷第 3327 号（本年四月十日）。今译登于此。罗素于去年曾著《怀疑论丛》（*Skeptical Essays*）一书，其中论文多篇，评述现今世界政治、社会、学术、思想、生活之短长及其将来之趋势，颇具卓见。而《论东西人幸福之观念》一文，尤切于中国。此书已经傅任敢君（举丰）译出，分登《认识周报》各期。留心现代思想者不可不取读之也。编者识。

此书坦直究论近年来深中于智识阶级之愁苦，而并未提出任何答案。从前视为至高无上之价值，至今已成为死物。许多人欲求足以使其能信人生为尊贵严重者而不可得。此种愁苦之各方面，克鲁奇君言之颇中肯。书中有一章题为"实验室之看破"，言科学之如何欺骗吾人之希望。一章题为"爱，或一种价值之生死"，言赫胥黎氏对于爱情之愤嫉见解之所由来。一章题为"悲剧之谬误"，言吾人所以不能自视为哈孟雷特或倭德鲁（皆莎士比亚悲剧中角色）之故。一章题为"生活艺术与和平"，以轻妙之笔，断言视生活为一种艺术之事今不可能。又一章名为"真理之幻影"，表明欲于玄学中求解救之不可能。在结论中，克鲁奇君谓俄国共产主义者所倡之可能的生活方法，或可以使此世界由老还童。惟彼以为此念不足以自慰。因布尔雪维克的生活方法弃绝许多彼所认为极重要之价值也。克鲁奇君曰：

自然或将嘱告吾侪迷信一种新幻觉，使得与之复相契协。然吾侪毋宁遵人道而失败，不愿遵天道而成功。吾人之欲望而外，或无复人类世界。惟此等欲望视其他任何事物为专横，而吾人将趋附于已失之目标。

常求知而非求成。……吾人之目标为已失之目标,且自然的宇宙中无吾人之位置。然吾侪既生为人,亦不因此而自悲。吾侪宁为人而死,不愿为动物而生。

以上之结论虽似与书中其余部分口气不一致,而实非也。盖由此结论,可知克鲁奇君尚以维多利亚时代人之魄力、信仰一事,即智识之追求是也。彼于前一章固尝说明智识之难于获得,然据其书末所示,彼以为纵鸿飞冥冥,而弋逐之事自有价值。

现代人之不能于任何种快乐主义中解其愁苦,此为甚明显之事。现代之趋势似倾向于粗野而违反人性之事物。音乐与绘画皆以粗涩相尚。吾人不复容智力生活供奉温柔之情感。此书中最重要之一章当即论爱情之一章。如克鲁奇君所言,爱情价值之信仰,乃比较晚近之事,惟在19世纪宗教信仰衰竭之后,爱情犹能存留。热心之人努力将爱情从礼俗之桎梏中解放。因此之故,彼等于不知不觉中减少爱情之价值。克鲁奇君举赫胥黎氏之小说以为例,从而论之曰:

赫胥黎氏小说中之人物,仍感觉生理上之催迫。因彼等不以此为罪恶,故其降服于此催迫也易而且永。然彼等之本性又促之尊重其主要职务。彼等之所失者即尽此职务之能力也。

克鲁奇君以为宗教悲剧及爱情,皆已因同一之理由而颓败。其理由即人类自视其身分之缩小是也。吾人不复能如前之严重自视,此所以吾人所尊崇之事物必带违反人性之性质也。现代快乐人乃其共产党、实业界之领袖主宰者、工程师、科学家。换言之,即其主要职务乃人与物质环境之关系者也。本书所论及之失望,吾确信为过渡时代之病候。其在曾受旧式文学教育而接承过去之价值之人为尤显著。在彼等观之,新世界殊萧索冷漠。然习于新世界之教育与职业活动之人,果有同感与否? 吾人不能无疑焉。

对于较能反思之人,智识价值之信仰犹存。克鲁奇君于最末一语,以殉道者之热情,承认此信仰。就予个人而论,予觉智识永远足以予人生以价值。此信仰或非能使一切人或诸色人感兴之信仰,然克鲁奇君所讨论之失望,未尝影响人类之大多数。故其答案亦未必能感动多数头脑简单之人。兹于结论,愿言吾对此书之意见。此书深饶兴趣,其分析亦极透彻。凡坦白之读者皆当感谢克鲁奇君,因其不肯以廉贱之答案了事也。

(署名"素痴",原载《大公报·文学副刊》第 74 期,1929 年 6 月 10 日)

罗素最近之心论

依我看来,在分析心的现象当中,最要说明一事:许多传统上所用的名词是根本地很漠忽的;为要得到科学的正确,必须舍弃它们。在这些漠忽的名词里头,我要包括"心的"一名本身。我以为,"心的"乃是一个程度的形容词,如像"多髪的"或"聪明的"一般。有许多字眼,我以为应当除于心理学的"词藏"之外;其中我要包括知识、记忆、知觉、感觉(Knowledge/Memory/Perception/Sensation)。说我未曾替这些名词下正确的界说,不错;但我不能接受这种批评,因为我认为这些名词本来是不容有正确的界说的。

对于一组的现象,可有因果的分析和逻辑的分析。这两者的辨别的困难和重要,是出乎寻常意外之外的。我以为,世界之因果的骨骼应当在物理学里,而且仅只在物理学里寻求。我服信:人的身体的行为完全受物理学的法则所管辖,而且是可以用拉不拉斯的算器(Laplacean Calculator)。

我这样说,不管爱丁顿和别的人们高谈其"原子的意志自由"论,我认为那只是一种反布尔什维克的宣传而已。现代物理学并不如旧式的物理学一般,涉及所谓物质的运动。物质已经消灭了,而时间、空间和其它任何我们得自希腊人的东西也正在迅速地消灭着。剩下的只是数学的方法。

"知识",从前被人神秘地拟想着的,应当被看作一个因果的概念。但若照这样看法,便可见它根本是漠忽的。有些物理的因果之练索(例如从恒星出发的光的量子之行径),对于世界的其它部分,虽非完全独立,却是大体上(to a considerable extent)独立的。当一件属于这类"准独立"的因果串的事情发生在受制约反射的法则所支配的地方时,这件事情便被称为对于在这一系"准独立"的事情中间的一个拟想的对象之一个觉象(a percept)。这应当是我们的意思,当我们说看见一颗星的时候,大多数我们说看见了的对象是靠反射的光线而看见的,在这种例子里,所需的解释稍为繁复一些,但原则上并无异样。使得知觉这个观念根本上是漠忽的者,乃是下面的事实:这里所涉及的因果练索,对于所经过的媒介物,从不完全独立。所以在知觉中常有一些错误的原素,如像我们带蓝眼镜看东西时的错误。当透过摇漾的水看视一件东西时,此种错误益发明显。要说在那时那刻看不见这东西而看见朦胧的乱影,那是不可能的。

刚才所说关于知觉的话可类推而应用到任何认识的东西上面。这整个的观念根本上是漠忽的。但是,依我的持说,对于我脑子里的事情的认识却较其它的认识少漠忽些,因为在那里间隔的媒介物较少。这可不适用到生理学家所求的那种对于我的脑子的认识。假如我在自己脑壳上凿穿一孔,安上镜子和显微镜,也许我能够用生理学家的方法研究自己的脑筋。但如此则我已插入几种窜乱真相的媒介物,所以我所应当得到的知识,较之我内省(在那里媒介物较少得多)所得知识更不正确。不过,我现在是讲逻辑的分析,而不是讲因果的解释。因为世界之因果的解释似乎要倚靠现象之若干极抽象的属性,而我们若顾及现象之具体的细节,转把这解释淆晦。

虽然知识、知觉、记忆等是漠忽的概念,而牵涉到因果的元素;但信仰和追想(believing and reminiscing)却不分受这种漠忽。我想不出一个字眼来表示当我们自以为有所知觉时发生的事情。让我们暂用"体验"(experiencing)的字眼来表示它罢。那么,我得说,体验也不分受属于知觉的漠忽。

当我说心的材料是感觉和意象时,我很怀疑我所说的是否废话。心的现象,有如其它一切现象,乃是若干特体(particulars)异样地关结起来的。感觉和意象只是这些特体的名称,那些以脑子外的事情为近因(approximate causes)的便是感觉,其余便是意象。对于形构(Gestalt)心理学我没有丝毫的非难,我绝不想去否认全体之具有重要的本性,不可以从其分子和分子间的关系演绎得出来的。不过,我不肯因为我的心理学未足以解释高等心的历程中之最繁复的现象而自菲薄。若然,则我们也可以因为加利勒阿(译者附注:Galileo 一名之最初中译,见于汤若望《历法西传》及阮元《畴人传》者,乃作加利勒阿,盼望后之审定译名者沿用,以存历史的连续)不明电性而对他抱怨了。正当的科学的程序永是先弄清最简单的现象。

结尾,我不能承认:我所主张的见解是不适用于比较心理学、病态心理学和人类学的。我自己对于儿童心理学曾有过深切的注意,但我从未曾被迫到要承认我的心论之不充分。它是决定地足以解释巴夫洛夫(Pavlov)的研究结果。我又曾尽一个外行人之所能,研究过心理学,但在这里我也不曾发现过什么东西需要一种违反我的心论的解释。是故我并没有看见什么理由要放弃我前在《物的分析》和《哲学大纲》所表示的见解。(译者注:罗素在致 Morris 函中谓《心的分析》中语颇有不复坚持者。)

  此所译即本刊第二十九期出版界栏中所述摩里思教授的《心之六说》中所录者。我之知此,乃由读纽约出版的两周刊《哲学杂志》。原书则至今尚未得见。承素痴先生远道以此译文见寄,可感,可感。篇中谓爱丁顿一流的原子意志自由论"只是一种反布尔什维克的宣传",可谓痛快之至。但底下谓现代物理学并不涉及所谓物质的运动,又说"物质已经消灭了",则不可误会。须知罗素所谓物质,乃指的那种假设的本体,硬磞磞千古不变的东西。这种东西也是辩证法的唯物论所反对者。辩证法的唯物论者所非斥的所谓玄学的唯物论乃才信持有这种硬块头。至辩证法的唯物论所谓物质,照列宁所下的斩截明了的界说,就等于客观的实在:matter objective reality。这个是不拘什么时候的物理学与罗素都不取消,也不能取消的。——素痴先生在译注中谈及译名宜保存历史的联续,也正中下怀。我因为这样子,所以译 Newton 总作奈端,译 Kepler 总作刻白尔,而不能与流俗苟合。不过我于译名,不但要顺古,并重通行、切合与美。据我所记忆,Galileo Galilei 在新法算书中乃译作加利列阿。当时觉其不美,故以后译之,悉从晚清通行之伽离略。但我就北京大学四公主妆楼读《崇祯历书》已是将二十年的事了,记忆的殊不能说确凿,有睱且一覆查之。如果真作加利勒阿,那当然是好的多的。古人译名常不求一致,加利列阿与加利勒阿并见,也许有的。至《畴人传》中并无加利勒阿之条,亦不见于附见,见于何处更无从查起了。——编者附识。

(署名"素痴译",
原载《大公报·世界思潮》第 33 期"罗素专号",1933 年 4 月 13 日)

泰戈尔、爱因斯坦论实在与真理

顷于日报僻角得如下之消息：

〔中央社重庆（八月）七日电〕据海通社广播，上海七日电，此间接孟买电讯，印度名词人泰戈尔已于今日上午病故。享年八十岁。

印度诗人逝世之讯，不先传于英国之路透社而先传于德国之海通社，大奇。忆惜泰戈尔之来华也，都城（时在北平）人士欲接之于清华园中荷池畔之华堂。时值暮春，牡丹怒放，裙履翩翩，掩映皓发，而辜汤生拖其小辫，亦拄杖来会。予时肄业园中，得逢其盛。某夕演讲于小礼堂，徐志摩为翻译，听者塞户。予坐后，听不晰，今惟忆其斥上海为丑恶之妖怪一语。时梁任公方讲学园中，为泰戈尔之来，特开一讲，述中印文化之关系，言印度哲学之特色在追求绝对之平等，绝对之自由，与绝对之爱，意谓此之精神，泰戈尔实继承焉。淹忽十八年，辜、梁、徐久已物化，今当全世界正陷入任公所称印度思想精神之对极反面之日，此东方皤然一老，亦终不慭遗。抚今念昔，可胜隔世之感，友人有藏有泰戈尔晚年所著《人之宗教》一书者，乱离闲处万山中，得此何啻异宝，亟假读之，中附录泰戈尔与爱因斯坦之一段谈话（页221至225），甚饶意趣，爰取译之，聊以志吾生之一段因缘云。据本书原注：此段谈话时在1930年7月14日，地在加尔朴特爱因斯坦之寓所。

爱：你相信那神圣的是和世界隔离的吗？

泰：不是隔离的。"人"的无限的人格理解宇宙。任何不能被放在人的人格底下的东西，是不能有的，这证明了宇宙的真理是人的真理。我曾经用一种科学的事实来比喻这一点——物质是由阳电子和阴电子构成的，它们中间有许多空隙，但物质可以看来是坚实的。同样，人类是由个人构成，可是他们有他们种种人的关系之交互的连接，这交互的连接给予人的世界以活的团结性。整个宇宙，也照同类的方式，和我们连接起来，它是一个"人的宇宙"。我曾经向美术、文学和人的宗教意识中追求这种思想。

爱：关于宇宙的性质有两种不同的概念：(1)世界是依靠人的因素的合体，(2)世界是不依靠人的因素的实在。

泰：当我们的宇宙是同"人"（那永久的）和谐时，我知道它是真，我感着它是美。

爱：这纯粹是对于宇宙的一种人化的概念。

泰：再不能有别的概念。这个世界是一个人的世界——科学家的看法也是人的看法。有一些理性和感受的标准给予它以真实性，那是"永恒的人"的标准，永恒的人经验是从由我们的经验。（译者按：此所谓"从由"之义恰当于"天视自我民视"之"自"）。

爱：这是人的本质的实现？

泰：是的，一个永恒的本质。我们要由我们的情绪和活动把它实现。我们由我们的限制去实现那本无个体的限制的"人极"。（译者按：此词原义为"至极的人"，兹借用宋儒"人极"之名以译之）科学是关涉那不限于个体的；它是人的真理世界，却是超乎个人的。宗教认取这些真理，却把它们和我们更深的需要连结起来；我们对于真理之个别的意识得到了普遍的意义。宗教把种种价值加于真理上，我们由自身和真理的和谐而知道真理是善。

爱：那么，真或美，不是不依靠人的吗？

泰：不是。

爱：假如没了人类，那比尔呋特耳的亚波罗便无所谓美了。

泰：是的。

爱：这种对于美的概念我们同意，但这种对于真的概念我不同意。

泰：为什么不？真理是由人而实现。

爱：我不能证明我的概念是对的，但那是我的宗教。

泰：美是完全的和谐（在"普遍的实有"之中的）的理想，真是"普遍的心"之完全的理解。我们个别的人，经由我们的错误和莽撞，经由我们积累的经验，而接近于真理——此外我们还有什么法子可以知道真理？

爱：我们不能用科学的方法去证明真理必须被看作不依靠人而合当的真理，但我坚决地相信真理是如此。例如我相信几何学中毕达哥拉斯的定理是陈说了一些东西,近乎真的,无论人存在与否。总之,若有一不依靠人的实在,就有一相对于这实在的真理;对前者的否定产生了对后者的否定。

泰:与"普遍的实用"为一的"真理",必须是"人的",否则凡我们个人所认为真的,永远不能叫做真理——至少一种真理是如此,那就是被称为科学的,而可以经由逻辑历程达到的真理(逻辑就是思想的机构,而思想必是人的)。照印度哲学的说法,有绝对的真理,即所谓婆罗门者,那不是个别的心所能思议,也不是言语所能形容的,只有凭个人的涅槃,才能认取它。但这种真理自然不能属于科学,我们所讨论及的真理,其性质乃是一种现似,那就是说,对于人心现似是真的,因此也就是依靠于人的,也可称为幻觉。

爱:所以,依照你的概念,也可以说是印度的概念,它不是个人的幻觉,而是全体的人的幻觉。

泰:在科学里,我们经历种种训练,把个别的心的限制消除,而达到一种对真的理解,那是在"普遍的人"的心中的。

爱:问题的开端是真理毕竟依靠我们的意识否?

泰:我们所谓真乃在于实在之主观和客观两方面之合理的和谐,这两方面都是属于那超个人的人。

爱:便在我们的日常生活中,我们也感觉到迫得要赋与所用的东西以不依靠人的实在。我们这样做,为的是以合理的方法连结我们的官感的经验。例如倘若没人在这屋里,那桌子仍在它所在地方。

泰:是的,它外于个别的心而仍在,但不是外于那普遍的心。我所觉到的桌子是被与我同类的意识觉到的。

爱:我们关于真理外人而存的自然的观点是不能加以解释或证明的,但这是一种凡人(即使最原始的人)所不能缺的信仰。我们认定真理具有超越人的客观性;这不依靠我们的存在,我们的经验,和我们的心的实在是我们所不可少的,虽然我们不能说他的意义是什么。

泰:科学已经证明了坚实的桌子是一种现似,所以人心所觉为桌子的,若无人心便不存在。同时,我们也得承认:这桌子之最后的物理的实在是一群分离的旋转的电力中心,这事实也属于人心的。

在真理的理解中,普遍的人心和同此心限隔于个人心中的,二者之间,有永恒的冲突。调协的工作是不断在科学、哲学和伦理学里进行着。总之,若有任何绝对不和人相关涉的真理,那对于我们是绝对不存在的。

我们很难想象一个心,对于它,事物程序的发生,不在空间,而只在时间,如音乐中声与声的程序一般。对于这样的一个心,实在就类于音乐的实在,在这种实在里,毕达哥拉斯的几何学是不能有意义的。有纸的实在,有文学的实在,二者之差别不可以道里计。对于啮纸的嘴所具有的那种心,文学是绝对不存在的,可是对于"人"的心,文学比纸有更大的真的价值。同样,假如有一些真理,和人心全无感觉的或理性关系的,只要我们仍然是人,它对于我们始终是无物。

爱:那么我的见解比你的更深于宗教性。

泰:我的宗教就是超个人的人和我个人的调协。这是我最近的"赫勃尔特演讲"的题目,我称他为"人的宗教"。

(原载《思想与时代》月刊第 2 期,1941 年 9 月)

怀黑特论哲学之正鹄

夫衷理之思想与文明之赏悦有助于将来之创造,而大学之职任即在循是途径以创造将来。将来者,其一切成功与一切悲剧之可能,俱无限量。

在此创造行为之境界中,哲学之殊能曷在？

欲答此问,宜先决定,任何一特殊主义,其哲学性质,曷由构成,曷使一主义成为哲学上之主义。假一真理,其一切所系所涉,尽被彻底了解,斯出哲学范围。哲学之研寻,非全知者所有事。

哲学者,乃对于蒙昧执持之主义之一种内心态度也。所谓蒙昧执持者,谓一主义之完全意义,关其所系所涉之无限量情况者,未被了解也。哲学之态度,乃一坚决之发心,举流行思想中每一观念,于其应用范围之了解,力求扩大。哲学之工作,取每一名,每一词,视为思想之表现,而问曰:其意义云何？流俗假定此类问题之解答为每一明眼人所能者,哲学家所不承也。假有人夷然满足于原始观念与原始命题,则其人不复为哲学家。

为言说计,吾人不能无所托始,是固然矣。惟哲学家,当其出前提而事推论,必先已将前提中之每一名,每一词,加以标记,留为将来探究之资。无一哲学家而以明眼人众意之符同为满足,勿论此众意者为其同事之意或并包其本人之初意也。彼恒攻伐有限境之边界。

科学家亦求扩张智识。彼托始于若干原始观念及此诸观念间之原始关系,凡是种种,界定其所从事之科学之范围。例如奈端(编按:牛顿)之动力学假定尤克里德(编按:欧几里得)之空间,有积累之物质、运动、重压与紧张,并更广泛之"力"之观念。尚有运动之定律及后来增益之若干概念。此一科学之内容,即由此等观念而演绎出之后果。

就奈端之动力学而论,科学家与哲学家恰从相反之方向正相对。科学家寻向后果并留心观察此等后果在宇宙中之实现。哲学家则寻问此等观念本身之意义。

显然科学家与哲学家可相得而益彰。盖科学家有时需要一新观念,而哲学家从科学之演绎后果之玩索,多可获得意义上之启发。彼等互通消息之常径,乃在领受深造之思想之通行习惯。

有一牢不可破之假定焉,恒在闭塞哲学思想。此假定维何?即谓人心已自觉执持一切适用于其经验之基本观念,又谓人之语言,在单名,或复词中,已明显表示此等观念。此之假定,吾无以名之,名之曰:"完全字典之谬见。"

正在此处,哲学家与考据学者分袂。考据学者藉一字以研讨人之思想与人之业绩。彼为文明思想之主要支持者。人而无考据之学识,亦可为道德家宗教家而不失至乐,然不得为文明足具之人也。

显然哲学家需要考据,正犹其需要科学。然科学与考据,其于哲学家,只是次要之武器而已。

"完全字典之谬见"分哲学家为两派:一曰批评派,排斥玄思哲学;一曰玄思派,则包容之。批评派自划于名言之分析,而以字典之界限为界限。玄思派诉于直接之透视,更进而呈诉于增进此等特殊透视之种种境界,以显示直接透视之意义。由是此派将字典扩大。此两派之争乃安全与探险之争也。

批评派有一假定为后盾。盖进化之说,古昔未闻,由是生出一假定,谓凡人心中之观念,有一固定之清单,而此清单之副本,即字典是。

夫哲学之用,在使烛照社会秩序之基本观念,历久而长活长新。盖思想一为公众接受,则渐降而为奄奄无生气之老生常谈。哲学之功,即使其免此。诸君如无嫌于神秘之名,则不妨谓哲学乃具有神秘意味者。神秘之义非他,即对于尚无常名可名之深奥境界之直接透视而已。惟哲学之目的在将神秘主义理智化。其理智化之也,非藉解释而消去之,乃藉新名言与旧名言之适当配合,为本无名者制置有名而已。

哲学有近于诗,二者俱求表现最后之良善意识,即吾人所称为文明者是。二者俱涉及存乎名言之直接意义以外之形式。诗与节奏结合,哲学则与数学之模型结合。

原文为怀黑特近著 *The Modes of Thought* (1938) 之末篇
（原载《思想与时代》第 8 期, 1942 年 3 月）

下编 专 论

A COMPARATIVE STUDY OF THE ETHICAL
THEORIES OF G. E. MOORE AND JOHN DEWEY

———

A THESIS

SUBMITTED TO THE DEPARTMENT OF PHILOSOPHY

AND THE COMMITTEE ON GRADUATE STUDY OF STANFORD

UNIVERSITY IN PARTIAL FULFILLMENT OF THE

REQUIREMENTS FOR THE DEGREE OF

MASTER OF ARTS

———

BY

Yin-Lin Chang

March 1932

CHAPTER I
INTRODUCTION

Without doubt, Utilitarianism has been the most influential doctrine of ethics since the Eighteenth Century. "The greatest happiness of the greatest number," is a phrase which has furnished the logical basis for protest and agitation against all forms of political and social injustice. Through the use of this utilitarian slogan many an irrational and obsolete institution has been undermined. It has thrown light into the darkest corner of the slum and the prison. It has awakened the attention of not a small portion of the bourgeoisie to the less fortunate masses groaning beneath its trampling feet.

But Utilitarianism, though successful in its destructive criticism, is by no means conclusive in its constructive proposal. In the identification of Good with Pleasure, its fundamental assumption, Utilitarianism is confronted with the following dilemma: on the one hand, if pleasure, pure and simple, is the only good, there cannot be a moral discrimination between higher and lower forms of pleasure; what counts in the moral scale is the quantity of pleasure which an action gives rise to. The Utilitarian is thus bound to prefer the life of a pig to that of an intelligent man with all his intellectual, aesthetic, and social achievements, provided the life of the former contains slightly more pleasure than that of the latter. On the other hand, if he makes a qualitative distinction between higher and lower forms of pleasure and does not recommend the preference of one to the other on quantitative grounds, he thereby implies a standard transcending pleasure according to which the value of every aggregate of pleasure is to be determined. If pleasure must needs be evaluated by another standard, it must renounce the claim to be the only good and a fresh problem arises as to what this standard should be.

In spite of its strong appeal and beneficent consequence, Utilitarianism does not speak the last word in ethics. From it, both G. E. Moore and John Dewey, the two ethical authors whose moral philosophies we propose to study in the present thesis, took their departure. Both of them recognize that Utilitarianism marks the best in the transition from traditional ethics to the formulation of a new theory. Both utilize some of its elements in the attempt to transcend it.

To Moore, Utilitarianism is perfectly right in so far as it "asserts the three principles (1) that there is some characteristic which belongs and must belong to absolutely all right voluntary actions and to no wrong ones; (2) that one such characteristic consists in the fact that the total consequences of right actions must always be as good, intrinsically, as any which it was possible for the agent to produce under the circumstances ... , whereas this can never be true of wrong ones; and (3) that if any set of consequences A is once intrinsically better than another set B, any set precisely similar to A must always be intrinsically better than a set precisely similar to B. " ①

To Dewey, the merits of Utilitarianism lie in its tendency to get away from vague generalities and down to the specific and concrete, its subordination of law to human needs instead of subordinating humanity to external law, its insistence that institutions should be made for man and not man for institutions, its emphasis on the natural goods of life and opposition to unearthly and other-worldly morality, and, above all, its acclimatization in human imagination of the idea of social welfare as a supreme test. ②

The fact that the points of value which Dewey and Moore find in Utilitarianism are so different indicates that we may expect a great divergence in their ways of transcending it. Indeed, they are diametrically opposed. In the first place, Good, according to Moore, is a unique and simple characteristic which admits of no definition and can be identified with no existential property in the sense that yellowness, sweetness, and pleasantness are existential properties. Consequently, ethics as the study of Good and its derivative Ought is an autonomous science, having its independent subject matter. But Dewey insists that moral values are part and parcel of the normal development of a life process; that Good is definable in terms of impulses and habits, and that Ought is definable in terms of "social demands". ③

---

① Moore, G. E., *Ethics*, p. 227.
② Dewey, John, *Reconstruction in Philosophy*, p. 180.
③ "Demands" here may mean either legitimate social needs or things demanded or required of the individual by social authority. The ambiguity with which Dewey uses this term will become significant in later discussion.

It is significant that one of his principal works on morals, "Human Nature and Conduct", bears the subtitle, "An Introduction to Social Psychology". In the second place, whereas Dewey proposes to abolish the distinction between intrinsic and instrumental values, Moore considers such a distinction to be one of the prerequisites of a correct methodology of ethics. In the third place, whereas Moore in the end recommends strict conformity to a certain number of customary rules of conduct, Dewey insists that <u>every ethical situation</u> is a new problem to be solved by a critical inquiry, in the process of which rules and principles are but instruments for the location of existing ills.

Whether Good is indefinable and logically prior to Ought; whether ethics is reducible to psychology; whether the distinction between intrinsic and instrumental goods is a legitimate one; whether <u>every</u> ethical activity must, in principle, be a new adventure-these, in short, are the main questions at issue between Moore and Dewey. We shall have settled these questions, some directly and some indirectly, when we have ascertained and evaluated Moore's and Dewey's conceptions of the nature of Good and of Ought. With these concepts we shall be occupied in the following two chapters. Since the problem of Ought or Obligation involves the problem of Freedom of the Will, this will be the subject matter of a third chapter.

CHAPTER II
THE PROBLEM OF INTRINSIC VALUE

I. The Problem of Defining "Good"

(A) G. E. Moore

When a philosopher sets out to ascertain the nature of Good he tacitly assumes that the word "good" is not merely a certain configuration of atmospheric disturbance or optical reflection, that it has a meaning and denotes something beyond itself. His business is to get at that something, to elucidate or analyze it, and to examine its characteristics. But how does he determine the denotation of a given word? Between a symbol and that which it symbolizes there is no logical relation. The establishment of a connection between them is the result either of custom or of individual discretion. Now the word "good" is not invented by the philosopher. It has been in circulation before he begins to philosophize, and it certainly has a meaning or meanings in its customary usage. When a philosopher undertakes to investigate the nature of good, does he mean to investigate something which is generally designated by the word "good", or rather simply something which he personally chooses to designate by the word "good"? This is no trivial question of lexicography on which it is unbecoming for a philosopher to dwell. In fact, I consider that a question of this sort is a most important one to which a philosopher should have a clear answer before he advances any philosophical definition. Many philosophical errors have their origin in mistaking the new use of old words for the discovery of new truths.

The problem "What is Good?" in so far as it is a problem for the student of philosophy, is not one of how the word "good" should be used. The problem assumes that there is something which is generally understood by the term "good" and demands a statement of the nature of that something. One does not solve this problem by giving to the word "good" a new denotation. We have to accept its usual denotation and try to ascertain its possible connotations. Hereupon a question arises: Does the term "good" as generally used always refer to one and the same set of characters? If not, in which of the senses of the term "good" do we ask the question "What is Good?"

When a term T applies equivocally to a number of things which neither have any characteristic in common nor belong to a homogeneous class, either (1) each of these things should have a specific name so that T will be superfluous, or (2) one and only one of these things may properly be named T while all the rest are otherwise named. In case (2) T has unique and irreducible meaning, while in case (1) it has not. There can be no doubt that "good" is an equivocal term. But our question is: Of the various characteristics that are designated by "good" is there one which is generally designated by "good" alone so that we cannot describe it by any other name without confusing it with something that it is not? When the term "good" is used to denote such an object, it is used in its proper sense. Thus our question may be reduced to this form: Has the term "good" a proper denotation?

To this question Moore's answer is affirmative, and ethics, according to him, is nothing but "the general inquiry into what is good"① as understood in its proper denotation. But the question "What is good?" thus specified is still ambiguous. It may mean "What particular thing is good?" or "What class of things is good" or "What is the nature of goodness?" It is the latter that is meant by Moore. In the rest of this section I shall give a brief resume of his characterizations of goodness.

(1) In the first place, goodness (in its proper sense), according to Moore, is an intrinsic value. By saying that a value is intrinsic, he means the following things:

(a) Anything that possesses the value in question would possess it "even if it existed quite alone, without any further accompaniments or effects whatsoever."②

(b) It is impossible for what is strictly one and the same thing to possess that kind of value at one time, or in one set of circumstances, and not to possess it in another; and equally impossible for it to possess it in one degree at one time, or in one

---

① Moore, *Principia Ethica*, p.2.
② Moore, *Ethics*, p.65.

set of circumstances, and to possess it in one different degree at another, or in a different set.

(c) If a given thing possesses any given kind of intrinsic value in a certain degree, then anything exactly like it (i. e., in intrinsic nature) must, under all circumstances, possess it in exactly the same degree. ①

(2) In the second place, what a thing possesses in virtue of its intrinsic nature must be distinguished from what is its intrinsic properly. Though whether a thing is good, and in what degree it is good, depends solely on the intrinsic nature of the thing in question, goodness is not one of its intrinsic properties. "Indeed," says Moore, "it seems to me to be one of the most important truths about predicates of value, that though many of them are intrinsic kinds of value, in the sense I have defined, yet none of them are intrinsic properties, in the sense in which such properties as 'yellow' or the property of 'being a state of pleasure' or 'being a state of things which contains a balance of pleasure' are intrinsic properties."②

In its customary usage the term "good" also applies to what is instrumental to the attainment of intrinsic goods. But goodness as an instrumental value, in Moore's opinion, must be distinguished from goodness as an intrinsic value. The instrumental value of a thing consists of (1) that it leads to certain consequences, and (2) that some or all of these consequences are intrinsically good. In as much as the same thing may produce totally different effects in different sets of circumstances, a thing which possesses instrumental value in one instance may not possess it, or possess it in the same degree, in other instances. But, as pointed out before, no such relativity exists in the case of intrinsic value. Whether a thing is intrinsically good depends entirely on the essential nature of the thing in question. "A judgment which asserts that a thing is good in itself (i. e., intrinsically), … if true of one instance of the thing in question, is necessarily true of all."③ But it needs to be emphasized that in Moore's ethics, intrinsic goodness and instrumental goodness are not mutually exclusive. Things which are good as means may be, though not always are, at the same time good in themselves, and vice versa.

(3) In the third place, goodness as an intrinsic value is incapable of definition in the strict sense of the term. Moore points out three senses of the term definition.

---

① Moore, *Philosophical Studies*, pp. 260, 261.
② Ibid., p. 272.
③ Moore, *Principia Ethica*, p. 27.

(a) It may be a declaration of what one arbitrarily means by a certain word. (b) It may mean a statement of what is customarily understood by a certain word in a certain language. In the case (a) definition is but a matter of introspection. In the case (b) a well-compiled dictionary will settle all disputes. But there is a more important meaning of definition, viz., (c) the presentation in thought of an object or a universal in terms of its component elements and their relations.①It is in the latter sense of definition that Moore denies the definability of "good". For, he argues, to thus be definable a universal must be a complex one which is resolvable into parts, whereas "good" is s simple and unanalyzable concept. The simplicity of "good" is obvious, so his argument proceeds, from a consideration of the consequences of denying it. "If it is not the case that 'good' denotes something simple and indefinable, only two alternatives are possible: (a) either it is a complex, a given whole, about the correct analysis of which there may be disagreement; (b) or else it means nothing at all, and there is no such subject as ethics."②The (b) hypothesis he dismisses by an appeal to the fact that everyone does understand the question 'Is this good?' that whenever one thinks of 'intrinsic value', or 'intrinsic worth', or says that a thing 'ought to exist', one has before one's mind the unique object – the unique predicate of things – which he means by "good". The (a) hypothesis he shows to be incorrect by consideration of the fact that whatever complex be offered to define "good", it may always be significantly asked whether the complex in question is itself good. This would not be the case if the complex meant the same thing as "good". Thus if "good" were identical with "what we desire to desire" it would be meaningless to ask whether what we desire to desire is good. For the question would amount to whether what we desire to desire is what we desire to desire. But this is not true. "Good" has a meaning distinct from that of "what one desires to desire". In a similar manner any other complex which has been offered as a substitute of "good" can be rejected.

To the last argument Professor R. P. Perry raises the following objection: The reason why the question of goodness is peculiarly recurrent is not that goodness is simple and indefinable, but rather that its forms are peculiarly diverse. "A character ordinarily possesses a generic form and a variety of specific forms: so that it is entirely

---

① These, however, are not all the senses in which the term definition can be used. Moore omits the use of the term "definition" as meaning specification of the unique condition or unique type of conditions requisite and sufficient for the experience or origination of a given object or characteristic. Such a definition may be called a genetic definition. Goodness must be definable in this sense, or else it would be an empty term.

② Moore, *Principia Ethica*, p. 17.

pertinent to inquire whether an object having the generic form has any one of the special forms, or whether an object having one of the special forms has another of the special forms."[1] There is no absurdity, says Professor Perry in effect, in equating a given complex with goodness in one form and then asking whether the given complex is good in another form.

One is greatly puzzled as to what Professor Perry means by "goodness in different forms or senses". 'Good' as "that quality which we assert to belong to a thing when we say that the thing is good,"[2] is unique and admits of no variation. There are indeed many kinds of things that are good, but it does not follow that there are many kinds of "good". Different kinds of things are good only in so far as they share the unique quality of goodness, else it would be meaningless to modify them by the common term "good". The complex wholes to which "good" belongs may be widely diverse in nature, but "good" as a characteristic universally present in them, does not assume different forms. To ask whether a thing good "in the generic sense" is also good in "a specific sense" is either to ask a meaningless question, or else to ask whether the thing in question, besides being good, also possesses certain other characteristics which are constantly associated with "good". Similarly, the question whether a thing good in one "specific sense" is also good in another can only mean this: Does the good thing in question, which possesses a given set of natural qualities constantly associated with "good", also possess another set bearing a similar relation to "good"? The illusion of diverse forms of goodness only arises from a loose use of language, viz., the identification of a quality with the objects that possess it. Examples of such a practice abound in the vulgar parlance. Thus the character of being beautiful and a woman who possesses this character are both called "beauty". And, what is worse, the color of certain banners, the political agitators who sometimes carry them, the party to which these agitators belong, and even the political doctrine to which they adhere are all denominated "red". When such a practice is carried into ethics unconsciously, the result is what Moore terms the "naturalistic fallacy", that is, the confusion of "good" with the things that are good, of a part with the wholes that include it or with other parts of the same wholes. When a good thing is taken for good, no doubt there are many forms of "good". For, aren't there many kinds of good things? But to take a good thing for "good" is no less absurd than to take orange

---

[1] Perry, R. P. *General Theory of Value*, p. 37.
[2] Moore, *Principia Ethica*, p. 9.

for yellowness. There is, so far as I can see, no tenable reason for holding that "good" as a universal has diverse forms. On the other hand, if "good" is to have any meaning at all, it must be a unique predicate, whether simple or complex, of things. And it seems evident that "good" has an irreplaceable meaning. If "good" is a unique predicate, and if there is no complex which has been or will be offered to be the equivalent of "good", of which we cannot significantly ask whether it is good, the only conclusion we are entitled to draw will be the one drawn by Moore, viz., that "good" is simple and indefinable.

(B) John Dewey

Is the indefinability of intrinsic goodness accepted by Dewey? Has intrinsic value as Moore conceives it any place in Dewey's ethics? If not, what is Dewey's conception of goodness? And what are his grounds of difference with Moore? Such questions are to be answered in this section.

One of the most outstanding points of contrast Between Moore and Dewey with respect to the problem before us is the distinction between ends and means, between intrinsic value and its causal antecedents which may have absolutely no intrinsic value. To Moore this distinction is one of the two fundamental principles of a correct method of ethics, the other principle being the avoidance of the "naturalistic" fallacy."① But of the two "consequences of great moment" of Dewey's "moral reconstruction", one is to do away with this distinction.② The ground on which he denies the validity of this distinction is his particular conception of value – or "good", - these two terms he uses interchangeably. Value in its broadest sense, which includes positive and negative, moral and non-moral values means, according to Dewey, whatever actually arouses an emotive or interested response. "Value," he says, , "of some sort occur whenever any object is welcomed or lingered over, whenever it arouses aversion and protest."③ As to moral values, he differentiates the immediate or de facto good and the reasonable or de jure good. "In morals," he says, "there are immediate goods, the desired, and reasonable goods, the desirable."④ There can be scarcely any question as to what is meant by the desired. But "desirable" being an ambiguous

---

① Moore, *Principia Ethica*, p. 64.
② Dewey, *Reconstruction in Philosophy*, p. 170.
③ Dewey, *Experience and Nature*, p. 400.
④ Ibid.

term, it is necessary to specify what Dewey exactly means by it. The reasonable good, or the desirable, he would define as an object of desire which has been "reflectively determined by means of critical inquiry."① The term value as used in his "The Quest for Certainty" is really identical in meaning with what he previously in the "Experience and Nature" called the reasonable good. For there, value is equated with "Whatever is taken to have rightful authority in the direction of conduct," and with "enjoyment regulated by intelligence."②

What is the relation between immediate goods and reasonable goods? Are they two distinct classes of things? This question is clearly answered by the following passage in his "Experience and Nature": "There are, it seems, immediate values (i. e., goods), but there also are standard values, and the latter may be used to judge and measure immediate goods and bads. Thus the reflective distinction between the true and the false, the genuine and the spurious is brought upon the scene. In strict logic, however, it enters only to disappear. For if the standard is itself a value, then it is by definition only another name for the object of a particular liking, on the part of some particular subjective creature. If the liking conflicts with some other liking, the strongest wins. There is no question of false and true, of real and seeming, but only of stronger and weaker. The question of which one should be stronger is as meaningless as it would be in a cock-fight."③ In other words, the desirable is at the same time the desired, though the reverse does not hold. The latter is the possibility of the former. A thing desired becomes desirable when, having discovered that it presupposes conditions and leads to consequences which we desire on the whole, we purposely strive for it. The common element of the immediate good and the reasonable good is that they are desired; the differential factor of them is the way in which they are desired.

A comparison between Dewey and Moore is rendered difficult by the two-fold senses in which Dewey uses the term "good". So far one can be sure of what he means by "immediate goods", namely, the desired, and by "reasonable goods", namely, the desirable. But by no means can one be sure of what he means by "good" unqualified. Now when one applies the same term to two or more diverse objects, either (1) there is nothing common to these objects and he uses the term equivocally,

---

① Dewey, *Experience and Nature*, p. 400.
② Dewey, *The Quest for Certainty*.
③ Dewey, *Experience and Nature*, p. 425.

or (2) though there is one and only one common element in these objects, he does not denote it by the term and hence he uses the term also equivocally, or (3) there is a common element in these objects and he denotes it by the term. Only in the last case does he use the term univocally. Dewey applies the term "good" to both the desired and the desirable. If he means by it anything at all, if he does not intend to use it equivocally, he can only mean by it that which is common to the desired and the desirable. And the only element that is common to the desired and the desirable as he defines it, seems to be "being desired". So the only possible unqualified meaning of "good" as used by Dewey seems to be "being desired". If this is really what he means, we can raise three questions. (a) Does he merely use the term "good" arbitrarily to denote the property of "being desired"? Or (b) does he simply state what he considers to be a fact, that "good" and "desired" are generally used interchangeably? Or (c) does he hold that if "good" is to have a proper sense at all, it can only mean "being desired"? In cases of (a) and (b), as have been pointed out, there is no problem for the student of moral philosophy. But if (c) were the case, he would seem to be mistaken. For it is always significant to ask whether what is desired is "good" in the unqualified sense.

But Dewey is not always consistent with himself. He sometimes uses unqualified "good" to mean "desirable" as above defined. Thus in the "Human Nature and Conduct" he says: "Good consists in the meaning that is experienced to belong to an activity when conflict and entanglement of various incompatible impulses and habits terminate in a unified orderly release in action."[①] This definition of "good" answers exactly to what he calls "reasonable good", "good de jure" and "desirable" in the "Experience and nature", and "value" in "The Quest for Certainty". Without accusing Dewey of self-contradiction, let us consider whether this definition of "good" is tenable.

To resort to Moore's method of testing the validity of any proposed definition of "good", let us examine whether it is significant to ask: Is an activity good, through which conflict and entanglement of various incompatible impulses and habits terminate in a unified orderly release of action? Or, to ask what is the same question in a simpler way, Is an action good which reduces the original chaos of desires to a harmonious system? To my mind such a question is certainly significant; it certainly does not amount to the same thing as whether an action which reduces the original chaos of desires to a harmonious

---

① Dewey, *Human Nature and Conduct*, p.210.

system, does so. It seems to me obvious that the proposition "X is good" is not identical with the proposition "X has the characteristic of reducing chaotic desires into a harmonious system". For, to judge that "X has the characteristic of reducing chaotic desires into a harmonious system" is essentially to state a matter of fact, whereas to judge that "X is good" is to express an attitude of reflective approval.

II. Moore's Ethical Realism

With the rejection of Dewey's various inconsistent definitions of good, and with the refutation of Perry's objection, we have strengthened Moore's position, which is most probably a right one, that good is indefinable. But between this proposition and the realistic doctrine that goodness is a characteristic depending solely upon the intrinsic nature of the thing that possesses it, there is no logical relation whatsoever. The former does not imply the latter, nor does the latter imply the former.

In this section I propose to examine Moore's Ethical Realism. But before we proceed to do that it is pertinent to ascertain Moore's opinion regarding the following two questions: (1) What is the nature of the class of things of which good is predicable? (2) What is the nature of the process in which we come to recognize that a given thing is good?

(A)

To the first question Moore gives a partial answer toward the end of his "Principia Ethica" when he says that "all great goods ... . involve both a cognition and an emotion directed towards its object."[1] That, of course, leaves the possibility of lesser goods which contain neither a cognition nor an emotion directed toward its object. This possibility is explicitly asserted in his rejection of Sidgwick's view that nothing possesses the quality of goodness out of relation to human existence, or at least to some consciousness or feeling. Moore asks us to imagine two worlds: one endowed with beauty of the highest possible degree, containing whatever on this earth we most admire in the most exquisite proportion; the other world being the ugliest we can possibly conceive, containing everything that is most disgusting to us and without one re-

---

[1] Moore, *Principia Ethica*, p. 225.

deeming feature on the whole. The only thing we are not allowed to imagine is that any human being can ever enjoy the beauty of the one or hate the foulness of the other. "Still," asks Moore, "is it irrational to hold that it is better that the beautiful should exist than the one which is ugly? Would it not be well, in any case, to do what we could to produce it (the beautiful one) rather than the other?"① He could not help thinking that it would, and he hoped that some might agree with him in this instance. His argument is based upon intuitive certainty. But I must confess that personally I do not see any self-evidence in the statement that we ought to produce anything which no human being can be conscious of. To this refutation of the limitation of human good to goods of consciousness, Miss E. E. C. Jones' reply in her defense of Sidgwick, seems to me to be conclusive: "The appeal (of G. E. Moore) is to our imaginative appreciation or disgust and to our duty to produce beauty rather than ugliness. Can we, by hope of such considerations, make any decision about things that are not matter of any consciousness? Is not even the attempt to put the case and to estimate the hypothetical beauty and ugliness on the supposition of their not being objects of consciousness, quite futile?"②

To this criticism of Miss Jones, Moore seems to have acquiesced and accordingly in his later work "Ethics" he abandoned completely the view above referred to, which he had held in the "Principia Ethica". For in the "Ethics" he admits that "it does seem as if nothing can be an intrinsic good unless it contains <u>both</u> some feeling and <u>also</u> some other form of consciousness; and .... it seems possible that amongst the feelings contained must always be some amount of pleasure."③ This implies that anything which is good must be a complex whole containing a considerable variety of different elements and that nothing so simple as, for instance, pleasure by itself, however intense, could ever be any good. But it is important, in Moore's opinion, to insist that although these two characteristics - (1) complexity in contents, and (2) inclusion of some feeling and some other form of consciousness - are <u>common</u> to all intrinsic goods, neither of them is <u>peculiar</u> to intrinsic goods. They may obviously also belong to things bad and indifferent. It seems evident to Moore that as regards the second characteristic, it is not only true that many wholes which contain both feeling and some other form of consciousness are intrinsically bad; but it seems also to be true

---

① Moore, *Principia Ethica*, p. 84.
② *Proceedings of Aristotelian Society*, 1903-1904, p. 40.
③ Moore, *Ethics*, p. 249.

that nothing can be intrinsically bad, unless it contains some feeling. "Indeed," adds Moore, "... so far as I can see, there is no characteristic whatever which belongs to all things that are intrinsically good and only to them – except simply the one that they all are intrinsically good and ought always to be preferred to nothing at all, if we had to choose between an action whose sole effect would be one of them and one which would have no effects whatever."①

In maintaining that there is no other characteristic than goodness, which is both common and also peculiar to all intrinsic goods, Moore again seems to be right. But what he overlooks is the progressive and creative side of the good. It is not some forms of mere cognition, but rather a profound and self-conscious change in an active agent that is the required element of what is good. Such a change is not a superficial addition of experience, but it pervades the whole conscious being of the agent. Compare the experience of walking through a market place on business with listening to a masterpiece of Wagner or devoting yourself to a person or a cause, and you will see the difference between superficial addition of experience and a change that pervades one's conscious being as a whole. Usually in the market place things come and go before my eyes without demanding the mobilization of my whole energy, my whole personality in response. They may arouse pleasant or unpleasant feelings, but I make no effort to arrest and grasp them, or to identify myself with and let myself be carried along by them. My consciousness becomes a sort of screen on which shadows appear and disappear freely and confusedly. I am uninterested, unconcerned. But not so in the case when I am engaged in an aesthetic enjoyment or any other devoted activity. I am now conscious that my whole self is called to the presence of an external object, to be united with it to form a larger whole. I am now performing an act of self-transcendence. I notice the enrichment and advancement of the life of my whole self contributed by such an unification. Every such unification is intrinsically a progression and constitutes a step in the growth of my self. It is this expanding and creative side of the good that is entirely neglected by Moore and needs to be specially emphasized here.

(B)

As the seeing of a gold coin is not the gold coin seen, so the cognition of a good is not identical with the good cognized. We should, therefore, distinguish the experience which constitutes the contents of a good and the experience which constitutes the

---

① Moore, *Ethics*, pp. 247, 248.

perception of a good. An act of love may be a good. But the observation or evaluation of another man's act of love is not necessarily itself an act of love, nor is it necessarily a good.

Is the cognition of what is good a mediate, constructive, logical process? Or is it simply an immediate, intuitive, appreciative judgment? Dewey's answer to this question is inconsistent. When he conceives good as "being desired" he implies that the cognition of what is good is an immediate intuitive judgment. But when he defines good as "the meaning that is experienced to belong to an activity when conflict and entanglement of various incompatible impulses and habits terminate in an orderly release in action,"[①] he implies that the cognition of good is a constructive and logical process. On the other hand, Moore, following the ethical methodology of Sidgwick, insists that the judgment of anything that it is good, or of anything that it is bad, must be ultimately an immediate judgment which results merely from considering the thing intimated, and cannot be proved by any argument that would appeal to a man who had passed an opposite immediate judgment.[②] Such a cognitive process is analogous to what Professor Stuart conceives to be the aesthetic experience which "would appear to be essentially post-judgmental and appreciative," and which "comes on the particular occasion, not as the result of a judgment process of the valuation type, but as an immediate appreciation."[③]

To the position that the cognition of intrinsic goodness is an immediate appreciation the present writer subscribes himself. This again, it seems to him, is an immediate judgment to which no direct proof can be adduced. What he can hope to do is to expose the untenability of the reasons which probably lead people to deny it. One possible reason for denying the immediacy of the judgments concerning goods or bads, is the identification, either consciously or unconsciously, of Good with Right. In the popular parlance we frequently call a right act a good one, though it may possess no intrinsic value whatever. When good and right are taken to be one and the same, it is natural to believe that the judgment of good is an immediate process, since the judgment of right and wrong always involves a causal judgment. But for reasons to be given later, it seems to be obviously false that good and right are identical. Another possible reason for denying the immediacy of judgments concerning goods or bads is the

---

① Dewey, *Human Nature and Conduct*, p. 20.
② Moore, *Principia Ethica*, p. 59.
③ Stuart, H. W. Valuation as a Logical Process, in *Studies in Logical Theory*, ed. by John Dewey, p. 339.

identification of goods with the consequences of right acts. If only the consequence of a right act is good and it is good only in virtue of its being such a consequence, we cannot determine that a thing is good without inquiring into its causal antecedent, and, consequently, presupposing a causal judgment. But it does seem to be obvious that a thing can be good without being the consequence of a right act. It is a commonplace that wrong acts sometimes do lead to good effects. To murder out of personal hatred is wrong. But if the man killed was an atrocious tyrant the act of homicide would likely produce effects good in themselves.

Still another motive for denying the immediacy of judgments concerning intrinsic goods or bads is the need of an objective standard to settle disputes as to what is intrinsic good or bad. The Shakespearian dictum "Nothing is good or bad, but thinking makes it so" is a notorious indication of the diversity of people's opinions concerning goods and bads. If the cognition of good or bad is an intuitive process we can appeal to no standard to reduce such diversity. If A says "X is good," B says "X is bad," and C says "X is indifferent," and each speaks on the authority of his own intuition, what can you do to bring them into accord? Yes, one may reply, such a state of things would be unsatisfactory indeed. But, as a matter of fact, genuine differences of opinion as to good and bad, based upon direct inspection of the objects in question seem to be very rare. Apart from the influence of false theories, most of the disputes about good or bad are due either to (1) confusion of the various senses of the term "good" or (2) to failure to isolate the object in question. Where there is such an influence the difference is only apparent.

(1) As pointed out before, the term "good" is extremely ambiguous; it can be used, for instance, to signify both instrumental and intrinsic goods, which consequently, are likely to be confused. When A says "X is good" and B says "X is not good", "good" may not mean one and the same thing to them. If to one it conveys the idea "good in itself" and to another it conveys the idea "conducive to good consequences" it is but natural that their opinions differ. For a thing good in itself may not be conducive to good consequences, and vice versa.

(2) Another source of apparent differences is that "Some things which in isolation are bad or indifferent are essential ingredients in what is good as a whole, and some things which are good or indifferent are essential ingredients of what is bad as a whole. In such cases we judge differently according as we are considering a thing in

isolation or as an ingredient in some larger whole."①

(C)

Finally we come to the problem on which the validity of Moore's conception of the "internality" of goodness hinges: Does the goodness depend solely upon the intrinsic nature of what possesses it? Moore's answer, as has been referred to before, is affirmative. By this affirmation he means to say (1) that it is <u>impossible</u> for what is strictly one and the <u>same</u> thing to be good in one degree at one time, or in one set of circumstances, and not to be good or good in another degree at another, or in a different set; and (2) that it is impossible that of two <u>exactly</u> <u>similar</u> things that one should be good and the other not, or that one should be good in one degree and the other in a different one. By "two exactly similar things," he means two things which, in spite of their being numerically two, possess the same intrinsic nature.②

The conception of the internality of goodness, as pointed out by Moore, is incompatible with the subjectivistic view of good. By the subjectivistic view of good I mean the view that the goodness of a thing depends solely or partially upon the following two facts: (1) that the thing in question is the subject of some act of cognition and (2) that it excites a certain mental attitude in somebody who contemplates it. When it is held that goodness depends <u>solely</u> and <u>exclusively</u> on these two facts, I call the view complete subjectivism. When it is held that goodness depends only partially upon these two facts, I call the view partial subjectivism. Both partial and complete subjectivism imply the assertion that nothing can be good which has never been and will never be the object of some act of cognition, and which has never excited and will never excite any king of mental attitude. That this assertion is inconsistent with Moore's conception of the internality of goodness is obvious from the following consideration. "For (he says③) there is, I think, pretty clearly no subjective predicate of which we can say thus unconditionally, that, <u>if</u> a given thing possesses it, then anything exactly like that thing, would, under any circumstances, and under any causal laws, also possess it. For instance, whatever kind of feeling you take, it is plainly not true that supposing I have that feeling towards a given thing A, then I should necessarily under any circumstances have that feeling towards anything precisely similar

---

① Russell, Bertrand, *Philosophical Essays*, p. 53.
② Moore, *Philosophical Studies*, pp. 260, 261.
③ Ibid., pp. 269, 270.

to A: for the simple reason that a thing precisely similar to A might exist in a universe in which I did not exist at all. And similarly it is not true of any feeling whatever, that if somebody has that feeling towards a given thing A, then, in any universe, in which a thing precisely similar to A existed, somebody would have that feeling towards it. Nor finally is it even true, that if it is true of a given thing A, that, under actual causal laws, any one to whom A were presented in a certain way would have a certain feeling towards it, then the same hypothetical predicate would, in any universe, belong to anything precisely similar to A: in every case it seems to be possible that there might be a universe, in which the causal laws were such that there the proposition would not be true."

I am in perfect agreement with Moore that if a given thing A excites or is capable of exciting a certain mental attitude under actual causal laws, another thing B, precisely similar to A, might not excite the same kind of mental attitude in anybody, were B to exist in a universe in which the causal laws were quite different from ours.

But so far as I can see there is no reason whatsoever in favor of the view that goodness is such a kind of value that if a given thing A is good in one universe and under one set of causal laws, anything precisely similar to A would be necessarily good in any possible universe and under any possible set of causal laws. On the other hand it does seem evident to me that whatever the intrinsic nature of a thing, it cannot be a good unless it is actually or potentially an object of some human interest. The goodness of a thing depends on (1) the fact that a certain mental attitude has been or will be directed to it, as well as on (2) its intrinsic nature. Neither (1) or (2) alone is the sufficient constituent of a good, though they are both the necessary constituents thereof. Hence, if two things precisely similar in intrinsic nature existed each in a different universe and under a different set of causal laws, one of the two might be good while the other was indifferent or bad, as one of them might be the object of a certain mental attitude while the other was not. It is from this consideration that we must reject the view that good is an intrinsic value as defined by Moore, that the goodness of a thing depends solely upon its intrinsic nature. And consequently, we must also reject another proposition held by Moore that a good thing would continue to be good even if it were to exist quite alone.

Now what is the mental attitude, being the potential or actual object of which is one of the necessary constituents of a good? It is, to use the words of A. K. Rogers, the "Attitude of intellectual favor or approval," though I cannot agree with him in equating goodness with the quality of being the object of such an attitude.[①] By intellectual approval is meant the self-conscious tendency toward security or furtherance of an object, accompanied by a feeling of not identical with pleasure in the reflective contemplation of the object in question, when one is not occupied with the practical utilization of it. It does seem evident to me that a thing cannot be good if it has never been and will never be the object of such reflective approval.

---

① Rogers, A. K., *The Theory of Ethics*, p. 13.

CHAPTER III
THE PROBLEM OF MORAL OBLIGATION

I. Our Knowledge of the Ought

In the last chapter we reached the conclusion that goodness is an indefinable characteristic which depends upon two and only two factors: (1) the intrinsic nature of a thing, and (2) the attitude of reflective approval. We now come to the question as to the relation of goodness to moral obligation. The solution of this problem, of course, presupposes a determination of the nature of moral obligation.

In the transition from the problem of intrinsic value to the problem of moral obligation, we are passing from the realm of what is to the realm of what ought to be, and from descriptive to normative science. It is generally recognized that one fundamental difference between a descriptive and a normative science is that whereas the former deals primarily, if not exclusively, with the actual, the latter supplies us with a knowledge of the ideal. Logic, for instance, does not merely describe how people <u>actually</u> think, but rather undertakes to formulate the rules and processes which we ought to follow in thinking. Similarly, ethic does not consist in mere recital of how we <u>actually</u> behave, but rather in a presentation of how we ought to behave.

What is the relation between the 'is" and the "ought"? How can we advance from the former to the latter? Can the former be reduced into the latter? In the descriptive science, our conclusions are reached through observation, experimentation, and induction. Can the same method be employed in the normative sciences?

It cannot be denied that there is an ineradicable difference between the "is" and the "ought", between the actual and the ideal. For it is obvious that what ought to exist does not always exist and what ought not to exist sometimes exists; that what ought to have been done was not always done, and what ought not to have been done was sometimes done. Unless one is so dogmatically bold as to deny any meaning to these statements and to insist that the word "ought" ought to be dropped from our dictionaries – which would be self-contradictory – one has to admit that there is a genuine difference between "ought" and "is".

Granted that there is a real difference between the "ought" and "is", what is this difference? Can it be defined? Can we infer what ought to be from what is, and how we ought to behave from how we actually do behave? If not, how come we to recognize the "ought"? In raising these problems, we are at once plunging into the depths of the methodology of the normative sciences.

Now one thing is certain: If the world were a perfect one, and man were a perfect being – in other words, if all that exists is what ought to exist, and if we always behave as we ought to behave – then, the descriptive and the normative sciences would be coincident. For it is clear that under such circumstances, a description of what is would be at the same time one of what ought to be, and a description of how we actually behave would be at the same time one of how we ought to behave. Under such circumstances there would be no need of any "norm", and the distinction between descriptive and normative sciences would never have been made. Every normative science as such, therefore, had its origin in the recognition of some imperfection either in man's own behavior or in the external world. Indeed, had man never realized that he sometimes made mistakes in thinking, there would have been no logic; had man never regretted any of his acts, there would have been no ethics; had man never been shocked by repugnant ugliness, - there would have been no aesthetics.

All these are so obvious that they seem to be hardly worth stating. But such commonplaces suggest a very fundamental problem, namely, is (1) the recognition of imperfection logically prior to the formulation of norms? Or, is (2) the recognition of a norm logically prior to the delineation of any imperfection?

The traditional methodology of normative sciences adopted the second alternative and it was confronted with the difficulty of accounting for the origin of those ideals which were supposed to be somehow ready-made in our minds before their contact with any imperfection in the realm of experience. Pre-natal acquaintance by the soul of the transcendental world of ideas, innate implantation of general ideas in the soul by the hands of God, divine revelation dawning to the minds of a selected few, the infallible conscience, the moral intuition, all these are but different versions of an obscure and evasive way of answering an unanswerable question. Were man by his very nature possessed, in an unequivocal sense, of the ideal, how could there be differences in judgments as to what ought to exist, how we ought to behave, and how we should think? And, above all, how could we ever commit any ethical, logical, or aesthetical errors?

It is time now to turn our back upon this blind-alley of the traditional methodology of normative sciences and to seek for a new road. Let us, then, consider the other alternative, namely, that the recognition of imperfection is logically prior to the formulation of norms. We have now before us two problems: (1) How do we come to recognize imperfection? and (2) How do we advance from such a recognition to the establishment of a norm? In view of the scope of the present study, I shall confine my attention to the moral phase of these problems:

(1) It seems evident that we recognize imperfection in our thought and action only when there is a conflict between incompatible beliefs, preferences or purposes entertained either by one and the same individual or by different individuals. To realize shortcomings in our activities is to be confronted with problems, to be puzzled, and to be compelled to find a way out. It does not require a preconceived norm or ideal to detect such a conflict and to bring forth a problem. For such a conflict means arrest of immediate action, interruption of a thought process, or frustration of a wish.

(2) The above statement is such a truism that I doubt if anybody will question it. But what is less obvious and less frequently insisted is that the conscious erection of every normative principle is always the result of a conflict of opinions. The whole history of the normative sciences is a proof of this point. Nothing can be simpler and more elementary than the three Laws of Thought, and yet it was their very denial by some of Aristotle's predecessors that led him to formulate them. We learn by trials in the normative sciences as well as in the natural sciences. Our approach to the "Ideal" is just as gradual and tentative as our approach to the "Real".

It may be argued that, though it does not require a preconceived norm to discover that there is <u>some</u> shortcoming in our activity, it does require such a norm to locate <u>where</u> the error lies – to determine <u>which</u> of the parties in conflict is on the wrong side or whether all of them are on the wrong; that, like opponents in a lawsuit, they need the arbitration of a supreme court, the thinking mind, and the supreme court needs a code of law, the Ideal, on which to base its decision. The judge, to carry the analogy further, might not have committed the whole code to memory and be able to recall every detail of it when needed; but the law book is there and he can refer to it at any time if he wants to. Disregard of the law book sometimes led him to erroneous decision, but that does not impair the authority of the law.

I doubt if the traditional conception of the Ideal was not consciously or unconsciously based upon such an analogy. But it is a dangerously misleading analogy. Even the existence of a definite code of law, prior to a particular lawsuit, is no less a fiction than the immediate perception of the eternal Ideal prior to the recognition of our particular shortcoming. The law, however definite the code or statute, is never, in principle, adequate, without some element of reinterpretation, to dispose of each new case that has arisen.

To return to our original problem, given the conflict between incompatible ways of behavior, proposed or actually adopted, and given the realization of the necessity of a reconstruction, by what method can we determine the preferability of each of the incompatible ways in question or to find a new way out? This problem and its solution applies not only to the incompatible programs of action for a particular moral situation, but also to all incompatible moral doctrines. For no moral doctrine is worthy of the name and of consideration if it does not give us, in however general a way, some practical guidance, and no two moral doctrines are really incompatible if they do not make any difference in practice. For the present let us confine our attention to incompatible doctrines of moral conduct. They cannot be all true, and we cannot follow all of them at once. Nor can a rational man accept them all and follow on every occasion the one which he deems convenient or feels like. We have to choose one of them or transcend all of them. What is the method by which the selection or transcendence is to be made? For my part I know of no other test of the validity of a moral doctrine than its truth to man's moral experiences, its consistency with the actual demands of man's moral nature – demands which nobody as a self-conscious and rational, that is, self-consistent, being is willing to forego. Such demands do not determine completely the Ideal or the Ought, for the latter depends also on the means we possess for the satisfaction of those demands. The emergence of new means frequently modified the expressions of those demands and consequently our moral ideal. What those demands are will be revealed in the course of our comparative study of Moore's and Dewey's theories of moral obligation.

II. The Moral Situation

Perhaps it can be assumed as generally admitted that "right" and "wrong", "ought" and "ought not" in their moral sense are predicates applicable only to human activities. Equally obvious it is that these predicates do not apply to all human activities. We do not judge, for instance, our unconditioned reflexes to be right or wrong; we attribute no moral significance to the knee jerk or the Babinski response. What, then, is the kind of human actions, of which alone moral values are predicable?

The kind of human actions in question, according to Moore, comprises all "voluntary" actions, by which he understands those actions which "are under the control of our wills, in the sense that <u>if</u>, just before we began to do them, we had chosen not to do them, we <u>should</u> not have done them."① But, he goes on to point out, "It is by no means certain that all or nearly all voluntary actions (thus defined) are actually themselves chosen or willed. It seems highly probable that an immense number of the actions which we do, and which we <u>could</u> have avoided, <u>if</u> we had chosen to avoid them, were not themselves willed at all. It is only true of them that they are 'voluntary', in the sense that a particular act of will, just before their occurrence, would have been sufficient to <u>prevent</u> them, not in the sense that they themselves were brought by being willed."②

Dewey would admit that every such "voluntary" action is a "potential subject-matter of moral judgment" or "a candidate for possible judgment with respect to its better-or-worse quality."③ But he makes a distinction between (1) a potential subject-matter of moral judgment and (2) a morally significant act; and a further distinction between a morally significant act and (3) a moral experience. A morally significant act he would define as "one in which judgment and choice are required antecedently to overt action."④ But it is obvious that deliberation and choice may not be actually made when they are required. "One of the consequences of action is to involve us in predicaments when we have to reflect upon things formerly done as a matter of course. One of the chief problems of our dealing with others is to induce them to reflect upon affairs which they usually perform from unreflective habit."⑤ When in a practical situation in which discrepant and incompatible ends are felt so that consideration and selection are actually made before an overt action is entered upon, we have a moral experience.⑥ Thus according to Dewey we should distinguish:

---

① Moore, *Ethics*, p. 13.
② Ibid., p. 14.
③ Dewey and Tufts, *Ethics*, p. 211; Dewey, *Human Nature and Conduct*, p. 279.
④ Dewey, *Reconstruction in Philosophy*, p. 163.
⑤ Dewey, *Human Nature and Conduct*, p. 279.
⑥ Dewey, and Tufts, *Ethics*, p. 209.

(1) The potential subject-matter of moral judgment, all "voluntary" actions, in which choice is possible.

(2) Morally significant acts, in which deliberation and choice are morally required but they may not be actually made.

(3) Moral experiences, actions in which incompatible purposes enter and selection is actually made.

As Dewey points out, every and any act of our conscious life is a candidate for moral judgment. Here a question arises: Is the class of morally significant acts co-extensive with all potential subject-matter of moral judgment? Should all <u>potential</u> subject-matter of moral judgment be the <u>actual</u> object of moral judgment? Should deliberation and choice be made in, or reflective examination be applied to, every and any "voluntary" act? Actually we do not do so, nor is it practicable to do so. For if we did, our whole life would be occupied with calculation and hesitation, and nothing would be accomplished. We have to relegate some of our activities to the domain of habits. But then we are confronted with the problem of how to draw the line of demarcation between "voluntary" acts in which deliberation and choice should be made and "voluntary" acts in which deliberation and choice are unnecessary. "It thus becomes one of the most perplexing problems of reflection to discover just how far to carry it, what to bring under examination and what to leave to unscrutinized habit. Because (concludes Dewey) there is no final recipe by which to decide this question all moral judgment is experimental and subject to revision by its issue."① This conclusion seems perfectly sound and inevitable. And the neglect of the problem here involved is one of the major defects of Moore's moral theory, which make it untrue to our moral life.

III. The Definitions of "Right" and "Duty"

It is established in the last section that the scope of moral values covers not only those acts in which deliberation and selection actually enter, but also those done as a matter of course; that "right" and "wrong", "ought" and "ought not" are characteristics belonging not only to all premeditated acts, but also to some unpremeditated

---

① Dewey, *Human Nature and Conduct*, p.279.

ones. But what do we mean to assert of an act when we say that it is right and ought not to be done? I think, if we can define "right" and "ought" the meanings of their contraries can be easily determined.

Let us begin with "right". In the "Ethics" Dewey gives the following characterizations of right: "A truly moral (or right) act is one which is intelligent in an emphatic and peculiar sense; it is a reasonable act. It is not merely one which is thought of, and thought of as good, at the moment of action, but one which will continue to be <u>thought</u> of as ' good' in the most alert and persistent <u>reflection</u>. For, by ' reasonable' action we mean such action as recognizes and observes all the necessary conditions; actions in which impulse, instinct, inclination, habit, opinion, prejudice (as the case may be) are moderated, guided and determined by considerations which lie outside and beyond them. " "Our conclusion is (continues Dewey): the right as the rational good <u>means</u> that which is harmonious with all the capacities and desires of the <u>self</u>, that which expand them into a cooperative whole. "①

Before criticizing this view we may notice the coincidence of some of its consequences with those of Moore's conception of moral right.

(1) In the first place, the immediate judgment of good is logically prior to the judgment of moral right. To Dewey, it is the "direct sense of value, not the consciousness of general rules of ultimate goals, which <u>finally</u> determines the worth of the act to the agent. Here is the inexpugnable element of truth in the intuitional theory. "② A similar opinion is held by Moore: Every judgment of right or wrong presupposes intuitive judgment of intrinsic value. ③

(2) In the second place, since the moral value of an act depends (though not in the same way according to Dewey and Moore) upon its consequences which can only be ascertained empirically, no moral judgment is self-evident, although our unreflected, intuitive estimation of right and wrong may sometimes prove to be correct. In Dewey's words, "It must be admitted, as a result of any unprejudiced examination, that a large part of acts, motives, and plans of the adult who has had favorable moral surroundings seem to possess directly, and in their own intrinsic make-up rightness or wrongness or moral indifference … (But) the existence of immediate moral quality, the direct and seemingly final possession of rightness, as a matter of fact, is not ade-

---

① Dewey and Tufts, *Ethics*, pp. 307, 314. (Italics mine)
② *Ibid.*, p. 323.
③ Moore, *Principia Ethica*, p. 22.

quate proof of validity. At best, it furnishes a presumption of correctness, in the absence of grounds for questioning it, in fairly familiar situations. There is nothing more direct, more seemingly self-evident, than inveterate prejudice; … . (and a) judgment which is correct under usual circumstances may become quite unfit, and therefore wrong, if persisted in under new conditions."① In Moore's words a similar position is expressed as follows: "Plausibility has been lent to this view (of moral sense intuitionalism) by the fact that we do undoubtedly make immediate judgments that certain actions are obligatory or wrong: we are thus often intuitively certain of our duty, in a psychological sense. But, nevertheless, these judgments are not self-evident and cannot be taken as ethical premises, since … . they are capable of being confirmed or refuted by an investigation of causes and effects. It is, indeed, possible that some of our immediate intuitions are true; but since what we intuit, what conscience tells us, is that certain actions will always produce the greatest sum of good possible under the circumstances, it is plain that reasons can be given, which will show the deliverances of consciences to be true or false."②

To return from our digression. Is Dewey's definition of right as quoted above acceptable? Right thus defined in his "Ethics" is really identical with what he elsewhere calls "Rational Good", "Good de jure" (in "Experience and Nature" "Valuable" (in "The Quest for Certainty") or simply "Good" (in "Human Nature and Conduct" and "The Quest for Certainty") – what pluralism of terminology! A close examination of this definition of the moral right – namely, the definition of the moral right as that class of human actions which continues to be thought as "good" in the most alert and persistent reflection, that which observes all necessary conditions, and that which is harmonious with all the capacities and desires of the self and expand them into a coherent whole -- at once reveals a great ambiguity (1) When Dewey speaks of an act as continuing to be thought as "good", by whom is it so thought? (2) When he speaks of an act as observing all necessary conditions, to whom and in what sense are those conditions necessary? (3) When he speaks of an act as harmonious with and expanding all the capacities and desires of the self, whose self is it? Those questions cannot be avoided in a satisfactory account of moral obligation. To avoid them is to beg them.

(1) Now it is undeniable that the result of the most alert and persistent reflection

---

① Dewey and Tufts, *Ethics*, pp. 319-321.
② Moore, *Principia Ethica*, pp. 148, 149.

of one individual is sometimes diametrically opposed to that of another, and that the wisdom of one age not infrequently contradicts that of another. Whose reflection, after all, is to be the criterion? Would Dewey acquiesce in the view that one or the same particular act is right to those individuals or epochs whose reflection convinces them that it is good, and wrong to those whose reflection reveals the contrary? Would Dewey admit that one and the same particular act can be both right and wrong either at the same time or at different times? It does seem evident to me that this proposition is false.

(2) In the second place, by saying that a condition of action is "necessary", Dewey, if he is to mean anything at all, can mean only that to observe it is a necessity. But "necessity" is an extremely ambiguous term. It may mean (a) causal, or (b) psychological or (c) logical "necessity".

(a) By "causal necessity" I understand the quality of being causally bound to happen. This certainly cannot be what Dewey means. For if a right action is one which observes all conditions that it is causally bound to observe, then no action can be wrong, since every action must observe all those conditions which it is causally bound to observe. (b) Nor can he mean "logical necessity", either in the Lebnizian sense, according to which what is logically necessary is that whose opposite is inconceivable; or in the Kantian sense, according to which what is logically necessary is that without which no object can be given in experience. Certainly there is no condition of action, the omission to observe which is inconceivable, or without the observance of which no object can be given in experience. It seems, therefore, that the only alternative left for Dewey's meaning by "necessity" is (c) "psychological necessity", by which I understand the quality of being the indispensable means to desired ends. Thus, Dewey's assertion that a right act is one which observes all necessary conditions, can only mean that it is one which observes all those conditions the observance of which is the indispensable means to desired ends. But whose desired ends are they? (1) The desired ends of everybody concerned in the act? or (2) the desired ends of the agent of the act alone? Or (3) the desired ends of some particular individual or group of individuals? In case (1) it would be wrong for the policeman to interfere with a robber in his act of robbing or a murderer in his act of cold-blooded murder. For such an interference would necessarily contradict the desired ends of the robber or murderer in question. Would Dewey then choose the (2) alternative and maintain that every and any individual acts rightly whenever he observes all those conditions the observance of which is the indispensable means to his desired ends? If he did he would still be in an untenable position. For moral right would then be reduced to a hypothetical instead of a categorical imperative, and it would be impossible for anybody to do wrong provided he desired no ends to which his actions did not lead to. Thus, if a man desired to injure his neighbor, and if he could manage to fulfill this desire in such a way that nothing undesirable to him would result, his act would be perfectly right. I believe Dewey would undoubtedly frown upon our drawing such a conclusion from his own theory. But then the only alternative left for him seems to be the (3) case, and his position would amount to the following: a right act is one which recognizes and observes all those conditions whose observance is the necessary means to the desired ends of some particular individual or group of individuals. But who can this particular individual or group be? Local gods? Departed spirits? The Supreme Being? His sole representative on earth? Kings endowed with Divine Right? The controllers of the government? Land-owners? Capitalists? The proletariat? Indeed, all of these have been, and some of them still are elected or self-elected, in theory or in practice, as the arbitrators of right and wrong. But I doubt if Dewey could acquiesce to such authoritarianism. And, I submit, it is utterly irrational to make morality the slave of the wills or interests of any particular individual or group of individuals, either imaginary or real.

Thus Dewey's assertion that "a truly moral (or right) act" is one which "recognizes and observes all the necessary conditions" is either a meaningless aggregate of words or a proposition which leads to untenable consequences.

(3) Lastly we come to consider Dewey's assertion that the right act is one "which is harmonious with all the capacities and desire of the self", and "which expands them into a cooperative whole." The ambiguity here lies in "the self".

Does Dewey mean that there is an identical "self" having certain capacities and desires and present in every human being, or at least every "normal" human being, to the extent that it can be referred to as "the self"? The obvious absurdity of such a view, which no beginner in individual psychology can be excused for believing, makes one hesitate to impute it to a renowned philosopher. But if this is not what he means, what else in the world can be mean by "the self"? (a) The self of any human being? or (b) The self of some particular class of human beings?

Let us first consider alternative (a) according to which Dewey's assertion in question would amount to this: "The right as the rational good _means_ that which is harmonious with all the capacities and _desires_ of _any agent_, that which expands them into a cooperative whole." This reminds us of one of Dewey's inconsistent definitions of good treated of in the last chapter; namely, the proposition that "Good consists in the meaning that is experienced to belong to an activity when conflict and entanglement of various incompatible impulses and habits terminate in a unified orderly release in action." This and the above statement are but one and the same idea expressed in two different sets of words. And if the idea is an untenable definition of good, it is likewise an inadequate definition of moral right. A fundamental difficulty in ethics cannot be surmounted by an illegitimate change of label. Incidentally, it should be observed that Dewey made a great improvement in the second statement. For here he ceased to speak of "all desires" with which the right act is supposed to be in harmony, and in their place we find "incompatible impulses and habits." Here Dewey has evidently found a new light. For it is obvious that one's desires are often in deadly conflict, and an action harmonious with all of them is simply an impossibility. But let us overlook this patent absurdity and graciously assume that he means that the right is what reduces the chaotic desires of any agent into a harmonious and expanding whole, and fits all his capacities. Even this cannot be a satisfactory definition of the right. For what is important in the moral evaluation of an action is not only the fact that chaotic desires are organized and expanded but also the way in which they are organized and expanded. Moreover since no action can be harmonious with all the desires of its agent, some of them have to be repressed. And it is upon the contents of one's desires, and the selection of them for repression and expansion that the moral value of an action depends. All these Dewey would leave out of account.

Thus alternative (a) leads to untenable consequence. But how about alternative (b)? According to alternative (b), allowing for the same absurdity considered in the preceding paragraph, we may assume that by the assertion in question Dewey means the following: "The right as the rational good is that which resolves the unorganized desires of a man of a specific class into a harmonious and expanding whole and fits all his capacities." But then what can this specific class of man be? Why, the "good man"! The reason for believing that this is the true "meaning" of Dewey's assertion in question is found in his agreement to "the idea of Aristotle that only the good man is a good judge of what is really good. Such a one (he adds) will take satisfaction in the thought of noble ends and will recoil at the idea of base results. Because of his formed capacities, his organized habits and tendencies, he will respond to a suggested end with an emotion which confers its appropriate kind and shade of value. The brave man is sensitive to all acts and plans so far as they involve energy and endurance in overcoming painful obstacles; the kindly man responds at once to the elements that affect the well-being of others. The moral sense or direct appreciations of the good man may thus be said to furnish the standard of right and wrong."①

At last, Dewey's definition of the morally right can be reduced to this form: The right is that which resolves the unorganized desires of <u>the good man</u> into a harmonious and expanding whole, and that which fits all his capacities. Of course the whole meaning of this proposition hinges on the concept of "the good man". What is the good man? Above all, what is good? Well, in Dewey's own words, "the <u>rational</u> good means that which is harmonious with all the capacities and desires of the self, etc.... ." Is the good man rationally good? Now everybody who thinks can at once see that a substitution of this definition of the rational good for the term "good" in the above definition of the right, would result in a perfect nonsense. Thus the good man cannot be "rationally good" and he must be "non-rationally good". What does Dewey mean by the "non-rational good?" He gives no answer in the "Ethics". Elsewhere, as we may recall from the last chapter, he contrasts the reasonable or de jure good with the immediate or de facto good. The latter he defines as "the desired". Would Dewey mean by "the good man" simply a man who is desired? Just consider what such a view amounts to. It implies that the most cruel, the most untruthful, or the most cowardly man would be a good man if he was ever desired by somebody. But if this was not what Dewey meant, he would leave the most important problem involved in his conception of the moral right unanswered, and his conception would be an empty one.

The above discussion is perhaps sufficient to show that Dewey's view of moral right as expressed in the "Ethics" is extremely ambiguous, and so far as we can make any sense out of it, it is untenable. Even Dewey himself seems to have recognized its weakness. For in his later book "Human Nature and Conduct" he expounds an entirely different theory of moral right. Here it is maintained that "Right is only an abstract name for the multitude of concrete demands in action which others impress upon us and of which we are obliged, if we would live, to take some account. Its authority (says Dewey) is the exigency of their demands, the efficacies of their insistencies. There may be good grounds for the contention that in theory the right is subordinate to that of the good, being a statement of the course proper to attain good. But in fact it signifies the totality of social pressures exercised upon us to induce us to think and desire in certain ways. Hence the right can in fact become the road to the good only

---

① Dewey and Tufts, *Ethics*, p. 324.

as the elements that compose this unremitting pressure are enlightened, only as social relationships become themselves reasonable. "①

This view, though simpler, is no less ambiguous than the one considered before. I must confess my hesitation in defining what is meant by "the totality of social pressures exercised upon <u>us</u>" and "the multitude of concrete demands in action which others impress upon <u>us</u>." Could Dewey mean to assert that there is one and the same "totality of social pressures" or "multitude of concrete demands, "<u>exercised</u> or <u>impressed</u> upon <u>every one of us</u>? Such as assertion would be so glaringly false that nobody who has even opened his eyes to human realities could have been guilty of making it. The quality and quantity of social pressure which one is compelled to take into consideration vary not only with the character of the community, in which one lives, but also with one's family tradition, education, and social position. Hence one cannot but feel reluctant to ascribe the above interpretation to any philosopher worthy of the name. But this alternative being barred, the only possible interpretations of the above quoted statements would be: (1) "Right is only an abstract name for the multitude of concrete demands in actions which others impress upon any individual ... In fact it signifies the totality of social pressures exercised upon <u>any one</u> of us to think and desire in certain ways." And (2) "Right is only an abstract name for the multitude of concrete demands in action which others impress upon <u>some particular class of individuals</u> ... In fact it signifies the totality of social pressure exercised upon some particular class of individuals to think and desire in certain ways."

But there still remains another ambiguity. What can Dewey mean by "<u>the</u> abstract name for the multitude of concrete demands which others impress upon a given individuals"? Now it is a patent fact that the demands which others place upon an individual often contradict one another. My father impressed me with the demand that I become an educator, while my grandmother, that I become a business man. The Chinese government impressed me with the demand that I become a Nationalist, while the teachings of Confucius, that I become a Cosmopolitan. My conservative friends impress me with the demand that I uphold the existing economic system, while my radical friends, that I become a Marxian Communist. What then is the "right" in my case? Is it "an abstract name" for any of these demands? Is it, then, right for me either to be an educator or a business man, either to be a nationalist or a cosmopolitan, either to uphold the present economic system or to be a Marxian Communist? Or, is it

---

① *Human Nature and Conduct*, pp. 326, 327.

"an abstract name" for all these demands added up together? And then is it only "right" for me to become both an educator and a business man, both a Nationalist and a Cosmopolitan, both a Marxian Communist and an upholder of the present economic system? Or would Dewey think that incompatible or incoherent social pressures exercised upon a given individual would, like divergent lines of physical force applied to a given body, automatically resolve themselves into a resultant, the right, which is measurable with a sort of moral barometer still to be invented or perhaps lying ready-made in his secret pocket? Or would he instead identify such a resultant with the line of action actually taken and then accept the inevitable conclusion that no actual act can possibly be wrong? Evidently Dewey has overlooked the fact that there is no unity in "the concrete demands in action, which others impress us", or "the social pressures exercised upon us to induce us to think and desire in certain ways." But it is the very lack of such unity that makes the problem of right and wrong an urgent problem.

(B)

Dewey's attempts to solve the problem of right and wrong being complete failures, let us turn to Moore for enlightenment. Moore's view regarding this problem as expressed in his "Principia Ethica" may be summarized in the following extracts: "To ask what kind of actions we ought to perform, or what kind of conduct is right, is to ask what kind of effects such action and conduct will produce."

"The assertion 'I am morally bound to perform this action' is identical with the assertion 'This action will produce the greatest possible amount of good in the universe'." "Our 'duty', therefore can only be defined as that action, which will cause more good to exist in the universe than any possible alternative. And what is 'right' or morally permissible only differs from this, as what will not cause less good than any possible alternative."[①]

Thus, whereas Dewey makes no distinction between what is morally right and what is morally obligatory, Moore makes this distinction. A voluntary action, according to Moore, may be right without being obligatory or being a moral duty. For "When we say that a man ought to do one particular action, or that it is his duty to do it, we do imply that it would be wrong for him to do anything else."[②] But, in Moore's opinion, it is obviously possible, theoretically at least, that among the alternatives

---

① Dewey, *Human Nature and Conduct*, pp. 146-148.
② Moore, *Ethics*, p. 33.

open to an agent at a given moment there may be two or more which would produce precisely equal amounts of intrinsic value, while all of them produced more than any of the other possible alternatives. In each cases, Moore would say, <u>any one</u> of these actions would be perfectly right, and no particular one of them would be obligatory. And, he adds, "this is certainly in accordance with common usage. We all do constantly imply that sometimes when a man was right in doing what he did, yet he might have been equally right, if he had acted differently, that there may be several different alternatives open to him, none of which can definitely be said to be wrong."①

In short, the difference between the right and the obligatory is this: To assert that an action is obligatory, is to assert that it produces the greatest possible balance of intrinsic value in the universe and that to choose any other alternative would be wrong; whereas to assert that an action is right is merely to assert that it produces as much intrinsic value as any other possible alternative would produce. What is obligatory is necessarily right, but what is right is not necessarily obligatory. A voluntary action must be either right or wrong, but it <u>may</u> be neither what is our duty to do nor what is our duty not to do.

In order that a voluntary action be obligatory or right, it is not necessary, in Moore's theory, that it or any of its consequences is intrinsically good. For a voluntary action will produce a greater balance of intrinsic value than, or as great an amount as, any alternative provided it fulfills any one of the following conditions:

(a) The action itself has greater, or no less, intrinsic value than any alternative; whereas both its consequence and those of the alternatives are absolutely devoid of either positive or negative intrinsic value.

(b) Though the consequences of the action in question are intrinsically indifferent or bad, the balance of intrinsic value is greater, or no less, than would be produced by any alternative.

(c) The consequences of the action in question being intrinsically good, the degree of value belonging to them and the action conjointly is greater, or no less, than in alternative series.②

So much for Moore's Theory of Moral Obligation as expressed in his "Principia Ethica". In a later work "Ethics", he holds a slightly different view. In the Principia, as we have noticed, he proposed to <u>define</u> the moral right as "what will <u>not</u> cause

---

① Moore, *Ethics*.
② Moore, *Principia Ethica*, p. 25.

less good than any possible alternative." According to this view the proposition "X is morally right" is completely identical in meaning with the proposition "X will not cause less good than any other possible alternative"; and the proposition "A right act is one which will not cause less good than any possible alternative" would be a completely tautological proposition, amounting to the same thing as "A right act is a right act", or "an act which will not cause less good than any possible alternative is one which will not cause less good, etc." But in the "Ethics" Moore only maintains that "one such characteristic (which belongs and must belong to absolutely all right voluntary action and to no wrong ones) consists in the fact that the total consequences of right actions must be always as good as any which it was possible for the agent to produce under the circumstances."① This leaves the question entirely open, whether the productivity of the greatest possible balance of intrinsic value is the sole constituent of the moral right or a mere criterion thereof. By the criterion of a characteristic A, I mean another characteristic which is present in whatever possesses A, and absent from whatever does not possess A.

That in his "Ethics" Moore considers the productivity of the greatest possible balance of intrinsic value as the criterion rather than the essence of moral right is evidenced by the distinction he makes between "duty" and expediency. "Even if we admit (says he) that to call an action expedient is the same thing as to say that it produces the best possible consequences, our principle still does not compel us to hold that to call an action expedient is the same thing as to call it a duty. All that it does compel us to hold is that whatever is expedient is also a duty, and that whatever is duty is always also expedient. That is to say, it does maintain that duty and expediency coincide; but it does not maintain that the meaning of the two words is the same. It is, indeed, quite plain, I think, that the meaning of the two words is not the same; for, if it were, then it would be a mere tautology to say that it is always our duty to do what will have the best possible consequences."②

It follows from either of these two views of moral right that no voluntary action can be right without being one which will not cause less intrinsic good than any possible alternative, and that the proposition "X is right" and the proposition "X will not cause less intrinsic good than any possible alternative" imply each other. And if we can show this to be untenable, both views will be undermined.

---

① Moore, *Ethics*, p. 227.
② Ibid., p. 173.

Before examining this position upon which both of Moore's views converge, we should notice one important consequence which it leads to; namely, we can never have any reason to suppose that an action is right or wrong, obligatory or not obligatory: We can never be sure that any action will or will not produce the greatest possible balance of good. For in order to show that any action is right or wrong, obligatory or not obligatory, "it is necessary to know both what are the other conditions, which will, conjointly with it, determine its effects; to know exactly what will be the effects of these conditions; and to know all the events which will be in any way affected by our action throughout an infinite future. We must have all this causal knowledge, and further we must know accurately the degree of value both of the action itself and of all these effects; and must be able to determine how, in conjunction with the other things in the universe, they will affect its value as an organic whole. And not only this: we must also possess all this knowledge with regard to the effects of every possible alternative; and must then be able to see by comparison that the total value due to the existence of the action in question will be greater than that which would be produced by any of these alternatives. But it is obvious that our causal knowledge alone is far too incomplete for us to assure ourselves of this result." In short, what is right and what is wrong, what is obligatory and what is non-obligatory, are in one sense unknowable-unknowable not in the sense that we can never be acquainted with any action <u>which as a matter of fact</u> possesses one or another of these predicates, for it may; but in the sense that we can never know of any of our actions <u>that it does</u> possess such a predicate.

One obvious defect of Moore's theory of moral obligation is that it leaves intentions entirely out of account. Whatever the ill-will which motivated an action, the latter would be <u>morally</u> right, according to Moore's theory, provided, by good luck, it led to the best possible consequences. And however good one's motive, however great the pains one took to secure good consequences, one's action would be <u>morally</u> wrong, provided by some unexpected and unpredictable misfortune it caused slightly less good than would be possible if he acted differently.

By "intention" I understand not only the idea which an agent has of what he is going to do, but also his desired end in view for the sake of which he performs a given action. And in order to facilitate later discussion I shall give a special name to the class of actions, performed for the <u>sole</u> reason that they appeared to their agents, after careful deliberation and selection, to be the "right" alternatives. Whatever "right" may have meant to them I shall call all premeditated actions done in this way "conscientious actions" and all premeditated actions done not in this way "unconscientious actions". Habits resulting from conscientious acts, I call "conscientious habits", and those resulting from unconscientious acts I call "unconscientious habits". All (1) conscientious actions and (2) those unpremeditated actions done from conscientious habits are "subjectively final"; all (1) unconscientious actions and (2) those impulsive actions done from unconscientious habits are "subjectively indecisive".

In Moore's theory, the conscientiousness and unconscientiousness, subjective finality and indecisiveness, of actions are entirely irrelevant to judgments of right and wrong.① But then there is this question: Are subjectively final and indecisive actions morally equal, provided both of them produce the greatest or less than the greatest possible amount of intrinsic good? Under such conditions, is there any moral distinction between them? What can this distinction be if it is not that of right and wrong?

"The fact is," answers Moore, "that judgments as to the rightness and wrongness of actions are by no means the only kind of moral judgments which we make." For there are also moral "judgments as to whether, and in what degree, the agent deserves moral praise or blame for acting as he did …. It is very natural, at first sight, to assume that to call an action morally praiseworthy is the same thing as to say that it is right, and to call it morally blameworthy the same thing as to say that it is wrong. But yet a very little reflection suffices to show that the two things are certainly distinct. When we say that an action deserves praise or blame, we imply that it is right to praise or blame it; that is to say, we are making a judgment not about the rightness of the original action, but about the rightness of the further action we should take, if we praised or blamed it." What we should naturally say of a man whose action turns out badly owing to some unforeseen accident when he had every reason to expect that it would turn out well, is not that his action was right, but rather that he is not to be blamed …. But, even if we admit that he was not to blame, is that any reason for asserting also that he acted rightly? I cannot see that it is; and therefore I am inclined to think that in all such cases the man really did act wrongly, although he is not to blame, and although, perhaps, he even deserves praise for acting as he did."②

What I wish to point out here is that, in admitting that conscientious acts are praiseworthy or not blameworthy, and that unconscientious acts are blameworthy or not praiseworthy, Moore really contradicts his former position that we never have any

---

① Moore, *Ethics*, pp. 186-195.
② Ibid., pp. 185, 187-188, 192-192.

reason to suppose that an action is right or obligatory. For, as we are told, to judge that a given act is praiseworthy or blameworthy is to judge that a further action of praising or blaming it would be right. But if one has had no reason whatsoever to suppose that an action is right, one would never be justified in holding that it is right to praise or blame a certain kind of actions; that is to say, it would be a more prejudice to believe that some actions are praiseworthy or blameworthy.

Thus Moore's proposed moral distinction between conscientious and unconscientious acts is diametrically opposed to his moral "agnosticism". Since his moral "agnosticism" is a logical consequence of his conceptions of moral right and moral duty, the distinction in question is incompatible with these conceptions. To be self-consistent, Moore ought to hold not only that we have no reason to suppose that an action is right or wrong, obligatory or non-obligatory; but also that we have no reason to suppose that an action is praiseworthy or blameworthy; and that, consequently, no moral distinction can be made between subjectively final and indecisive actions. Thus his moral "agnosticism" would be complete.

But it does seem evident that there is a genuine ascertainable moral distinction between subjective final and indecisive actions as defined above. And it also seems evident that no voluntary action can be morally right which is not subjectively final. It is contradiction with these obvious truths which makes Moore's conception of moral right and duty unacceptable.

The rightness of an action, I submit, depends upon its subjective finality. But subjective finality, though a necessary condition of the moral right, is by no means the sufficient condition thereof. For it is clear that an action believed by its agent to be the right alternative in the situation, might turn out to be wrong. What then is the sufficient condition of the morally right?

In the last chapter I pointed out that one requisite of a human activity that is good is the characteristic of being an act of self-transcendence (pages 17-18), an unification of oneself with a new object to form a larger whole and advance to a level which when reached will be accepted as "higher". Rightness may be defined as the characteristic of a concrete aim, a program of action to which one looks for a result of this self-transcendent type. One acts rightly whenever one's action is guided by such a program, whether it fulfills its promise or not. When it fulfills its promise, one pronounces it good. To pronounce anything good is to express an attitude of reflective approval toward it, to be conscious of an interest in its security or furtherance, to recognize it as the necessary means of further acts of self-transcendence.

CHAPTER IV
THE PROBLEM OF FREE WILL

In the last two chapters I have tried to ascertain and evaluate Moore's and Dewey's conceptions of intrinsic value and moral obligation. This chapter will be devoted to the discussion of the relation of these conceptions of moral obligation to the problem of Free will.

It is frequently maintained that there could be no freedom of will, and hence no morality, in a world in which everything happened according to fixed laws, and as determined by the pre-existing state of things; and in which one could predict all future events if one had complete knowledge of these laws. By freedom is apparently meant in this argument the characteristic of an agent whose activity is not determined by the pre-existing state of the universe and hence can never be predicted. What is that function, Will, which is sometimes supposed to possess such Freedom? We say that a man has a certain will or that he wills a certain thing, when there is present in his mind the idea of a future act which is accompanied by a certain feeling and followed by some effort to accomplish the act. A volitional act therefore seems to be constituted of three elements: (1) an idea of a future act, (2) a concomitant state of feeling, and (3) preparation or beginning of action directed toward a projected object. By Freedom of Will, we may mean one or both of these two things: (1) freedom to will, namely, indeterminism of the adoption of the idea of a future act and a concomitant feeling and effort; and (2) freedom to accomplish what is willed or what would have been willed, in other words, indeterminism of the fulfillment of a volition.

How does morality depend upon, or how is it related to Freedom of Will understood in either one of these two senses? The minimum requirement for the possibility of morality is the distinction of voluntary actions into two classes: those that are right and those that are wrong. Does such a distinction presuppose indeterminism? This is a fundamental question to which every theory of morality should provide an answer.

In one of Dewey's ethical views, a right act is one which expands all desires and capacities of "the self" into a cooperating whole, and a wrong act is one which does not. In another of his views, a right act is one which meets all social demands, and a wrong act is one which does not. Now, whether or not our voluntary acts and the ideas and feelings that prompt them occur in accordance with fixed laws and as determined by the pre-existing state of the universe, it remains possible from Dewey's view, that some voluntary acts expand the desires and capacities of their agents in a cooperating whole, while some do not; and that some voluntary acts meet all social demands and some do not. Says Dewey: "Whether or not indeterminateness, uncertainty, actually exists in the world is a difficult question. It is easier to think of the world as fixed, settled once for all, and man as accumulating all the uncertainty there is in his will and all the doubt there is in his intellect. The rise of natural science has facilitated this dualistic partitioning, making nature wholly fixed and mind wholly open and empty. Fortunately for us we do not have to settle the question. A hypothetical answer is enough. _If_ the world is already done and done for, if its character is entirely achieved so that its behavior is like that of a man lost in routine, then the only freedom for which man can hope is one of efficiency in overt action. But _if_ change is genuine, if accounts are still in process of making, then variation in action, novelty and experiment, have a true meaning."①

According to Moore the distinction between right and wrong acts is the distinction between acts which produce the greatest possible amount of intrinsic value and acts which produce less than such an amount. It is obvious that this division presupposes that the actual and the possible are not identical in meaning, and that the actual act in a given situation is not necessarily the only possible alternative. For if only the actual is possible, all acts accomplished would have produced the greatest possible amount of intrinsic value and consequently no acts could be wrong.

In Moore's theory of moral obligation the judgment of an act that it is right or wrong implies, therefore, that the act in question is not the only possible alternative, that its agent could have acted differently. Does not the possibility of different alternatives of action in a given situation mean Freedom of Will on the part of the agent? Moore's answer to this question is as follows: "The statement that we have Free Will is certainly ordinarily understood to imply that we really sometimes have the power of acting differently from the way in which we actually do act … . We certainly have _not_

---

① Dewey, *Human Nature and Conduct*, pp. 309, 310.

got Free Will in the ordinary sense of the word, if we never really <u>could</u>, in any sense at all, have done anything else than what we did do … . But on the other hand, the mere fact (if it is a fact) that we sometimes <u>can</u>, in <u>some</u> sense, do what we don't do, does not necessarily entitle us to say that we have Free Will."① In other words, the possibility in one sense at least, of different alternatives of action in a given situation does not necessarily imply Freedom of Will on the part of the agent. What then is this sense of 'possible'? Moore distinguishes two senses in which we could have acted differently from what we actually do act. One is that we absolutely and unconditionally could have done things which we didn't do. The other is that we should have done a thing which we did not do, if we had chosen. The former kind of possibility I shall call unconditional possibility, while the latter kind I shall call conditional possibility. It is conditional possibility only, Moore declares, that is presupposed by his conceptions of right and wrong. From Moore's point of view we have two problems here to solve: (a) Is there conditional possibility? (b) Does such possibility imply Free Will?

To the first question Moore answers in the affirmative. "It is impossible to exaggerate the frequency of the occasions on which all of us make a distinction between two things neither of which did happen – a distinction which we express by saying, that whereas the one could have happened, the other could not. No distinction is commoner than this. And no one, I think, who fairly examines the instances in which we make it, can doubt about three things: namely (1) that very often there really is some distinction between the two things, corresponding to the language which we use; (2) that this distinction, which really does subsist between the things, is the one which we mean to express by saying that the one was possible and the other impossible; and (3) that this way of expressing it is a perfectly proper and legitimate way … . (For instance) I could have walked a mile in twenty minutes this morning, but I certainly could not have run two miles in five minutes. I did not, in fact, do either of these two things; but it is pure nonsense to say that the mere fact that I did not, does away with the distinction between them, which I express by saying that the one was within my power whereas the other was not."②

What then is the meaning of the word "could", which expresses conditional possibility in which it is so certain that we often could have done what we did not do?

---

① Moore, *Ethics*, p. 203.
② Ibid., pp. 205, 206.

Moore's suggestion is that we often use the phrase "I could" simply and solely to mean "I should, if I had chosen." Whether this is all that we can mean by the phrase, it is certain that sometimes we judge that a thing is what could have been done, we simply mean that it would have been done, if somebody had chosen to do it. And this sense of "could" or "possibility" is certainly not a fiction.

Moore leaves unanalyzed the proposition "somebody would have done X if he had chosen." But it needs further analysis. Obviously it is not an intuitive judgment in the sense that "this is red" or "this is pleasant" is an intuitive judgment. No mere contemplation of an hypothetical act can reveal the fact that it is what could have been done. Nor is the said judgment an a priori judgment or a derivation from an a priori judgment. There is no necessity in it and its opposite is always conceivable. It is, first of all, a judgment about the past, and, in the second place, an inferential judgment on empirical grounds. Unlike some other judgments about the past, it cannot be established by mere testimony, or by knowledge about objects surviving the past, for it is not a description of a past occurrence which has ineradicable effects in the present. The ultimate ground for believing in the conditional possibility of an act in the past or future is the actual performance of a similar act in the present. (The degree of similarity required I am unable to define.) If a man doubts that I should have walked a mile in twenty minutes this morning, had I chosen, the utmost I can do to convince him of the truth of this statement is to walk a mile in twenty minutes in his presence, and repeat the same act as many times as he wishes; and to produce sufficient evidence to show that I was as healthy earlier this morning as I am now. Here the question arises, How can I advance from the actual performance of an act to conditional possibility of a similar act in an irrecoverable past? The answer is as follows: By induction from actual instances of an act X, we arrive at the generalization that under certain circumstances nothing prevents one from doing X if one chooses to do it; that certain conditions being fulfilled, the actual performance of X depends solely on its being willed; and that if one chooses to do X and nothing prevents one from doing so, one actually does it. When we judge that an act X is "conditionally possible", without specification of time, we seem to judge that there have been and will be circumstances <u>similar</u> to those under which nothing prevents one from doing X if one chooses. When we judge that an act X was 'conditionally possible" for somebody, at a given time in the past, would we seem to judge that at that time somebody was under circumstances <u>similar</u> to those under which nothing prevents one from doing X if one chooses. Again, what is the degree of similarity required I am unable to define.

Thus in one sense at least, a statement of possibility can be reduced to a statement of actuality. Does "conditional possibility" as defined above presuppose Freedom of Will? It does not if by Freedom it is meant the characteristic of an act which is not causally determined by the pre-existing state of things. For the assertion that there are circumstances under which nothing prevents one from doing X if one chooses to do it, is absolutely compatible with the principle that every event is causally determined by the pre-existing state of the universe. But if by Freedom of Will we meant the dependence of our actions upon deliberation and selection, then Freedom is presupposed by our notion of conditional possibility. For the very generalization that under certain circumstances nothing prevents one from doing X when one chooses to do it, implies that there is a causal relationship between the performance of X and one's making a choice.

CHAPTER V
CONCLUSION

It remains in this final chapter to recapitulate and elucidate the conclusions reached in our comparative study of Moore's and Dewey's conception of 'good" and "right", and to examine some of the important consequences of these conclusions.

The first point that seems to be settled is one regarding the nature of goodness. Goodness in its univocal sense (which is the sense used throughout this thesis) cannot be identified with the property of being desired or the property of what reduces chaotic impulses and desires into a coherent system. Nor is it such a characteristic that a good thing would continue to be good even if it were to exist alone; and that if a given thing A is good in a certain degree, then anything precisely similar to A must be good and good in the same degree, under all circumstances and all conceivable set of causal laws. Goodness is, above all, an indefinable relational property of an indefinable class of complexes, generated by a dyadic asymmetrical relation. The two terms of the relation are, on the one hand, an attitude of reflective approval and, on the other, either (a) a complex of human experiences which constitute an act of self-transcendence or (b) a complete social order. For an act of self-transcendence is no self-sufficient and isolated unit; it is necessarily involved in a social order. And good must be predicable of a social whole as well as its parts. As Plato has shown, a genetic definition of justice means the whole "Republic", thus an adequate theory of good presupposes a conception of the general structure of a social order. Ethics, as both Plato and Aristotle held, is inseparable from politics. It is not the object of the present thesis to attack the political problem. However, a brief account of what the writer considers to be the requisite characteristics of a social order that can be properly judged to be good will not be irrelevant.

A good society, I submit, must be one which offers the greatest possible opportunity for acts of self-transcendence on the part of the individuals. Embraced within it this may be taken as the most general principle of a good social order. Three specific principles may be deduced: (1) First, that social order offers the greatest possible opportunity for acts self-transcendence, in which every individual is treated by others as an end in himself rather than as means to the interests of others. This may be called the principle of equality or of "the kingdom of ends". For only when one treats others as ends in themselves can one identify oneself with them and by so doing have the possibility of transcending one's present state. (2) Secondly that social order offers the greatest possible opportunity for acts of self-transcendence, in which the pursuit of common objects dominates private interests. For only by subordinating one's private desires to social needs can one be united with others to form a larger whole and advance to a higher level. This second specific principle may be called the principle of unity or cooperation. (3) Thirdly, that social order offers the greatest possible opportunity for acts of self-transcendence, in which conflicts of interests among individuals are reduced to the minimum; for it is by desiring similar objects, aiming at similar goals that different individuals can be easily united to form a larger whole and advance to a higher level. This third principle may be called the principle of harmony. Equality, unity, and harmony are therefore three requisites, if not sufficient, conditions of a good social order.

When I assert of anything that it is "good", I mean that on a reflective contemplation or appraisal of it I recognize that it has fulfilled the promise as a means toward which it made in its earlier aspect of "rightness", of self-transcendence; that it is a necessary basis or condition of future acts of self-transcendence; that it is for that reason to be preserved or maintained. It is objectively good, not in the sense that my approval of it is in my apprehension a mere consequence of or equivalent for my present like or dislike of it or by the like or dislike of any other particular individuals; but in the sense that anybody in my position ought to approve it and that any rational man in my position would approve it.

In the second place, to judge that a voluntary action is morally right is not simply to judge that it possesses any or all of the following predicates: (a) that it will continue to be thought of as good by any class or some particular class of men; (b) that it observes all necessary conditions, in any sense of the term "necessary"; and (c) that it is in harmony with, and expands into a coherent whole, all the desires and capacities of any class or some particular class of agents. Nor is the moral right an index of the multitude of social demands impressed upon any individual or some particular class of individuals. Nor can the moral right be equated with any action which will produce the best possible consequence, regardless of the subjective state of the agent. I propose to define a right act as one which aims at self-transcendence, and by self-transcendence I understand one's self-conscious, self-imposed and self-directed advancement into a new level of experience, to a new order or conduct, or to new standards of value – the suspension of an accustomed allegiance or the reorganization of acquired habits in favor of new needs or new "social" requirements the compliance with which, on a reflective examination, is promising of enlargement of personality or of extension of one's field of interests.

Let us consider briefly some of the important consequences of such a conception of the morally right. (1) In the first place every genuine ethical situation is a problem to be solved, an experiment to be made. It involves an evaluation of contradictory claims and conflicting interests. It calls for creative imagination to project possible lines of action as implied by different claims, to appraise their probable consequences, and to construct a concrete course of action which expresses one's choice. In such a process scientific knowledge plays as important a part as a virtuous disposition, and intelligence as important a part as conscience.

(2) In the second place, as every ethical decision requires a suspension of an accustomed allegiance or of established habits of thought, and as the full nature of a proposed new order of conduct can never be known beforehand, every ethical activity is or presupposes an adventure into an unknown region. Such an adventure has no precedents to imitate, no established precepts to follow. Practical rules, as crystallizations of past experiences, may help us to formulate the problem, may point out claims to be considered, or may suggest some alternatives. But they have no final authority. Pessimism has undoubtedly darkened Moore's counsel when, in his Principia[1] despairing of the possibility of knowing what acts are right or obligatory, he recommends inflexible conformity to a certain number of generally accepted rules.

(3) In the third place 'right" is logically prior to "good". A proposed act is right when it is recognized as promising of result in self-transcendence; it is good when it is recognized to have fulfilled such a promise. "Good" and "right" are therefore related to each other as retrospective and prospective aspects of a given complex of action and experience, and not, as Moore supposes, as end and means externally related.

(4) Lastly, however, we should agree with Moore that "good" and "right" are normative concepts rather than psychological terms purely descriptive of certain states of mind or processes of behavior; and that hence ethics as the study of the nature of "good" and "right" cannot be resolved into a branch of psychology.

---

[1] Moore, *Principia Ethica*, p. 164.

摩尔与杜威:两种伦理观的比较

劳悦强 译

目 录

第一章 引言
  贵利论的短长
  摩尔对贵利论的评论
  杜威对贵利论的评论
  摩尔和杜威观点的分歧

第二章 内存价值的问题
 I. "善"的定义问题
  A. 摩尔的解决方案
   1. 问题的真正本质
   2. 善的不可定义性
   3. 培里的异议
   4. 质难培里的异议
  B. 杜威的解决方案
   1. 善——"当下实际"的价值
   2. 质难
   3. 善——"合理"的价值
   4. 质难

 II. 摩尔的伦理学实在论*

---

* 译者按:目录中"Realism"(实在论)一字误作"Realm"(境界)。

　　　　A. "善"的判断之本质
　　　　　1. 善之判断作为直观判断
　　　　　2. 反驳与解答
　　　　B. 具有"善"属性之复合体的本质
　　　　　1. 摩尔的见解
　　　　　2. 质难
　　　　C. 摩尔"善"之"内在性"的概念
　　　　　1. 摩尔的见解
　　　　　2. 质难

第三章　道德义务的问题
　　I. 我们对"应然"的认识
　　　有关规范性科学的方法论的概说
　　II. 道德情境
　　　A. 杜威的见解
　　　　1.《伦理学》中的见解
　　　　2. 质难
　　　　3.《人性与品行》中的见解
　　　　4. 质难
　　　B. 摩尔的见解
　　　　1.《伦理原论》中的见解
　　　　2.《伦理学》中的有关修订
　　　　3. 上述两种见解的共同处及其后果
　　　　4. 质难

第四章　自由意志的问题
　　自由意志与伦理学的关系
　　杜威的解决方案
　　摩尔的解决方案
　　"有条件的可能"的概念分析

第五章　结　语
　　　　重申反面意见
　　　　一个拟议理论之纲领
　　　　拟议理论的相关后果

第一章　引言

贵利论的短长

毋庸置疑,自18世纪以来,贵利论一直是影响最深远的伦理学说。"绝大多数人的绝大幸福"这一说法,为反抗一切政治和社会不平提供了逻辑依据。由于这个贵利论口号,许多非理性和过时的制度设施的基础都受到了动摇。这一口号带来了光明,照射到贫民窟和监狱中的漆黑角落去,同时又唤醒了不少资产阶级,让他们注意到,比他们不幸的大众在其践踏之下的呻吟。

尽管贵利论提出的破坏性批评言之成理,但其建设性的伦理学说尚未可视为定论。在认定善即悦乐这一基本假设上,贵利论面对以下的矛盾:一方面,倘若悦乐,一言蔽之,就是唯一的善事物,高层次的悦乐和低层次的悦乐之间就不可能有任何道德分判;只有悦乐的多寡足以影响道德天秤的偏倚。从这一角度来说,贵利论者必然会选择过猪圈的生活,而不稀罕聪明人的知识、品味或社会成就,只要前者的生活所得的悦乐略多于后者。反观,如果悦乐的质素有高低层次之别,而贵利论者又不以悦乐的多寡为取舍的标准,这就意味着一个超越悦乐以外的取舍标准,而悦乐的个别构成成分的价值即以这一标准来论定。一旦悦乐还需以另一标准来论定其价值,则它就不足以成为唯一的善事物,而这又将引发出另一个问题,即悦乐以外的标准究竟为何。

尽管其说法诱人,而且效果利于大群,但贵利论尚未可视为伦理学的圭臬。本论文着重讨论的两位道德哲学家——摩尔和杜威——他们都并未墨守贵利论,而各自发展出自己的一家之言。两人皆认为,从传统伦理学过渡至新理论的阶段中,贵利论代表着最杰出的学说。两人同时又都从贵利论汲取资源,力图青出于蓝。

摩尔对贵利论的评论

对摩尔来说,只要贵利论能够肯定下列三项原则,这个学说便完全正确了:(1)所有正确的自动自发的行为都具有而且必须具有某些特点,而所有错误的自动自发的行为则都不具有这些特点;(2)这些特点之一即是,正确的行为的所有后果与其所导致的任何一个后果,本质上都同样是善的,而行事人在任何情况下都可以做出这样的行为。反之,错误的行为则永远不具有这样的特点;(3)若任何一组后果 A 本质上比另一组后果 B 优胜,则任何一组与 A 相似的结果都要优胜于任何一组与 B 相似的结果。①

杜威对贵利论的评论

对杜威来说,贵利论的长处在于其能使人避免模糊的一般性;它针对具体和切实的情况,并肯定律则受制于人的需求,而非让人的需求受制于外在的律则;它坚持制度为人而设,而非人为制度而存;它重视人生中种种的美好,反对不属于尘世凡间的道德观念。尤其重要的是,贵利论使人惯于想象,以社会福利为检验事理的最佳准绳。②

摩尔和杜威观点的分歧

杜威和摩尔对贵利论的价值看法分歧,这显示出两人企图超越它的途径将会大不相同。事实上,两人的方法可谓南辕北辙。首先,摩尔的所谓"善"乃一既独异又单纯的特性,不可定义,同时又不能依靠业已存在的特质如黄色、甜味和亲切等来辨识。伦理学作为一门探讨"善"及由此而引申出来的"应然"的研究,最终是一门自主性的研究,它有其独立的研究对象。反观,杜威则坚持,道德

---

① 摩尔:《伦理学》,页227。
② 杜威:《哲学之改造》,页180。

价值乃生命正常发展的本质内涵;"善"可经由冲动和习惯等来界定,而"应然"则由"社会需求"来界定。① 值得注意的是,杜威的一部主要著作名为《人性与品行》,其副题则是"社会心理学概述"。其次,杜威提出取消本质价值和工具价值的区别,而摩尔则认为,这一区别正是探讨伦理学的正确方法论所必需的先决条件。再者,摩尔最终建议严格遵守一些习以为常的行为准则,而杜威却强调每一伦理情境都是一个崭新的问题,须以批判的态度来作研究,而在研究过程中,任何规矩和原则都只不过是寻找现存毛病的一种方便。

"善"是否不可定义,又或在逻辑上是否先于"应然";伦理学是否可以化约为心理学;内存价值和工具价值的分别是否合情合理;每一个道德行为是否在原则上必然是个崭新的尝试,简言之,这些就是摩尔和杜威之间的歧见所牵涉到的主要课题。在确认和评估了摩尔和杜威对"善"和"应然"等概念的认识后,我们将能直接或间接地解答上述这些问题。这是以下两章的内容。另外,由于"应然"或"义务"的问题又涉及"自由意志"的问题,因此,论文第三章将对此进行讨论。

---

① "需求"在此或许可指社会权威对个体所要求的正当的社会需要或事物。杜威使用"需求"一词时所隐含的歧义,在下文将更显关切。

第二章 内存价值的问题

I."善"的定义问题

(A) 摩尔

当一个哲学家准备确定"善"的本质时,他已暗中假定,"善"并非仅仅为大气层颠簸所致或某种视觉的映照而已,它必定有超越自身之指涉。而他的工作就是要探究这个指涉,从而说明或分析,并且研究其特点。但到底该如何确定一个字的指涉呢?符号与其所象征的意义之间并没有任何逻辑关联。此两者之间的关联,不是约定俗成的常规,就是个人的判断。"善"这个字并非哲学家所创,在他开始思考以前早已通用了,而且还有其约定俗成的意义。当哲学家着手钻研"善"的本质时,他是否在研究字义上称为"善"的事物,还是他本人认定是"善"的事物?这并非哲学家不屑一顾的词义上的饾饤小事而已。事实上,我以为这是在为哲学课题下定义前,至关重要的一个环节。许多哲学上的错谬乃由于误以旧词的新义为新理的发现。

"何谓善"这一问题,对研究哲学的人来说,并非"善"字应该如何使用的问题。"何谓善"的问题假定有一个一般称为"善"的事物,而进而要求对这一事物的本质作出一个说明。要解决这个难题,我们不能只给"善"字提供一个新的字义。我们必须接受其约定俗成的指涉,并试图确定其隐含的意义。与此同时就出现另一个问题:约定俗成的"善"字是否总是表示同一个或同一套特质?如果答案是否定的,我们又是在哪个意义上来谈"何谓善"这个问题呢?

当某一个语词 T 可以模棱两可,概指并无共同特质的事物或性质并不一致的事物时,这表示(1)这些事物本该各有其名称,以致 T 也是多余的,或者(2)这些事物中,其中只有一个可以名正言顺地称为 T,而其他则另有其他名称。在

(2)的情形下,T 的意义是特殊而不可化约的,而在(1)的情况下则不然。无可否认,"善"是一个意义模棱两可的语词。我们的下一个问题是:在所有称得上"善"的特点中,到底哪个在一般情况下,真的只可以以"善"来指称,而又不会与其他冠以他名的特质造成意义混淆? 当我们用"善"来指称这一事物时,它的指涉是恰当的。那么,我们的问题归根究底就变成如此的提法:"善"可有恰当的指涉?

针对上述问题,摩尔的答案是肯定的,而伦理学,对他而言,即对"何谓善"①的恰当指涉的探讨。然而,依上文的具体分析,"何谓善"这个问题仍然意指模糊。它可以指"哪个事物为善"? 或"哪一类的事物为善"? 又或者"善性质的本质是什么"? 后者正是摩尔对"何谓善"的认识。我将在这一节的下文简单介绍摩尔对"善性质"的种种概括。

(1)首先,对摩尔来说,"善性质"的恰当意指是一个内存价值。当他说一个价值是内存的,他指的是以下各个含义:

(a)任何具有所谓内存价值的事物,即使它独自存在而并无其他事物或效果依附其上,它依然具此价值。②

(b)一件事物在某一时候或某一种情况下所具有的内存价值,在其他时候或其他情况下则不再具有同样的价值,那是不可能的。或者,同样的事物在某一时候或某一种情况下具有某程度的内存价值,而在其他时候或其他情况下则具有不同程度的内存价值,这也是不可能的。

(c)一件事物如果具有一定程度的内存价值,那么,任何与它完全一样的事物,在任何情况下,都同样具有同等程度的价值。③

(2)其次,一件事物的内存特质④本身与因其内存特质而带来的一切必须区分开来。虽然一件事物的好坏与其好坏的程度主要系乎该事物的内存特质,但"善性质"却并非其内存特质之一。事实上,摩尔尝言:"对我而言,关于价值的属性最重要的真理之一似乎就是,虽然许多价值的属性都是我所界定的内存价值,但它们都并非内存特质,并非犹如'黄色'或'悦乐状态',又或'具有均衡悦乐的状态'等内存特质。"⑤

---

① 摩尔:《伦理学原理》,页 2。
② 摩尔:《伦理学》,页 65。
③ 摩尔:《哲学研究》,页 260,261。
④ 译者按:"特质"在此乃"property"的翻译,但论文中"property"误作"properly"(正当地)。
⑤ 摩尔:《哲学研究》,页 272。

就其约定俗成的用法而言,"善"这个语词也可以指能够帮助我们得到内存善事物的手段,但作为工具价值的善性质,在摩尔看来,必须有别于作为内存价值的善性质。事物的工具价值具备下列条件:(1)它可以导致某些后果和(2)部分或所有的后果在本质上是善的。由于同一件事物在不同情况下可以导致完全不同的效果,一件事物在某种情况具有工具价值,但在其他情况也许并不具有同样的价值,或者不具有同样程度的同样价值。但正如上文所言,内存价值并无如此的相对性。一件事物的内存价值完全在于其本质。"如果一件事物被判断作自身为善(指内存善)……如果它在一种情况如此,则它在所有情况也必然都如此。"① 必须强调的是,在摩尔的伦理学说里,内存善性质和工具善性质并不是互不相容的。有时候,一些具有工具价值的事物也可以同时具有内存价值,虽然这种情况并不常见。反过来,具有内存价值的事物偶尔也可以同时兼备工具价值。

(3)再者,善性质作为内存价值,严格说来,是无法定义的。摩尔指出"定义"一词的三种意义。

(a)它可以是人们随意为一个字所界定的意思。

(b)它可以是某种语言中,每一个字约定俗成的说明。在(a)的情况下,定义只是一种内省之事。在(b)的情况下,一部编纂得当的词典便可解决所有字义的纷争。但定义尚有一个更重要的意思,亦即是(c)一个事物或一个普遍概念的构成部分及这些部分之间的关系在思想中的表述。② 摩尔否定"善"的可定义性,他指的正是上述第三种意义的"定义",因为他认为,如果一个普遍概念可以被定义为"善",则它必须是一个包含可分解的成分的复合概念,但"善"却是一个单纯而不可分析的概念。他进一步说,通过思量否定"善"的单纯性所引致的种种后果,"善"的单纯性质是显而易见的。摩尔说:"倘若'善'指涉的并非单纯而不可定义的事物,则我们只有两种可能:(a)这事物是复合的,它是一个现成的整体,有关它的正确分析可以言人人殊;(b)这事物没有任何意义,而我们也就没有所谓伦理学了。"③ 摩尔摒弃(b)的假设,他指出这样一个事实:每当人们想到"内存价值",或人们说一个事物"理应存在",他们心中就会有一个独特的对象——也就是该事物的特性——这也就是他所谓的"善"。摩尔提出这

---

① 摩尔:《伦理学原理》,页27。
② 这些并非"定义"一词在使用上可以包涵的所有意义。摩尔就并没有使用"定义"如下的意义:具体指称体验或产生某一对象或特点所必需而又充分的独特条件或独特的一类条件。这样的定义可以称为生成的定义。善必须如此界定,否则它不啻是一个空洞的名称。
③ 摩尔:《伦理学原理》,页17。

样的事实以推翻(a)的假设:不管我们提出任何复合概念来定义"善",我们总可以质问这个复合概念本身是否即是"善"。但如果这复合概念本身的意思即是"善",我们就不可以如此质问了。故此,如果"善"跟"我们欲求所欲"意思相同,则质问我们欲求所欲是否"善"就变得无意义了。这就等于在问,我们欲求所欲是否即是我们欲求所欲。但事实并非如此。"善"的意义跟"我们欲求所欲"的意思截然不同。任何想代替"善"的复合概念都可以类似的方式予以否定。

针对最后的这一看法,培里(R. P. Perry)教授提出以下的反驳:有关善性质的问题之所以一再出现,成为一个特殊的现象,其原因并不在于善性质既是单纯且又不可定义,而毋宁在于它的形式特别多样化。"一件事物通常具有一个一般的形式和多样化的特定形式,因此探讨一个具有一般形式的东西,是否也有某一种特定的形式,或一个具有某种特定形式的东西是否也具有另一特定形式,这样的做法是完全恰当的。"①培里教授认为,将某一个复合体等同于以某种形式表现的善性质,然后质问该复合体以另一形式出现时是否也是善的,这样的做法并不荒谬。

我们不禁为培里教授所谓"不同形式或意义的善性质"而感到困惑。"当我们说一个东西是'善'的时候,这个属于该东西的'善'"②,是独特而不存在变化的。的确,有许多事物是善的,但这不表示有许多种类的"善"。不同的事物皆为善,只要它们都具有同样独特的善性质,否则以这个共同的"善"字去形容它们就会毫无意义了。"善"所归属的各种复合的整体也许在本质上可以五花八门,但"善"作为一种存在于其中的特质,并不会有不同的形式。质问一件在一般意义上是善的事物是否也在特定意义上是善的,这个做法要不就是在问一个毫无意义的问题,要不就在问,除了善以外,这件事物是否还有其他与善相关的特质。同样的,一件事物在某特定意义下是善的,是否在另一特定意义下亦然,这样的问题的意思只能够是:这件具有一组经常跟"善"相关的自然素质的事物,是否也具有另一组经常跟"善"相关的自然素质?善性质具有多样形式这样一个幻象之所以存在,只能够归咎于语言使用的宽泛,就是说,把素质与具有该素质的事物本身等同起来。这个做法在通俗语言中比比皆是。故此,美丽的特质和一个具有美丽特质的女人,都称为"美(人)"。更糟的是,某些旗帜上的颜色,和有时候手持这些旗帜煽动政治的推手,以及他们所属的政党,甚至连同他

---

① 培里:《价值通论》,页37。
② 摩尔:《伦理学原理》,页9。

们所信奉的政治理念都被冠上"红色"的称号。当这样的观念混淆在不知不觉中出现于伦理学时,摩尔所谓的"自然论的谬误"就会产生,也就是说,将"善"与善事物混为一谈,或将部分和包含部分的整体混为一谈,或将部分与包含此部分的整体中的其它部分混为一谈。当一件善事物被视为"善",毫无疑问,多样的"善"的形式是存在的。毕竟,世上不是有许多种类的善事物吗?然而,将一件善事物视为"善"本身就像将橘子和黄色视为一体同样荒唐。

对我来说,我们并无理由认为,作为共性的"善"具有多样的形式。另一方面,如果"善"有任何意义,它必须是事物的独特性质,不论它是单纯的或是复合的。"善"似乎具有不可取代的意思。如果"善"是独特的性质,又如果世上从没有过或不会出现可以视为"善"的相等概念的复合体,那么,我们可以得到的结论就是摩尔所说的,"善"是单纯而不可定义的。

(B) 约翰·杜威

杜威是否接受内存善性质不可定义的说法呢?摩尔所理解的内存价值在杜威的伦理学说里是否占一席位?如果答案是否定的,杜威的善性质又是怎样的一个概念?他与摩尔的分歧的基础为何?在本节,我们将回答以上的问题。

对于上述几个问题,杜威和摩尔之间其中一个最明显的对照就是"目的"和"手段"之别以及内存价值和产生内存价值的前提之别,而这些前提或许不具有内存价值。对摩尔来说,这个分别正是伦理学方法的两大原则之一,另一原则就是避免"自然论的谬误"。① 然而,杜威主张的"道德改造",其中两个关系至大的后果之一正是摒弃"目的"和"手段"之分别。② 他否认这个分别的基础在于其特殊的"价值"概念或"善"的概念——这两个概念对杜威来说是互相通用的。在杜威看来,广义的价值——包括正面和负面的价值,道德和非道德价值——就是能够引起人们情感反应或引起人们兴味的事物。他说,"任何一件事物受到人们欢迎或眷恋,又或惹人反感和抗拒,这时候,价值就出现了"③。至于道德价值,他又将之分当下或实际的善,以及合理或有权拥有的善。他说,"道德包括当下的善(即所欲)和合理的善(即可欲)"④。"所欲"的意思不须多加讨论,但

---

① 摩尔:《伦理学原理》,页64。
② 杜威:《哲学的改造》,页170。
③ 杜威:《经验与自然》,页400。
④ 同上。

"可欲"一词的含义则有些模糊,我们有必要具体说明杜威的精确意义。杜威会如此界定合理的善(可欲):一件"经过批判性的思索,反思而得"①的可欲的事物。他在《追求确实》中所用的"价值"一词,其意义与他早前在《经验与自然》中所谓的合理的善,实际相同。在前一书中,价值的意义有时与"被视为有权利主宰行为取向的威权"同义,有时又与"由智能调节的享乐"②同义。

当下的善和合理的善有什么关系?两者是否是截然不同的两类事物?这个问题在杜威的《经验与自然》中已有明确的答案:"表面看来,世上有当下价值(即善事物),但也有标准价值,而后者可以用来判断当下的善事物与恶事物。故此,我们就有经过反思而出现的是非之别和真假之别。然而,依严格的逻辑而言,这样的区别毕竟也会消失,因为如果标准的本身就是价值,那么,从定义上说,对于某一主观者而言,它只不过是他所嗜爱的某一事物的另一名称。一旦这一种嗜好与其他嗜好之间出现矛盾,则最浓烈的嗜好将会占上风。这并无所谓真假之分或是非之别,而只有浓淡之殊。如果要讨论哪种嗜好应该更浓烈,这就如同在一场斗鸡比赛中,我们追问哪只斗鸡应该更为强壮一样毫无意义。"③换言之,可欲同时即是所欲,虽然此说反之不然。所欲是可欲的可能。当我们发现一件事物具有必需的先决条件,而又能帮助我们总体上得到我们追求的所欲,我们就会努力去争取它,而这事物也会由所欲变成可欲了。当下的善和合理的善的共同元素就是两者同是我们的所欲,不同的是两者被欲求的情况。

由于杜威对"善"的双重定义,要比较杜威和摩尔的学说因而变得困难。到目前为止,我们可以明白,杜威所谓当下的善和合理的善的意义,前者即所欲而后者即可欲。然而,当他没有对"善"加以界定时,我们便很难确定他的意思了。人们若以同一个名称来指称两个或以上不同的事物时,他们或许因为(1)这些事物之间并无共同点,而他们不过是模糊地使用同一名称来指称这些事物;或(2)这些事物之间虽然有一个而且是只有一个共同点,但他们却没有使用同一语词来表示它,因此,他们也是模糊地使用同一语词来指称这些事物;又或(3)这些事物之间具有一个共同点,而他们用同一语词来指称它。只有在第三种情况下,人们使用的同一语词的意义是单义的。对于所欲和可欲,杜威同样称之为"善"。如果他所用的"善"字还有什么实际意义,又如果他并非有意含糊其词地

---

① 杜威:《经验与自然》,页400。
② 同上。
③ 同上书,页425。

使用"善"字,那么,他所用的"善"字的意义只能是所欲与可欲的共同点。而依据他所定义的所欲与可欲,这两者之间的唯一共同之处似乎就是"被欲求"。因此,杜威不加以界定的"善",其唯一可能意义似乎就是"被欲求"。如果他本意的确如此,则我们可以提出以下三个问题:(a)他是否只是随意以"善"字指涉"被欲求"这一属性?又或者(b)他是否只是说明一个他认为是事实的情况,即"善"与"可欲"的意义一般来说是互通互用的?又或者(c)他是否认为,如果"善"真的有一个正当的意思,那就只能够是"被欲求"这一个意思。正如前述,不论(a)或(b),对研究道德哲学的人来说都不是个问题,但如果是(c)的情形,则杜威的看法似乎有误,因为我们总该质疑"所欲"是否即不加任何界定的"善"。

然而,杜威自己的说法并非常常前后一致。他偶尔会将不加任何界定的"善"等同于上文所讲的"可欲"。故此,在《人性与品行》中,他说:"当各种不同而又互不相容的冲动和习惯所产生的纷争和矛盾,在行为上得到统一有序的化解时,'善'正是让人感觉到属于这样的活动的属性。"[①]如此定义的"善"恰恰就解释了他在《经验与自然》中所谓"当下的善","有权拥有的善"和"可欲",以及他在《追求确实》中所说的"价值"。在指出杜威自相矛盾之前,我们可以考虑他对"善"所下的这个定义可否成立。

我们依照摩尔的方法来检查任何"善"的定义的合理性,看看是否可以有意义地提出这样的质问:如果一项活动可以导致各种不同而又互不相容的冲动和习惯所产生的纷争和矛盾,在行为上得到统一有序的化解,它就是"善"吗?或者我们用较简单的方式来问同一个问题:一个"善"的行为是否可以减少纷争和矛盾,使之变得和谐?我认为,毫无疑问,这是个有意义的问题,并且这跟"一个可减少纷争和矛盾,使之变得和谐的行为"的问题,又有所不同。说"X 是'善'"和说"X 具有减少纷乱的欲望,将之变得和谐",两者不可等同。在我看来这似乎是显然的,因为判断"X 具有减少纷乱的欲望,将之变得和谐",本质上就是陈述一项事实,而判断"X 是善"则是表达一种反思所得的肯定态度。

---

① 杜威:《人性与品行》,页210。

II. 摩尔的伦理学实在论

摒弃了杜威各种互不一致的"善"的定义和反驳了培里的异议后,我们已巩固了摩尔的立场——这大概是正确的看法——即"善"是不可定义的。在此命题与实在论的说法(即"善"完全由具有"善"的事物的内存本质来决定的一种特性),两者之间并没有任何逻辑联系。前者并不暗指后者,后者也不暗指前者。

我将于这一节里审视摩尔的伦理实在论,但首先,我们有必要确定摩尔对下列两道问题的看法:(1)那些可以称为善的一类事物,其本质如何?(2)我们认识到某一事物是善的这一认识过程,其本质又如何?

(A)
针对第一道问题,摩尔他在《伦理学原理》的尾声提供了一部分的回答。他说:"所有上善的事物……都涉及因之而起的认知和情感。"[1]这个说法当然就留下了未及上善的事物的存在的可能性;未及上善的事物既无为之而起的认知,也无因之而兴的情感。这一可能性在摩尔驳斥西季威克(Sidgwick)的观点时得到直接的表明。西季威克认为,没有事物的善性质的产生是由它与人的存在的关系,或最少是它与某种意识或感觉的关系而来的。摩尔要求我们想象两个世界:一个是尽美的,它包括了我们最渴慕而无以尚之的美好事物,而另一个世界则是我们所能想象的最恶劣的存在,它包括我们认为最为恶心而整体上又一无可取的事物。但他不容许我们去想象的是,人们可以享受其中一个世界的美丽,或痛恨另一个世界的丑陋。摩尔于是问道:"尽管如此,如果我们认为美好的世界比丑陋的世界更应该存在,这是否不理性的想法?无论如何,我们若竭尽所能去制造美好的世界而不是丑陋的世界,这不是很好的事情吗?"[2]他禁不住有这样的想法,而他也希望别人会认同他对此事的看法。他论证的依据是直观上的肯定。但我必须承认,对于人们应该创造一个人类不能意识到的世界这一看法,我看不到任何不言而喻的证据。

---

[1] 摩尔:《伦理学原理》,页 225。
[2] 同上书,页 84。

针对摩尔对人类所追求的善只限于意识中的善事物这个说法的驳斥,琼斯小姐(E. E. C. Jones)为西季威克所提出辩解,对我而言,似乎可以视为结论了。她说:"摩尔的说法诉诸我们想象中的鉴赏和厌恶,以及我们制造美好而非丑陋的责任。根据这些考虑,我们能否对与意识无关的事物作出任何判断?如此的提问以及假设这些事物并非意识的对象,从而估计它们假定具有的美与恶,这个企图本身不是徒劳无功吗?"①

摩尔似乎默许了琼斯的批评,在他后期的作品《伦理学》中彻底摒弃了他在《伦理学原理》中提出的前述看法。在《伦理学》中,他承认,"看来事实似乎如此,除非事物同时具有某些感觉和另外某些以其他形式存在的意识,它不可能是内存善,而……它所具有的感觉又必须包含或多或少的悦乐,这似乎是可能的。"②这意味着任何善事物都必须是一个复合的整体,它包含种类颇为繁多的构成元素,而没有事物,即便是悦乐如此简单纯粹的事物,不管它如何强烈,本身可以是善的。摩尔认为,强调以下的事实是重要的:虽然所有内存善都共同具备以下两大特点——(1)内涵的复杂性和(2)感觉和意识兼备,但其中没有一个特点是内存善所独有的。这两个特点显然也属于"恶"和无所谓善恶的事物。摩尔认为,以下的情况似乎是不言而喻的——关于上述第二个特点,有两项真确的事实:不但许多具备感觉和其他形式的意识的复合整体是内存恶,而且除非事物本身具有某些感觉,否则它不可能是内存恶。摩尔进一步说:"诚然,……依我所见,除了所有内存善的事物本身都是内存善,而如果我们要在可以导致内存善的行为与不可导致任何内存善的行为之间作出选择,我们都应该选择它们这一简单事实外,所有内存善的事物都并不具有任何只属于它们的共同特点。"③

所有具有内存善的事物,除了共同而又各自特殊的善性质以外,并无其他特点,在坚持这一说法上,摩尔似乎又是正确的。但他忽略了善的发展性和创造性。这并非指某些形式的认知的发展和创造,而是积极的行事人自身深刻而自觉的变化,这个变化是善的必要元素。这一变化不是表面的经验累积,而是贯通于行事人整个自觉主体的变化。试比较以下三种经验——上市集办事、听瓦格纳的音乐杰作、为某人或某事而奉献自己——你就会明白,表面的经验累计和贯通一己的整个自觉主体的经验有何不同。通常市集的见闻并不会要求我全情投

---

① 《亚里士多德学会论文集》,1903—1904,页40。
② 摩尔:《伦理学》,页249。
③ 同上书,页247—248。

入。我的所见所闻也许会牵动我愉快或不愉快的情绪,但我不会尝试掌握这些情绪,或认同于这些情绪而让自己受其牵制。我的意识仅仅如一面荧幕,影子出没自如于其上,浑然涌乱。对此,我既没有兴趣,也漠不关心。但若我置身于美学的享受之中,或全神贯注于自己关心的活动时,情况将会截然不同。此时此刻,我会意识到,自己正在面对一个外在的对象而即将与之结合为一,浑然一体。当下,我正在超越自我。我注意到这与物为一的经验充实和提升了我的整个自我。从本质上看,每一次这样的与物为一的经验都是一种进步,它促使我的自我成长。摩尔所忽略的正是善所带来的这种扩展和创造,而这也是我们在此须要特别强调的一点。

(B)

就如看见金币不等于金币本身一样,认知里的善也不是善本身,因此,我们应该分辨构成善的内涵的经验和构成对善的知觉的经验。爱的行为可以是一个善事物,但观察和评价一个人的爱的行为本身既不一定是爱的行为,也不必就是个善事物。

对善的认知是否一个有建设性和符合逻辑的中介过程?又或者只是一个当下直观的鉴赏性的判断?杜威对此问题的看法并不一致。当他视善为"所欲",他就暗示对善的认知是一种当下直观的判断。然而,当他将善界定为"当各种不同而又互不相容的冲动和习惯所产生的纷争和矛盾,在行为上得到统一有序的化解时,'善'正是让人感觉到属于这样的活动的意义"①,他就暗示对善的认知是一个具建设性而又合乎逻辑的过程。另一方面,摩尔根据西季威克的伦理学方法论,坚持任何对善或恶的判断最终都是一个当下的判断,而此判断只依凭对指定事物所作的考虑而来,同时又不可以由持相反的当下意见者所接受的任何论证而得到证实。② 这么一种认知过程类似斯图尔特(Stuart)教授所谓的审美经验,"看来本质上后于判断而又是鉴赏性的,它生于特定场合,而非价值判断过程的结果,它是一种当下的鉴赏经验"。③

我亦同意对内存善性质的认知是一种当下直观鉴赏这一说法。对我来说,这似乎同时是没有直接证据的当下判断。我希望能做的是,揭示可能引人反对

---

① 杜威:《自然与品行》,页20。
② 摩尔:《伦理学原理》,页59。
③ H. W. 斯图尔特:《作为逻辑程序的价值判断》,收入约翰·杜威编:《逻辑理论研究》,页339。

这一说法的种种理由的不合理之处。其中一个否定有关善事物或恶事物的判断为当下即然的可能理由，就是有意或无意地把"善"等同于"正确"。在日常语言里，我们常常会将"正确的行为"称为"善"的行为，虽然前者并无任何内存价值。当"善"与"正确"被视为同一件事物时，我们自然会相信对善的判断是一种当下直接的过程，因为对正确与错误的判断常常涉及因果判断。但等同善和正确这一说法看来显然是谬误的，理由详见下文。另一个否定有关善事物或恶事物的判断为当下即然的可能理由，就是将善事物和正确行为的后果等同看待。除非正确行为的后果是善的，而它之所以是善正在于它是这样的一种行为的后果，否则我们就必须探讨其相关成因，而同时也预设了一个因果判断，然后才能判断某一事物是否善的。但一件事物的善可以不是因为它是某一正确行为所带来的后果，这似乎是显然的事。错误的行为有时也会带来善的后果，这也是司空见惯的事。因个人的仇恨而杀人是错误的，但如果被杀的人是个暴君，则谋杀的举动很有可能带来本身是善的后果。

否定有关善事物或恶事物的判断的当下性的另一个动机是，我们需用客观的标准来解决何谓内存善和内存恶的纠纷。莎士比亚的名言曰："善与恶本不存在，它们是人们的想法所造成。"人们对善恶的看法众说纷纭，可以由此众所周知的格言得知。如果对善恶的认知是一个直观性的过程，则我们不能诉诸什么客观标准来改善这一言人人殊的情况。如果甲认为"X即善"，乙说"X即恶"，而丙则以为"X无所谓善恶"，各人凭藉自己的直观来坚持己见，我们该如何调和他们分歧的意见？是的，也许有人会说，这么一种局面的确有欠理想，但事实上，根据对相关事物的直接内省而对善恶持有真正不同意见的情况似乎罕见。除了不正确的理论的影响之外，善恶的纠纷多半源自(1)混淆善的一词的不同意义，或(2)没能将讨论的事物孤立来看。当此影响存在，则分歧也只是表面的。

(1)正如上文所述，"善"的含义非常模棱两可，比如说，它可以用来指谓具有工具价值的善事物和内存善的事物，而结果这两者很可能会造成混淆。当甲说"X即善"，而乙认为"X即非善"，"善"对于两人可能不是同一件事物。如果对其中一人来说，善表示"善自身"，而对另外一人则是"有利于造就善的后果"这一想法，他们的意见分歧自是理所当然了，因为一件自身即善的事物未必就有利于造就善的后果，反之亦然。

(2)另一明显的分歧的来源是，"孤立来看，有些事物是恶的或无关善恶的，但它们在作为整体的善中却是必要的成分,而有些事物本身是善的或无关善恶的,但在整体的恶中却是必要的成分。在这些情况下,我们会依照个别事物或其作为一个整体的成分来做出判断"①。

(C)

最后,我们要探讨的问题,乃关乎摩尔善性质的"内在性"这一概念能否成立的关键所在。所谓善性质,是否全赖具有善性质的事物的内存本质?正如前述,摩尔的答案是肯定的。他的肯定表示(1)一件绝对是同一的事物在某一时候或某一种情况下有某种程度的善,在另一时候或另一情况下则不再是善的或具有另一程度的善,那是不可能的;而(2)两件完全相似的事物也不会一个是善,一个非善或两者之善有程度上的差别。所谓"两件完全相似的事物"指的是,尽管数目上有两件事物,两者却具有同样的内存本质。②

善的内在性这一概念,如摩尔所说的,与主观的善是互不相容的。所谓主观的善,我指的是事物的善之全部或部分由下面两项事实来决定:(1)该事物是某认知行为的对象,和(2)该事物激起思考它的人的某种精神态度。当我们认为善完全和全部依赖这两个事实时,我将之称为彻底的主观主义。当我们认为善只是部分依赖这两项事实时,我称之为局部的主观主义。不论是彻底的主观主义或局部的主观主义,两者都意味着,如果一件事物从来不是,也绝对不会是什么认知行为的对象,而又从没有激起,并且也绝不会激起任何人的精神态度,它就不可能是善的。这一看法与摩尔对善的内在性的概念不一致,而这个分歧可由以下的考虑得以彰显。摩尔说:"我认为,没有任何主观的属性,我们可以对它毫无保留地说:如果一个指定的事物具有它,则任何跟它完全一样的事物,在任何情况之下和在任何因果律之下,将会同样具有它。这是相当显而易见的。比如,不管你谈的是什么感受,如果我对事物 A 有这种感受,则我必然在任何情况下对跟 A 完全相类的事物也产生同样感受,这个说法显然不确。原因很简单,与 A 完全相类的事物也许存在于根本没有我的世界。同样的,不管什么感受,如果某人对事物 A 有该种感受,则在跟 A 完全相类的事物所存在的任何世界里,某人都会对类似 A 的事物有同样的感受。这也是不确的说法。"③

---

① 伯特兰·罗素:《哲学论文》,页 53。
② 摩尔:《哲学研究》,页 260,261。
③ 同上书,页 269,270。

我完全同意摩尔的看法,即如果事物 A 依实际的因果律激起或可以激起人某种精神态度,则另一与 A 完全相类的事物 B,如果它存在于一个因果律与我们相异的世界里,它或许无法在任何人身上激起同样的精神态度。

但以我所见,我们没理由支持以下的说法:善性质作为一种价值具有这样的特点,即如果事物 A 在某个世界中,依某种因果律存在是善的,则任何与 A 完全相类似的事物在任何可能的世界中,依任何因果律存在都必然是善的。另一方面,不论一件事物的内存本质为何,除非它实际上引起或可以引起人们的兴趣,否则它无法称为善事物。在我看来,这似乎是确实的。一件事物的善性质决定于(1)已得到或将得到某种精神态度对它加以注意,和(2)它本身的内存本质。(1)或(2)本身并不足以构成一个善事物,虽然两者同是善事物的必要成分。因此,如果两件内存本质完全相类的事物分别在不同的世界,依不同的因果律存在,其中一个也许是善的,而另一个则是无所谓善恶或是恶的,因为其中一个也许是某种精神态度所注意的对象而另一个则不是。准此,我们必须摒弃摩尔所谓善即内存价值的看法,就是以为事物的善性质完全由它的内存本质所决定。而最终,我们也必须摒弃摩尔的另一个说法,也就是以为善事物就算单独存在,仍可谓善。

精神态度的实际或可能的注意对象乃善事物的一个必要成分,到底何谓精神态度?套用罗杰斯(A. K. Rogers)的说法,它是"知性的认可态度",虽然我并不同意他将善性质与作为该态度的对象的地位等同视之。[1] 所谓"知性的认可"指的是,人对事物所抱持的一种欲求其安稳或发皇的自觉倾向,而当他不在实际运用这种自觉倾向时,它则伴随着一种与从反思该事物而得的悦乐有所不同的感受。我觉得,一件事物若从未成为或永远不会成为这种反思的认可的对象,它是不可以称为"善"的。

---

[1] A. K. 罗杰斯:《伦理学理论》,页 13。

第三章 道德义务的问题

I. 我们对"应然"的认识

在上一章里,我们得出一个结论,善性质是一个不可定义的特质,它完全由两个因素决定:(1)事物的内存本质和(2)反思的认可态度。我们现在讨论善性质和道德义务的关系。这个问题的解决方法当然预设了对道德义务的性质的判定。

从内存价值的问题过渡到道德义务的问题,我们同时也由"实然"的领域走到"应然"的领域,也从描述性科学进入规范性科学。一般认为,描述性科学与规范性科学的一个根本差异在于:前者如果以实际事情为其唯一或主要的关注,后者则给予我们关于理想的知识。以逻辑为例,它并不仅仅描述人们实际上如何思考,而且更以形式来表示我们思考时应该遵守的规则和程序。同样的,伦理学不独叙述我们实际上如何做人,而更应展示出我们应该如何做人。

到底"实然"和"应然"的关系如何?我们又如何从前者推展到后者?前者是否可以化约为后者?在描述性科学里,我们可经由观察,实验和推理来得出结论。这同样的方法可否也应用到规范性科学上来?

无可否认,"实然"和"应然"之间,或者现实与理想之间都存着不可消弭的分歧。显然,该存在的未必一定存在,而不该存在的偶尔也会存在;该做的总非已经做到,而不该做的有时却发生了。除非有人一意孤行,独断地认为上述的说法毫无意义,并坚持"应当"这个词应当从词典里删掉——这将是自相矛盾的做法——我们必须承认"应然"和"实然"确实不相同。

假设"实然"和"应然"两者真有所别,那么,这个分别到底又是什么?它可否定义?我们可否由实然推断出应然,可否从实际行为推演出应然行为?若然不可,我们又要如何认识"应然"?在提出这些问题时,我们立即就坠入了规范性科学的方法论的深渊。

有一件事是肯定的:如果这个世界是完美的,而人类也是完美无瑕的——换言之,如果一切的存在都是应当存在的,而我们的实际行为总是我们应当的行为——那么,描述性科学和规范性科学将会若合符节。很显然的,在这样的情况下,"实然"的描述同时即是"应然"的描述,而实际行为的描述同时即是应然行为的描述。在这样的情况下,也就没有什么"规范"的必要,而区分描述性科学和规范性科学也是多此一举了。因此,每一门规范性科学本身都源自我们意识到人类行为或外在世界有欠完美。的确,如果人类从不意识到自己的思考有时失误,就不会有逻辑,而如果人类从不为自己的行为感到后悔,也不会有伦理学;如果人类不会为令人恶心的丑恶而感到惊愕,那也不会有美学了。

这一切都不言而喻,可谓不值一提。但这些司空见惯的情况也提出了一个非常基本问题,就是(1)认识到"不完美"是否在逻辑上先于规范的制定?或(2)认识规范是否在逻辑上先于对"不完美"的描述?

规范性科学的传统方法论考虑的是第二个可能性,而它要面对如何说明规范的来源这一难题,因为按理,规范应该是在我们在经验世界中接触到"不完美"之前早就存在于我们心中的了。人生前其灵魂早已认识超越世界中的理念、人出生时上帝亲手将普遍理念栽植于人的灵魂中、有幸的少数人得到神灵的启示、永不失误的良知、道德直观;这种种说法都是针对上述不解之谜而提出的模糊笼统和闪烁其词的回答,只是版本不同而已。如果人类本性中真的具有精确而无歧义的理想规范,则我们对于什么应该存在、我们应该如何做人、应该如何思考这些问题,又怎会有不同的判断呢?更重要的是,我们又怎会在道德、逻辑或审美判断上犯错误呢?

现在是时候摒弃规范性科学的传统方法论这条死胡同,而寻找新的出路了。让我们考虑一下另一个可能性,也就是对"不完美"的认识在逻辑上先于规范的制定。我们面对着两个难题:(1)我们是如何认识到不完美的?以及(2)我们如何由这一认识开始而制定规范?限于本文研究的范围,我将专注于这些问题的道德层面。

(1)显然,只有在同一个人心中或不同人之间,在信念、偏好或目的方面出现了不可调和的冲突时,我们才会意识到自己思想和行为上的"不完美"。认识自己的所作所为的不足之处,其实也就是我们已经面对难题,困惑不解和被迫寻找出路了。发现这类冲突,从而提出难题并不需要任何预设的规范或理想。这样的冲突意谓当下行为受到遏止、思绪给打断或愿望受阻。

（2）上述的自明之理相信无人会去质疑。但较不明显和人们不常常坚持的是，人们有意制定的每一个规范原则总是意见冲突的结果。规范性科学的整段历史就是明证。没有比思考的三条定律更简单、更基本的了，但正是亚里士多德的好些前辈们都否定了这些定律，因而促使他制定它们。在规范性科学和自然科学中，我们都从尝试中学习。我们对"理想"的认识是渐进而又试验性的，就如我们对"真实"的认识一样。

也许有人会如此推论，虽然我们不需要预设规范便可发现自己的行为有某些缺陷，但我们需要它来指出问题的所在，以说明矛盾出现时，哪一方出了问题，又或者各方都出了问题，正如官司中的两造，需要有如会思考的头脑般的高庭来仲裁，而高庭又需要有如"理想"的法律来作判决的依据。进一步引申这个比喻，法官未必已把法律倒背如流，而有需要时即能巨细无遗地引用法律条文，但法典具在，他可以随时参考。如果法官忽视法典，则他可能会误判，但这不会损害法律的权力。

我以为传统的"理想"概念是有意无意地以此比喻为依据的，但这个比喻很容易引起后果不堪设想的误会。即使是发生官司之前已然存在的具体法典，它跟在我们认识到自己特殊的短处之前，当下便知觉到的永恒不变的"理想"，同样都是一个虚拟的想象。法律，不管其条文多具体精确，原则上永远都不够完善，它必须因应个别案件而斟酌诠释。

回到我们原先的难题，既然不同的建议方案或实际采取的行为之间发生矛盾，互不相容，既然我们明白到重新建构的必要，那么，我们可以采用什么方法来判断相关行为可取与否，又或寻求另一条新出路？这一难题及其解答的意义并不局限于某一出路多歧的道德情境，而也适用于所有互不相容的道德学说之间的冲突。任何一个道德学说，如果它不能提供尽管是一般原则，但是切实可行的行为指引，则它是不副其名，而且不值得一提。而如果两个道德学说在实践上并不造成任何差异，它们也就并非真的互不相容。现在，我们仅着重讨论互不相容的道德学说。这些学说不会都正确，而我们也不能同时一一遵循。没有一个理性的人可以接纳所有这些学说，并可在每一个个别场合，遵循他因时制宜或随其所好而选择的学说。我们只可选择其中之一个学说或超越所有这些学说。到底有什么方法可作为我们选择或超越的根据呢？就我个人而言，我不知道除了以下的准则外，还有什么方法可以测试道德学说有效性。我们要检视某一道德学说的真理是否合乎人类的道德经验,它是否与人的德性的实际诉求互相一致——也就是任何一个有自觉意识和理性(即自我一致)的人绝不愿意舍弃的诉求。这些诉求并不完全决定"理想"或"应然",因为后者还须要考虑到我们满足这些诉求的方法问题。新方法的出现也常改变这些诉求的表达方式,而最终也会改变我们的道德理想。至于这些诉求为何,我们将于下文对摩尔和杜威的道德义务的比较研究中得出结论。

II. 道德情境

也许我们可以假设大家都承认,道德意义上的正确与错误和应然与不应然都只是适用于形容人类行为的述词。同样明显的是,这些述词并不能用来形容所有的人类行为。例如,我们不会以正确与错误来判断自己的本能反应;我们也不会给膝跳反射或巴比斯基反应①赋予任何道德意义。那么,哪些人类行为才具有道德属性呢?

摩尔认为,所有"自动自发"的行为都有道德属性。所谓"自动自发"的行为,他指的是,"出自个人意愿"的行为,即"正当实践(行为)之前,如果我们选择不去做,则我们就不应该去做"。② 但他又进一步指出,"我们并不能肯定,所有和将近所有(如上界定的)自动自发的行为本身都是由选择或个人意志而来的。看来极有可能,许多我们付诸实践的行为以及许多我们如果选择避免而可以避免的行为,它们本身根本就并非出自我们的意志。这些行为只有在下述的意义下才能称为'自动自发':正当这些行为发生之前,某个出自意志的举措足以预先制止它们发生。上述的自动自发的行为本身并非出自个人意志的。"③

杜威会承认,每个"自动自发"的行为都是"道德判断的可能对象",或是"一个可供我们做好坏判断的对象"。④ 但他就以下的情况做了区别:(1)道德判断的可能对象和(2)具有道德意义的举措,以及在具有道德意义的举措与(3)道德经验之间再进一步作区分。杜威会如此界定一个具有道德意义的举措:"一个

---

① 译者按:Babinski response,指的是一种神经检查,其目的在于观察,当病人的脚板被抚擦时,他的大脚趾是否会翘起来。若然,这就是一种病症。
② 摩尔:《伦理学》,页13。
③ 同上书,页14。
④ 杜威、涂富思:《伦理学》,页211;杜威:《人性与品行》,页279。

在公然实行之先,必须有判断和选择为其先决条件的举措。"①然而,思量和选择显然未必会在需要时出现。"行为的其一结果是,当我们需要反省以前想当然的事情时,它就把我们带入种种困境。我们与人相处时遇到的其中一大难题是,引导对方反省他们不自觉的习惯行为。"②"当我们在处理一个实际情况而感到差异而和互不相容的目的竞起,在作出公然的行动之前,我们先做思量和抉择,这时候,我们就会面对一个道德经验。"③故此,根据杜威的说法,我们应该分辨:

(1) 道德判断的可能对象,亦即所有包含不同选择可能的"自动自发"的行为。

(2) 具有道德意义的举措,道德上我们要求这些举措包含思量和选择,但是人们未必实际作出思量和选择。

(3) 道德经验,亦即牵涉互不相容的目的而当事人要从中做出抉择的行为。

正如杜威所指出的,我们有意识的人生中的所有举措都是道德判断的可能对象。这里就出现一个问题:具有道德意义的举措的涵盖面是否与所有的道德判断的可能对象相同?所有的道德判断的可能对象应否就是道德判断的实际对象?在所有的"自动自发"的行为中,是否每一个都应该经过思量和选择,又或者都应该经过反省?事实上,我们并不如此做,而且这么做也不切实际。倘若我们这么做,我们一生将会忙于计算和迟疑,最终我们会一事无成。我们的一些行为,我们只能以习惯视之。但我们会因而面对如何区分是否应该思量和选择的"自动自发"行为与不必要思量和选择的"自动自发"行为。"最令人费解的思考难题就是去弄明白上述两种自动自发行为的分界线到底可以推展到什么地步,在斟酌时又需要作何考虑以及确定哪些行为我们可以习惯视之。(杜威总结道:)因为世上并无解决此令人费解的问题的良方,所以,所有的道德判断都是实验性的,它们有待依据个别情况而作出修正。"④

这一结论似乎非常合理和不可避免。而摩尔的道德理论的一个重大缺陷正在于他忽略我们在此讨论的问题,因此,它在我们的道德生命中就显得不真实。

---

① 杜威:《哲学之改造》,页163。
② 杜威:《人性与品行》,页279。
③ 杜威、涂富思:《伦理学》,页209。
④ 杜威:《人性与品行》,页279。

III. "正确"与"责任"的定义

上一节我们已经确定了道德价值的范围不只包括实际经过思量和选择的行为,也包括惯常行为;不但预谋的行为具有"正确"或"错误","应然"或"不应然"的特点,未经预谋行为亦然。但当我们说某行为是正确的而却不应该做时,我们要表示什么?我想,如果我们能给"正确"与"应然"下个定义,它们的反义词也就很容易被确定下来。

让我们先讨论"正确"的意义。在《伦理学》里,杜威如此概括"正确"的意义:"一个真正道德的(或'正确'的)举措是一个在断然和特殊意义上的明智之举;它是个合理的行为。它并非仅在行动的一刻被当事人想到的举措,也不仅是被当事人在此刻认为是好的举措;它在事后将会继续在人们高度警觉和持续的反省中一直被视为'善'。所谓'合理'的行为就是认识和遵从所有必要条件的行为;在这些行为中,冲动、本能、倾向、习惯、意见和偏见(视乎情况而定)可由它们自身以外的思虑而得到调适、引导和确定。"(杜威继续说)"我们的结论是:作为理性的善,'正确'的意思指的是可以调适和谐自我所有的潜能和欲望,并能将它们扩展成为一个相辅相成的整体的东西。"①

在批评这一观点之前,我们也许会发现它所导致的一些后果与摩尔对道德的"正确"这一概念所导致的不谋而合。

(1)首先,对善所作的当下直接的判断在逻辑上先于对道德的"正确"所作的判断。对杜威来说,"最终决定某行为对当事人有何价值的关键在于直接认识的价值,而非在于他对有关最终目标的规条所存有的意识。这是直观理论中不可褫夺的真理成分。"②摩尔持有相似的观点:每个有关正确与错误的判断都预设了对于内存价值的直观性判断。③

(2)其次,由于一个举措的道德价值由其只能以经验验证的后果来决定(尽管对于决定的途径,杜威和摩尔看法有别),没有一个道德判断是不证自明的,尽管我们未经省思的直观,对正确与错误的估计偶尔也会是正确的。用杜威的

---

① 杜威、涂富思:《伦理学》,页307,314。
② 同上书,页323。
③ 摩尔:《伦理学原理》,页22。

话来说:"作为任何不偏不倚的研究结论,我们必须承认,一个处于有利的道德环境的成人,他的大部分举措、动机和计划似乎在其自身的内在构成中,直接具有正确或错误,又或道德中立……(但)事实上,当下的道德素质的存在——直接而又似乎最终拥有的'道德正确'——不足以作为其有效性的证据。它最多只在未经质疑的情形下,假设大家熟知的情况的正确性。没有比由来已久的偏见更直接,而看来更不证自明的东西了;……(而一个)在平常情况下正确的判断,如果在新的情况下持续存在,也许就会变得不当,并由此变成'错误'的判断。"①以摩尔的语言,同样的情况可以有以下的表述:"我们无疑会对某些行为作出直观的判断,认为它们在道义上是应然的或错误的——这说明我们常常在心理上直观肯定我们的责任。这个事实可以加强道德直观主义的可信性。但不管怎样,这些判断都不是不证自明的,因此也不可视为道德前提,因为……它们是可以经由研究因果关系而得到证实或否定。确实,我们的一些直观可能是真实的,但既然我们所直观相信的东西——即我们的良知告诉我们的事情——就是某些行为总是会在某情形下产生最大的善,则我们理应能提供可以证明良知所见为真为假的理由。这是清楚无疑的。"②

言归正传,杜威上述对"正确"的定义是否可以接受呢?《伦理学》中所定义的"正确"其实即是他在别处称之为"理性的善""法律上的善"(见于《经验与自然》)、"有价值的"(见于《追求确实》)、或简单叫作"善"(见于《人性与品行》和《追求确实》)——好一大堆术语啊! 当我们深入检视此一"道德正确"的定义——道德正确即在人们高度警觉和持续的反省中一直会被视为"善"的一类人类行为,这类行为遵从所有必要条件,可以调适和谐自我所有的潜能和欲望,并能将它们扩展成为一个通体一贯的整体——我们马上就会揭露出严重的模糊性:(1)当杜威说,某一行为持续被视为"善",视行为为"善"者是谁?(2)当他说某一行为遵从所有必要条件,这些必要条件是针对谁而说的? 它们又是在什么意义上是必要的?(3)当他说某一行为可以调适和谐自我所有的潜能和欲望,这里所谓自我又指谁而言? 任何令人满意的道德义务阐说都不能回避这些问题,回避这些问题就是用未经证明的假定来讨论问题。

(1)无可否认,一个人高度警觉和持续的反省的结果有时正好和另一个人相反,而一个时代的智慧也往往与另一时代的互相抵触。毕竟,谁的反思可作圭

---

① 杜威、涂富思:《伦理学》,页 319—321。
② 摩尔:《伦理学原理》,页 148,149。

臬？杜威是否会默认以下的观点：某一个或同一个举措，如果某些人或某个时代通过反省，认为是"善"的，则这个举措就是"正确"的，而如果另一些人或时代持相反的看法，则这个举措就是"错误"的。杜威会否承认，同一个举措可以在同一时候或在不同时候，既为"正确"，亦为"错误"呢？就我看来，这个命题显然是错误的。

(2) 其次，当杜威称某行为的条件为"必要"的，这个说法若真有所指，则它的意思只能是，遵从这个条件是必要的。但"必要性"却是个极为模糊的词项。它可针对(a)因果"必要性"，或(b)心理"必要性"或(c)逻辑"必要性"而言。

(a) 所谓"因果必要性"，我以为是依循因果关系必然要发生的性质。这肯定不是杜威的意思，因为倘若一个正确的行为指的是依照因果律限定，必须遵从的条件的行为，那就无所谓错误的行为，因为所有行为都必须遵从因果律限定的条件。(b) 他也不会指"逻辑必要性"，不管他指的是莱布尼兹的用法——即与逻辑必要性的反面是不可思议的——或是康德的用法——即缺少逻辑必要性，现实经验中没有任何事物可以存在。可见杜威所谓"必要性"只可能是第三个意思(c)心理上的必要性。依我理解，这指的是作为达到既定目的的不可或缺的手段。因此，当杜威主张正确的举措即遵守所有必要条件的举措时，他的意思就只能理解成是一个遵从一切必要条件的举措，而遵从这些条件本身就是达到既定目的的不可或缺的手段。但这些既定目的又是对谁而言的呢？(1) 指与这举措有关的每一个人的既定目的？或(2) 指这举措实践者自己的既定目的？或(3) 指某一特定的人或某一群人的既定目的？针对第一种情况，警察如果干预贼人抢劫或杀人犯的冷血谋杀都是错误的，因为这样的干预必然会与贼人和杀人犯的既定目的有所冲突。那杜威会否选择(2)，而认为只要遵从一切必要条件，而遵从这些条件本身就是达到他的既定目的的不可或缺的手段，任何一个个体的举措都是正确的？倘若这真是他的选择，则他的立场仍然是站不住脚的，因为这么一来，道德的"正确"将沦为一个假设而非一个绝对必要的指令，而这也表示，只要人们不渴求他们的行为所不能达到的目的，他们就不可能会犯错。因此，如果一个人渴望伤害他的邻居，而如果他能完成这个目的而又不会导致任何他不欲求的后果，他的行为就一点也没错了。我相信杜威毫无疑问会为我们所做的这个结论而大皱眉头。但他仅剩下的选择就是(3)的情况，而他的立场将会如下：正确的举措承认和遵从所有相关条件，而遵从这些条件就是达到某些人或某一群人的目的的手段。然而，这个人或这群人又会是谁？当地的神明？已逝的灵魂？至高的存在？至高的存在在地球上的代表？身负神权的帝王？政府里的执政者？地主？资本家？无产阶级？诚然，所有种种都曾经在理论上或在实际上毛遂自荐或受推举作为正确与错误的裁决者，而他们当中有些现在仍然享受这种身份。但我怀疑杜威会否默认这样的威权主义。同时，我认为，让道德沦为任何想象的或实际的个人或群体的意志和利益的奴隶是绝对不合理的。

故此，杜威主张"一个真正合乎道德（或正确）的举措"是"承认和遵从所有必然条件"的举措，这要不是无意义的一串文字，就是只是一个导致令人无法接受的后果的命题。

(3) 最后，我们要考虑杜威以下的主张：一个正确的举措就是可与"可以调适和谐自我所有的潜能和欲望"，"并能将它们扩展成为一个相辅相成的整体"的举措。这里的模糊概念即"自我"。

杜威是否认为，每一个人，或至少每一个"正常"人，都有一个具有一定潜能和欲望的相同"自我"，以致我们能称之为"自我"？这么一个荒谬的看法，就是人格心理学的初学者接受了也不该原谅，要加诸一个知名哲学家的身上，实在让人犹豫不定。但这如果不是他的意思，则他所谓的"自我"又应当作何解释？(a) 任何人的自我？或 (b) 某一类人的自我？

让我们首先探讨 (a) 的说法。根据杜威的主张，(a) 就是："作为理性的善的'正确'，它的意思是它可以调适和谐任何一个行事人的所有潜能和欲望，并能将它们扩展成为一个相辅相成的整体。"这使我们回想起上一章中提到杜威的一个互不一致的"善"的定义，也就是，"当各种不同而又互不相容的冲动和习惯所产生的纷争和矛盾，在行为上得到统一有序的化解时，'善'正是让人感觉到属于这样的活动的意义。"这和上述论点是同一说法的两种不同的表达方式。而如果这一说法是不可成立的"善"的定义，同理，它也是一个未能令人满意的"道德正确"的定义。伦理学的根本困难并非随意转换标签就可以克服的。顺便一提，杜威在其第二个论点中有很显著的进步。在此，他不再提该与正确的举措共处在和谐状态的"所有欲望"，取而代之，他说的是"互不相容的冲动和习惯"。这里，杜威显然得到一个新的启发。很明显的，一个人的欲望常常互相矛盾，不可相容，所以根本就不可能有一个能将所有欲望化为和谐的行为。我们姑且忽视这个明显的荒谬说法，大方地假设杜威的意思是，"正确"乃将任何行事人混作一团的欲望化为一个和谐而又不断扩展的整体，并与其人的潜能相互吻合。尽管如此，这个说法仍然不能给予"正确"一个令人满意的定义，因为行为的道德判断,重要的不只是混杂的欲望可以得到整理和扩展,同时也要视乎它们如何得到整理和扩展。更何况没有任何行为可以与行事人的所有欲望取得和谐,有些欲望必须受到压抑。而一个行为的道德价值就视乎人们的欲望的内容,以及哪些欲望受到压抑和哪些得到扩展。这一切杜威都不加考虑。

因此(a)的说法将推出一个不可成立的结论。但(b)的说法又如何?根据(b)来说,我们同样容许上一段所考虑到的荒谬,在这前提下,我们可以假设杜威的主张所指如下:"作为理性的善的'正确'这样的东西,它可使某一类别的人混杂的欲望显得分明,使它们成为一个和谐而又不断扩展的整体,并与其人所有的潜能相互吻合。"但这一特定类别的人又是指什么?当然是"善人"!我们相信这是杜威的主张的真正"意思",理由是,他同意"亚里士多德对善人的理解——即只有善人才能判断什么才真的是善。(杜威进一步说)这么一个人想到高尚的目的时会感到满意,而想到卑劣的后果时又会感到畏缩。由于他业已形成的潜能以及整理过的习惯和倾向,对于一个可以想象的后果,他的反应会带有情感,而这情感即对此后果予以相应其自身的价值。对于一切靠精力和耐力以克服痛苦的障碍的举措和计划,勇者都会很敏感,而仁慈的人对影响他人幸福的事物则会立刻做出回应。因此,善人的道德感或对善的直接鉴赏可谓提供了正确与错误的标准"[①]。

杜威所谓道德的"正确"的定义终于可以归纳成以下的说法:"正确"是这样的东西,它可使善人混杂的欲望显得分明,使它们成为一个和谐而又不断扩展的整体,并与其人所有的潜能相互吻合。当然,这个命题的全幅意义的关键在于"善人"这一概念。何谓善人?最重要的是,什么是善?套用杜威自己的说法,"理性的善,就是与'自我'的所有潜能和欲望等和谐一致的东西……"善人是否在理性上是善的?凡是会思考的人都会立即发现,如果在上述对"正确"的定义中,以"理性的善"的定义来取代"善",将是一派胡言。因此,善人不可能"在理性上是善的",而他必须是"非理性的善"。杜威所谓非理性的善是什么意思呢?他在《伦理学》里并没有提供任何答案。在其他地方,就如我们在上一节所说,他将合理的或法律上的善和当下直接的或实际上的善作对照。他定义后者为"所欲"。杜威所谓"善人"是否即指可欲之人?不妨想一想,这一看法的实际意义是什么。它暗示着最残酷的,最不老实或最胆怯的人,如果有人想要他,他也

---

① 杜威、涂富思:《伦理学》,页324。

可以称为善人。但倘若这并非杜威的意思,则他并未为"道德正确"这一概念中最重要的问题提出答案,而他的这个概念也将是个空洞的说法。

上述的讨论也许足以证明,杜威在《伦理学》中所表述的"道德正确"的看法是极为含糊的,而就我们所能理解的而言,它是站不住脚的。就连杜威本人似乎也认识到其弱点。在他后来的著作《人性与品行》中,他阐述了一个全然不同的"道德正确"理论。根据此书的说法,"正确"仅是一个抽象的语词,指的是他人影响我们众多行为的具体要求。如果我们要生活,我们就不得不考虑这些要求。(杜威说)"正确"的要求之权威就在于其迫切性,以及其所坚持的有效性。或许我们有足够的理由去争辩,在理论层面上,"正确"从属于善,它是通往善的途径的一种声明。但事实上,它象征着社会施加予我们的总体压力,迫使我们以某些方式去进行某种思考和欲求。因此,只有形成这股社会压力的元素变得开明,只有社会关系本身可以合理化,"正确"才能实际上成为达到善的途径。①

这一看法虽然比较简单,但仍如前述的看法一样含糊不清。我必须承认,对于"我们所承受的总体社会压力"和"他人对我们的行为所期盼的众多具体要求"的定义,我实在有所迟疑。杜威会否认为,世上真有一个我们每一个人都共同"承受"的"总体社会压力",或我们每一个人都"被期盼的众多具体要求"?这么一个主张的错误,明显得无人可睁眼说瞎话。人们被迫考虑的社会压力的质与量,不但因其所生活的社区的特征而殊异,也因其家族习惯,教育和社会地位而有所不同。因此,我们实在不情愿将上述诠释归属于任何名副其实的哲学家。但既然这个做法行不通,我们对上述诸语就只剩下以下的诠释了:(1)"'正确'仅是一个抽象的语词,指的是他人对任何一个人的行为所期盼的众多具体要求……事实上,它指称我们任何一个人所承受的那个迫使我们以一定的方式思考和欲求的社会压力总体。"而(2)"'正确'仅是一个抽象的语词,指的是他人对某一特定类别的人在行为上所期盼的众多具体要求……事实上,它指称某一特定类别的人所承受的那个迫使他们以一定的方式思考和欲求的社会压力总体。"

但这仍然存在着另一种模糊性。杜威所谓的"他人对任何一个人在行为上所期盼的众多具体要求的抽象语词",到底指的是什么?他人施加于某人的要求常是自相矛盾的,这是不争的事实。我的父亲要求我成为教育家,而我的祖母则希望我从商。中国政府希望我成为党员,而孔夫子的教诲则让我想当个世界

---

① 《人性与品行》,页 326,327。

主义者。思想保守的朋友期盼我去支持现存的经济制度,而思想激进的朋友则希望我成为马克思共产主义者。针对我这种情况,什么才算"正确"? 它是否这其中任何一个要求的"抽象语词"? 不管我当教育家或做商人,当党员或世界主义者,支持现存的经济制度或信奉马克思共产主义,我的选择都"正确"吗? 又或者"正确"是否这一切的要求加起来后的"抽象语词"? 那我是否要当教育家又要做商人,当国民党员,又做世界主义者,信奉马克思共产主义,但又支持现存的经济制度,然后才能算"正确"呢? 抑或杜威认为,一个人所承受的那些互不相容或不能自成一体的社会压力,像加诸一个物体身上来源不同的物质力量一样,可以自动调适和谐,结合成为一个"正确",而这个"正确"又可以一种尚待发明或隐藏在一个秘密口袋中,但随时可以使用的道德探测表来量度呢? 又或者他会以业已付诸实践的行为去确认这样一个综合的"正确",并且接受没有任何一个实际的行为会出错这一无可避免的结论? 显然的,杜威忽视了一个事实,即"他人在行为上对我们所期盼的众多具体要求",或"迫使我们以一定的方式思考和欲求的社会压力",两者本身都并无一致性。但正是缺少了这一致性,正确和错误的问题才成为当务之急。

(B)

既然杜威尝试解答正确和错误的问题所作的尝试彻底失败,以下我们看看摩尔对此问题又有何启发。摩尔在《伦理学原理》阐述此问题的观点可总结如下:"若问我们应采取哪些行动,或哪些行为才算'正确',这就等于在问这些行动或行为会产生什么样的影响。"

"说'道德上我不得不有此行动'就如同说'这一行动将造就宇宙间最多的善'一样。""我们的'责任'因此只能被定义为,比其他任何可能的行动都更能在宇宙间造就更多的善的行动。而所谓'正确'或道德上被允许的就是不会比其他可能的行动造就更少的善的行动,它与'我们的义务'的分别仅在于此。"①

故此,虽然杜威没有区别道德上的"正确"和道德上的义务,但摩尔却作了这一分别。对摩尔来说,一个自动自发的行为可以是"正确"的而不必有义务性质,它又不必是一种道德责任。因为"当我们说某人应做出某种行动,或说那是他的责任时,我们只不过是说,他若从事其他任何行动都会是错误的"②,但在摩

---

① 杜威:《人性与品行》,页 146—148。
② 摩尔:《伦理学》,页 33。

尔看来,行事人在一定时候所有的选项中,有两个或以上可以造就同量的内存价值,而所有选项合共造就的又比其他任何一个可能的选项所造就的多。这显然是可能的,至少理论上如此。在上述任何一种情况下,摩尔都会说,这些选项中的任何一个行动都是百分之百正确的,而没有任何一个行动是义务性质的。他进一步说:"这肯定是与一般的用法一致的。我们的确经常间接地表示,有时候,当一个人做对某件事,他的行动是对的,但如果他采取另一种行动,他也同样做得对,这意味着这个人有多种选项供他选择,但没有任何一个可以说错误的。"①

简言之,"正确"与义务性质的分别如下:说某行为是义务性质,就等于说它可在宇宙间造就最大可能的内存价值,而选择其他行为将会是错误的;另一方面,说一个行为是"正确"的,就只是说它可造就的内存价值与其他可能的行为所造就的一样多。具义务性质的就必然是正确的,但所谓正确的却未必是具义务性质的。一个自动自发的行为若不是正确的,就必然是错误的,但它却未必是我们责无旁贷的事情,也未必是我们无须负责的事情。

据摩尔的理论,要使一个自动自发的行为具有义务性质,或使它是正确的,我们不必要求它或它所引致的任何后果具有内存善,因为一个自动自发的行为与其他可能的行为相比,将会造就更多或等量的内存价值,只要它符合以下的条件:

(a)这个行为本身具有更多或不少于其他可能行为的内存价值;而它和其他可能行为所引致的后果都绝对缺乏正面或负面意义的内存价值。

(b)虽然这个行为的后果,从内存价值而言,无所谓好或不好,但其所造就的内存价值多于或不少于任何其他可能行为。

(c)这个行为的后果既然是内存善,则这些后果和这个行为的价值程度合起来就会多于或不少于其他可能行为。②

摩尔在《伦理学原理》里表述的道德义务理论大致如此。在后来的著作《伦理学》中,他却有稍微不一样的看法。正如我们所指出,在《伦理学原理》里,他提议将"道德正确"定义为"不会比其他可能选项造就更少的'善'的东西"。根据这个看法,说"X是道德上的'正确'就完全等于说'X不会比其他可能选项造就更少的'善'";而说"一个正确行为是不会比其他可能选项造就更少的'善'"

---

① 摩尔:《伦理学》,页33。
② 摩尔:《伦理学原理》,页25。

就完全是同义重复,意指相同,情况就如"一个正确的行为是一个正确的行为",或"一个不会比其他可能选项造就更少的善的行为就是一个不会造就更少的善的行为"。但在《伦理学》里,摩尔只主张,"其中一个特点(属于并必须绝对属于所有正确的自动自发的行为而不属于任何错误的行为)在于这样一个事实:就是正确行为的总后果必须总是跟行事人在其他情况下所可能造就的后果一样好"①。如此,我们讨论的问题则尚无定论。造就最多可能的内存价值的能力是否"道德正确"的唯一构成元素,或只是它的一个准据而已。所谓特点 A 的准据,我指的是另一个特点,它存在于任何含有 A 的东西,而又不见于任何不包含 A 的东西。

摩尔在《伦理学》里认为,准据在于造就最多可能的内存价值的能力而非"道德正确"的本质,这可由他为"责任"和权宜所做的分辨看出来。(他说)"就算我们承认,说一个行为是权宜的行为就等于说它造就最佳可能的后果,但我们这个原则仍不能迫使我们主张任何权宜之事就即是责任。它仅迫使我们主张任何权宜之事也是一个责任,而一个责任也总是权宜之事。换言之,这个说法主张责任和权宜互相重叠;但这并不表示两者词义相同。对我而言,相当显然的,这两个词的意思并不相同;因为倘若两者词义相同,要说我们的责任总是在于做出后果最佳的行为这句话,就是多余的"②。

根据这两种"道德正确"的看法的任何一种,我们将有以下的推论:如果自动自发的行为不会比其他可能的选项造就更少的内存善,则它不会是正确的,而"X 是正确的"这一命题和"X 不会比其他可能的选项造就更少的内存善"这一命题就互相包含对方的意指了。而如果我们能证明这个推论是站不住脚的,则这两种看法将会失去其说服力。

上述的推论是摩尔的两种看法的共同立场,在探讨这个立场之前,我们应注意到它所推衍的结果,也就是,我们永远无法有理由去假设一个行为是正确的或是错误的,具义务性质或不具义务性质:我们永远无法肯定任何一个行为会否造就最多可能的善,因为要证明任何一个行为是正确的或是错误的,具义务性质或不具义务性质,"我们有必要知道这个行为的其他条件。这些条件与此行为结合之后将会决定此行为所能产生的影响;还有要知道在无限的未来中,所有可在任何一方面受到我们的行为影响的事件。我们必须对这些方面的因果关系有所

---

① 摩尔:《伦理学》,页 227。
② 同上书,页 173。

了解。再者,我们必须准确了解行为本身以及所有的这些足以影响双方的价值程度,并必须能够确定这两者如何与宇宙间其他事物一起影响宇宙这个有机体的价值。不单如此:我们也必须对每一可能的选项所能产生的影响具有同样的因果知识;而且能于比较中见到我们所讲的行为所造就的总价值将会高于其他选项所能产生的总价值。但很明显的,我们的因果知识本身根本远不足以确保这样的结果"。简言之,何谓"正确",何谓"错误",何谓"具义务性质",何谓"非具义务性质",在某个意义上说,是不可知的。所谓不可知,并非指我们无法有机会得知任何实际上具有这一类属性的行为,因为我们可能有此机会;不可知指的是,我们永远无法知道我们的行为确实具有这么一个属性。

摩尔的道德义务理论中的一个明显的瑕疵,就在于它根本不考虑意图的问题。任何不良意图所驱使的行为,在摩尔看来都可以是道德正确的,只要它侥幸地导致了最佳可能的后果。而不论一个人的动机有多善良,不论他如何千辛万苦地想保证其行为会带来好结果,但只要它因意外和难以逆料的厄运而造就比他其他可能选择的行为略少的善,这个行为就会是道德错误的了。

我所谓"意图"并不单是行事人想要做事的意念,同时也是他所预见自己的行为将会达到的预期后果。为了方便以下的讨论,我将用一个特别语词来指称这样一类行为,它们是行事人经过谨慎考虑和筛选后,仅仅因为他们觉得它们是"正确"的选项而实践的行为。凡是他们在上述情况下实践的预谋行为,我将称之为"诚心诚意的行为",而凡是不在上述情况下实践的预谋行为则称作"非诚心诚意的行为"。因诚心诚意的行为而养成的习惯,我称之为诚心诚意的习惯,而那些因非诚心诚意的行为而养成的习惯则称作非诚心诚意的习惯。所有(1)诚心诚意的行为和(2)因诚心诚意的习惯而来的非预谋行为,都是"主观上决断的"行为;所有(1)非诚心诚意的行为和(2)因非诚心诚意的习惯而来的冲动行为,都是"主观上欠决断"的行为。

依摩尔的理论,行为的诚心诚意和非诚心诚意以及行为主观上的决断性和欠决断性都与有关正确和错误的判断无涉。① 但我们有这样一个问题:主观上决断的行为和主观上欠决断的行为,只要两者分别造就最多的内存善或少于最多可能的内存善,它们在道德上就是相等的吗?在如此的情况下,两者之间又是否有道德上的区别?如果这个区别与正确和错误无关,则它究竟又可以是什么

---

① 摩尔:《伦理学》,页 186—195。

区别?

"事实上",摩尔答道,"关于行为的正确与错误的判断并非我们所作的唯一的道德判断。"因为还有一些道德"判断是关于行事人是否和在什么程度因其行为而值得受到道德赞扬或责备……骤眼看来,我们很自然会认为,某一行为应受到道德赞扬就等同于说它是正确的,反之,指责某行为该受道德责备就等于说它就是错误的。但稍微想一想就可发现两者之间,明确有所区别。当我们说某行为值得赞扬或该受责备,这就意味着赞扬或责备这个行为是正确的;也就是说,我们并非判断原本的行为本身的正确性;我们判断的是我们对此行为的赞扬或责备的正确性"。"当某人有一切理由相信他的行为会导致良好后果,但由于一些无法预料的意外,他的行为却导致恶劣的后果,对于他的行为,我们很自然应该说的并非它的行为正确,而是他本人不该受到责备……但即便我们承认他不该受责备,这是否就是我们同时断言他的行为正确的理由呢? 我看不出这可以是个理由。因此,我倾向于认为,在所有类似的情况下,当事人确实做出错误的行为,虽然他不该受责备,也许他的所作所为甚至值得表扬。"①

我想在此指出的是,摩尔承认诚心诚意的行为该受赞扬而不该受责备,非诚心诚意的行为该受责备而不该受赞扬,那么,他就与自己的旧说自相矛盾了。他之前说,我们永远都没有任何理由假设某行为是正确的或具道德义务的。摩尔告诉我们,判断某行为应受表扬或该受责备就等于是断定表扬或责备这一行为本身将会是正确的。但如果我们没有任何理由假定某行为是正确的,我们将永远无法为我们认为对某种行为作褒贬是正确的这一看法辩护;也就是说,我们相信某些行为值得表扬或该受责备,这仅仅②是一种偏见。

故此,摩尔所提倡的诚心诚意的行为与非诚心诚意的行为之间的道德区别跟他的道德"不可知论"正好截然相反。由于他的道德"不可知论"是他的道德正确与道德责任两个概念的逻辑结论,因此,上述的区别跟这两个概念互不相容。要能自圆其说,摩尔不但应该主张我们没理由假定某行为是正确的或错误的,具道德义务的或不具道德义务的;他也应该主张我们没理由假定某行为应受赞扬或该受责备;而最终我们在主观上决断的和欠决断的行为之间也无法作道德区别。这么一来,他的道德"不可知论"才能够彻底。

然而,主观上决断的和欠决断的行为之间看来确实存在着真实可辨的区别。

---

① 摩尔:《伦理学》,页 185,187—188,191—192。
② 译者按:"仅仅"在此乃"mere"的翻译,但论文中"mere"误作"more"(更多)。

而看来确实没有自动自发的行为不是主观上决断的。正由于摩尔道德正确与道德责任两个概念与这些显明的真理互相矛盾,所以它们让人无法接受。

我认为一个行为的正确性由其主观上的决断性来决定。然而,主观上的决断性虽然是道德正确的一个必要条件,却不能说是一个充分条件,因为很明显的,一个行事人自己以为是某情况下正确的行为选项,也有可能是错误的。那么,道德正确的行为的充分条件又是什么呢?

在上一章,我指出,一个善的人类行为的必要条件就是它具有超越自我的特性,它代表自我与新事物结合为一而形成一个更大的整体,并朝向另一境界前进,而一旦达致目的,此一进境将被视为"更高"的境界。"正确"则可定义为具体目标的特征,一个人们依赖以达到这种自我超越式的行动计划。当人们遵循这一计划行动,不管其行为是否达到其目标,他的行为就是正确的。而当行为达到其目的时,我们可称之为善。说任何事物为善,就是以一种反思的认可态度去肯定它,意识到一己有兴趣保存和促进它继续发展,以及认识到它是继续超越自我的必要手段。

第四章　自由意志的问题

在上两章里,我尝试确认和评价摩尔及杜威有关内存价值和道德义务的概念。这一章将专注讨论两人的道德义务的概念与自由意志的关系。

人们常常认为,在一个一切都依循既定律则而运作、一切都由已然存在的事态来决定的世界里,人们若对这些律则有彻底的认识,他们就可以预测未来的所有事情。在这样的世界里,没有所谓自由意志,因此也没有所谓道德。在这种想法中,所谓自由,看来指的是行事人的一个特性,就是他的行为并不由已然存在的事态所决定,因而也永远不能预料。那个称为意志而偶尔被认为具有这样的自由的功能又是什么?当一个人脑海里对未来的行为存有意念,而这一意念又伴随着某种情绪,继而又有某些试图完成该行为的努力,我们就说这人有一种意志,或说他有意志完成某件事情。因此,一个有意志的行为似乎由三个元素组成:(1)对未来行为所存的意念,(2)相应于这意念而来的情绪,和(3)为完成既定计划所做的准备或实际行动的开始。所谓自由意志,可以指以下其一或兼指两者:(1)意念的自由,即对未来行为所存的意念,以及其相应而生的情绪和努力三者的不可决定性质;和(2)完成意志所欲或意志可欲的自由,换言之,完成有意志的行为的不可决定性质。

道德如何由上述的自由意志来决定,或道德跟自由意志有何关系?道德要有可能存在,最起码的要求就是将自动自发的行为区分成两类:正确的行为与错误的行为。这一区分是否预设着非决定论?这是所有道德理论都必须回答的一个基本问题。

根据杜威的其中一个伦理观,正确的行为即可扩展"自我"所有的欲望和潜能而成为一个相辅相成的整体的行为,而错误的行为即不能达此目的的行为。依他另一看法,一个正确的行为即可满足所有社会需求的行为,而错误的行为则不能。不论我们自动自发的行为以及促使这些行为的意念和情绪,是否依循既定律则和由宇宙间已然存在的事态所决定而出现,据杜威的看法,下面的情况仍是可能的：有些自动自发的行为可扩展行事人的欲望和潜能，以成为一个相辅相成的整体，而有些则不可；有些自动自发的行为能够满足所有的社会需求，而有些则不能。杜威说："到底不可决定性或不确定性是否实际存在于世上，这是一个困难的问题。要想象世界是固定的，一成不变，而人们则在其意志中累积一切的不确定，并在其智能中累积所有的疑惑，这是比较容易做的事。自然科学的兴起促成了这个二元的分裂，把自然完全固定下来而思想则被看成是全然开放和空洞的。所幸我们不必解决这个问题。一个假设性的答案就已经足够了。如果世界业已形成而且一成不变，如果世界的特性已经完全固定下来，而它的运作犹如一个不假思索、例行公事的人的所作所为，则人类唯一尚可期盼的自由就是实践行为时的效率而已。但如果改变是真实的，如果事情仍然处于塑造的过程，那么，行动上的变化——创新和实验——便有真正的意义。"①

根据摩尔所说，正确的行为与错误的行为之间的分别，就是造就最大可能的内存价值的行为与造就少于最大可能的内存价值的行为两者之间的分别。很明显的，这个分别预设了实际和可能两者的意思并不相同，而在某种情况下出现的实际行为未必就是唯一的可能行为，因为倘若只有实际的行为是可能的行为，则所有业已完成的行为都能造就最大可能的内存价值，而最终就没有任何一个行为可以是错误的了。

依照摩尔的道德义务理论，对一个行为正确与否作出判断，就意味着该行为并非唯一可能的选择，行事人可以有不同的做法。这种在某种情况下不同选择的可能性不也是行事人的自由意志吗？摩尔对此问题的答案如下："毫无疑问，按照一般的理解，我们有自由意志这个说法，意味着我们偶尔真的有能力去做出跟我们实际行为不同的行为……如果我们在任何意义下，真的永远不可以做出跟我们实际行为不同的行为，则我们肯定没有一般意义的自由意志……但另一方面，有时候我们可以在某一意义下，做出我们没有实际做出来的行为，这个事实（如果这的确是个事实）本身并不必然给我们理由说，我们有自由意志。"②换言之，在一定情况下，最少在某个意义下，行事人有不同选择的可能，这不一定表示他有自由意志。那么，这个意义的"可能"是什么意思？针对我们所能做出跟我们实际行为不同的行为，摩尔区分了两种不同的意义。其一是，我们绝对和无条件地能做我们所未做的事情。其二是，如果我们选择去做，我们应该可以做出

---

① 杜威：《人性与品行》，页309，310。
② 摩尔：《伦理学》，页203。

我们所没做的事情。前一种可能,我称之为无条件的可能,而后一种我则称之为有条件的可能。摩尔声明,他的正确与错误概念只预设了有条件的可能。从摩尔的观点来看,我们有两个悬而未决的问题:(a)有条件的可能存在吗？(b)有条件的可能是否意味着自由的意志？

有关第一个问题,摩尔的答案是肯定的。"我们不可能夸大大家对两件没有发生过的事情屡屡作出区别的频率。这个区别我们是如此表述的:其一是可能发生的而另一则是不可能发生的。没有比这个区别更为司空见惯的了。而且我想,倘若我们公平地检视我们所作此一区别的种种案例,没有人可以怀疑以下三件事:(1)依我们所用的语言来说,很多时候,上述的两种情况之间真的有些许分别;(2)这个实际上真的存在于这两种情况之间的分别,正是我们所说的'其一可能,另一个则不可能'的所指,以及(3)我们表达这一分别的方式是绝对正确和合理的……(例如)我今早可以在 20 分钟内走一英里路,但我肯定不能在五分钟内跑完两英里。事实上,这两件事我都没做。然而,如果说因为我没做这两件事,因此两者便没有分别,而我表述这一分别的方式就是其一在我能力范围之内而另一则否,这纯粹是一派胡言。"①

"可以"一词表示了有条件的可能,依此可能,我们时常大可做我们没做的事情。这个意义的"可以"又是什么意思呢？摩尔的建议是,我们通常用"我可以"一语,纯粹是要表示"如果我选择了采取行动,我就应该采取行动"。不管这是否此语可能有的全部意思,可以肯定的是,偶尔当我们认为某一件事我们是可以做出来的,我们指的不过是,如果有人选择那么做,这件事就会成事了。而这一意义的"可以"或"可能"肯定不是虚构的。

摩尔并未分析"如果某人选择了做 X,则他就会把 X 做出来了"这个命题,但这命题需要进一步分析。很明显的,跟"这是红色"或"这令人很愉快"一类直观判断不同,这命题不是这样的直观判断。对假设性行为的思量本身不能揭示,这原来是可以实际做出来的事情。上述的判断也非一个先验的判断或由先验判断而衍生而来的命题。它本身并没有包含什么必然性,而它的相反命题总是可以想象的。首先,它是一个关于过去的判断。其次,它是一个以经验为根据而推论出来的判断。跟一些关于过去的判断不同,它无法单凭供证或根据有关尚存的旧事物的知识而得以证实,因为它不是有关一段于今尚留下难以磨灭的影响

---

① 摩尔:《伦理学》,页 205, 206。

的过去经历的一种描述。我们相信一个过去或未来的行为是一种有条件的可能,最终的根据在于一个类似的行为在当下得到实践(至于类似程度,我无法估计)。如果有人怀疑,若我选择今早在 20 分钟内走完一英里,则我早就如此做了,我所可能让他相信我的做法就是,让他亲眼目睹我在 20 分钟内走完一英里,而又依他的意愿的次数,重复同样的动作;同时又提出足够证据,证明我今晨较早之前也跟现在一样健康。于此,我们又有一个问题:我如何可以就当下的实际行为推衍出,一个可以发生于不可重现的过去的类似行为之为有条件的可能?答案如下:从行为 A 的实际事例作推论,我们可以做这样的概括:在某些情况下,如果某人选择做 X,没有什么可阻止他;又只要具备某些条件,则 X 的实行完全在乎意志的驱使就可完成;而如果某人选择去做 X 而没有什么可阻止他,他实际上就这么做了。当我们判断行为 X 在没有具体时间限定的情况下是"有条件可能"的行为,我们似乎也断定,以往曾出现或以后可以出现类似那些容许"如果某人选择做 X,没有什么可阻止他"发生的情况。当我们判断行为 X 在过去某一时间内,对某人而言是"有条件的可能"的行为,我们会否就是断定,在过去那时候,某人也处于类似那些容许"如果某人选择做 X,没有什么可阻止他"发生的情况? 我再次声明,我无法界定有关的类似程度。

故此,最少在某种意义上,关于可能的言论可以化约为关于实际的言论。上述所定义的"有条件的可能"是否预设了自由意志? 它并没有如此预设,如果自由指的是某行为在因果律下不受已然存在的事态所制约这一特征。理由是,世上存在着这样的情况,它容许"如果某人选择去做 X,没有什么可阻止他"这一说法,跟"每一个时间都是在因果律下由宇宙间已然存在的事态所决定的"这一原则,两者绝对可以互容,并行不悖。但如果自由意志指的是,我们的行为有赖于思量和抉择,那自由就被我们的"有条件的可能"这一概念所预设了,因为"在某些情况下,当某人选择去做 X,没有什么可阻止他"这个概括本身,就意味着 X 的实践和某人的选择两者之间存在着因果关系。

第五章　结语

在这最后一章,我们将重申和阐明上文比较摩尔和杜威的"善"与"正确"的概念所得出的结论,并探讨这些结论的一些重要后果。

我们似乎已经解决的第一问题是关乎善的性质的。单一意义的善(即本文的用法),其意义并不等同于"被欲求"的特性,或能将混杂的冲动与欲望化约为通贯的整体的特性。它也不是这样的一个特性——一个善事物即便在单独存在的情况下也可以持续为善;又或者如下的特性——如果事物 A 在某程度上为善,那任何与 A 完全类似的事物,在任何情况和可以想象的因果法则下,也必然是善的,而且更是在同样程度上是善的。最重要的是,善是一类无法界定的复合体所具有的一个无法定义的联系性特征,而这些复合体是由一对互不对称的关系所生成的。这一对关系的两端分别为反思的认可态度和(a) 一个以自我超越的行为所构成的人类经验复合体,或(b) 一个完整社会秩序,因为一个自我超越的行为并非自足和孤立的事件;它必然牵连于社会秩序之中。而善必须是社会整体或其个别成分的属性。正如柏拉图所显示的,正义的生成定义乃指整个"理想国"而言,因此,一个周圆的善的理论预设了社会秩序之总体结构这一概念。柏拉图和亚里士多德所主张的伦理学跟政治是密不可分的。本论文的目的不在于处理政治问题。然而,有关我认为是社会秩序所必不可少而又可名正言顺地视为善的特征,一个简略的介绍也未可谓离题。

我认为,一个善的社会必须为个人实践自我超越行为提供最大可能的机会。这些机会包藏在善的社会中,它们可视为善的社会秩序的最普遍的原则。由此我们可以推演出三项具体的原则:(1)其一,社会秩序提出了最大可能的机会,让个人得以实践自我超越的行为,在这些机会中每个人都是目的,而非满足他人利益的手段。这可称为平等的原则或"纯目的之国度"的原则,因为只有当人们将他人视为目的,他们才能将自己和他人等同起来,而这样他们才有机会超越自我当下所处的境界。(2)其二,社会秩序提供最大可能的机会,让人自我超越,在超越自我的行为中,共同目标的追求超出私利之上,因为只有使个人的私利服从于社会的需要,人们才能与他人团结一致而组成一个更大的整体以及追求更高的境界。这第二个具体可以称为团结或合作原则。(3)其三,社会秩序提供最大可能的机会,让人自我超越,在超越自我的行为中,个体之间的利害矛盾得以减到最低,因为不同的个体是通过追求类似的事物和企想共同的目标而团结起来,以组成一个更大的整体以及追求更高的境界的。这第三个原则也可称为和谐原则。因此,平等、团结及和谐如果不是善的社会秩序的三个充分条件,起码也是其必要条件。

当我声称某事物为"善"时,我的意思是,在对它反思或作反思性评价时,我认识到它在较早前显示"正确性"时,有望成为超越自我的"善"的可能终于得到实现了;它是未来自我超越行为的必要基础或条件;而它就是为此缘故而得以保留或保持的。客观而言,它是善的,但所谓善,不是说我对它的认可只不过是我个人此时此刻的好恶的结果,或它是满足其他人的好恶的东西;善是指任何处于我同样立场的人都该认可它,再者,任何理智的人出于我的立场也都会认可它。

其次,判断一个自动自发的行为是道德正确的,并非只是断定它是否具备以下其中一个或所有的道德属性:(a)它会继续被任何一类或某一特定类别的人视为善的;(b)不管指的是"必需"的那一个意义,它都能符合所有必需的条件;和(c)它与任何一类或某一特定类别的行事人所有的欲望和潜能可以和谐共处,并一起扩展成为一个通贯的整体。道德正确也不是强加于任何个人或某一类个体的众多社会要求的一个标志。它也不能等同于任何能产生最佳可能后果的行为,不论其行事人行动时的主观心理状态如何。我提议将正确的行为定义为:致力于自我超越的行为,而所谓自我超越,我指的是个人自觉、自我要求和自己主导的经验提升(达到一个新的境界或操守,或提升到一个新的价值标准)——即为了新的需要或新的"社会"要求而悬置惯常的信守或重新调整积习,而经反省后,认为依从这些需要或要求则可指望自我人格得以开拓或一己兴趣得以扩展。

让我们简单地检视一下这样一个"道德正确"概念的一些重要后果。(1)首先,每一个真实的道德情境都是一个有待解决的问题,一个有待执行的实验,其中牵涉到对相关的矛盾说法和利益冲突的评价。这须要创意的想象去预想不同说法所提出的各种可能的做法,估计这些做法可能导致的后果,以及设计一个行动方案以表达当事人的抉择。在此过程中,科学知识和道德性情同样重要,而智能又和良知同样重要。

（2）其二，由于每一个道德判断都要求我们暂时放开惯常的信守或旧有的思考习惯，而由于建议的崭新行为秩序的性质又永不可预知，每个道德行为都是一次深入未知之境的尝试或预设了这样的经验。这样的冒险无前例可借鉴，也没有成法可依循。作为过去经验的结晶，实用原则有助于我们系统地提出问题，注意到值得考虑的答案或提供一些建议，但它们没有最终的权威。消极主义无疑给摩尔的建议盖上了一层阴影。在《伦理学原理》里，对于断定什么行为是正确的或具道德义务这一可能，摩尔感到绝望，他建议我们墨守一些普遍为人接受的规则。①

（3）其三，"正确"在逻辑上先于"善"。当一个行为被视为足以提升自我时，它就是"正确"的；当它被视为实际提升了自我时，它就是"善"的。因此，"善"和"正确"之间的关系在于它们分别是行为和经验的复合体中反思和期盼两个方面，而非如摩尔所说的外在联系的目的和手段。

（4）然而，最后我们应该赞同摩尔的看法，即"善"和"正确"都是规范性的概念，而不是纯粹描述某些心灵状态或行为程序的心理学概念，因此，伦理学作为一门研究"善"和"正确"的本质的学问，并不能衍变为心理学的旁支。

---

① 摩尔：《伦理学原理》，页164。

附:张荫麟论文征引书目

John Dewey, *Human Nature and Conduct* (New York: Henry Holt, 1910).
(杜威:《人性与品行》,纽约,1910。)

John Dewey, *Experience and Nature* (Chicago: Open Court Publishing Co., 1925).
(杜威:《经验与自然》,芝加哥,1925。)

John Dewey, *Reconstruction in Philosophy* (New York: Henry Holt, 1920).
(杜威:《哲学的改造》,纽约,1920。)

John Dewey, *Quest for Certainty* (New York: Modern Library, 1930).
(杜威:《追求确实》,纽约,1930。)

John Dewey & J. H. Tufts, *Ethics* (New York: Henry Holt, 1910).
(杜威、涂富思:《伦理学》,纽约,1910。)

G. E. Moore, *Ethics*, New York: Henry Holt, 1912.
(摩尔:《伦理学》,纽约,1912。)

G. E. Moore, *Principia Ethica* (Cambridge, Eng.: At the University Press, 1903).
(摩尔:《伦理学原理》,[英国]剑桥,1903。)

G. E. Moore *Philosophical Studies* (New York: Harcourt Brace, 1922).
(摩尔:《哲学研究》,纽约,1922。)

R. P. Perry, *General Theory of Value* (New York: Longman, 1926).
(R. P. 培里:《价值通论》,纽约,1926。)

A. K. Rogers, *The Theory of Ethics* (New York: The Macmillan, 1922).
(A. K. 罗杰斯:《伦理学理论》,纽约,1922。)

Proceedings of the Aristotelian Society (Britain), (London, 1903—1904).
(《亚里士多德学会论文集》,伦敦,1903—1904。)

Bertrand Russell, *Philosophical Essays* (New York: Longman, 1910).
(伯特兰·罗素:《哲学论文》,纽约,1910。)

H. W. Stuart, "Valuation as a Logical Process," in *Studies in Logical Theory*, edited by John Dewey (Chicago: The University of Chicago Press, 1903).
(H. W. 斯图尔特:《作为逻辑程序的价值判断》,收入杜威编:《逻辑理论研究》,芝加哥,1903。)

译者附记

张荫麟的斯坦福大学硕士学位论文撰于 1932 年 3 月（见论文原稿封面），原稿以英文撰写，大约 2.2 万字，一直以来，鲜为人知。尽管现在是以中文译本面世，但论文尘封多年，也可算是重见天日了。

论文中 58 条注文一共引用了 13 种英文书籍，但注文只列举作者、书名以及所引页码，而没有注明所用版本或有关的出版资料。这也许是当时美国学位论文的撰写规格。经过陈润成教授辛勤的检核，今可确定张氏所引各书都是初版。译本中，原作所引书的相关出版资料均一一补足。论文原来并无参考书目，现据论文整理补上，见附录。

论文分五章，目录中每一章只以罗马数字 I、II、III、IV、V 作记，数字前并未揭举"Chapter"（章）一字，但正文中每一章目的数字前都例先标出。又每一章都分节列目，但并非每一章中的细目都有 I、II、III 或 A、B、C 等序码，比如，第一章和第五章便只有细目而无序码。再者，在论文本身，好些细目也并没有一一标明，这种情况遍见各章；如或标出，则又跟目录所举不同。反之，第三章论文中以"III"分出第三节，并附以 The Definition of "Right" and "Duty"（"正确"与"责任"的定义）为标题，但目录中此节竟然全付阙如，连 III 都漏掉。或许，目录本原是论文的一个草拟大纲，但论文在撰写过程中出现了种种的斟酌和调整，内容与目录的构想，于是不尽相同，而张氏又忘其分歧，未加改正。尽管如此草率的情况并未见于论文本身，恐怕张氏在撰写论文的最后阶段，时间颇为紧迫。为保留论文的原貌，译文并未添补正文中缺漏的节目及标题，以便存真。此外，论文中有几处打字之误，直接影响文意，译文中一一指出，并予以更正。有关各章节在目录与论文中具体的分歧情况，详见以下表：

目录	正文
第一章　引言	第一章　引言
贵利论的短长	阙如
摩尔对贵利论的评论	阙如
杜威对贵利论的评论	阙如
摩尔和杜威观点的分歧	阙如
第二章：内存价值的问题	第二章：内存价值的问题
I."善"的定义问题	I."善"的定义问题
A. 摩尔的解决方案	（A）摩尔
1. 问题的真正本质	阙如
2. 善的不可定义性	阙如
3. 培里的异议	阙如
4. 质难培里的异议	阙如
B. 杜威的解决方案	（B）约翰·杜威
1. 善——"当下实际"的价值	阙如
2. 质难	阙如
3. 善——"合理"的价值	阙如
4. 质难	阙如
II. 摩尔的伦理学实在论*	II. 摩尔的伦理学实在论
A. "善"的判断之本质	只标出（A）
1. 善之判断作为直观判断	阙如
2. 反驳与解答	阙如
B. 具有"善"属性之复合体的本质	只标出（B）
1. 摩尔的见解	阙如
2. 质难	阙如
C. 摩尔"善"之"内在性"的概念	只标出（C）
1. 摩尔的见解	阙如
2. 质难	阙如

* 译者按：目录中"Realism"（实在论）一字误作"Realm"（境界）。

续　表

目录	正文
第三章　道德义务的问题	第三章　道德义务的问题
I. 我们对"应然"的认识	I. 我们对"应然"的认识
有关规范性科学的方法论的概说	阙如
II. 道德情境	II. 道德情境
A. 杜威的见解	阙如
1.《伦理学》中的见解	阙如
2. 质难	阙如
3.《人性与品行》中的见解	阙如
4. 质难	阙如
阙如	III. "正确"与"责任"的定义
B. 摩尔的见解	只标出（B）
1.《伦理原论》中的见解	阙如
2.《伦理学》中的有关修订	阙如
3. 上述两种见解的共同处及其后果	阙如
4. 质难	阙如
第四章　自由意志的问题	第四章　自由意志的问题
自由意志与伦理学的关系	阙如
杜威的解决方案	阙如
摩尔的解决方案	阙如
"有条件的可能"的概念分析	阙如
第五章：结语	第五章：结语
重申反面意见	阙如
一个拟议理论之纲领	阙如
拟议理论的相关后果	阙如

论文引用的好几种西方哲学著作,后来都成为名著,而且有不同的中文译本。20 世纪初,西方哲学来华未久,许多当时盛行的学说和概念未为国人所熟知,事实上,译者本人往往也正在尝试理解自己所翻译的著作。因此,同一个学说或概念常常有不同的译法。比如,杜威和涂富思合著的 *Ethics*,1931 年周谷城曾经编译,书名《实验主义伦理学》①,这显然是译者根据原书的内容所作的意译。实验主义即杜威和涂富思提倡以实用为主的 pragmatism,周氏译作"实验主义"未尝不可,尽管当今 pragmatism 似乎多译作"实用主义"。杜、涂合著余家菊

---

① 杜威、涂富思著,周谷城编译:《实验主义伦理学》,上海:商务印书馆,1931 年。

1935 年重译，书名《道德学》。① 这是直译，但余氏似乎以伦理学等同道德哲学。异译而外，同书中译本的书名完全一样的情况也不罕见。比如，杜威的 *Reconstruction in Philosophy*，最早的译本由他的弟子胡适与另一译者唐擘黄在 1934 年完成出版，书名《哲学的改造》②，译笔流畅可读。就我所知，杜威此书还有两个不同的译本，但书名中译雷同。③ Moore 的 *Principia Ethica* 目前有两个译本，译名均作《伦理学原理》，但译文则相异。④

一直以来，Utilitarianism 通常译作"功利主义"，现代汉语中"功利"一词很容易给人一种漠视人情道义，专意营利计效的含义。在日常用语中，"功利主义"一词更可作为贬义的形容词，几与"急功近利"同义。为免误会，Utilitarianism 今译作"贵利论"。贵者，特别重视之意。比如，《韩非子·六反》："畏死远难，降北之民也，而士尊之曰贵生之士。"《列子·杨朱》："杨子曰：'有人于此，贵生爱身，以蕲不死，可乎？'""贵生"就是重视生命的意思。中国古人常常有以"贵 + 名词"来表示某一学说的主张。比如，《墨子》有《贵义》篇，而宋代张耒批评法家商鞅"贵利尚功"。商君之贵利，亦非现代所谓的"急功近利"，而是讲求富国强兵，实效利益。他所讲的是公利而非私利。Utilitarianism 主张凡事以最多数人之最大利益作为行事准则，所讲的也非私利而有以大局为图之意，因此，作为一门学说，此词译作"贵利论"，很是适当，而且更像中文，也更为简洁。

最后，我想向读者承认，由于学殖疏浅，加以时间仓促，张荫麟这篇论文对我而言，并不好译，而就张氏论文而言，难处则主要在其文字。尽管张氏才华横溢，中文文笔畅丽，但他的英文文字功夫似乎欠缺同样的风流魅力。张氏的论文固然文从意达，条理清晰，而且写来似乎得心应手，但也许他颇受 19 世纪维多利亚时代的文风的影响，行文极多长句，句中有句，迂回曲折，往往一个句子可占四五行打字稿。这种行文习惯原来就见于张氏所引用的一些作品之

---

① 杜威、塔虎脱著，余家菊译：《道德学》，上海：中华书局，1935 年。
② 胡适、唐擘黄译：《哲学的改造》，上海：商务印书馆，1934 年。此书书前有唐擘黄的"译者附言"，说明"本书第一章是胡适之先生译的。其中夹注也是胡先生加的。我除了把几个名词改成与以下各章所用的一律以外，没有别的改动。对于胡先生容许我利用他的译文的好意，我谨表示感谢。"此书 1965 年台北文星书店重印，书名照旧，署"胡适等译本"，列为文星集刊 5。
③ 两种译本分别是许崇清译《哲学的改造》（台北：商务印书馆，1966 年）和张颖译《哲学的改造》（西安：陕西人民出版社，2004 年）。
④ 谟尔著、蔡坤鸿译：《伦理学原理》（台北：联经出版事业公司，1978 年）和《伦理学原理》，摩尔著、长河译：《伦理学原理》（北京：商务印书馆，1983 年）。作者译名不同实属常见，上举杜威与涂富思（Tufts）合著，涂富思，周谷城译作突夫茨而余家菊则译作塔虎脱。

中。张氏论文中有少数几处文字例外地神韵微露,不啻异葩突绽。比如,首章开始的一段引言和第二章第二节批评摩尔忽视道德主体在道德经验中自身的变化,略见文采,而且颇富情味。张氏在此的批评正本于道德情感,恐怕不是偶然。论文其余地方的文字相形见绌,也许论文言理,主分析,因此张氏谨守体制成规,不敢僭越,毕竟,那是一篇学生的学位论文。译文行文风格尽量模仿张氏原作的情貌和精神,每每亦长句连行,希望读者体谅。至于纰缪不当之处,尚祈方家不吝赐正为盼。

劳悦强
于新加坡国立大学中文系
2008 年 12 月 6 日凌晨校稿后记
2009 年 3 月 21 日下午修订